本书是常熟理工学院教育学重点学科资助成果，是江苏省2021年高等教育教
'新师范'人才培养模式的创新与实践"（项目编号：2021JSJG212）和"普通师
学体系研究"（项目编号：2021JSJG652）的中期研究成果。

中小学教师文化素养

主　编　郭建耀
副主编　王佩贞　袁　强
　　　　王　斌　高　瑛

南京
大学
出版
社

图书在版编目(CIP)数据

中小学教师文化素养 / 郭建耀主编. —南京：南京大学出版社，2022.8

ISBN 978 - 7 - 305 - 25876 - 3

Ⅰ. ①中⋯ Ⅱ. ①郭⋯ Ⅲ. ①中小学—教师—文化教育—师资培养—教材 Ⅳ. ①G635.16

中国版本图书馆 CIP 数据核字(2022)第 105329 号

出版发行　南京大学出版社
社　　　址　南京市汉口路 22 号　　　邮　　编　210093
出 版 人　金鑫荣

书　　　名　中小学教师文化素养
主　　　编　郭建耀
责任编辑　钱梦菊　　　　　　　编辑热线　025 - 83592146
照　　　排　南京开卷文化传媒有限公司
印　　　刷　盐城市华光印刷厂
开　　　本　787×1092　1/16　印张 19.75　字数 470 千
版　　　次　2022 年 8 月第 1 版　2022 年 8 月第 1 次印刷
ISBN 978 - 7 - 305 - 25876 - 3
定　　　价　54.00 元

网　　　址:http://www.njupco.com
官方微博:http://weibo.com/njupco
微信服务号:njuyuexue
销售咨询热线:(025)83594756

前　言

　　世纪之交,随着互联网及人工智能的发展,各国的人才发展战略纷纷提上日程。21世纪究竟需要什么样的人才? 为适应快速发展的社会,学校教育究竟要培养学生的哪些能力?"提高国民核心素养"成为各国教育界共同关注的议题。"核心素养"主要是指"能够适应终身发展和社会发展需要的必备品格和关键能力"。2016年我国发布了《中国学生发展核心素养》,以培养"全面发展的人"为核心,核心素养分为文化基础、自主发展、社会参与3个方面。其中文化基础包含两大方面,即人文底蕴和科学精神。人文底蕴主要是学生在学习、理解、运用人文领域知识和技能等方面所形成的基本能力、情感态度和价值取向。具体包括人文积淀、人文情怀和审美情趣等基本要点。科学精神主要是学生在学习、理解、运用科学知识和技能等方面所形成的价值标准、思维方式和行为表现。具体包括理性思维、批判质疑、勇于探究等基本要点。这两个方面的内容便是本书所讲的"文化素养"。国家将文化素养列为个体核心素养的组成部分,恰好是在这快速变化与发展的社会中,把握住人才的本质与教育的本质。培养未来的人才需要以不变应万变。

　　教师作为学校教育中的传道授业解惑者,是国家培养人才的中坚力量。要培养出具备"文化素养"的学生,教师自身首先要具备广博深厚的文化素养。《教师专业标准》对中小学教师提出了多维的素养要求,其中在"专业知识"维度的"通识性知识"领域中对中小学教师应具备的一般文化素养做了规定,在中小学教师资格考试《综合素质》考试大纲中对中小学教师应具备的文化素养也进行了体现。这一切都表明,要给学生一杯水,教师自己要先有一桶水,甚至要成为源源不断的泉水。

　　鉴于此,《中小学教师文化素养》教材编写组根据《教师专业标准》和教师资格考试大纲中教师文化素养的相关要求,结合师范专业"教师文化素养与基本能力"课程目标,对教师应具备的基本文化素养内容进行了综合梳理,以供教师和教师教育者们参考。本书从教师文化素养内涵着手,将文化素养的内容分为三大部分:人文素养、科学素养和艺术素养。人文素养部分包含哲学、历史、文学三章;科学素养部分包含数学、物理、化学、生物学、天文学及地理学六章;艺术素养部分包含音乐与舞蹈、书法与绘画、建筑与雕塑、戏剧与电影四章。每个章节都包含该领域的基本常识和中外历史发展的内容,最后附上习题供读者回顾与练习。

　　本书主要由常熟理工学院教师编写,陕西科技大学、上海第二工业大学、天水师范学院、苏州大学部分教师对相关章节进行了审阅。全书共13章,第一、二、四、九章由郭建耀教授编写,第三章由王斌副教授编写,第五、七、八章由王佩贞博士编写,第六章由高瑛博士编写,第十、十一、十二、十三章由袁强教授编写。郭建耀作为主编引领全书编写与统稿。书稿完成以后,为力求内容组织的科学性、表述的正确性,我们邀请相关领域的专家对章节内容进行了审阅和校对。参与审阅和校对章节内容的学者有:陕西科技大学徐瑞仙教授,上海第二工业大学徐志坚副教授,天水师范学院苏海洋教授、张学敏副教授、袁毅君教授、杨皓教授,苏州大学高东梁副教授。在编写、审阅和校对过程中,获得了各位学者的宝贵意见,得到了他们热情的指导和指正,在此深表感谢。

　　书稿编写过程中,我们阅读和参考了大量相关领域的书籍和文献,从中提取、概括关键信息,梳理历史发展脉络,每个章节都需要对一个领域的内容进行精炼概括,不断取舍,实属不易,感谢团队成员不断克服困难,坚持不懈。由于内容面广量大,涉及学科众多,在编写过程中,借鉴、引用了大量学者学术研究成果,部分引用已在参考文献中注明。但因涉及历史性内容较多,书稿篇幅所限,参考文献罗列中难免挂一漏万或有不当之处,敬请为本书编写提供引用的所有学者见谅,并在此表示衷心的感谢。同时,本书编写、出版过程中得到常熟理工学院师范学院、南京大学出版社的各位领导、老师的大力支持,这里一并表示感谢。

　　文化的内涵广博而深远,远不是一本书可以概括,该书意在对各个领域的一些常识性内容做简单梳理,与其说是为教师教育从业者们以及中小学教师们提供"文化素养"内容的参考,不如说是抛砖引玉,希望为读者们提供一个提升文化素养的思路,使其能够在本书广博内容的基础之上,再进一步拓展与深挖,真正实现素养的积累与提升。

编　者

2022 年 2 月

目　录

第三篇　艺术素养

绪　论

社会的进步、科技的发展对人的素质要求越来越高,个体既作为社会公民,又作为从事某一社会职业的从业者,不仅应具备作为合格社会公民应有的基本文化素养,还需具备作为社会职业者应具备的职业素养。教师是人类文化的传递者,学生成长的引路人。职业的特殊性要求教师不仅应具备良好的专业素养,还应具备广博深厚的文化素养。文化素养作为教师核心素养,对学生的成长成才有着极为重要的作用。

一、文化素养

(一)素质与素养

"素质"一词,在古书中就多有提及,但含义有所不同。如唐代杜甫的诗《白丝行》中,有"已悲素质随时染,裂下鸣机色相射"①,这里的"素质"表示"白色质地"。再如《管子·势》中有"正静不争,动作不二,素质不留,与地同极"②,这里的素质指事物本来的性质。目前,对于"素质"一词也存在多种定义。综合各含义,素质可理解为以人的先天禀赋为基础,在后天环境和教育影响下形成并发展起来的内在的、相对稳定的身心组织结构及其质量水平。素质能综合地反映一个人的整体情况。素质可以从多方面进行划分,一般把人的素质分为三类八种,三类素质是指自然素质、心理素质和社会素质,八种素质是指政治素质、思想素质、道德素质、业务素质、审美素质、劳技素质、身体素质、心理素质。

"素养"在古代典籍中也多有使用,但与"素质"一词有所不同。如《汉书·李寻传》中有"马不伏历,不可以趋道;士不素养,不可以重国。"③这里的"素养"包含经过训练和实践而增强知识、能力、情感,提高个人综合品质之意。再如陆游在《上殿札子》中有"气不素养,临事惶遽",也包含了通过训练和实践,提升个人综合品质之意。"素养"与"素质"常常混用,都指人所具备的基本品质和修养,但两者略有不同。素质更倾向于人先天的与生俱来的特点,是人完成活动必需的基本条件,素养则更侧重于人在实践活动中发展起来的,从事某种工作应具备的素质和修养,强调通过后天的学习和训练而获得的品质,是人多方面知识、能力和情感等的综合体现。

(二)文化素养

"文化"是一个意义非常广泛的概念,即经人工加工过的一切都可称为文化。对于文

---

① 杜甫.杜甫诗今译[M].梁鉴江,译.北京:中华书局,2019.
② 黎翔凤.管子校注[M].梁运华,整理.北京:中华书局,2004.
③ 班固.汉书[M].颜师古,注.北京:中华书局,1962.

化的理解也有广义和狭义之分,广义的文化指人类在社会历史发展过程中所创造的物质、精神财富的总和,包括物质文化、制度文化、精神文化等;狭义的文化主要指在一定物质生产方式基础上产生和发展起来的社会精神生活形式的总和。文化是一个民族区别于其他民族最独特的标识。文化具有多层次性,由浅入深,有物态文化、制度文化、行为文化、心态文化等。各种文化形式通过营造一定的文化氛围,潜移默化地对身处其中的个体产生影响。

文化素养作为个人素质的有机组成部分,显然不是与生俱来的,而是在后天成长过程中形成发展起来的。《易经·贲卦·象传》中有"刚柔交错,天文也;文明以止,人文也。观乎天文以察时变,观乎人文以化成天下"[①],最早将"文"和"化"并联使用,较为明确地表达了"文化化人"思想。后汉刘向《说苑·指武》中有"圣人之治天下也,先文德而后武力。凡武之兴,为不服也。文化不改,然后加诛"[②],将文化合为一词使用,表达以文进行教化之意。综上关于"文化"一词的理解,文化素养可以界定为通过某种文化浸染或接受某类文化知识,在文化知识积淀、内化基础上形成的,表现为个人相对稳定的心理品质及修养。文化素养不仅表现为有文化知识,还要有与之相适应的能力、行为、情感等,是多方面发展质量与水平的综合表现。

文化内涵的宽泛性决定了文化素养内容的多样性。作为个体适应社会的基本品质,文化素养的内容不仅涉及哲学、历史、文学、艺术、政治、经济等人文社会科学的一般知识和与之相应的行为、能力,还涉及物理、化学等自然科学的相关知识和能力。为了便于理解和掌握,人们将积累起来的浩如烟海的知识,依据知识之间的关联性和特质,区分为自然科学、人文社会科学和思维科学,这三大科学囊括了目前人类能够认识的所有领域,是构成人类科学体系的三大支柱。自然科学包含天文学、物理学、化学、地球科学、生物学等多个学科领域;人文社会科学是人文科学和社会科学的总称,人文科学包含哲学、历史学、文学、艺术学等多个学科领域,社会科学包含政治学、经济学、教育学、法学等多个学科领域。由于"人"与"社会"本质上的一致性和不可分割性,因而在实际生活中,往往将人文科学与社会科学作为一个整体来探讨;思维科学是以人的思维活动为对象,探讨思维运动规律和形式的科学,和其他科学一样,是在历史发展中形成的一门科学。

由上述知识的分类可知,人类实践活动涉及的领域非常广泛,这一事实对人的知识和能力等提出了多方面要求,即为了适应社会,作为社会个体的人必须熟知多方面知识,形成多方面能力。然而,从社会学的角度来看,任何一个社会人都担负着双重角色,即作为社会公民的人和作为社会职业者的人,一个合格的社会人应该是合格公民与合格职业者的统一。因此,就社会个体人的素养而言,也应该是其作为社会公民应有的基本素养和作为社会职业者应具备的职业素养的统一,但由于个体生存时空与从事的职业千差万别,因而需要其具备文化素养的内容在广度和深度上具有很大不同,需要依据职业及其发展进行具体分析。

---

① 傅佩荣.傅佩荣译解易经[M].北京:东方出版社,2012.
② 程翔评注.说苑[M].北京:商务印书馆,2018.

二、教师文化素养

(一)教师职业的特性

1966年联合国教科文组织在《关于教师地位的建议》中提出"教育工作应被视为一种专业。这种专业要求教师经过严格且持续不断地研究,才能维持专业知识和专门技能,从而提供公共服务;教育工作还要求教师对其教导之学生的教育和福祉具有个人的和共同的责任感。"[①]可见,教师职业是一种专业性活动,需要具备相应的专业知识和能力,具体应包括学科专业性和教育专业性两方面。但由于教师工作对象的差异性和工作任务的独特性,即教师全部工作完全是围绕学生的发展而进行,决定了教师还是一种特殊的专门职业。教师职业有自己的理想追求,有自身的理论武装,有自觉的职业规范和高度成熟的技能技巧,具有不可替代的独立特征。教师不仅是知识的传递者,而且是道德的引导者,思想的启迪者,心灵世界的开拓者,情感、意志、信念的塑造者;教师不仅需要知道传授什么知识,而且需要知道怎样传授知识[②]。可见,教师职业的专门化是一种认识,更是一个奋斗过程;是一种职业资格的认定,更是一个终身学习、不断更新的自觉追求。

(二)教师文化素养的内容

教师作为一种特殊的职业和专业,具有该职业应遵循的基本职业规范和从事该专业的专业标准,这些基本的职业规范和专业标准对从业者的素质提出了具体的要求。如我国在《中华人民共和国教师法》(2009修正)第十条中明确规定:国家实行教师资格制度。中国公民凡遵守宪法和法律,热爱教育事业,具有良好的思想品德,具备本法规定的学历或者经国家教师资格考试合格,有教育教学能力,经认定合格的,可以取得教师资格。在《中华人民共和国教师法》(2009修正)第十一条中规定:取得小学教师资格,应当具备中等师范学校毕业及其以上学历;取得初级中学教师,初级职业学校文化、专业课教师资格,应当具备高等师范专科学校或者其他大学专科毕业及其以上学历;取得高级中学教师资格和中等专业学校、技工学校、职业高中文化课、专业课教师资格,应当具备高等师范院校本科或者其他大学本科毕业及其以上学历。法律对中小学教师任职资格和学历做了明确规定。2012年教育部颁发《小学教师专业标准(试行)》和《中学教师专业标准(试行)》,从"专业理念与师德""专业知识""专业能力"三个维度,小学从十三个领域,中学从十四个领域,对中小学教师具备的职业素养提出了基本要求和发展性要求。2014年教育部印发《中小学教师信息技术应用能力标准(试行)》,对中小学教师具备的信息素养进行补充说明,这些法律和文件对中小学教师应具备的职业素养做出了明确规定,也为中小学教师提升自身素养指明了方向。

---

① Bruce Joyce,Beverly Showers.教师发展——学生成功的基石[M].唐悦,周俏纨,译.北京:中国轻工业出版社,2005.

② 卜中海.做学生爱戴的老师[M].银川:宁夏人民出版社,2012.

通过对《教师专业标准》及其相关文件内容的解读,中小学教师素养应该是一个立体多维的结构,具体结构见图1。

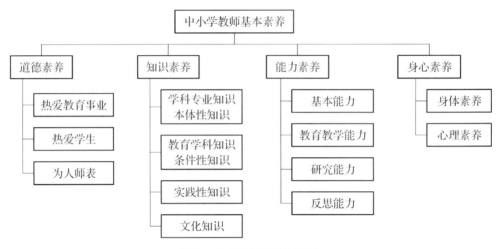

图1 中小学教师基本素养

一个合格的中小学教师必须具备良好的道德素养、宽厚的知识素养、全面的能力素养和健康的身心素养。良好的道德素养体现为热爱教育事业,要求教师具有高度的责任感和强烈的事业心,一丝不苟的态度和勇于创新的精神;热爱学生,要求教师能够深入了解学生,真心实意关心学生、尊重信任与严格要求学生、公平对待每一位学生;为人师表,以身作则,要求教师要以自身良好的人格和品德去教育、影响学生,做到"学高为师、身正为范"。宽厚的知识素养包括学科专业知识、实践性知识、文化知识。学科专业知识,又称本体性知识,是教师从事学科教学应掌握的基本知识,是教师知识结构中的核心。教育学科知识是教师必备的教育学、心理学知识,是教师成功地进行教育教学的保障,因此又称为条件性知识。实践性知识是教师在实际的教育教学工作中积累的实践经验,能够保证教师更有效地进行教育教学。文化知识是教师作为一般社会公民和作为教师必须具备的基本的人文社会科学知识、现代科学技术常识及其审美能力等的综合。教师丰富的文化知识不仅能扩展学生的精神世界,而且能激发学生的求知欲,促进学生的全面发展。全面的能力素养包括教师作为一般公民应具备的逻辑思维能力、信息处理能力、阅读理解能力和写作能力等,还包括作为教书育人专业人员应具备的教育教学能力、研究能力和反思能力等。身心素养就是教师在从事教育教学工作中应具有的健康的体魄和良好的心理品质,是确保教育教学工作得以顺利进行的基本保障。

不同职业对从业者素质提出了不同的要求。教师职业作为通过传授科学文化知识,以促进学生身心发展为目的的特殊职业,要求教师必须具备广博深厚的文化素养。关于教师应具备的文化素养,既可以从广义角度理解,也可以从狭义角度理解。广义的文化素养,指教师作为社会公民和教育工作者应具备的社会素养的全部,包括教师职业素养中的学科专业素养、教育学科素养和一般的文化素养等,体现为教师全部的职业素养;狭义的文化素养,仅指教师应具备的一般文化素养,这里的中小学教师文化素养指教师应具备的一般文化素养。

《教师专业标准》在"专业知识"维度的"通识性知识"领域中对中小学教师应具备的一般文化素养做了规定,要求中小学教师应"具有相应的自然科学和人文社会科学知识;了解中国教育基本情况;具有相应的艺术欣赏与表现知识;具有适应教育内容、教学手段和方法现代化的信息技术知识"[①]。在中小学教师资格考试《综合素质》考试大纲中,对中小学教师应具备的文化素养也进行了体现,要求中小学教师应"了解中外历史上的重大事件;了解中外科技发展史上的代表人物及其主要成就;了解一定的科学常识,熟悉常见的科普读物,具有一定的科学素养;了解一定的文学知识和文化常识以及重要的中国传统文化知识;了解中外文学史上重要的作家作品;了解一定的艺术鉴赏知识;了解艺术鉴赏的一般规律,并能有效地运用于教育教学活动"。

综合中小学教师教育教学工作实际、教师专业发展需要及《教师专业标准》中的相关要求,中小学教师文化素养应是人文素养、科学素养和艺术素养三者的有机结合。人文素养指人们在长期的学习、工作和生活实践中,将人类的优秀文化成果通过知识传授和环境熏陶内化为人格、气质和修养,成为人相对稳定的内在品质,这是文化素养的核心;科学素养是人们在掌握科学知识的基础上,融科学态度、科学方法、科学技术于一体,以科学的态度和科学的方法处理实际问题、参与公共事务的能力;艺术素养是人们对音乐、舞蹈、绘画、雕塑、建筑、文学、戏剧、影视等艺术的欣赏、感受、认知、表现能力的综合体现。

中小学教师作为学生的引路人,更需要具备深厚的文化素养,只有这样才能做到"自己一桶水,给学生一杯水"。无论哪种素养,都需要以掌握相应的文化知识为基础,做到各类知识融会贯通。结合《教师专业标准》和教师资格《综合素质》考试大纲要求,中小学教师应具备以下素养和相应的文化知识结构,具体见图2。

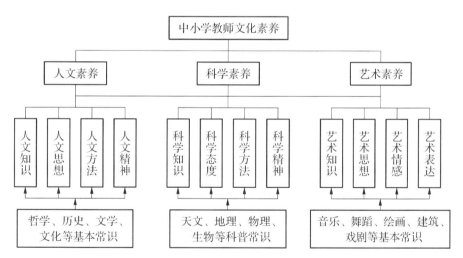

图2 中小学教师文化素养及其知识结构

① 教育部关于印发《幼儿园教师专业标准(试行)》《小学教师专业标准(试行)》和《中学教师专业标准(试行)》的通知.http://www.moe.gov.cn/srcsite/A10/s6991/201209/t20120913_145603.html.

第一篇

人文素养

　　人文素养是教师文化素养的核心，是人们在长期学习、工作和生活实践中，通过学习人文科学知识，接受文化环境熏陶，使之内化为人的人格、气质和修养，成为人相对稳定的精神和内在品质。人文知识、人文思想、人文方法、人文精神共同构成了一个人的人文素养，其中人文精神是人文素养的灵魂，体现为对人的尊严、价值、命运的维护、追求和关切。

　　人文科学是以人自身为研究对象，探索人类主观精神世界及其积淀的精神文化科学，包含哲学、历史学、文学等多个学科领域。人文科学知识的学习是人文素养形成的基础。本篇将围绕教师人文素养的形成，结合现代中小学教师应具备的人文科学知识，从哲学常识、历史常识、文学常识三个方面组织内容，为教师了解相关人文科学知识，提升人文修养提供帮助。

第一章 哲学常识

哲学与人类生活密不可分,对指导人类社会实践活动具有极为重要的意义。学习和了解哲学知识,有助于提高人们认识世界和改造世界的能力,从而更好地处理学习、工作、生活中遇到的各种复杂问题,是提升自身素养的一门重要学科。

第一节 哲学基本知识

一、哲学的内涵

哲学是"智慧"之学,简言之,就是使人变得"聪明"的学问。哲学探索的对象包括自然界、社会和人类思维等整个世界,但哲学不探讨具体事物的具体规律,而是通过对具体事物的认识来探索自然界、社会和人类思维最本质、最普遍规律的学问。如世界的本原是什么,各类事物是彼此孤立的,还是相互联系的,事物发展变化的原因是什么,有无规律可循等。

哲学是关于世界观的学问。世界观,也叫宇宙观,是人们对整个世界(自然、社会、人类思维)持有的总的看法和根本观点。世界观是在社会实践基础上形成的,不同的人由于所处位置不同,对外界的认识亦不同,因而形成了不同的世界观。哲学就是以系统化、理论化方式对世界观做出的概括和总结。系统化、理论化也是哲学的基本特征。

人类在社会实践中,积累了浩如烟海的知识。归纳这些知识,无外乎有三类:关于自然界及其发展规律的知识,即自然科学知识,如物理学知识、化学知识等;关于社会及其发展规律的知识,即社会科学知识,如经济学知识、政治学知识等;关于人类自身思维及其发展规律的知识,即思维科学知识,如抽象思维学知识、形象思维学知识等。哲学就是从这些具体科学中总结和概括出最一般的结论和原则,又指导人们去认识自然界、社会和人类思维的学问。哲学和具体科学的关系就是共性与个性、一般和个别的关系。

哲学是世界观与方法论的统一。方法论,是关于方法的理论,是人们认识世界和改造世界的根本方法,如从实际出发,全面、客观地认识事物,按照事物发展规律,客观分析事物等。有什么样的世界观,就有什么样的方法论,世界观决定方法论,方法论体现世界观,世界观和方法论两者是统一的,如认识到世界是客观存在的,就要从实际出发观察和处理问题;认识到世界是不断运动的,就要从发展的观点观察和处理问题。

总之,哲学就是人们关于自然、社会、思维等理论化、系统化的认识,是社会意识形态之一。

二、哲学研究的领域

哲学是关于自然界、社会、人类思维,即整个世界的全部"看法"和"观点"。世界是多维立体的,基于对世界认识而形成的知识也是多层次立体的。人们为了更好地认识世界,将人类的知识按照内在的逻辑关系和特性划分为一系列既相互独立又彼此相关的知识体系,即学科。各学科包含多个层次,如一级学科、二级学科、三级学科等。当前,我国把哲学、经济学、法学、教育学、文学、历史学、理学、工学、农学、医学、管理学、艺术学和军事学作为十三个"学科门类",再按照层级关系,在"学科门类"下分出一系列"一级学科","一级学科"下再进一步区分出一系列"二级学科"。哲学是人文社会科学下的"一级学科",哲学的"二级学科"包括马克思主义哲学、中国哲学、外国哲学、逻辑学、伦理学、美学、宗教学和科学技术哲学(自然辩证法)八个学科。哲学学科的研究领域和理论内容不是一一对应的,而是存在相互交叉。根据哲学各学科研究内容,八大"二级学科"又涵盖了七个方面的内容:(1)哲学原理,是关于世界观、认识论、历史观和价值论等在内的哲学的基本理论;(2)哲学史,是关于哲学产生、发展及其规律的学说,包括不同国家、民族哲学的理论与发展的历史学说等;(3)伦理学,是关于人类社会伦理道德的学说;(4)逻辑学,是关于人的思维规律的学说;(5)美学,以艺术活动为典范,是关于美、审美活动等的学说;(6)宗教学,是关于宗教本质、产生和发展等的学说;(7)科学技术哲学,是关于自然界的一般规律、科学技术活动的基本方法及其所表现出的人与自然界关系的学说。

三、哲学的基本问题

思维和存在或意识和物质的关系问题是人们在社会实践和社会生活中首先遇到且无法回避的基本问题,也是哲学必须做出回答的问题,它贯穿哲学发展始终,是哲学的基本问题。关于思维和存在或意识和物质的关系问题涉及两个方面:一方面,关于世界本原性问题,即思维和存在或意识和物质,哪个在先,哪个在后,何者为第一性,何者为第二性的问题。这是一切哲学的根本出发点,对这个问题的不同回答,是划分唯物主义和唯心主义的唯一标准。凡是主张世界的本原是物质的学说,即物质在先,精神在后,物质是第一性的,精神是第二性的,存在决定意识,都属于唯物主义;凡是主张世界的本原是精神的,即精神在先,物质在后,精神是第一性的,物质是第二性的,都属于唯心主义。另一方面,思维和存在有无同一性问题,即世界能否被认识,或思维能否反映存在,对这一问题的不同回答,区分了可知论和不可知论。思维和存在的关系问题是实际工作中的根本问题,即主观与客观的关系问题。

四、哲学基本派别与历史形态

哲学是随着人类社会发展而产生发展起来的关于世界观的学问,在其发展过程中,因对世界本原认识的不同,形成了唯物主义哲学和唯心主义哲学两大基本派别,而每一派别又经历了不同阶段和形态。

唯物主义发展历经了三个阶段:古代朴素唯物主义、机械唯物主义和辩证唯物主义。古代朴素唯物主义是用某种或某几种具体物质形态来解释世界本原的一种哲学学说,如我国古代的"五行说",西方古代的"原子说"等。古代朴素唯物主义是哲学的最初形态,也是哲学发展的第一个阶段,产生于古代奴隶制社会。机械唯物主义,也叫形而上学唯物主义,是以机械的、形而上学的观点解释世界问题的唯物主义哲学,是哲学发展的第二个阶段,流行于17—18世纪的欧洲。辩证唯物主义,是关于自然界、人类社会和思维发展的最一般规律的科学,是哲学发展的第三个阶段,也是最科学、最彻底的唯物主义学说,是19世纪中期,由马克思和恩格斯等创立的。辩证唯物主义使世界观和方法论完全统一起来,成为唯一正确的世界观和方法论。

唯心主义在与唯物主义斗争中,也形成了两种基本形式,即客观唯心主义和主观唯心主义,两者都不承认客观物质是世界的本原,都把意识看作是世界的本原。客观唯心主义,把某种脱离世界的人类精神作为世界本原,承认这种精神先于并独立于物质世界而存在;主观唯心主义,把个人的主观意识看作是世界本原,否认客观物质世界和客观规律的存在。

辩证法是关于事物矛盾运动、发展、变化的一般规律的学说,是哲学体系的有机组成部分。辩证法的基本特征是用联系、发展、全面的观点看待世界。联系的观点和发展的观点是辩证法的基本内容。辩证法认为世界上的各种事物是相互联系的,并且处在不断地运动、变化、发展之中,事物自身内在的矛盾性是事物运动、变化和发展的动力源泉。辩证法在发展中经历了三个阶段:古代朴素辩证法、近代唯心辩证法、现代唯物辩证法。古代朴素辩证法是辩证法的初级阶段,通过思辨达到真理;近代唯心辩证法是辩证法发展的第二阶段,即把客观物质世界的变化发展过程看作是精神和思维的发展过程,以黑格尔为代表;现代唯物辩证法,即马克思主义辩证法,是关于世界运动、发展的普遍规律的科学。唯物辩证法客观、全面、发展地看待事物,为我们认识世界、改造世界,具体、科学地解决问题提供了根本的方法。

第二节　中国哲学史

中国哲学与西方哲学、印度哲学并称为世界哲学的三大体系,是中国传统文化的思想基础。中国哲学萌芽于夏商时期,集中阐述于春秋末期,发展历史可划分为先秦诸子哲学、两汉经学、魏晋玄学、南北朝隋唐道教思想与佛学、宋明理学、明清实学和近代新学。

一、先秦诸子哲学

人们通常把夏、商、西周、春秋、战国,即秦以前的中国称为先秦,是中国哲学思想由萌芽到产生的时期。

(一)"天命"思想

夏朝出现天神观念,其思想的核心是对天神的崇拜。进入商代,出现上帝观念,其思想的核心是对上帝的崇拜。西周兴起,周人创立了"天命"观念,并提出"唯德是辅""比德配天"等思想,将德与天结合,形成了天人感应论,这是我国早期的哲学思想。

（二）无神论思想

春秋时期，出现无神论思想，体现为两个方面。一是人事为本思想，强调神要依人而行；二是天人相分思想，主张天道与人道相分，反对天人感应。

（三）诸子百家思想

战国时期，社会大变动，出现"百家争鸣"局面，形成了儒家、墨家、道家、法家等哲学思想。儒家以孔子、孟子、荀子为代表，作品《论语》《孟子》《荀子》，核心思想是崇尚"礼乐"和"仁义"，提倡"忠恕"和"中庸"，主张"德治"和仁政。墨家代表人物墨子，作品《墨子》，以"兼相爱，交相利"作为学说基础，主张"尚贤""尚同"和"非攻"。道家代表人物老子、庄子，作品《道德经》《庄子》，以"道"作为理论基础，认为天道无为，万物自然化生，主张道法自然，提倡清静无为。法家代表人物韩非，作品《韩非子》，主张以法治国，提出"不别亲疏，不殊贵贱，一断于法"思想。

二、两汉哲学

（一）黄老之学

黄老之学为黄帝之学和老子之学的合称，以道家思想为主干，兼其他各家思想精华，核心思想是"清静无为""恬淡寡欲"，是汉初主政思想。

（二）经学

汉武帝接受董仲舒"罢黜百家，独尊儒术"的主张，开启了以解释、阐发、研究儒家经典的经学化进程，并形成了今文经学和古文经学。今文经学注重发挥圣人微言大义，强调经世致用，代表人物董仲舒，在政治上强调"君权神授""天人合一"，伦理上提倡"三纲五常"的伦理道德，思想上强调"大一统""罢黜百家，独尊儒术"，为儒学成为封建社会正统思想起到关键作用。古文经学注重对经文本义的理解和典章制度的阐明，以贾逵、许慎等为代表，东汉许慎著《说文解字》和《五经异义》，奠定了古文经学的学术地位。

（三）谶纬之学

经学在发展中走向神学化，进而形成谶纬神学，或称谶纬之学，包括天帝崇拜、灾异感应、谶语符命等迷信思想。

（四）"元气自然"思想

在与神学斗争的过程中，两汉出现了以王充为代表的唯物主义无神论。王充（27—97），东汉思想家。他继承了先秦以来的唯物主义自然观，建立起"元气自然"的唯物主义哲学体系，认为"天地成于元气，万物乘于天地""万物之生，皆禀元气"，把"元气"规定为世界万物本源，认为"气也，恬淡无欲，无为无事也"，体现了他崇尚天道、自然无为的思想。

三、魏晋哲学

魏晋时期,玄学作为一种哲学思潮产生,其以《老子》《庄子》《周易》为主要研究对象,以辩证"本末有无"问题为中心,探究世界本体。从本体论、知识论、语言哲学、伦理学、美学等各个领域出发,探讨了本末有无、自然与名教、言与意、圣人有情无情、才与性、声无哀乐等多方面关系问题。这些内容形成了这一时期的哲学思想。

四、南北朝隋唐哲学

(一) 道教

道教作为中国本土宗教,形成于东汉。道教内容庞杂,有宗教唯心主义和传统迷信思想,也有朴素唯物主义和辩证法思想。道教在发展中形成了以寇谦等为代表的符箓派和以葛洪为代表的丹鼎派。符箓派制作符箓以召神驱鬼、求福治病等,实为迷信;丹鼎派,研制丹药以求长生不老。葛洪(283—363),东晋道教理论家、著名炼丹家和医药学家,把玄和道看作最高的精神实体,认为修炼"守一",使自己与"元一"合二为一,就能永生,葛洪为道教建立了一套比较完整的宗教哲学体系。隋唐以《老子》为本,道家学说广受推崇,推动了《老子》与国家政治的结合,形成了唐代的道教经学。

(二) 佛教

两汉时期,佛教传入我国,两晋时期佛教获得空前发展,并形成了般若学的"空"论、因果报应论和神不灭论等佛教哲学思潮。般若学的"空"论集中表现为"六家七宗",主要内容有"以无为本""色即是空""心无色有"等充满玄学的思想。因果报应论和神不灭论,是印度佛教业报轮回学与我国传统灵魂不死迷信思想的结合,核心是"人有三业,业有三报,生有三世"的因果报应和轮回转生学说。南北朝时期,佛教转向阐发佛性学说,即涅槃学。隋唐时期,佛教形成了天台、三论、律、密、禅等多宗派,其中禅宗主张"心性本净,佛性本有",提倡"见性成佛""顿悟成佛"等思想,促进了佛教的中国化,对后世中国哲学发展产生了深远影响。

(三) 无神论思想

儒佛道三教在相互斗争发展中,涌现了以南朝范缜为代表的无神论者。范缜(450—515),南北朝时期著名的唯物主义思想家、杰出的无神论者,著《神灭论》,提出"形神相即""形质信用""异质异用""虑体有本"等无神论思想,比较完整地贯彻了唯物主义一元论。

五、宋明理学

宋明时期,在思想领域产生了理学。理学以儒学内容为主,吸收了佛学和道教思想,宣扬"存天理,灭人欲"。理学发展中形成了以北宋理学家周敦颐(1017—1073)为代表的"濂学",程颢(1032—1085)、程颐(1033—1107)为代表的"洛学",张载(1020—1077)为代表的"关学",南宋理学家朱熹(1130—1200)的"闽学",陆九渊(1139—1193)兄弟的"江西之学"和明代思想家王守仁(1472—1529)的"阳明心学"。这些学说形成了以程颢、程颐和朱熹为代表,以"天理"为最高范畴的"程朱理学"和以陆九渊、王阳明为代表,以"心"为最高范畴的"陆王心学"。"程朱理学"主张先理后物,把天理和伦理道德直接联系起来,认为"人伦者,天理也",提出"格物致知"的认识论,把知识、道理、天理联系起来,属客观唯心主义。"陆王心学"宣扬"心外无物,心外无事,心外无理",在认识论上,提出"致良知"学说,属主观唯心主义。

六、明清实学

明清之际,中国思想文化领域表现出"崇实黜虚",鄙弃空谈,主张"经世致用",提倡"实学"的社会思潮。以黄宗羲、顾炎武、颜元、王夫之为代表,主张"思以济世""学必实用",提倡以有用的"实学"取代"明心见性"的空谈。黄宗羲(1610—1695),明末清初经学家、思想家,从务实精神出发,倡导注重研究史料和通经致用之学;顾炎武(1613—1682),明末清初杰出的思想家、经学家,强调"君子之为学,以明道也,以救世也",试图发扬儒学通经致用的优良传统;王夫之(1619—1692),明末清初思想家,提出"明人道以为实学,欲尽废古今虚渺之说而反(返)之实",从而终结了宋明理学。王夫之继承和发扬了气一元论,并在总结和发展我国古代唯物主义和朴素辩证法思想基础上,建立了自己的唯物主义思想体系。

七、近代新学

从 1840 年至 1919 年五四运动,中国哲学发展主要围绕"中国向何处去?"这一问题,进行了曲折的探索,形成了不同的哲学思想流派,视为"新学"。

(一)地主阶级改革派思想

1840 年,鸦片战争之后,中国社会巨变,民族危机,"变革"显得越发重要。首先,以经世致用之学主张"改革"的地主阶级改良派成为近代中国新思潮的开启者,代表人物龚自珍、魏源,主张"更法""变古",以求救亡图存,振兴民族,形成了以地主阶级为代表的改革派哲学思想。

(二)资产阶级改良派思想

19 世纪中后期,为了改变清王朝的腐朽统治,拯救日益严重的民族危机,康有为、梁启超、谭嗣同、严复等比较系统地提出了具有明显资产阶级色彩的改革主张。康有为认为"变者,天道也",梁启超提出"法者,天下之公器,变者,天下之公理",强调变异进化是自然界和人类社会普遍法则。严复通过翻译英国生物学家赫胥黎的《天演论》,提出世界是质和力的统一,不仅肯定了世界是物质的、运动的,而且表达了进化是自然界和人类社会的普遍现象,进化的规律是"物竞天择",主张变革图强,形成了以早期资产阶级为代表的社会改良派哲学思想。

（三）资产阶级革命派思想

19世纪末20世纪初,随着西方帝国主义加紧对中国的侵略,民族危机更加严重,以章太炎、孙中山等为代表的资产阶级革命派主张使用暴力手段救国救民。章太炎提出生物进化的自然观,强调自然环境对人类社会进化的影响,重视"合群"的作用,较早论证了用暴力革命救国救民的必要性。孙中山提出宇宙的进化分为无生命物质进化、生物进化和人类社会进化三个时期,着重论述了人类社会的进化,并把人类历史划分为"人同兽斗"的洪荒时代,"人同天争"的神权时代,"人同人争"的君权时代及"人民同君主相争"的民权时代,认为人类历史是一个由低级向高级进化的过程,进化的规律和动力就是"民生";还强调"先有事实,后有言论""行先知后""行易知难"等哲学思想,体现了他唯物主义知行观。

第三节　西方哲学史

西方哲学发展历史,大致可划分为古代哲学、中世纪哲学、欧洲近代哲学和现代西方哲学。

一、古代哲学

古代哲学包括古希腊、古罗马哲学,发展经历了自然哲学、体系化哲学和希腊化-罗马哲学三个阶段,为西方哲学的理性思辨和形而上学打下了传统根基。

（一）自然哲学

古希腊自然哲学是能够被视为西方哲学的最早的理论思维,经历了伊奥尼亚哲学、南意大利哲学和原子论哲学三个阶段。

1. 伊奥尼亚哲学

伊奥尼亚哲学的代表性学派有米利都学派和爱菲索学派。米利都学派,代表人物是泰勒斯、阿那克西曼德、阿那克西美尼等,认为世界万物都是由"水""无限者"或"原初物质"等某一特殊物质产生,以此探索了世界本原问题。爱菲索学派,创始人是赫拉克利特,把火看作万物的本原,认为"一切都是火的转换",体现了朴素辩证法思想。伊奥尼亚哲学在将希腊思想由神话转向理性过程中发挥了重要作用。

2. 南意大利哲学

南意大利哲学由毕达哥拉斯学派和爱利亚学派构成。毕达哥拉斯学派,代表人物为毕达哥拉斯,认为世界的本原不是物质,而是一种数学关系,将对世界探索的重点由物质转向了形式,从感知世界转向了数学逻辑世界。爱利亚学派,代表人物克赛诺芬尼、巴门尼德、芝诺等,阐述了存在与非存在,指出"存在"的永恒性、唯一性和不动性,并将数学思维中的逻辑应用到哲学思维,开创了形式逻辑。

3. 原子论哲学

原子论代表人物为德谟克利特。在德谟克利特之前，恩培多克勒提出"四根说"，认为世界是由"水、火、气、土"四种元素结合和分离构成，另一位哲学家阿那克萨戈拉认为万物是由性质和数量无限的种子构成，种子的结合和分离构成了事物的运动，这为原子论的产生做了理论准备。德谟克利特认为原子是构成万物的物质实体，与原子相对应的是一种无实体的、无形体的空，原子和虚空共同构成了世界的本原，原子在碰撞中结合与分离生成万物，原子论体现了古希腊自然哲学的最高成就。

（二）体系化哲学

自然哲学在发展过程中逐渐离开对自然的探索，转而对人和人类社会进行理性探索。许多哲学家试图在世界观和认识论上建立完整的思想体系，希腊哲学进入体系化时期。由于亚里士多德第一次系统地提出了"形而上学"概念及思想体系，因此，古也称"形而上"哲学时期。这一时期出现了四大哲学，即智者派哲学、苏格拉底哲学、柏拉图哲学和亚里士多德哲学。

1. 智者派哲学

公元前 5 至公元前 4 世纪，以雅典为中心，出现了一批收徒取酬的职业教师，他们对青年传授修辞、论辩和演说等知识技能，并有所成就，被称为智者学派。他们主张对人本性的认识，强调人和动物、社会和自然物的不同，主张用社会力量约束和改善人的本性，开启了哲学领域对人和人类社会的理性探索。

2. 苏格拉底哲学

苏格拉底（公元前 470—前 399），是古希腊著名的思想家、哲学家、教育家，思想史上最伟大的人物之一。其思想主要体现在：一是对人自身伦理道德的关注，承认客观真理是存在的，但强调人的首要问题是"认识你自己"，即认识人自身的本性，也就是人的理性；二是"知识即美德"，认为一个人要有美德就必须有知识，有了知识，才会有智慧、勇敢、节制和正义等美德。

3. 柏拉图哲学

柏拉图（公元前 427—前 347），是古希腊伟大的哲学家，西方客观唯心主义创始人，其哲学的核心概念是"理念"，故称为"理念"哲学。其哲学思想体现在四个方面：一是关于世界观，认为世界由"理念世界"和"现象世界"组成，"理念世界"是真实存在、永恒不变的、绝对的，人类感官所接触到的感官世界，只不过是理念世界的影子。二是关于认识论，认为真理存在于理念世界，认识不是对世界物质的感受，而是对理念世界的回忆，最高的"理念"是"善"，教学目的就是恢复人的固有知识，教学过程即是"回忆"理念的过程。三是关于知识，认为知识有可知领域和可感领域，且具有等级性，哲学和辩证法是最高等级知识，关于实际事物的知识是最低等级知识，每门学科均有其独特的功能。四是关于灵魂说，认为人的灵魂包括理性、激情、欲望，灵魂各部分与各种德性相对应。

4. 亚里士多德哲学

亚里士多德（公元前 384—前 322），是古希腊伟大的哲学家、科学家、政治学家和教育家,百科全书式人物,在雅典创办吕克昂学校。马克思曾称其为古希腊哲学家中最博学的人物,恩格斯称其是"古代的黑格尔"。其哲学思想体现在三个方面:一是关于科学知识的划分,把科学知识分为理论的科学(数学、自然科学和后来被称为形而上学的第一哲学)、实践的科学(伦理学、政治学、经济学、战略学和修饰学)和创造的科学(诗学)。二是关于"形而上学",认为哲学是科学,不是感觉、经验和技术;哲学是思辨科学,不是实践科学或创造科学;哲学是关于事物原因或原理的知识。他把事物的原因或原理知识称为真知识,认为哲学就是对真知识不懈的追求,哲学的研究对象包括整个世界。三是关于运动,认为事物的运动是在不变的载体基础上,从一种状态向另一种状态转化,这种转化是持续进行的;事物运动的原因归结起来有四种,即"质料因""形式因""动力因"和"目的因"。

(三)希腊化-罗马哲学

公元前4世纪至公元6世纪,马其顿和罗马帝国扩张,促进了希腊文化的广泛传播,并与罗马文化相结合。这一时期哲学形态也发生了根本变化,由关注形而上、本体论向关注伦理、心灵等个体论转变,被称为希腊化-罗马哲学时期。这一时期出现了古希腊三大思想流派,即伊壁鸠鲁学派、斯多噶学派和怀疑主义。

1. 伊壁鸠鲁学派

伊壁鸠鲁学派创始人伊壁鸠鲁,古希腊哲学家和无神论者。该学派思想主要体现在:一是原子论,承认原子和虚空的真实性,认为原子数量是无限的、形状种类是有限的,原子自身的重量使原子可沿着任何方向运动,说明了偶然性;否认神的存在和命运决定论,论证了意志的自由。二是关于知识,认为获取知识的目的不只是求知,还在于实际地调节人生,提倡快乐主义,反对高深的学术研究或数理科学,把知觉看成是实践中真理的标准。

2. 斯多噶学派

斯多噶学派创始人芝诺,代表人物克吕西波等,认为哲学的最终目的是对人道德状况的影响,如果没有知识,真正的道德是不可能的;并认为世间万物是同一种始基实体的体现,存在着一条支配自然进程的规律,这条规律也应该支配人的活动,人生真正的幸福就是服从命运的安排,顺应自然而生活,反对追求快乐,主张克制一切欲望。

3. 怀疑主义

怀疑主义代表人物皮浪等,认为肯定某种知识就是独断,正确态度应该是怀疑和否定一切知识,但怀疑的目的不是提高道德修养,而是获得内心的宁静。

4. 古罗马教父哲学

古罗马教父哲学是公元2至5世纪,由既宣讲又著作的护教者利用古希腊罗马哲学建立起来的,为其教义辩护的一种宗教唯心主义思想体系,为经院哲学的前身。代表人物有德尔图良、奥古斯丁等,内容是以哲学论证神、三位一体、创世、原罪、救赎、预定、天国等教义。基本思想有:上帝是唯一的神,上帝具有圣父、圣子、圣灵三重"神格",又同属于一个神的"本体";上帝从虚无中创造了人和整个世界,人类祖先亚当和夏娃偷吃"智慧果",犯了原罪,子孙一生下来就有罪,世人受苦受难是进行赎罪,人们要使自己死后升入天堂,就必须鄙弃一切物质欲望,过禁欲生活;认识和理性要服从信仰,信仰完全来自上帝的启示,一切言行的根据和准则要依赖上帝启示。

二、中世纪哲学

中世纪哲学指欧洲 5 至 15 世纪的哲学,是经院哲学的全盛时期。经院哲学是由古代基督教神学演变发展而来,是欧洲中世纪占统治地位的基督教哲学。经院哲学反对脱离教义依靠理性和实践去认识和研究现实,常常运用理性形式通过抽象而烦琐的辩证方法论证基督教信仰。在围绕共相与个别、信仰与理性关系中形成了"唯实论"和"唯名论"两个派别。

（一）唯名论

唯名论代表人物为法兰西的罗瑟琳,他认为只有个别的东西才是真实存在的,"共相"或"一般"只是个名称、概念,否认"一般"的实在性。这种思想对论证基督教"三位一体""原罪"等是不利的,因而被教会宣判为异端。

（二）唯实论

唯实论代表人物为安瑟尔谟,认为真实存在的是"共相",不是具体的个别的事物,承认"一般"是唯一的实在。在思想上承认"三位一体"最高的神的存在,成为正统经院哲学。托马斯·阿奎那是意大利神学家和经院哲学家,属于唯实论者,他以神学为基础,利用亚里士多德哲学论证基督教信念,形成了系统的神学哲学体系。在他看来,知识者不以论证上帝为目的,则任何知识都是罪恶。他创立"宇宙秩序论",认为宇宙秩序是上帝按等级体系进行安排的,在宇宙秩序中,下级服从上级,上级统御下级,层层统御,层层归属,最后统属上帝。如果人想违背上帝安排,就是犯罪。教会和一切封建势力都把托马斯·阿奎那创立的"宇宙秩序论"当作最重要的思想武器,来维护其统治地位和正统信仰,扼杀一切进步思想。

三、近代哲学

从 15 世纪意大利文艺复兴运动到 18 世纪法国资产阶级启蒙运动和自然科学的发展,对经院哲学的批判被以科学观察、实验和数据推理为实质内容的科学认识论的发展取代,出现了笛卡尔、莱布尼茨、伽利略、牛顿等一批科学家。科学确立的"一手拿着原理,一手拿着实验"的方法论原则,促进了哲学认识论的转向,形成了经验主义(从实验出发)和唯理主义(从原理出发)的对峙,从而确立了西方近代哲学模式。这一时期的哲学包括 17 至 18 世纪的英国经验论、17 世纪的欧洲大陆唯理论、18 世纪的法国启蒙哲学和德国古典哲学。

（一）17 至 18 世纪的英国经验论

17 世纪自然科学在欧洲取得长足发展,以培根、霍布斯、洛克、贝克莱、休谟等英国学者为代表,从"经验是知识来源"出发,提出一切知识都通过经验而获得,形成了"经验论",

故也称"英国经验主义"。经验主义经历了17世纪的唯物主义经验论和18世纪的唯心主义经验论。

1. 唯物主义经验论

唯物主义经验论的代表人物有培根、霍布斯、洛克等。培根提出"知识就是力量",认为人的一切知识都起源于经验,强调感性和理性的结合;提出科学的认识方法应该是归纳法,还提出了妨碍人类认识自然真理的四种"假相"。霍布斯提出哲学研究的唯一对象是"物体","物体"是不依赖于人的思想的东西,世界统一于物质,否定了非物质精神实体的存在。洛克反对天赋观念说,认为人的一切观念和记号都来源于后天经验,并对观念进行了区分;承认世界是由物质构成的,物质有主性质和次性质,主性质在物体里,次性质则在知觉者中。

2. 唯心主义经验论

唯心主义经验论代表人物有贝克莱、休谟等。贝克莱认为物质对象由于被感知才存在,断言"存在就是被感知",否定了物质的存在。休谟认为除了知觉外,我们对任何事物都没有一个完善的观念,一个实体是和一个知觉完全差异的,因此,我们并没有一个实体观念。他既反对洛克的物质实体,又反对巴克莱的精神实体,把英国经验论推向理论的终点。

(二)17世纪的欧洲大陆唯理论

欧洲大陆唯理论与英国经验论相对,认为感觉获得的经验是不可靠的,理性认识才是唯一可靠的,代表人物有法国哲学家笛卡尔、荷兰哲学家斯宾诺莎、德国哲学家莱布尼茨和伍尔夫等。笛卡尔(1596—1650),法国唯心主义哲学家,"近代科学的始祖",哲学思想主要体现在:一是提出理性原则和怀疑方法,认为建立在理性原则基础上的普遍怀疑方法才是探讨问题的出发点;二是提出"我思故我在",以此出发论证"心灵"是一个不依赖于任何物质性的实体;三是论证了灵魂不死和意志自由的观念。斯宾诺莎(1632—1677),荷兰哲学家、泛神论者,他基于一组定义和公理,通过逻辑推理,认为宇宙间只有一种实体,上帝和宇宙就是一回事,上帝不仅包括物质世界,还包括精神世界,理性认识的对象为"实体"及其"属性"和"样式",即整个自然界。莱布尼茨(1646—1716),德国哲学家和数学家,唯心主义者,其核心思想与笛卡尔、斯宾诺莎一样,是关于实体的观念,认为世界是由无限多的没有广延、形状和不可分性的单纯实体构成,即"单子"。"单子"是一种复合物的精神存在;"单子"彼此孤立,互不影响;"单子"有一种自足性,是其内在运动的源泉,"单子"与"单子"之间形成了和谐的宇宙,而这种和谐是上帝安排的,即"预定和谐"。

(三)18世纪的法国启蒙哲学

18世纪法国一批思想精英在前几个世纪知识成就基础上,高举"理性"旗帜,掀起了一场反对封建专制和宗教迷信,鼓吹自由、平等、博爱,提倡科学进步的思想运动。代表人物有孟德斯鸠、伏尔泰、卢梭、狄德罗、爱尔维修、霍尔巴赫等。孟德斯鸠(1689—1755),法国启蒙时期思想家,反对神学,提倡科学。他认为法律是理性的体现,法又分为自然法和人为法,自然法是人类社会建立以前就存在的规律,在自然法面前人人平等;人为法有政治法和民法,认为人民应享有宗教和政治自由,但强调自由的实现要受法律制约,而保证法治的手段就是立法权、行政权和司法权"三权分立",主张君主立宪制。伏尔泰(1694—1778),是法国启蒙思想家、哲学家,承认外在世界的客观性,认为人的一切观念都来自感官对外界事物的感觉,感觉是观念的唯一来源,人脑的唯一作用只是对感觉得来的观念进行组合和整理。他反对君主专制制度,提倡自然神论,批判天主教会,主张言论自由。卢梭(1712—1778),法国启蒙思想家、哲学家、教育家,承认感觉是认识的来源,提倡自由平等,认为人生而自由平等,人还享有天赋的自然权力,即"天赋人权";提出了实现社会平等的理想,并认为坚持"社会契约"是保证社会平等的唯一道路。狄德罗(1713—1784),法国启蒙思想家、唯物主义哲学家,认为世界是一个大系统,由时间、空间与物质构成,并统一于物质,物质能够自行运动,运动是物质的一种属性,物质的不断运动,产生新事物,造成绚丽多彩的大千世界。他还认为所有的事物都相互联系,联系与统一具有内在的逻辑关系,肯定了事物可以相互转化,但把一切变化都归结为"纯粹数量增长"。爱尔维修(1715—1771),法国哲学家、启蒙思想家,继承并发展了经验主义,认为一切知识都是由外部经验引起的;经验首先是通过感官产生的感觉,所以感觉是一切知识最根本的源泉;认为人具有自爱心,即趋乐避苦的本性,这是人的"利益"所在,自爱心是道德的唯一基础,利益是判断道德的标准,个人利益决定个人道德标准,社会利益决定社会道德标准;认为社会环境造成了人的差异,坚持社会契约论。

(四)德国古典哲学

18世纪末至19世纪上半叶,德国哲学思想高度发展,这一时期的德国哲学综合了英国经验主义和欧洲唯理主义思想,回应了法国启蒙思想,促进西方传统理性主义哲学达到顶峰,代表人物有康德、费希特、谢林、黑格尔等。他们对封建神学进行了批判,系统地阐述了人的主体性,并确立一种唯心论的辩证法体系。

1. 康德的批判哲学

康德(1724—1804),德国古典哲学创始人,他建立的批判哲学深深影响了近代西方哲学。他提出了三大批判,即《纯粹理性批判》《实践理性批判》和《判断力批判》,集中讨论了他的认识论、伦理学、美学思想。在认识论方面,认为知识是人类同时透过感官与理性得到的,经验对知识的产生是必要的,但不是唯一的,把经验转换为知识需要理性,而理性则是天赋的;在伦理学方面,认为"道德律令"是实践理性的普遍法则,对"道德律令"的尊重是出于"自律",人为自己立法,并服从自己制定的法则;在美学方面,提出了审美判断的四个特征:"非功利的愉悦""无目的的目的性""无概念的普遍性"和"带有理性的感性愉悦"。

2. 黑格尔的思辨哲学

黑格尔(1770—1831),德国古典哲学的集大成者,黑格尔哲学包罗万象,他创造出"绝对精神",并以此为基本出发点探讨了思维与存在的辩证统一,认为思维和存在统一于绝对精神,绝对精神是万事万物的本原与基础,它的辩证发展经历了逻辑、自然、精神三个阶段。逻辑学是体系的核心,将质量互变、对立统一、本质与现象、内在与外在、否定之否定等作为思维的规律进行阐明；自然哲学主要阐述了理念与自然的矛盾，把自然看作是绝对精神或理念的外化或异化；精神哲学是其推崇的最高学问，认为精神的发展分为主观精神、客观精神和绝对精神，主观精神和客观精神都是有限的，而绝对精神是永恒的，艺术和宗教是绝对精神的表象体现。

四、现代哲学

现代西方哲学，一般指19世纪中期以来，即黑格尔之后，主要流行于西方世界的各种哲学流派。这一时期出现了许多哲学流派，主要有分析哲学、科学哲学、实用主义哲学、唯意志主义哲学、存在主义、西方马克思主义、结构主义、哲学解释学等流派，这些学派促进了最为深刻的思想方式的变革，形成了与现代科学技术和人文学科的密切联系。现代西方哲学发展大致经历了三个时期，即19世纪末到二战前、二战时期、二战以后。现代西方哲学包含了19世纪中叶以来西方各国众多流派的思想、观点和理论，内容广泛、观点各异，可以从多种标准进行分类。从本质特征标准划分，形成了当今两大哲学思潮，即科学主义哲学思潮和人文主义哲学思潮。

（一）科学主义哲学思潮

科学主义哲学源于近代英国的经验主义，主张以自然科学为整个哲学的基础，把自然科学的方法论和研究成果作为解决一切问题的出发点。主要包括分析哲学、科学哲学和实用主义哲学。

1. 分析哲学

分析哲学代表人物有罗素、摩尔、维特根斯坦等人，认为传统的哲学是关于形而上学的思辨，没有意义，主张哲学的任务是用尽可能客观的方法对语言进行逻辑分析，并阐明它们的意义。根据使用方法，分析哲学又分为"逻辑经验主义学派"和"日常语言学派"。"逻辑经验主义学派"把对科学语言进行逻辑分析作为哲学的首要任务，主张通过语言的逻辑分析消灭形而上学，强调一切综合命题都应以经验为基础。"日常语言学派"强调哲学的问题是对日常语言的用法做描述，通过对日常语言的用法本身进行细致分析，就能够消除哲学中的各种混乱。

2. 科学哲学

科学哲学具体可分为逻辑分析主义哲学、理性批判主义哲学和历史主义哲学。逻辑分析主义哲学，由罗素和维特根斯坦等人开创，以维也纳学派为中心，强调哲学是对科学知识的"合理重建"。理性批判主义哲学代表人物波普尔，他反对建立在归纳主义方法论基础上的可证实性原则，代之以可证伪性原则；他批判逻辑实证主义，认为科学与非科学之间的分界线不能用经验证实，只能用经验证伪，提出凡是不可证伪的，即不可反驳的，必定是非科学的，反之，可以证伪、反驳的，则是科学的。历史主义哲学代表人物库恩提出"范式"论，一方面，反对逻辑实证主义不联系科学的历史和实际，单纯地对科学命题做逻辑分析；另一方面，又反对波普尔的证伪原则，主张根据科学发展的历史事实研究科学，倡导科学要仔细考察生活事实。

3. 实用主义哲学

实用主义哲学形成于美国,后在世界范围传播,成为现代西方哲学中的一个较有影响的流派。代表人物有皮尔士、詹姆士和杜威等。皮尔士认为实用主义是一种反思方法,是探究真理的方法,即从"效果"来决定意义的规则。詹姆士采纳皮尔士理论,将之发展为真理论,认为"实在"无所谓真假,它只是存在着,真假乃是我们对它的判断,"真"是对观念的证实过程和有效性。一个事物是真的,是因为有用,即"有用就是真理"。杜威指出,以往的一些哲学派别都用非经验法来认识世界,将人的经验与外部自然客体截然分开,把统一的世界分成主体和客体、心理的活动和自然的活动,这种方法阻碍了对问题的探索,强调把经验和自然、主体和客体结合统一起来,更好地揭露事物的秘密。他认为一切知识不过是人们制造出来用以应付环境的工具,思维是工具性的,真理也是一种人造的工具,哲学应随着历史的发展而不断变化。

(二)人文主义哲学思潮

人文主义哲学可追溯到古希腊哲学,关于"人是万物尺度"的命题就包含了一定的人文思想萌芽。现代人文主义哲学思潮,是欧洲文艺复兴时期古典人文主义在现代社会的延续和发展,与科学主义哲学相比较而存在,共同构成了现代西方哲学的两大思潮。人文主义哲学强调"以人为本",重视人自身的价值,在发展中形成了唯意志主义哲学、存在主义哲学和解释哲学。

1. 唯意志主义哲学

唯意志主义哲学兴起于 19 世纪上半叶,在 19 世纪末以及之后产生了很大影响,代表人物有叔本华、克尔凯郭尔、尼采,认为意志高于理性并且是宇宙的本质或本体。叔本华为德国哲学家,唯意志论的创始人和主要代表之一,主张从生命的内在意义出发思考哲学问题,认为意志是世界的本质,世界不过是意志的客体化;意志无处不存在于人、动植物等整个自然界,意志的表现就是人的身体活动、事物的运动。叔本华的唯意志论和反理性思想促进了德国古典哲学向现代非理性主义哲学的过渡,开创了非理性主义哲学的先河。尼采是西方现代哲学的开创者,尼采与叔本华一样,认为世界的本质是意志,但更强调强力意志是世界的本质。他认为将意志返回到生命的本源要以一种强悍的精神力量强化生命,生命的本性是一个"必须不断地自我超越"的过程,尼采的强力意志实质是一种超强的精神力量。他反对传统基督教道德,认为"上帝死了",进而确立了一种高扬生命活力,倡导个体独特性和创造力的价值观念,对 20 世纪哲学发展产生了重要影响。

2. 存在主义哲学

唯意志主义哲学对生命情感的宣扬大大开拓了哲学对人生存现实的关注,倡导以人为中心、尊重人的个性和自由的存在主义哲学在第一次世界大战后开始在欧洲流行,代表人物有海德格尔和萨特。海德格尔是西方存在主义哲学的创始者,认为个体就是世界的存在,人不同于其他存在者是因为人能领悟到自身的存在,而其他存在者不能,即人类通过世界的存在而存在,世界也是由于人类的存在而存在,存在不是自己造成的,也不是自己选择的,而是外界强加的。萨特是存在主义的主要代表人物,西方社会主义最积极的倡导者之一,继承和发展了海德格尔存在的许多思想。其存在主义思想的核心是"存在-自由-人",认为一切存在主义的共同点都可归结为"存在先于本质",而缺乏个人的存在,就是虚无,即得出"存在就是虚无"观点;认为自由是人的本质属性,人的一切行动都是自由选择的结果;主张人的问题是哲学的根本问题,必须把人召回来并作为哲学的研究对象加以研究,从而解释现实世界。

3. 解释哲学

解释哲学是根据文本本身来了解文本的哲学,由19世纪德国哲学家施莱尔马赫和法国哲学家狄尔泰开创。20世纪,海德格尔将传统解释学从方法论和认识论性质的研究转变为本体论性质的研究,从而使解释学由人文科学的方法论转变为一种哲学,并发展成为解释哲学。20世纪50年代末,伽达默尔将海德格尔的本体论与古典解释学结合起来,使解释哲学成为一个专门的哲学学派。伽达默尔为德国当代哲学家,现代解释哲学的创始人和主要代表之一,其认为人文科学不可避免地具有历史相对性与文化差异性,人们应该在美学、哲学和人文、历史学科之间综合运用解释学,以便更好地认识世界。

第四节　马克思主义哲学

马克思主义哲学是马克思主义学说的重要组成部分和理论基础,包括辩证唯物主义和历史唯物主义,是人类科学思想中的最伟大成果。辩证唯物主义是关于自然、社会和思维的普遍规律的科学;历史唯物主义是关于人类社会发展一般规律的科学,又称唯物史观,辩证唯物主义和历史唯物主义相互联系、相互融通,具有内在的不可分割性。

一、辩证唯物主义

辩证唯物主义内容包括辩证唯物论、唯物辩证法和认识论三大部分。辩证法和唯物主义的研究对象是统一的,都是客观世界,但两者研究角度不同。唯物论说明世界的本质"是什么",辩证法则进一步回答客观世界"怎么样",处于什么样的状态,两者相互渗透,不可分割。认识论是建立在唯物论基础上,坚持实践对认识的决定作用;同时,认识论以实践为基础,是能动的反映论,贯穿了唯物辩证法的基本思想。三者相互渗透、不可分割,共同体现了马克思主义哲学的完整性和科学性。

(一)辩证唯物论

辩证唯物论是关于世界物质性及其物质与意识辩证关系的学说。具体内容包括:世界的物质性原理、物质与意识辩证关系原理、意识能动作用原理、物质和运动辩证关系原理、运动与静止辩证关系原理、规律的客观性与普遍性原理、客观规律与主观能动性辩证关系原理。

1. 物质与意识

物质指不依赖于人的意识并能为人的意识所反映的客观实在,凡一切可感知的事物都可称为物质,物质的唯一特性就是客观实在性。意识是人脑对客观实在近似或能动的反映。任何意识都是客观存在的反映,都能从客观实在找到原形。人脑是意识的物质器官,意识是人脑的机能,意识的唯一特性就是反映性。

世界的物质性原理认为:自然界和人类社会都是物质的,意识是自然界长期发展的产物,也是物质的,世界是物质世界的多样性统一。

物质与意识辩证关系原理认为:世界的本质是物质,先有物质,后有意识;物质是第一性的,意识是第二性的;物质决定意识,意识是物质的反映。

意识能动作用原理认为:意识活动具有目的性、自觉选择性和主动创造性,对人类改造客观世界具有指导作用,即人能够能动地改造客观世界。

以上原理指导我们:在思考问题、处理事情的时候,要坚持一切从实际出发,使主观认识符合客观规律;同时,要重视意识的能动作用,树立正确的思想意识。

2. 运动与静止

运动是指宇宙中发生的一切变化和过程,运动是事物的固有属性。运动具有永恒性、绝对性和无条件性。静止指运动的事物在一定阶段上质的相对稳定性和运动的事物相对于一定参照系未发生位置移动,相对静止是物质分化的根本条件。静止具有暂时性、相对性和有条件性。

物质和运动辩证关系原理认为:运动是物质的根本属性和存在方式,世界上不存在脱离运动的物质,物质和运动存在着不可分割性。

运动与静止辩证关系原理认为:世界上的一切事物都处在运动、变化之中,运动是无条件的、绝对的、永恒的;静止是一种特殊的运动,是有条件的、暂时的和相对的;世界上一切事物的存在和发展,都是绝对运动和相对静止的统一,是动中有静,静中有动。

以上原理指导我们:既要看到事物变化、发展的一面,以动态的、发展的、变化的眼光看待事物;同时,还要看到事物相对静止的一面,坚持运动与静止的辩证统一。

3. 规律

规律是事物运动过程中固有的、本质的、必然的、稳定的联系。规律是客观事物本身所固有的,不以人的主观意志为转移,具有客观性、隐蔽性、相对稳定性、普遍性、重复性和强制性等特点。

规律的客观性与普遍性原理认为:任何事物的发展变化都是有规律的,没有规律的物质运动是不存在,规律具有普遍性。

客观规律与主观能动性辩证关系原理认为:规律是客观的,不以人的意志为转移,既不能被创造,也不能被消灭,但人可以发挥主观能动性,在认识和把握规律基础上,利用规律来改造客观世界。

以上原理指导我们:人类既要尊重客观规律,按规律办事;又要充分发挥主观能动性,将客观规律与主观能动性有机地结合起来。

(二)唯物辩证法

唯物辩证法是研究自然、社会、历史和思维的一种哲学方法,是马克思主义哲学的核心组成部分。唯物辩证法认为："普遍联系"和"永恒发展"是世界呈现出的两个总的特征，即联系的观点、发展的观点；质量互变规律、对立统一规律、否定之否定规律三大规律；原因和结果、内容和形式、现象和本质、偶然性和必然性、可能性和现实性五对范畴。

1. 两大基本特征

（1）事物的普遍联系性。联系，即事物之间以及事物内部诸要素之间是相互影响、相互制约和相互作用的关系。联系具有客观性、普遍性和多样性特点。客观性指事物之间的联系是本身所固有的，不是主观臆想的；普遍性指任何事物都与其他事物存在着联系，世界是相互联系的统一整体，每一事物都是世界普遍联系事物的一部分；多样性指世界上的事物是多样的，联系也呈现多样性。

唯物辩证法认为：世界上的一切事物都与周围其他事物有着多样性的联系，世界是一个普遍联系的有机整体，联系是事物本身所固有的，不以人的意志为转移；世界上的事物具有多样性，因而事物联系的方式也是多种多样的，但事物的联系是有条件的。整体和部分是事物普遍联系过程中的关系形式，整体是事物的全局和发展的全过程，处于主导地位，起决定作用；部分是事物的局部和发展的各个阶段，处于被支配地位，部分会影响整体。整体与部分又是相互联系、密不可分的，整体是由部分构成的，离开了部分，整体就不复存在；部分是整体中的部分，离开了整体，部分就不成其部分，整体与部分的关系是辩证统一的，在一定意义上体现为系统和要素的关系。系统是由相互联系和相互作用的诸要素构成的统一整体，其基本特征是整体性、有序性和内部结构的优化趋向；要素是构成系统的基本单位，是系统产生、变化、发展的动因。

这一原理指导我们：看待事物、处理问题时，要坚持联系的观点，在固有的联系中把握事物，注意事物存在和发展的条件，并要树立全局观念，立足整体，搞好局部，在遵循系统内部结构的有序性基础上，用局部的发展推动整体的发展。

（2）事物的永恒发展性。发展是一种连续不断的变化过程，即新事物产生和旧事物灭亡的过程。发展具有永恒性、普遍性特点。一切事物都处于运动、变化、发展过程，世界上没有永恒不变的事物。

唯物辩证法认为：自然界、人类社会、人的认识等世界上的一切事物都处在永不停息的变化发展之中，都有要经历产生、发展和灭亡的过程；发展是普遍的、永恒的，且有其自身的规律性。发展的实质是新事物的产生和旧事物的灭亡，矛盾是事物发展的动力，即事物的发展是内外因共同作用的结果，其中内因是事物发展的根据，外因是事物发展的条件，外因要通过内因起作用。但事物的发展不是一帆风顺的，是前进性与曲折性相统一的，即发展的方向是在前进中上升，但前进的道路是曲折迂回的。

这一原理指导我们：要坚持科学发展观，用发展的观点去看待事物，观察事物。分析问题时，要将内外因结合起来，既要看到内因的决定作用，又要看到外因的条件作用；同时，要看到任何事物的发展都不是一帆风顺的，既要反对盲目乐观主义，又要反对悲观失望思想。

2. 三大规律

（1）质量互变规律。质是一事物区别于其他事物特殊的内在的规定性，事物的质决定了一事物是该事物而不是其他事物,质和事物的存在是直接同一的。量是事物存在和发展的规模、程度、速度以及它的构成成分在空间的排列组合等可以用数量表示的规定性,量和事物的存在不具有直接同一性,量的改变不影响事物的存在。度是事物保持自己质的量的界限,即事物的质保持其稳定性的量的范围、幅度和限度。

唯物辩证法认为:任何事物的发展都是量变和质变的统一,量变是事物数量的增减、场所变更及事物排列组合的变化,具有不显著性和连续性特点;质变是事物由一种质的形态向另一种质的形态的变化,具有显著性和连续过程的中断性。量变与质变存在相互转化,量变是质变的必要准备,质变是量变的必然结果;质变体现和巩固量变的成果,并为新的量变开拓道路,彼此存在相互渗透,即量变中渗透着质变,质变中渗透着量变;事物的发展就是由量变到质变,由部分质变到根本质变,在新质基础上又开始新的量变过程。

这一原理指导我们:既要重视量的积累,从一点一滴的小事做起;又要注意抓住时机,趋利避害,促成质的飞跃,同时还要坚持适度原则。

(2) 对立统一规律。唯物辩证法认为,任何事物都包含着既对立又统一的两个方面,即矛盾性,矛盾存在于一切事物之中,具有普遍性、客观性,是事物固有的特性,不以人的意志为转移。矛盾在不同事物中和同一事物的不同发展阶段具有不同特点,即矛盾又具有特殊性。矛盾的普遍性和特殊性是辩证统一的,即普遍性寓于特殊性之中,并通过特殊性表现出来;特殊性也离不开普遍性,二者在不同场合可以相互转化。

事物内部不仅存在着矛盾,还存在主要矛盾和次要矛盾、矛盾的主要方面和次要方面的辩证关系。主要矛盾和次要矛盾互相依赖、互相联系,呈现辩证统一的关系,即主要矛盾处于支配地位,起决定作用;次要矛盾处于从属地位,对事物发展不起决定作用,但会影响主要矛盾的发展和解决;主次矛盾相互影响,在一定条件下相互转化。同时,在矛盾内部还存在矛盾的主要方面和次要方面,主要方面处于支配地位,起主导作用,规定着事物的性质,即事物的性质是由主要矛盾的主要方面决定的,但次要方面对事物的性质也有影响,主次两方面相互排斥又相互依赖,在一定条件下相互转化。

这一原理指导我们:看待事物要运用一分为二的观点,坚持具体问题具体分析,把握主要矛盾,抓重点、中心和关键;但也不忽视次要矛盾和矛盾的次要方面,要做到统筹兼顾。

(3) 否定之否定规律。唯物辩证法认为,任何事物都包含肯定和否定两个方面,肯定是保持事物自身存在和性质稳定的方面,即肯定这一事物为其自身而不是其他事物的方面;否定是事物否定自身存在,促使自我否定和质变的方面。肯定和否定作为矛盾的双方,既相互对立和排斥,又相互依存和渗透,两者是辩证统一的。事物运动的总体过程是一个从肯定到否定,从否定到否定之否定的辩证过程,即肯定包含着否定,否定又包含着肯定。

这一原理指导我们:在考察事物时要做到"扬弃",即克服旧事物中过时的、消极的内容,保留旧事物中积极合理的因素,做到解放思想、实事求是和在传承中创新。

3. 五对基本范畴

(1) 原因和结果的关系。客观世界到处都存在着引起(A)与被引起(B)的普遍关系,唯物辩证法把这种引起(A)与被引起(B)的关系,称为因果关系或因果联系。其中,引起某种现象的现象(A)叫原因,而被某种现象(A)所引起的现象(B)叫结果。有原因必会造成某种结果,有结果又必源于某种原因。一个原因可能导致几个结果,一个结果可能源于几方面原因,原因与结果既对立又统一,因果倒置会引起逻辑混乱,原因和结果又相互依存,没有无因之果,也没有无果之因,两者在一定条件下可相互转化。

这一原理指导我们:要正确把握事物的因果关系,坚持用内外因相结合的观点看待问题,充分重视内因,同时不可忽视外因。

(2)现象和本质的关系。现象是事物的外部联系和表面特征,人们通过感官可感知到。本质是事物的内在联系,需要靠人的理性思维才能把握。现象是关于事物个别的、具体的特性,本质是关于事物一般的、共同的特性。现象和本质既对立又统一,现象离不开本质,本质也离不开现象,两者相互联系、相互依存。任何现象都从一定的方面表现着本质,都是本质的某种表现;本质也不可能离开现象而单独存在,任何本质都要通过一种或多种现象表现出来。

这一原理指导我们:认识事物必须在把握现象基础上,看到事物的本质,不能为现象所迷惑。

(3)内容和形式的关系。内容是事物内在要素的总和,形式是内在要素的组织和结构。事物总是具有一定的内容和形式,内容和形式既对立又统一,两者相互依存、相互作用。内容虽不同于形式,但没有内容的形式是空洞的,没有形式的内容又是杂乱的。内容决定形式,形式又服务于内容;同一内容可以有多种表现形式,同一形式又可以容纳或表现不同的内容。

这一原理指导我们:要根据内容,选择合适的形式,做到内容与形式的统一。

(4)可能性和现实性的关系。可能性指事物包含的种种可能的发展趋势,现实性指已经实现了的可能性,即实际存在的事物和过程。由于事物内外矛盾的复杂性,事物往往包含相互矛盾的几种可能性,但在具备条件的情况下,往往只有一种可能性转化为现实,其他的可能性则在矛盾斗争中被克服而没有成为现实。可能性和现实性既对立又统一,可能性是尚未实现的现实,现实性则是已经实现了的可能,两者相互依存,在一定条件下可以相互转化,可能性的根据存在于现实性之中;现实性是由可能性发展而来的。

这一原理指导我们:一切工作必须立足于现实,同时要注意分析各种可能情况,充分发挥主观能动性,争取将好的可能性转化为现实性。

(5)必然性和偶然性:必然性是事物联系和发展过程中一定要发生的、确定不移的趋势;偶然性是事物联系和发展过程中并非确定发生的,可能出现或可能不出现的不确定趋势。必然性和偶然性有一定区别,必然性产生于事物内部的根本矛盾,在事物发展过程中比较稳定和确定,在事物发展中居于支配地位,决定着事物发展的方向;偶然性产生于非根本矛盾和外部条件,具有不确定性,在事物发展中居于从属地位。必然性和偶然性又是统一的,一定条件下可以相互转化,必然性存在于偶然性之中,偶然性是必然性的表现形式和补充。

这一原理指导我们:要立足于必然性,但也不能忽视偶然性,要防止和消除一切不利的偶然性,做到"防患于未然"。

（三）认识论

认识论是辩证唯物主义的重要组成部分，是关于人类的认识来源、认识能力、认识形式、认识过程和认识真理性问题等的科学理论。认识论坚持从物质到意识的认识路线，认为认识的发展过程是从感性认识到理性认识，再由理性认识到能动地改造客观世界的辩证过程。内容包括认识与实践的统一、真理与谬误。

1. 认识与实践的关系

认识是指人脑对外部世界的反映，包括感性认识和理性认识。感性认识是人脑通过感觉器官获得对客观具体事物生动直观的形象和外部联系的认识，是认识的初级阶段，包括感觉、知觉和表象三种形式；具有具体性、直观性和形象性等特点。理性认识是人的思维对感性认识的东西进行抽象而获得的反映客观事物本质和内部联系的认识，是认识的高级阶段；具有抽象性、间接性和普遍性特点。实践是人类能动地改造客观世界的物质活动，既不是主观精神活动，也不是客观物质活动，是主观见之于客观的活动，具有客观物质性、主观能动性、社会历史性等特点。

认识论认为：实践是认识的基础，对认识具有决定作用，体现为实践是认识发生的直接来源、发展的根本动力和认识的目的，还是检验认识是否具有真理性的唯一标准。但认识反作用于实践，能动地反映实践，体现在认识对实践的指导方面。先进的、正确的认识能够指导实践，促进社会进步与发展；落后的、错误的认识则会对实践产生消极作用，阻碍社会进步与发展。认识的本质是在实践基础上，主体对客体能动的反映。认识的发展存在着规律性，体现为认识过程是一个由感性认识到理性认识再到实践的过程，是"实践—认识—实践"的过程。在这个过程中，经过了两次飞跃，第一次飞跃是从实践到认识的飞跃，第二次飞跃是从认识再到实践的过程，两次飞跃有量变和质变的辩证关系，同时认识过程还表现为否定之否定的过程。

这一原理指导我们：要坚持实践第一的观点，自觉参加实践活动，同时要重视科学理论的指导作用。

2. 真理与谬误

真理是人们在对客观事物本质和规律把握基础上，对客观事物正确的反映。真理具有客观性、具体性和条件性等特点，即真理的内容是客观的，但真理会随着客观事物和实践的发展而变化，任何真理都是主观与客观、理论与实践的具体的历史的统一。谬误是指人们对客观事物本质和规律的歪曲反映，真理和谬误既对立又统一，两者相互依存、相互包容，在一定条件下相互转化。

这一理论指导我们：要与时俱进，开拓创新，在实践中认识、检验和发展真理。

二、历史唯物主义

历史唯物主义是关于人类社会发展一般规律的理论，内容涉及社会发展和个人发展两大部分，具体包括社会存在和社会意识、社会基本矛盾运动、社会发展的总趋势、人民群众是社会历史的主体、价值观与价值选择、人生价值实现等原理。

(一)社会发展

1. 社会存在和社会意识的关系

社会存在指社会生活物质方面的总和,包括自然地理环境、人口因素、生产方式等,其中以物质资料的生产方式为主要内容。社会意识指社会生活的精神方面,包括政治、法律、思想、艺术、道德、宗教、哲学、科学以及风俗习惯等。

历史唯物主义认为:社会存在决定社会意识,社会意识具有相对独立性,社会意识是对社会存在的能动反映。落后的社会意识对社会发展起阻碍作用,先进的社会意识能够正确预见社会发展方向和趋势,对社会发展起积极的推动作用。

这一原理指导我们:要坚持一切从实际出发、实事求是的原则,确立先进正确的社会意识,反对落后消极的社会意识。

2. 社会基本矛盾运动

历史唯物主义认为生产力与生产关系的矛盾、经济基础与上层建筑的矛盾是社会发展的两大基本矛盾,贯穿人类社会始终。生产力是人类改造自然与社会,获取生产与生活资料的能力;生产关系是在物质生产过程中形成的人与人之间的社会关系,集中体现为人与人之间的物质利益关系。经济基础是由社会一定发展阶段的生产力所决定的生产关系的总和,是构成一定社会的基础;上层建筑是建立在经济基础之上的意识形态和与之相适应的制度、组织和设施。

生产力与生产关系的矛盾表现为生产力决定生产关系,生产关系对生产力具有反作用。生产关系适应生产力发展状况时,就会推动生产力的发展;反之,则会阻碍生产力的发展。经济基础与上层建筑的矛盾表现为经济基础决定上层建筑,上层建筑对经济基础具有反作用,当上层建筑适合经济基础状况时,就会促进经济基础的巩固和完善;反之,则会阻碍经济基础的发展和变化。这两大基本矛盾表明人类社会发展的两大基本规律,即生产关系一定要适合生产力发展的规律和上层建筑一定要适合经济基础发展的规律。

这一原理指导我们:要尊重社会发展的客观规律,自觉运用唯物辩证法的基本观点和方法,认识和把握社会的各种现象,正确处理社会发展中的各种矛盾,不断克服前进道路上的各种困难,推进中国特色社会主义事业发展。

3. 社会发展总趋势

社会发展的总趋势是前进的和上升的,但发展的过程是曲折的。社会发展是在生产力和生产关系、经济基础和上层建筑两对矛盾运动中,在社会基本矛盾不断解决中实现的。

这一原理指导我们:既要看到社会发展的前途是光明的,要对未来充满信心,又要注意不断克服前进道路上的各种困难。

4. 人民群众是社会历史的创造者

历史唯物主义认为,人民群众是历史的创造者,是社会的主体;是社会物质财富和精神财富的创造者,是社会变革的决定力量。

这一原理指导我们:树立群众观点,坚持群众路线,做到从群众中来,到群众中去。

1. 价值与价值观

价值是主体根据自己的愿望、需要、利益等主体性标准，对认识对象的意义做出的判断，即一事物所具有的能够满足主体需要的属性和功能。价值观是个人对人、物等客观事物及对自己行为结果的意义、作用、效果和重要性的总体评价，是个性心理结构的核心因素之一。价值观反映人对客观事物的是非及重要性的评价。作为一种社会意识，价值观对社会存在具有重大反作用，对人的行为具有重要的导向和调节作用。

价值判断与价值选择是人们对事物是否满足主体需要及满足程度做出的判断和选择。人们站在不同的立场，就会有不同的价值观，面对事物时，就会做出不同的价值判断和价值选择。

这一原理指导我们：价值判断与价值选择的标准应符合事物的发展规律，符合人类的根本利益。新时期我国倡导的正确的价值观是发扬集体主义精神，反对个人主义，做到爱国、敬业、诚信、友善。

2. 人生观与人生价值实现

人生观是世界观的重要组成部分，受世界观的制约，是人们在实践中形成的对于人生目的和意义的根本看法，它决定着人们实践活动的目标和方向，也决定着人们行为选择的价值方向和对待生活的态度。

人生价值的实现：人作为社会的主体和被认识对象的社会客体，与社会的关系是辩证统一的，相互影响、相互制约。个人作为社会的一份子，其价值体现在社会价值和自我价值的统一。一方面表现为人通过自己的活动，付出了心血和劳动，满足了社会和他人的需要，实现了社会价值；另一方面，人在社会劳动中获得相应的劳动报酬，得到社会对自己价值的承认，从而实现了自我价值；二者辩证统一。个人对社会的贡献是实现人生价值的基础和源泉，处于首要地位，社会对个人的尊重和满足是实现人生价值的基本前提和条件。

这一原理指导我们：要树立正确的价值观，坚持在劳动和奉献中体现和创造价值，在个人与社会的统一中实现人生价值。

【测试训练题】

一、选择题

1. 哲学的基本问题是（　　　　）。

A. 物质和意识何者为本原，即两者谁为第一性，谁为第二性的问题

B. 物质和意识是具有同一性的问题

C. 物质和意识的关系问题

D. 物质和意识的辩证关系问题

2. 我国哲学思想中有"天地成于元气，万物成于天地"的说法，认为"元气"是构成天地万物的本原。这种哲学观点属于（　　　　）。

　　A. 朴素唯物主义　　　　　　　　　　　　　B. 主观主义

C. 形而上学唯物主义　　　　　　　　　D. 辩证唯物主义

3. 持"以无为本""色即是空""心无色有"观点的学派是(　　)。

A. 道教　　　　　　B. 佛教　　　　　　C. 儒教　　　　　　D. 理教

4. 认为原子是构成万物的物质实体,与原子相对应的是一种无实体的、无形体的空,原子和虚空共同构成了世界的本原的哲学学派是(　　)。

A. 伊奥尼亚哲学　　　　　　　　　　　B. 智者学派

C. 原子论哲学　　　　　　　　　　　　D. 伊壁鸠鲁哲学

5. 马克思主义哲学的直接理论来源是(　　)。

A. 德国古典哲学　　　　　　　　　　　B. 黑格尔的辩证法

C. 费尔巴哈的唯物主义　　　　　　　　D. 星云假说

6. 物质的唯一特性是(　　)。

A. 客观实在性　　　　B. 可知性　　　　C. 多样性　　　　　D. 系统性

7. 意识是人脑对客观物质世界的主观反映,其正确含义是(　　)。

A. 意识是对客观世界的主观映像　　　B. 意识是大脑的机能

C. 意识先于物质而存在　　　　　　　D. 意识的内容是主观的

8. "士别三日,当刮目相看"这一典故说明,事物是(　　)的。

A. 客观实在　　　　　　　　　　　　B. 变化发展

C. 充满矛盾　　　　　　　　　　　　D. 相对静止

9. 有一则箴言:"在溪水和岩石的斗争中,胜利的总是溪水,不是因为力量,而是因为坚持。""坚持就是胜利"的哲理在于(　　)。

A. 必然性通过偶然性开辟道路　　　B. 肯定中包含着否定的因素

C. 有其因必有其果　　　　　　　　D. 量变必然引起质变

二、填空题

1. 哲学的两大基本派别是_____和_____。

2. 两汉时期,我国学者_____认为"元气"是世界万物的本源。

3. 宣扬"心外无物,心外无事,心外无理"的学派是_____。

4. 中世纪经院哲学在发展中形成了_____和_____两个派别。

5. 提出即"天赋人权",并坚持"社会契约"是保证社会平等的唯一道路的学者是_____。

6. 马克思主义哲学包括_____和_____。

三、辨析题

1. 人类的认识和实践是有限的。

2. 人民群众是历史的剧中人,历史人物是历史的剧作者。

3. 物质文明是社会文明发展的根本标志。

第二章 历史常识

历史是凝固了的现实,现实是正在发展着的历史。历史作为人文社会科学中的一门基础性学科,是提升个人人文素养必须学习和掌握的基本内容。学习历史,对个人而言,可起到读史明智,提升个人修养、培养良好精神品质的作用;对国家而言,可起到鉴古知今,古为今用,更好地推进中国特色社会主义现代化建设的作用。

第一节 历史基本知识

一、历史分期

历史分期是对历史时期的划分,是历史学的一种研究方法,旨在揭示历史过程中不同时期或阶段之间质的差别。人类发展过程中,人物、事件多,如果不能对历史做出科学的分期,就无法对历史体系进行总体的把握,各种具体研究也就失去了坐标系。为了更好地记载和理解历史,把零散的事实归入某种框架,即形成了对历史时期的划分。历史分期能够为人们提供清晰的历史脉络,有助于人们更好地认识历史,把握历史特点及发展规律。

依据不同的标准,可将人类历史划分为不同的时期。通常有两种划分方法:一种以生产关系的性质为标准划分历史时期,即经济社会形态;一种是以生产力和技术发展水平以及与之相适应的产业结构为标准划分历史时期,即技术社会形态。每一种社会形态都有其特定的经济基础和上层建筑,各种社会形态既有自身的特点,又有共同的规律,既互相联系,又相互区别。社会形态是社会在一定历史发展阶段上的具体存在形式,表现为同生产力发展阶段相适应的经济基础和上层建筑的统一体,是社会经济结构、政治结构、文化结构的统一体,包括经济形态、政治形态和意识形态。

人类历史以经济社会形态为标准,有两种基本的划分方法:一是按照社会生产关系划分,依次划分为原始社会、奴隶社会、封建社会、资本主义社会、共产主义社会(社会主义社会是它的第一阶段);一是按照人的发展状况划分,依次划分为人的依赖性社会、物的依赖性社会和个人全面发展的社会。以生产力和技术发展水平以及与此相适应的产业结构为标准划分,也有两种划分方法:一是按照生产工具划分,依次为石器时代、铜器时代、铁器时代、蒸汽时代、电气时代、电子时代;一是按照人类文明的演进形式,人类社会经历了采集狩猎社会、农业社会、工业社会、信息社会四个时期①。世界通史一般把人类历史划分为古代、中世纪(中古)、近代和现代四个时期；中国历史通常把中国历史划分为古代史(包括原始社会、奴隶社会和两千多年的封建社会)，近代史(从 1840 年到 1949 年)和现代史(从 1949 年新中国成立至今)。

二、历法

历法是根据天象变化的自然规律，计量时间的方法，年、月、日是历法的三大要素，都直接与天体运行周期相关。人们在长期观察天文现象中，很早就把四季更迭的周期定为年(回归年)，把月亮盈亏变化的周期定为月(朔望月)，把地球自转一周的周期定为日。回归年又称"太阳年"，是太阳连续两次通过春分点的时间间隔，1 回归年＝365.24 日；朔望月又称"太阴月"，是月球绕地球公转的平均周期，即月相盈亏的平均周期，1 朔望月平均周期为 29.53 日。历法有阴历、阳历、阴阳历三种。阴历又称为"月亮历"，定月的依据是月亮的运动规律，即以月球绕地球公转的周期为计算时间的基础所定的历法。阳历，即太阳历或称格里历，是现在通用历法，是以地球绕太阳公转的周期为计算时间的基础所定的历法，阳历规定一年为 365 天，一年分为 12 个月，其中 1,3,5,7,8,10,12 是大月，每月 31天，2,4,6,9,11 是小月，2 月是 28 天，其余月份每月为 30 天。闰年 2 月 29 天。阴阳历是阴阳合历，是调和太阳、地球、月亮的运转周期制定的历法。它既要求历法月同朔望月基本相符，又要求历法年同回归年基本相符，是一种综合阴、阳历优点，调和阴、阳历矛盾的历法，我国古代的各种历法和今天使用的农历，都是这种阴阳合历。

公历是全世界通用的历法，实质上是一种阳历。最原始的阳历是古埃及人创立的，最初取一年为 365 日。公元前 46 年，罗马统治者恺撒对阳历做了修改，制定儒略历，儒略历分一年为十二个月，平年 365 日；年份能被 4 整除的为闰年，共 366 日。为消除时间上的误差，1582 年罗马教皇格里高利十三世颁布了格里历，儒略历与格里历的区别主要在置闰规则上不同。农历是我国采用的一种传统历法，即严格地按照朔望周期来定月，又用设置闰月的办法使年的平均长度与回归年相近，兼有阴历月和阳历年的性质，实质上是一种阴阳合历。农历以 12 个月为一年，共 354 日或 355 日，与回归年相差 11 日左右，为此通过增加闰月的办法加以协调，有闰月的年份有 13 个月。

三、历史纪年法

历史纪年的方法有多种，目前国际通行的纪年体系是公元纪年，以传说中耶稣基督的生年为公历元年(相当于中国西汉平帝元年)，以这一年为界，在此以前的时间为公元前，以 B.C.(英文 Before Christ 的缩写，意为"基督以前")表示；这一年以后的时间为公元，常以 A.D.(拉丁文 Anno Domini 的缩写，意为"主的生年")表示。与公元纪年相关的还有"世纪"和"年代"两个概念。世纪是计算时间的单位，每一个世纪为 100 年，公元 1 到 100年为 1 世纪，公元 101 至 200 年为 2 世纪；公元前 100 年至公元前 1 年为公元前 1 世纪，公元前 200 年至公元前 101 为公元前 2 世纪，依次类推。年代也是计算时间的方法，每 10

① 田昌五.古代社会形态研究[M].天津：天津人民出版社,1980.

年为一个年代,1 个世纪划分为十个年代,第几个十年即为第几个年代,如 1950 至 1959 年,即为 20 世纪 50 年代。

世界各地都有不同的历史纪年法,如古代巴比伦使用巴比伦纪年,以公元前 747 年为纪元;古代希腊曾使用希腊纪年,以公元前 5598 年为纪元;伊斯兰教采用伊斯兰纪年,以穆罕默德出走的公元 622 年为纪元;在佛教流行的东南亚地区,使用佛教纪年,以公元前 543 年为纪元;我国有多种纪年法,但在相当长的时间内,采用"干支纪年法"。

我国古代纪年法主要有王公即位年次纪年法、年号纪年法、干支纪年法、生肖纪年法和年号干支兼用纪年法。王公即位年次纪年法,即以王公在位年数来纪年,如《左传·殽之战》记载"三十三年春,秦师过周北门",这里指鲁僖公三十三年。年号纪年法,即以皇帝的年号来纪年的方法。自公元前 140 年,汉武帝开始立建元元年,历代皇帝都建立年号,如《岳阳楼记》中的"庆历四年春",庆历是北宋时期宋仁宗赵祯使用的年号,庆历四年是宋仁宗四年,即公元 1044 年。干支纪年法是以"甲、乙、丙、丁、戊、己、庚、辛、壬、癸"十天干和"子、丑、寅、卯、辰、巳、午、未、申、酉、戌、亥"十二地支依次相配,组合成六十个计时序号作为纪年的方法,六十年一轮回,周而复始。如"甲午战争""戊戌变法""辛亥革命"都是干支纪年法。生肖纪年法,即按照生肖纪年的方法,如狗年、牛年等。在民间,则将十二地支与十二生肖结合来纪年,如子鼠、丑牛、寅虎、卯兔、辰龙、巳蛇、午马、未羊、申猴、酉鸡、戌狗、亥猪,如果知道干支,就可以推算出生肖。年号干支兼用纪年法,即将皇帝年号与干支结合起来纪年的方法,一般纪年时将皇帝年号置前,干支列后,如《核舟记》中"天启壬戌秋日","天启"是明熹宗朱由校年号,"壬戌"是干支纪年,即公元 1622 年。

第二节　中国历史

中国历史源远流长,大致可以划分为古代史、近代史和现代史三大阶段。

一、中国古代史

中国古代史为距今 170 万年前中华大地上有最早人类起到 1840 年鸦片战争爆发前的历史,可划分为史前时期、夏商周时期、秦汉时期、三国两晋南北朝时期、隋唐时期、宋元时期和明清时期。

（一）史前时期

史前时期指从距今 170 万年前中国大地上有最早人类到公元前 21 世纪夏朝建立前的历史,大致划分为原始群和氏族公社两个阶段。

1. 原始群

人类刚刚从猿类分化出来,过着群居生活,被称为原始群。中华大地上发现最早的人类是在云南省元谋县发现的元谋人,距今约 170 万年;陕西蓝田发现的蓝田人,距今约 80 万年;北京周口店龙骨山发现的北京人,距今约 50 万年。北京人能使用一些粗糙的打制工具,会使用天然火,能直立行走,是世界上最早发现的直立人之一。

2.氏族公社时期

距今约 2 万至 10 万年左右,人类从原始群向氏族社会过渡。氏族公社可分为母系氏族和父系氏族公社。母系氏族公社以母亲血缘关系为纽带,妇女在氏族公社中居于支配地位,氏族成员共同劳动,过着平等的生活。长江流域的河姆渡氏族和黄河流域的半坡氏族是我国母系氏族社会典型代表。河姆渡人已经掌握种植水稻技术,建造干栏式房屋;半坡人已经掌握种植粟的技术,建造半地穴式房屋。他们都已经饲养猪、狗、牛等,有了原始的农业和畜牧业,使用彩陶,用麻纺织,过着定居的农业生活。父系氏族公社以父系血缘确定亲属关系,形成了以男子为中心的大家族,男子是家庭和社会的核心。山东章丘市的龙山文化、浙江杭州的良渚文化和山东泰安的大汶口文化都处于父系氏族公社时期。父系氏族公社时期,农业和饲养业兴盛,手工业从农业中分离出来,出现了专门的手工业家族,产品出现剩余,并开始进行交换,贫富开始分化。

3.远古神话传说

在我国各地有许多远古人物神话传说,其中有关"三皇""五帝"人物的传说流传最为广泛。"三皇",有伏羲、女娲、神农之说,有燧人、伏羲、神农之说。传说有巢氏"构木为巢",教会人们建造房屋以避风雨;燧人氏"钻木取火",使人们学会使用火;伏羲氏绘制八卦,教民结网捕鱼、驯养野兽;神农氏遍尝百草,发现可食用植物,被尊称"五谷先帝"。"五帝",指黄帝(轩辕)、颛顼、帝喾、尧、舜,传说是父系氏族社会时期五位最具影响力的部落或部落联盟首领。

"炎黄子孙",华人的自称。炎帝(神农氏)、黄帝(轩辕)是传说中 4000 多年前黄河流域的两大部落首领,中华始祖。炎帝和黄帝部落经常发生战争,最后黄帝打败了炎帝,两个部落渐渐融合成华夏族,华夏族在汉朝以后称为汉人。炎帝、黄帝之后的几位远古帝王都认为自己是炎帝黄帝子孙,后来随着民族的融合,各周边少数民族都认为自己是炎黄子孙。清末随着外敌入侵和中华民族主义的建构,中国人皆为炎黄子孙成为共识。

(二)夏商周时期

1.夏朝

公元前 2070 年大禹死后,其子启继位,废除禅让制,实行世袭制,建立夏朝。夏朝是我国历史上第一个王朝,也是最早的奴隶制国家。夏朝开始出现青铜容器和兵器。夏历传说为夏朝创立,为我国最早的历法。

2.商朝

约公元前 1600 年商汤推翻夏桀的残暴统治,建立商朝,定都亳(今安徽亳州)。公元前 1320 年盘庚迁都殷(今河南安阳),故称殷商。商朝建立了比较完备的国家机构,处于奴隶制鼎盛时期,青铜器冶炼和制造相当成熟。后母戊鼎是商朝青铜文化的代表,重达 875 公斤,是现今世界上最大的青铜器。"甲骨文"为我国殷商出土的文字,是中国已知最早成体系的文字,中国现在的汉字就是从它发展而来。商朝也是中国历史上第一个有出土文字证实的王朝。公元前1046年周武王姬发大举进攻商都殷，双方会战于牧野，纣王兵败，自焚于鹿台，商朝灭亡。牧野之战是中国历史上以少胜多、以弱胜强的著名战例。

3. 周朝

周朝分西周和东周两个阶段。西周指从公元前1046周武王建立周到公元前771年周幽王为犬戎所杀；东周指从公元前770年周平王迁都洛邑至公元前221年秦王嬴政统一六国，建立我国历史上第一个中央集权国家——秦。

西周建立后，为巩固统治，周统治者建立了分封、宗法、礼乐、井田等完备的体制。分封制，即把宗亲、功臣分封各地，建立诸侯国，命从周天子。各诸侯在自己封疆内实行再分封，形成等级制和严格的宗法体制。礼乐制是等级制度的具体体现。井田制是西周社会生产关系的体现，即将良田整治成大小相连的方块田，纵横相连的九田合为一井，每隔3年耕作者之间更换一次田地，即为井田制。公元前841年因周厉王横征暴敛，发生国人暴动。公元前781年周幽王为博爱妃褒姒一笑，不惜"烽火戏诸侯"，后为犬戎所杀。公元前771年西周灭亡。

公元前770年周平王迁都洛邑，史称东周。东周包括春秋（公元前770—公元前476）和战国（公元前475—公元前221）两个阶段。

东周建立后，秦、晋、燕、齐、鲁、楚及长江下游的吴、越等诸侯国都强大起来，齐桓公、晋文公、宋襄公、秦穆公、楚庄王相继称霸，史称"春秋五霸"。齐桓公继位后，实施变法，齐国迅速强大，齐桓公打着"尊王攘夷"口号，大会诸侯，成为春秋五霸之首。齐桓公死后，宋襄公效法齐桓公成为霸主。公元前636年晋文公重耳继位，改革政治，发展经济，称霸中原。晋文公死后，秦穆公称霸西戎。楚庄王继位后，改革内政，国力日趋强大，陈兵周郊，问鼎中原，成为中原霸主。春秋后期地处江浙的吴、越小国逐渐强大，两国争霸，越王勾践卧薪尝胆十年，最终消灭吴国成为霸主。

经过春秋时期的诸侯兼并，到战国初期，秦、楚、韩、赵、魏、齐、燕等诸侯国实力较强，被称为"战国七雄"。公元前325年，秦惠文王自称为王，随后韩、赵、燕等都先后称王，赵武灵王曾实行"胡服骑射"。各大国在争雄称霸中相互拉拢，出现合纵与连横高潮。公元前260年，秦、赵长平激战，赵国派只会"纸上谈兵"的赵括替换廉颇，为秦所败。自公元前230年至公元前221年，秦先后灭掉韩、赵、魏、楚、燕、齐，统一天下，七国争雄局面结束。

春秋战国时期，生产力迅速提高，社会急剧变革，出现了封建制的生产方式。为治理水患，秦国蜀郡太守李冰组织修建水利工程都江堰，至今仍在使用。政治上，各国掀起变法运动，尤以商鞅变法著名；思想文化上，私人讲学和个人著书立说盛行，出现了各种学派，形成百家争鸣局面，主要代表学派有儒家、道家、墨家、法家、兵家等。

儒家代表人物有孔子、孟子、荀子等。孔子为春秋时期鲁国人，我国古代大思想家和教育家，儒家学派创始人，编纂《春秋》，其弟子根据他的语录整理形成《论语》。孔子思想集中体现在"仁"和"为政以德"，反对苛政和任意刑杀。孔子创办私学，广收门徒，主张"有教无类""因材施教"，创立了自己一整套教育思想体系。孟子为战国时期邹国人，儒家代表，主张"仁政"，最早提出"民贵君轻"思想，提倡性善论，与孔子并称"孔孟"。道家代表人物老子、庄子等。老子为中国古代思想家、哲学家、文学家和史学家，道家学派创始人，著

《道德经》，以"道"解释宇宙万物演变，认为事物有对立面而且能相互转化，所谓"祸兮福之所倚，福兮祸之所伏""天下万物生于有，有生于无"。庄子，战国时期楚国人，伟大的思想家、哲学家、文学家，著《庄子》，主张"天人合一"和"清静无为"，与老子并称"老庄"。墨家代表人物墨子，战国初期宋国人，墨家学派创始人，战国时期著名思想家、教育家，主张"兼爱""非攻"。法家代表人物韩非子，战国末期韩国公子，著名哲学家、思想家、政论家和散文家，法家思想的集大成者，著有《韩非子》，主张变法，反对空谈仁义，提出君主专制中央集权的理论。兵家代表人物孙武、孙膑等，著《孙子兵法》《孙膑兵法》。

战国时期，中国文字更加成熟，形成了"大篆"，秦统一为"小篆"，已经是非常成熟的文字。战国时期医学家扁鹊被看作是中医的鼻祖，他总结前人经验，创立"望、闻、问、切"四诊法，一直被中医沿用。屈原为战国末期楚国爱国诗人，采用楚国方言，创造出一种新体诗歌——楚辞体，代表作品《离骚》。我国传统端午节据说是为纪念屈原而形成的。

诸侯国之间的相互兼并，实现了区域性的局部统一，为实现全国统一奠定了基础。与此同时，诸侯国间的战争也促进了各民族频繁迁徙和交往，华夏族与周边少数民族开始融合，推进了中华民族文化融合发展。

（三）秦汉时期

1. 秦朝

秦王嬴政灭掉韩、赵、魏、楚、燕、齐六国后，建立起我国历史上第一个统一的多民族中央集权国家——秦，定都咸阳。秦王嬴政自称"始皇帝"，是中国历史上第一个称皇帝的封建王朝君主。为巩固政权，秦始皇采取了一系列措施：政治上，创立封建中央集权制度，中央设丞相、太尉、御史大夫，分管行政、军事和监察百官，地方上推行郡县制。经济上，统一货币，采用秦半两钱，即圆形方孔钱；统一度量衡和车轨。思想文化上，建立统一的伦理道德和行为规范；统一文字，以小篆作为全国规范的文字；推广隶书，为加强思想控制，"焚书坑儒"。军事上，南征百越，修建灵渠，沟通湘水和漓水，将福建、浙江、两广纳入中国版图，为解除匈奴对秦的威胁，派蒙恬北击匈奴，修筑长城，西起临洮（甘肃岷县），东到辽东，为开拓西南，开凿从今四川宜宾通往云南滇池一带的栈道，即五尺道，加强与西南少数民族的联系。秦对东南、岭南、西南以及北方等边远地区的开拓，奠定了中国统一多民族中央集权国家的基本格局。

2. 两汉

西汉和东汉统称两汉。西汉指从公元前 202 年刘邦称帝至公元 8 年王莽建立新朝，东汉指从公元 25 年刘秀称帝至公元 220 年曹丕篡汉，前后共 400 年。

公元前 209 年，陈胜、吴广揭竿而起，刘邦、项羽乘机抗秦，公元前 206 年刘邦入关中，秦朝灭亡。公元前 206 年至公元前 202 年，为争夺政权，霸王项羽和汉王刘邦两大集团展开大规模战争，史称"楚汉之争"，以项羽自刎乌江，刘邦胜利告终。公元前 202 年，刘邦称帝，定都长安，建国号为汉，史称西汉，是中国历史上的一个大一统王朝。西汉建立后采取"休养生息"国策，经文景之治，出现了政治升平、经济繁荣盛世。汉武帝刘彻即位，对内颁布"推恩令"，强化专制主义中央集权制度；对外派卫青、霍去病反击匈奴，开辟丝绸之路；

为统治需要,采纳董仲舒"罢黜百家,独尊儒术"建议,自此儒家思想逐渐成了中国专制社会的正统思想。汉武帝时期,东并朝鲜、南平百越、北破匈奴、西征大宛,建立起东达朝鲜半岛、西逾葱岭、北抵阴山的辽阔疆域,奠定了中华民族的疆域版图。公元8年,西汉外戚王莽夺权,建立新朝,西汉灭亡。

公元25年,西汉宗室刘秀废新朝称帝,定都洛阳,延续"汉"国号,史称东汉。刘秀称帝后,先后消灭大小割据势力,使全国再次归于统一。刘秀统治时期,注意恢复生产,发展经济,促进了社会安定繁荣,史称"光武中兴"。公元184年,爆发黄巾起义,东汉王朝下令各郡自行募兵守备,为汉末军阀割据埋下祸患。公元189年至192年,陇西豪强董卓立刘协为帝,独揽朝政,是为"董卓之乱"。董卓之后,曹操逐渐掌握朝廷权力。公元220年,曹操之子曹丕篡汉,改国号为"魏",东汉灭亡,自此中国历史进入三国鼎立时期。

两汉时期,牛耕和铁器普遍使用,农业、手工业发展,特别是纺织业和瓷器制造业发展,促进内外贸易兴盛,中国丝绸和瓷器通过丝绸之路远达古罗马、印度等国。西汉时,司马迁编著的《史记》是中国第一部纪传体通史,被誉为"史家之绝唱,无韵之离骚";东汉班固著《汉书》是中国第一部断代史。西汉已经用麻做纸,东汉蔡伦改进造纸术,促进了文字记录方式的变革,数学方面出现《周髀算经》《九章算术》等著作。东汉科学家、天文学家张衡制造了"浑天仪""地动仪"等科学仪器。汉朝是我国中医发展的重要时期,东汉著名医学家华佗制成全身麻醉药剂"麻沸散",还编制了一套医学体操"五禽戏";张仲景著成《伤寒杂病论》,全面阐述了中医的理论和治病原则,后人尊称为"医圣"。

汉朝对外交流频繁,武帝时曾两次派张骞出使西域,开辟了通往西域的"丝绸之路",加强了汉朝同西域各国的联系;公元前60年,西汉设置西域都护,总管西域事务,从此今新疆地区正式归属中央政府管辖,成为我国不可分割的一部分。东汉时期,班超经营西域30年,不但令西域诸国归顺汉朝,而且开拓了东西文化的交流。两汉之际,佛教通过丝绸之路传入中国,对后世的中国文化产生深远影响。东汉建立的洛阳白马寺是中国第一座官办佛教寺庙。

（四）三国两晋南北朝

三国两晋南北朝时期,是中国历史上大分裂、各民族大融合时期。

三国指曹魏、蜀汉及孙吴三个政权。公元200年,曹操在官渡之战中以少胜多击败袁绍,基本掌控北方。公元208年,孙权刘备联军在赤壁之战中以少胜多击败曹操,形成三国鼎立雏形。公元220年,曹丕称帝,建立魏,定都洛阳,史称曹魏,东汉灭亡。公元221年,刘备称帝,建立汉,定都成都,史称蜀汉。公元222年,孙权建立吴,定都建业,史称东吴,至此中国历史正式进入三国时期。公元230年,孙权派将军卫温等率领船队到达夷洲（今台湾）,这是中国历史上第一次有明确记载大陆与台湾大规模交往的史实。

两晋包括西晋和东晋。公元265年司马炎代魏称帝,国号晋,定都洛阳,史称西晋。公元316年,西晋为匈奴所灭,自此北方进入"五胡十六国"的分裂混战状态。317年,西晋宗室司马睿南渡江南,在建康（今江苏南京）重建晋朝,史称东晋。公元420年,刘裕建立宋,东晋灭亡,中国历史进入南北朝时期。

南北朝是南朝和北朝的统称,是中国历史上一个分裂时期。南朝包括在南方相继建立的宋、齐、梁、陈四朝;北朝包括在北方相继建立的北魏、东魏、西魏、北齐、北周五朝。公元 420 年,刘裕代晋建宋,建都建康,史称南朝宋或刘宋;公元 479 年,萧道成代宋建齐,建都建康,史称南齐;公元 502 年,萧衍代齐建梁,建都建康,史称南梁;公元 557 年,陈霸先代梁建陈,建都建康,史称南陈;公元 589 年,隋文帝杨坚灭陈,至此南朝正式退出历史舞台。北朝是与南朝同时并存的北方王朝的统称。从公元 304 年至公元 439 年,匈奴、鲜卑、羯、羌、氐五个少数民族先后在中国北方和西南建立了大大小小十多个政权,统称"五胡十六国"。公元 386 年,鲜卑族拓跋珪称王,改国号魏,史称北魏。公元 439 年,北魏统一北方。公元 493 年北魏孝文帝拓跋宏迁都洛阳,大举改革,即北魏孝文帝改革。公元 534 年,北魏分裂为东魏、西魏。东魏建都邺城,朝政为高欢控制;西魏建都长安,朝政为宇文泰所控。公元 550 年,高欢之子高洋废杀东魏帝,建立北齐,东魏亡;公元 556 年,宇文护废西魏帝,国号周,是为北周,西魏亡。北齐继承东魏版图,北周继承西魏版图,形成对峙局面。公元 577 年,北周攻灭北齐,统一北方;公元 581 年,杨坚代周称帝,国号隋,北周亡。

三国两晋南北朝上承秦汉,下启隋唐,是中国历史上一个重要而特殊的时期。三国鼎立、南北对峙,分裂割据是社会发展的主流,战争导致的人口迁徙不仅促进了南北经济、科学技术的发展,也促进了民族的大融合。政治上,士族制度是最具鲜明特征的政治制度;经济上,大规模推行屯田制,促进了农业发展;北魏孝文帝推行均田制,促进了社会经济恢复和发展。战争导致北方人口大量南迁,促进了江南地区的开发,中国经济和文化重心逐渐开始向东南转移。三国时期,诸葛亮"和抚"南中地区各少数民族,孙吴招降百越,促进西南、东南地区经济发展。东汉末年,北方少数民族陆续内迁,西晋时出现了匈奴、鲜卑、羌、氐、羯等族大迁徙。十六国时期,北方和西南各少数民族割据政权展开混战,打乱了原有民族布局,各民族间差异缩小,北方出现民族融合趋势,北魏孝文帝改革,加速了民族融合。

（五）隋唐时期

隋朝和唐朝是中国历史上两个大统一王朝,也是中国最强盛时期之一。

公元 581 年,隋文帝杨坚取代北周,建立隋,定都大兴城(今陕西西安)。589 年,隋军南下灭陈朝,结束了自西晋末年以来中国长达 360 多年的分裂局面。隋建立后,为巩固政权,中央确立中书省、门下省、尚书省,在尚书省下设吏、户、礼、兵、刑、工六部(简称三省六部制),在地方建立州县制。人员任用上废除魏晋以来的九品中正制,实行察举制。经济上减徭薄赋,实行均田制、租庸调制,统整货币与度量衡,促进了农业和经济发展。公元 604 年,隋炀帝杨广即位,迁都洛阳(今河南洛阳),开凿以洛阳为中心沟通中国南北的大运河,修驰道,筑长城,带动中原与南北各地区经济社会文化交流与商贸发展,开创了万国来朝的"大业盛世"。618 年,宇文化及等人发动"江都政变",杀死隋炀帝,李渊乘机起兵,攻入隋都,建立唐朝,隋朝灭亡。

公元 618 年,唐高祖李渊建唐,改大兴城为长安。626 年,李世民发动"玄武门之变",代李渊继帝位,是为唐太宗。唐太宗继位后开创"贞观之治",为盛唐奠定基础。公元 690 年,武则天废唐睿宗,即皇帝位,改国号周,史称"武周",定都洛阳,成为中国历史上唯一的女皇帝。公元712年,唐玄宗李隆基继位,缔造"开元盛世"。公元755年,安禄山与史思明发动叛乱,史称"安史之乱",唐朝由盛转衰。公元878年,爆发黄巢起义,大大动摇了唐王朝的统治地位。公元907年,朱温篡唐,建国号梁,唐朝覆亡。隋唐时期,疆域进一步扩大,唐朝鼎盛时期,疆域北至贝加尔湖以北和外兴安岭,西至中亚的咸海,东至库页岛,南至越南北部。

隋唐时期,国家统一,社会安定,统治清明,经济繁荣,交通四通八达,中外经济文化交流频繁。政治上,隋朝开创三省六部制和科举制,唐朝进一步完善三省六部制,加强中央集权统治。经济上,推行轻徭薄赋、劝课农桑,兴修水利,封建经济空前发展。文化上,兼收并蓄,文化达到全面繁荣。民族关系上,采取开明的民族政策,促进了各民族的交流交往。公元641年,唐太宗派人护送文成公主入藏,与吐蕃首领松赞干布成婚,其后金城公主入藏,嫁赤德祖赞,并结成联盟。公元822年,唐蕃会盟,建立"和同为一家"的友好关系。公元794年,唐朝与南诏在点苍山会盟,双方建立良好关系。

隋唐时期,日本先后遣使十多批到唐朝学习,日本仿照隋唐文化,改革政治、经济、教育,参照汉字创建日本文字。唐高僧鉴真六次东渡日本,为中日文化交流和佛教传播做出重大贡献。高僧玄奘千里迢迢去天竺学习佛经,回国后写成《大唐西域记》,成为研究中亚、印度半岛以及我国新疆地区历史和佛学的重要典籍。唐朝与东南亚、西亚等国经济文化交流广泛,各国使节、商人、学者等不断来到唐朝。唐朝专门设鸿胪寺接待各国使节宾客,在各地设商馆招待外商,设互市监、市舶司掌管对外贸易。隋唐时期的中国,各种封建的政治、经济、文化制度业已完备,大大影响了世界,特别是加速了东亚周边国家封建化进程。

（六）宋元时期

1. 五代十国

从公元907年唐朝灭亡至公元979年宋统一,中国历史上进入了一段大分裂时期,即史称"五代十国"时期。五代依次为梁、唐、晋、汉、周,十国为南吴、吴越、前蜀、后蜀、闽、南汉、南平、马楚、南唐、北汉。公元960年,后周赵匡胤陈桥兵变,代后周建立北宋,定都东京,五代结束。公元979年,宋灭北汉,基本统一全国,十国结束。宋建立后,周围还存在辽、西夏、金等相对较强民族政权与北宋对立。

2. 宋朝

宋朝包括北宋和南宋。公元960年,赵匡胤代后周建立宋后,采取重文抑武方针,加强中央集权,剥夺武将兵权,宋太宗赵光义继位后统一全国,宋真宗赵恒与辽国缔结"澶渊之盟"。1125年,金大举南侵,北宋灭亡。公元1127年,康王赵构在南京应天府即位,重建宋朝,是为南宋。公元1235年宋元爆发战争,1276年元朝攻占临安,1279年崖山海战后,南宋灭亡。

宋朝是中国历史上商品经济、文化教育、科学创新高度繁荣的时代,社会各方面都呈现出前所未有的新变化。宋代大兴水利,大面积开荒,踏犁、鞦马等新农具出现,北方农作物引种到南方,大大促进了农业发展,使得经济中心南移。瓷器制造和纺织业发达,成为宋朝重要商品,远销东南亚等地区。造纸技术改进,促进了造纸业和印刷业的发展,出现了官、民和绅士家庭等不同刻印系统。宋朝造船技术水平堪为当时世界之冠,可造"神舟",还出现了车船、飞虎战船等新式战舰。宋朝时期,海外贸易发达,与亚欧50多个国家通商,出口商品主要有丝绸、瓷器、糖、纺织品、茶叶、五金等,进口货物包括象牙、珊瑚、玛瑙、珍珠、玳瑁等,政府还制定了一部《广州市舶条法》,是中国历史上第一部贸易法。

宋时,科学技术有了长足发展。北宋政治家、科学家沈括撰写《梦溪笔谈》,是一部涉及古代中国自然科学、工艺技术及社会历史现象的综合性笔记体著作,有"中国科学史上的里程碑"之称。宋时儒学得到新的发展,产生了"理学",形成"程朱理学"。文学尤以诗、词、散文突出,产生了苏轼、陆游等许多著名词人。商品经济高度发达,促进了城市的发展,出现几十个十万人口以上城市,张择端的《清明上河图》生动记录了北宋时期都城东京(又称汴京,今河南开封)的城市面貌和当时社会各阶层人民的生活。

3. 辽朝

辽朝(907—1125)是中国历史上由契丹族建立的政权。公元907年,耶律阿保机成为契丹部落联盟首领,公元916年建国号"契丹",定都上京。公元947年,辽太宗耶律德光南下攻占汴京,改国号辽。公元1125年,辽为金所灭。

4. 西夏

西夏(1038—1227)是中国历史上由党项人建立的政权,因其在西北,宋人称之为西夏。唐后期,西夏首领李思恭因平黄巢起义有功,赐姓李,并封"夏国公"。公元1038年,李元昊称帝,建国号"大夏"。公元1227年,在蒙古大军的强烈攻势下,西夏亡。西夏深受儒家政治文化影响,实行州(府)、县两级管理制;崇儒尚文,历代帝王都非常重视对汉文化的学习,设立蕃学和太学,编写融合和宣扬儒家学说书籍,并尊孔子为文宣帝;仿汉字创制西夏文,为吸收汉族文化,并且维护自己的文化,用西夏、汉两种文字刻印书籍,印刷业发达,设刻字司,以专门掌管出版。

5. 金朝

金朝(1115—1234)是中国历史上由女真族建立的政权,居于中国东北广大地区,与西夏、蒙古、南宋并立。公元1115年,女真首领完颜阿骨打统一女真诸部后,在上京会宁建都立国,号"大金"。公元1125年,金灭辽朝。公元1127年,发动"靖康之变",灭北宋。公元1234年,金在南宋和蒙古南北夹击下灭亡。金朝奠定了中国北方疆域,对确定后来中国北方版图起到了奠基性作用。为进行货物交流,金与西夏和南宋在边境建有许多"榷场"(互市市场)。金深受汉文化影响,推行汉化政策,以儒家作为统治的基本思想,为翻译汉文典籍,专设译经所。

6. 元朝

元朝(1271—1368)是中国历史上第一个由少数民族建立的大一统王朝。公元1206年,铁木真统一蒙古诸部落后,被推举为"成吉思汗",在漠北建立政权,国号"大蒙古国"。蒙古国建立后,先后灭掉西辽、西夏、金、大理,招降吐蕃。公元1271年忽必烈称帝,建国号"大元",定都大都(今北京)。公元1279年崖山之战,南宋灭亡后,元朝统一全国。元朝的统一,结束了自唐末以来中国南北对峙、五六个民族政权长期并存的分裂和战乱局面,推动了多民族统一国家的巩固和发展。元朝建立后,横征暴敛,引起江南各族人民起义,1356至1359年,朱元璋继承起义军郭子兴地位,攻占江南半壁江山。1368年,朱元璋派军攻陷元大都,元在全国的统治结束,北退后继续使用"大元"国号,史称北元,继续与明朝对抗。

元统一中国后,在中央设立中书省、尚书省、枢密院、御史台等机构,分别掌管行政、财政、军事和监察;地方设立宣政院、澎湖巡查司、行省制度;行省下设有道、路、府、州、县等基层行政组织。为维护蒙古贵族专制统治,元朝将国人分为一等蒙古人、二等色目人、三等汉人、四等南人,形成等级歧视制度。

元朝商品交换有较快发展,已经建立起世界上最早完全使用纸币的流通制度,是中国历史上第一个以纸币作为流通货币的朝代。元朝采取多元化的文化政策,思想上兼收并用,尊重儒学,推崇理学。元治域内,民族繁多,宗教多元,佛、道、白莲等教取得较大发展,西方宗教也开始传入。文学上,尤以戏曲为典型,产生了许多元曲大家和著名戏曲作品。元朝天文学有一定发展,先后在上都、大都、登封等处兴建天文台和天文观测站,天文学家郭守敬修改历法,主持并颁行《授时历》,是人类历法史上的一大进步。在地理学方面也取得了突出成就,出现许多地理学方面的著作,如道士朱思本以"计里画方"法绘制成的《舆地图》、耶律楚材的《西游录》、李志常整理的《长春真人西游记》、周达观的《真腊风土记》、汪大渊的《岛夷志略》等游记类著作,对元朝国内外的地理地貌、风土人情、贸易来往进行了描绘。

（七）明清时期

1. 明朝

公元1368年,朱元璋称帝,国号"大明",定都于应天府(今江苏南京),建立了中国历史上最后一个由汉族建立的大一统中原王朝。朱元璋称帝后,轻徭薄赋,整顿史治,促使社会经济恢复和发展,史称"洪武之治"。1403年,朱棣即帝位,年号永乐。朱棣统治时期,设立内阁,疏通运河,威服蒙古,迁都北京,派郑和下西洋,修纂《永乐大典》,使得天下大治,史称"永乐盛世"。1449年,瓦剌首领也先率军南下伐明,明英宗在土木堡被俘,史称"土木之变",至此,明朝开始由盛转衰。公元1644年农民起义军李自成攻入北京,崇祯帝自缢殉国,明作为统一的国家结束,明宗室在江南建立南明。公元1662年,清朝击败南明诸政权,南明灭亡。

明在地方废除行中书省,设立承宣布政使司、提刑按察使司、都指挥使司三司,直属中央;在中央废除丞相,撤销中书省,权归六部,直接对皇帝负责;设立锦衣卫、东厂、西厂,加强对臣民的监视和侦察,强化君主专制。明生产力发展,商品经济兴盛,在南方已经出现粮食生产的专业化、商业化趋势。手工业获得较大发展,形成了以手工业为中心的城市。商品经济发展促进民营手工业大规模兴起,并逐步取代官营而占有主要位置。不少地主缙绅将资本投向商业,形成了以徽商、晋商、闽商、粤商等为名号的商帮。

明中后期,王守仁继承陆九渊"心学"并发扬光大,形成阳明心学。书院得以恢复,许多知识分子利用在书院讲学之际借机批评时政,倡导新的思想价值与人生观,讲学之风盛行。明代文学尤以小说最为突出,创作了大量的以历史、神怪、公案、言情和市民日常生活为题材的长篇章回小说和短篇话本、拟话本。明朝戏曲成为群众喜闻乐见的艺术形式,以《牡丹亭》最负盛名。明书法、绘画有新的发展,书法以行书和草书为主,倡导个性化。绘画广泛吸取了前朝各派之长,形成了各具特色的绘画艺术,尤以沈周、文徵明、唐寅、仇英为代表的"吴门四大家"最具特色。

明朝造船、天文、医学、数学、化学、农学等在当时处于世界先进行列,出现了多本反应当时科技的著作,如李时珍的《本草纲目》、宋应星的《天工开物》、徐光启的《农政全书》、方以智的《物理小识》、程大位的《算法统宗》、吴有性的《瘟疫论》、徐霞客的《徐霞客游记》等,还有朱橚描绘植物的《救荒本草》和茅元仪所著专门论述火器的《武备志》等。明朝还先后在南京和北京设置观象台,建造浑天仪,并建成中国历史上第一部天文望远镜。

2. 清朝

公元 1616 年,女真首领努尔哈赤在今辽宁一带建立后金。1636 年,皇太极改国号为"大清"。1644 年,驻守山海关明将吴三桂降清,清军率兵入关。清入关后先后平定南明诸政权,后又平定吴三桂、尚可喜、耿精忠三藩之乱,完成全国统一。至康熙、雍正、乾隆时期,清朝走向鼎盛,中国传统社会出现前所未有的发展,综合国力强盛。公元 1840 年,第一次鸦片战争爆发,清朝被迫与英国签订第一个不平等条约——《南京条约》,之后在帝国主义侵略下,中国沦为半殖民地半封建社会。1912 年 2 月,北洋大臣袁世凯诱使清帝溥仪逊位,颁布退位诏书,清朝从此结束。

清朝统治者统一蒙古诸部,将新疆和西藏纳入版图,积极维护国家领土主权完整,促进了统一多民族国家的巩固和发展。乾隆时期,中国疆域达到最大,东达太平洋,北至漠北和西伯利亚,西抵葱岭和巴尔喀什湖,西北包括唐努乌梁海,南达南沙群岛,境内生活着包括汉族、满族、蒙古族、回族、藏族、维吾尔族等在内的 50 多个民族,国家空前统一,中国作为一个统一的多民族世界大国的格局最终确定。

清朝是中国历史上最后一个统一的封建王朝,幅员辽阔,为便于统治,清在地方设十八个行省,省下设道、府(州)、县,在东北、外蒙、新疆设立五个将军辖区。在管理上采取因俗而治,在藏区设立驻藏大臣、西宁办事大臣等负责管辖藏区;在西南少数民族地区推行土司制度;晚清置台湾省、新疆省;还有众多藩属国,最多时达到 19 个。清朝中央机构基本沿袭明制,但有一些变化,设军机处直接对皇帝负责,六部为清朝最高执行机关,都察院为全国最高监察机关,与六部和都察院并立的还有大理寺、国子监、翰林院、内务府等多个平行的中央行政机构。

清前期在农业方面鼓励垦荒、移民边区、推广新作物,耕地面积扩大、粮食充裕;手工业方面改工匠徭役制为代税役制,促进以纺织和瓷器业为主的商业经济,城市更加繁荣,在几大城市形成了区域性商业中心,经济、社会生活呈现前所未有的繁荣景象。

清统治中原后,推行汉化政策,促进了文化的发展。清初文人学者一抛空谈心性的宋明理学,转而推究经世致用之学问,发展出实事求是的考据学,形成了以王夫之、顾炎武、黄宗羲等为代表的思想家,以龚自珍、魏源、严复等为代表的新学和章学诚"六经皆史"的史学。清文学兼容并包,承接各代文学成果及特色,将各种已式微的文体重新复兴,并继明末进一步发展各类小说、戏曲,使文学在体裁和语言风格上都呈现出多样化面貌。清官方大力提倡诗学,在官府主导下修《御定全唐诗》《御选宋金元明四朝诗》《御定历代赋汇》等多部诗集;词派繁盛,著名词人辈出,门户派别各具风采,号称"词学中兴";散文发展形成众多学派;小说不仅出现四大名著之一的《红楼梦》等中国古典小说巅峰之作,还有《儒林外史》《隋唐演义》《说岳全传》《女仙外史》《镜花缘》等,形成了《醉醒石》《五色石》等话本小说和《无声戏》《十二楼》白话短篇小说等多种体裁作品。乾隆时,编纂成书的《四库全书》是中国古代最大的一部官修书,也是中国古代最大的一部丛书,分经、史、子、集四部,故名四库,该书囊括中国古代所有图书,保存有丰富的文献资料。《医宗金鉴》是官修的一部介绍中医临床经验的重要著作。名医王清任著有《医林改错》,强调解剖学知识对医病的重要性,绘制成《亲见改正脏腑图》,为中国解剖学发展做出了有益贡献。康熙时制成的《皇舆全览图》是我国第一次经过大规模实测,用科学方法绘制的地图。乾隆时组织人员编纂的《钦定授时通考》是一部大型综合性农书。

二、中国近代史

从 1840 年中英鸦片战争爆发至 1949 年新中国建立前为中国近代史阶段,历时 109 年,是中国半殖民地半封建社会逐渐形成到瓦解的历史。中国近代史分为两个时期:从 1840 年鸦片战争爆发到 1919 年五四运动前夕为旧民主主义革命时期;从 1919 年五四运动爆发到 1949 年中华人民共和国成立前夕为新民主主义革命时期。

(一)旧民主主义革命时期

旧民主主义革命时期(1840—1919)大致可分为:1840 年至 1901 年以太平天国和义和团运动为代表的农民革命和 1901 年至 1919 年的资产阶级民主革命两个阶段。这一时期发生了以下主要事件。

1. 鸦片战争与太平天国运动

1839 年 6 月,林则徐在广州虎门将缴获的鸦片全部当众销毁,1840 年 6 月,英国侵略者以此为由发动侵略中国战争,第一次鸦片战争爆发。1842 年 8 月,英国侵略者强迫清政府签订中国近代历史上第一个不平等条约——中英《南京条约》。《南京条约》的签订破坏了中国领土完整与司法、关税等主权,开创了以条约形式掠夺和奴役中国合法化的先例。1844 年,美国、法国分别强迫清政府签订不平等的中美《望厦条约》和中法《黄埔条约》,从此,中国社会开始由封建社会沦为半殖民地半封建社会。

鸦片战争中签订的不平等条约大大加重了人民负担,农民纷纷揭竿而起。1851 年,洪秀全领导农民在广西金田村正式宣布起义,建号太平天国。1853 年,太平军占领南京,定名天京,建立与清政府对峙的政权,颁布《天朝田亩制度》,作为太平天国的革命纲领。1864 年,洪秀全病逝,湘军攻破天京,轰轰烈烈的太平天国运动在中外反动势力的联合绞杀下,以失败告终。太平天国运动是中国近代史上一次伟大的反封建反侵略的农民运动,坚持战斗 14 年,势力发展到 18 省,沉重地打击了中外反动势力。

1856年，英法发动第二次鸦片战争。1858年，俄、美、英、法四国先后强迫清政府分别签订《天津条约》。1860年，英法联军抵达天津大沽口外，清咸丰帝逃往热河，留恭亲王奕䜣在北京负责和议。英法联军占领坐落于北京西北郊的清朝皇家园林圆明园，洗劫一空之后放火烧毁，号称"万园之园"的圆明园顷刻化为一堆颓垣败瓦。同年，英、法强迫清政府签订中英、中法《北京条约》，该条约的签订进一步加深了中国半殖民地半封建社会程度。

1858年5月，在签订《天津条约》前半个月，沙皇俄国用武力强迫清政府签订了不平等的《瑷珲条约》，将外兴安岭以南、黑龙江以北60多万平方公里的中国领土占为己有。1860年11月，俄公使逼迫奕䜣签订不平等的中俄《北京条约》，割占中国乌苏里江以东约40万平方公里领土。1861年6月，中俄双方签订《勘分东界约记》，为中俄东段边界界约。1864年10月，俄又强迫清政府签订中俄《勘分西北界约记》，划定中俄西段边界。在第二次鸦片战争中，俄国通过一系列不平等条约，侵占中国144万多平方公里领土。

2. 洋务运动与甲午中日战争

早在鸦片战争之前，一些开明地主阶级就已经认识到中西方的差距，如魏源在其《海国图志》中就主张"师夷长技以制夷"。第二次鸦片战争失败后，以奕䜣、李鸿章、左宗棠、张之洞为代表的清政府当权者掀起了一场"师夷长技以制夷"的洋务运动。洋务派打着"自强""求富"旗号，引进西方先进技术，创办近代中国工业。前期主要以军事工业为主，有1861年曾国藩创办的安庆军械所，1865年李鸿章和曾国藩创办的上海江南制造总局，1866年左宗棠创办的福州船政局；后期多为民用工业，有1873年李鸿章创办的轮船招商局和1881年创办的开平煤矿，1888年张之洞创办的湖北织布局和1890年创办的汉阳铁厂等。洋务运动是一次失败的封建统治者自救运动，虽然没有使中国富强起来，但为中国资本主义近代化开辟了道路。

1867年，阿古柏率兵攻入乌鲁木齐，建立中亚浩罕国。1871年，俄国悍然出兵侵占伊犁。1872年，俄国派人与阿古柏签订了《俄国和喀什噶尔条约》，攫得大量侵略中国新疆地区的权益。1875年，左宗棠率兵收复新疆。1877年，清军消灭阿古柏政权，收复了除伊犁地区外的新疆天山南北全部领土。1881年，清政府与俄订立了《中俄伊犁条约》和《陆路通商章程》。1884年，清政府在新疆设立行省，加强对西北边疆的管理和防务。

1868年，日本通过明治维新改革开始走上资本主义道路，确定以中国为中心的"大陆政策"，积极对外侵略扩张，侵吞了清王朝附属国琉球，并开始侵略朝鲜。1894年为中国干支纪年法中的甲午年，日本出兵朝鲜，并准备发动蓄谋已久的侵略中国战争。1894年7月，日本不宣而战，袭击清军运兵船，引发甲午中日战争。战争第一阶段在朝鲜境内开战，经平壤战役与黄海海战，日本夺取黄海制海权；第二阶段在辽东半岛进行，经鸭绿江江防之战和金旅之战，旅顺口失陷，日本获得渤海湾重要根据地；第三阶段威海卫战役，以签订《威海降约》，威海卫海军基地陷落，北洋舰队全军覆没告终。1895年，日本强迫清政府签订中日《马关条约》，条约的签订大大加深了中国社会半殖民地化程度。

3. 戊戌变法与义和团运动

1895年4月，《马关条约》签订的消息传到北京后，康有为、梁启超等发动1300多名在北京应试举人联名上书光绪帝,提出变法主张,史称"公车上书",但因顽固派阻挠,公车上书失败。从 1895 年 8 月至 1898 年 2 月,康有为、梁启超、严复、谭嗣同等维新派相继在北京、上海、天津、湖南创办了《万国公报》《时务报》《国闻报》《湘学报》等报刊,积极进行宣传和组织活动,为变法制造舆论。1897 年冬,德国出兵强占胶州湾,引发了列强瓜分中国新狂潮。在严重民族危机下,康有为上书光绪帝,强烈要求变法。1898 年 6 月 11 日,光绪帝颁布"明定国是"诏书,正式开始变法。变法开始后,以慈禧为代表的守旧派极力阻挠,1898 年 9 月 21 日凌晨,慈禧太后囚禁光绪皇帝,临朝"训政","戊戌变法"失败。"戊戌变法"历时百天,又称"百日维新"。戊戌政变后,慈禧太后下令捕杀维新党,谭嗣同、康广仁、林旭、杨深秀、杨锐、刘光第六人在北京惨遭杀害,史称"戊戌六君子"。

19 世纪末,在山东、直隶一带频繁发生义和团烧教会、杀教士的事件。1897 年 10 月,拳师赵三多等人竖起"扶清灭洋"旗帜起义,义和团遍布直隶、山西,以及内蒙古和东北一带。1900 年 6 月,义和团开始大举入京,在北京放火烧掉教堂和一切与西洋有关的事物,事件最终演变为国际军事冲突。1900 年 8 月,日、美、奥、英、法、德、意、俄组成八国联军进军北京,占领紫禁城,即"八国联军侵华战争"。慈禧及皇室西逃到西安,在西逃途中,慈禧命令各地官兵剿灭义和团,在中外势力的联合下,义和团运动失败。义和团运动阻止了帝国主义列强瓜分中国的企图,保存了中国几千年来的悠久文化,促进了中国广大民众民族意识的觉醒。八国联军侵入北京后,烧杀抢掠、无所不做。1901 年,英、美、俄、日、法、德、意、奥、比、荷、西十一国侵略者强迫清政府签订了丧权辱国的《辛丑条约》,清政府完全成为帝国主义统治中国的工具,中国社会完全沦为半殖民地半封建社会。

4. 民主革命的兴起

1894 年,孙中山等人在美国檀香山创建中国近代第一个民主革命团体——兴中会,宗旨是"驱逐鞑虏,恢复中华,创立合众政府"。1904 年,黄兴、宋教仁在湖南长沙正式成立华兴会,同年,光复会在上海正式成立。1905 年 8 月,在孙中山倡议下,兴中会、华兴会、光复会等革命团体一些成员在日本东京召开会议成立中国同盟会,通过中国同盟会章程,创办《民报》。中国同盟会是一个统一的全国性资产阶级革命政党,纲领是"驱除鞑虏,恢复中华,创立民国,平均地权"。中国同盟会成立后,曾发动黄冈起义、镇南关起义、广州新军起义等多处起义,试图推翻清政府,但都没有成功。

1911 年 10 月 10 日,在革命党领导下,爆发武昌起义,革命军英勇奋斗,迅速占领武昌城。1912 年 1 月 1 日,革命党在南京宣布民国成立,孙中山担任中华民国第一任临时大总统。1912 年 2 月 12 日,清朝历史上最后一位皇帝爱新觉罗·溥仪颁布退位诏书,延续两千多年的封建专制统治宣告结束。1912 年 8 月 7 日,国民党在北京成立。1913 年,袁世凯就任正式大总统,下令将国民党强行解散,辛亥革命的胜利果实被袁世凯窃取。辛亥革命是中国近代社会伟大的资产阶级民主革命,推翻了统治中国两千多年的封建君主专制制度,是中国社会的一大转变。辛亥革命虽然没有改变中国半殖民地半封建社会的性质,但为以后新的革命斗争的发展开辟了道路。

(二)新民主主义革命时期

新民主主义革命(1919—1949)是中国无产阶级领导的人民大众的、反帝反封建和反官僚资本主义的革命。新民主主义革命大致经历了四个阶段：从 1919 年五四运动爆发到 1927 年南昌起义为大革命时期；从 1927 年南昌起义到 1937 年日本全面侵华战争爆发为土地革命时期；从 1937 年日本全面侵华战争到 1945 年日本宣布投降为抗日战争时期；从 1945 年抗战胜利到 1949 年新中国成立为解放战争时期。

1. 大革命时期

1914 年，第一次世界大战爆发，日本乘机加强对中国的侵略，严重损害了中国主权。1918 年第一次世界大战结束，德国战败。1919 年，战胜国在巴黎召开和平会议，在帝国主义列强操纵下，中国外交失败，从而激起了中国各界强烈反对。1919 年 5 月 4 日，北京三所高校 3000 多名学生打出"誓死力争，还我青岛""废除二十一条""拒绝在巴黎和约上签字""外争主权，内除国贼"等口号在天安门前举行集会和游行示威，随后军警出面逮捕学生代表。1919 年 5 月 19 日，北京各校学生同时宣告罢课，并向各省省议会、教育会、工会、商会、农会、学校、报馆发出罢课宣言。天津、上海、南京、杭州、重庆等多地学生先后宣告罢课，响应北京学生，上海工人也开始大规模罢工，以支持学生。五四运动是一次彻底的反帝反封建的群众性革命运动，由学生发起，扩大到工人，促进了马克思主义在中国的传播及其与中国工人运动的结合，是中国新民主主义革命的开端。五四运动本身具有的"爱国、进步、民主、科学"内涵，为中国共产党的成立创造了阶级上、思想上和干部上的条件。

1920 年初，李大钊、陈独秀等就酝酿建党问题，蔡和森则明确提出应该建立"中国共产党"。同年 8 月，中国第一个共产主义小组在上海正式成立，陈独秀被推为书记。之后，李大钊、董必武、毛泽东、王尽美、张申府和周恩来等先进知识分子先后在上海、北京、武汉、广州、长沙、济南等地建立了党的早期组织。1921 年 7 月 23 日，中国共产党第一次全国代表大会在上海举行，会议最后一天，被迫转到浙江嘉兴南湖一艘游艇上举行。大会通过了中国共产党的第一个纲领和决议，并选举产生党的领导机构——中央局。1924 年，国民党"一大"召开后，国民党与共产党实现第一次合作。1926 年，为推翻军阀统治，统一中国，国民革命军开始北伐战争。1927 年，以蒋介石为首的国民党右派发动"四一二"反革命政变和"七一五"反革命政变，大肆屠杀共产党员。第一次国共合作破裂，革命宣告失败。

2. 土地革命时期

土地革命时期也称第二次国内革命战争时期。国共合作第一次失败后，以蒋介石为首的国民党企图消灭共产党，残酷地镇压共产党和革命群众，党的活动被迫转入地下。为挽救革命，1927 年 7 月，党改组，成立临时中央政治局常务委员会。1927 年 8 月 1 日，中国共产党带领人民群众在南昌起义，打响了武装反抗国民党反动统治的第一枪。8 月 7 日，党中央在汉口召开了会议，即"八七"会议，确定了土地革命和武装反抗国民党统治的总方针，会议对挽救党和中国革命起到了重大作用。1927 年 9 月，毛泽东领导湘赣工农革命军发动秋收起义。秋收起义后，初步确立"农村包围城市，武装夺取政权"的革命道路，在江西省永新县三湾村，对部队进行了改编，即著名的"三湾改编"。

1933 年初，日军大举入侵华北，中华民族危机日益严重，但蒋介石坚持"攘外必先安内"的反动方针,调集百万大军,对中央革命根据地进行大规模围剿。在第五次反围剿失败后,1934 年 10 月工农红军被迫进行长征。1935 年 1 月,中国共产党在到达贵州遵义后,召开遵义会议,确立了以毛泽东为代表的新的党中央的领导地位。在党中央和毛泽东的指挥下,中央红军四渡赤水、巧渡金沙江、强渡大渡河、飞夺泸定桥、翻越夹金山、爬雪山过草地,于 1935 年 10 月到达陕北吴起镇,1936 年 10 月红军三大主力在甘肃会宁会师,标志着长征的胜利结束。

1935 年,日本帝国主义进一步向华北地区发动新进攻,国民党政府对日寇的侵略步步退让,全国要求抗日的呼声不断高涨,1935 年 8 月 1 日,中国共产党发表了《为抗日救国告全体同胞书》,提出建立抗日民族统一战线的主张。1935 年 12 月 9 日,爆发了"一二九"运动。1935 年 12 月 17 日,党中央召开了瓦窑堡会议,决定建立抗日民族统一战线的方针策略。为促成抗日的目的,1936 年 12 月 12 日,张学良和杨虎城发动西安事变,又称"双十二事变",迫使蒋介石接受"停止内战、联共抗日"主张。1937 年 2 月,国民党通过接受国共合作决议,初步形成抗日民族统一战线。

3. 抗日战争时期

为实施侵华战争,1931 年 9 月 18 日,日军蓄意制造并发动"九一八事变",掀开了以武力征服中国的开端。1933 年 1 月,日军开始进犯华北,并制造一系列事件,以武力相要挟,迫使国民党华北代表何应钦与之签订《何梅协定》,取得实际对华北的掌控权。1937 年 7 月 7 日,日军中国驻屯军借口寻找失踪士兵,要求进入北平西南宛平县,遭到中国守军拒绝,日本侵略军遂炮轰北平卢沟桥,挑起卢沟桥事变,又称"七七事变",发动全面侵华战争,中国掀起全民族抗战高潮。

1937 年 8 月,日军 50 万大军开始向上海进攻,淞沪会战爆发。"中华民国"派出精锐部队与日军血战三个多月,粉碎了日本妄图"三月亡华"的战略。1937 年 8 月,红军改编为国民革命军第八路军,在朱德、彭德怀率领下相继挺进华北抗日前线;同年 9 月,八路军在林彪和聂荣臻带领下,取得了平型关等战役的胜利,打破了日军不可战胜的神话;1937 年 12 月,日军侵占南京,并制造了震惊中外的"南京大屠杀"。1938 年 8 月,中国军队与日军在武汉展开会战,武汉失守,此次会战大大消耗了日军有生力量,抗战进入战略相持阶段。1939 年、1940 年日本发动扫荡重庆外围战役,希望国民政府能尽速投降;同年,国民党副总裁汪精卫在南京成立汪伪国民政府。1940 年 8 月 20 日,八路军发起百团大战,极大地消耗了日军力量,增强了全国军民取得抗战胜利的信心。1941 年 12 月 7 日,日本偷袭珍珠港,美国向日本宣战,太平洋战争爆发,中国国民政府也正式向德、意、日宣战,抗日战争正式成为第二次世界大战的一部分。1943 年 11 月,美英中政府首脑罗斯福、丘吉尔、蒋介石在埃及首都开罗召开会议,通过《开罗宣言》,要求战后日本归还占领中国的所有领土,包括台湾及其附属岛屿。1943 年 12 月日本被迫停止向华北抗日根据地进攻。1944 年 4 月日本发动豫湘桂战役,企图打通中国大陆交通线,以挽救太平洋战场危局。1945 年 7 月,美、英、中三国共同发表《波茨坦公告》,敦促日本无条件投降;同年 8 月,中国军民与盟军一起对日本进行最后决战。1945 年 8 月 15 日,日本裕仁天皇宣布无条件投降。

4. 解放战争时期

抗日战争胜利后,中共中央派遣毛泽东、周恩来、王若飞为代表前往重庆与国民党举行谈判，签订和平建国问题协定，即《双十协定》。1946年6月，国民党公然撕毁协定，开始向解放区发动全面进攻，国共大规模内战全面爆发。解放战争大致划分为四个阶段。

1946年6月至1947年6月为战略防御阶段。1946年6月，国民党依靠兵力优势对解放区展开全面进攻，中共中央和毛泽东制定积极防御战略，指挥解放区军民奋起还击，迫使国民党军放弃全面进攻计划。1947年6月至1948年9月为战略反攻阶段。1947年6月，刘伯承、邓小平率领大军挺进大别山，陈毅、粟裕领导华东野战军挺进豫皖苏，陈赓、谢富治兵团挺进豫西，对国民党军形成牵制之势，战争格局发生根本性转变，解放军由战略防御转入战略进攻。

1948年9月至1949年12月为战略决战阶段。1948年9月，林彪、罗荣桓领导东北野战军发起辽沈战役，解放东北全境；同年11月，华东、中原两大野战军发起淮海战役，使长江以北的华东、中原地区获得解放。1948年11月，林彪第四野战军和华北部队发起平津战役，使华北地区基本获得解放。1949年4月，共国两党代表团在北平举行谈判，谈判因国民党政府拒绝接受协定而破裂。1949年4月21日，中国人民解放军在东起江阴、西至湖口的千里战线上发起渡江战役，强渡长江，击溃沿江国民党军防御，先后解放南京、武汉和上海。渡江战役后，各野战军分别向中南、西北、西南、东南地区继续进军，使中南、西北、东南等地区相继解放。

1949年9月30日，蒋介石逃往成都，重庆解放。1949年9月，中国共产党和其他民主党派及人士在北平召开"政治协商会议"，通过《中国人民政治协商会议共同纲领》（简称《共同纲领》），决定改国号为中华人民共和国，定都北京。1949年10月1日，国庆大典在北京召开，毛泽东向世界宣告中华人民共和国中央人民政府成立。1949年12月10日，蒋介石逃离成都前往台北，12月30日成都和平解放。1950年2月20日解放军相继解放西南等省，至此，解放战争的大规模作战结束。

1949年12月至1955年2月为战略追歼阶段。1949年12月后，除西南等部分地区还残存国民党军队外，全国大部分地区基本解放，国内战争规模逐渐趋于中小型。1950年10月西康解放后，解放军挺进西藏地区，为西藏和平解放奠定基础。1949年在东南沿海，解放军攻打登步岛与金门岛失利。1950年，解放军先后解放海南岛及舟山群岛等。后国民党曾多次尝试突击东南沿海岛屿，皆以撤退告终。1954年，解放军炮击金门，迫使国民党主动撤离大陈岛，1955年2月，解放军取得大陈岛，至此双方的势力范围都再无变动。

三、中国现代史

中国现代史是从1949年10月中华人民共和国成立后至今的历史，是中国人民建立政权、巩固政权、探索与发展中国道路，使中国走向富强、民主、自立的发展史。

（一）中华人民共和国的成立和巩固

1. 中华人民共和国的成立

1949年9月，第一届中国人民政治协商会议在北平召开，会议通过《中国人民政治协商会议共同纲领》，决定新中国的名称为中华人民共和国，国都定为北平，改名北京，采用世界公元纪年法,确定 10 月 1 日为国庆节;国旗为五星红旗,《义勇军进行曲》为代国歌;选举毛泽东为中央人民政府主席,朱德、刘少奇、宋庆龄、李济深、张澜、高岗为副主席,决定在北京天安门建立人民英雄纪念碑。1949 年 10 月 1 日,在北京天安门广场举行开国大典,毛泽东在天安门城楼上宣告中华人民共和国中央人民政府成立,这标志着新中国的成立和中国新民主主义革命的胜利。中华人民共和国的成立开辟了中国历史的新纪元,结束了一百多年来被侵略和奴役的屈辱历史,中国真正成为一个独立自主的国家,人民真正成了国家的主人。

2. 抗美援朝

1950 年,美国借口朝鲜内战入侵朝鲜,威胁中国安全,中国应朝鲜政府邀请,派兵援朝。1950 年 10 月彭德怀率领中国人民志愿军跨过鸭绿江,奔赴朝鲜前线,中国开始三年的抗美援朝战争。抗美援朝战争涌现出了黄继光、邱少云等许多英雄人物,激发了中国人的民族自豪感,提高了中国的国际地位,巩固了新生的人民民主政权,为新中国经济建设提供了良好的周边环境。

3. 西藏和平解放

西藏自古以来就是中国领土。唐朝文成公主、金城公主先后嫁给吐蕃赞普,8 世纪唐蕃会盟,和同一家。元朝时,在中央设立宣政院,加强对西藏的管辖,西藏正式成为元朝的行政区;清政府确立对达赖、班禅的册封制度,并设立驻藏大臣,与达赖、班禅共同管理西藏。新中国成立后,1951 年西藏和平解放,实现了祖国大陆的统一。1959 年西藏成功完成了民主改革,农奴翻身做了主人。

4. 土地改革

新中国成立后,封建土地制度严重阻碍了农村经济和中国社会的发展,1950 年《中华人民共和国土地改革法》颁布,主要内容为没收地主土地,分给农民耕种;地主凭自己份地,自食其力,到 1952 年除部分少数民族地区外,全国大陆基本完成了土地改革。土地改革从根本上铲除了中国封建制度的根基,大大解放了农村生产力,农业生产获得迅速恢复和发展,为国家的工业化建设准备了条件。

(二) 社会主义道路的探索

1. 工业化的起步

从 1953 年开始,我国开始进行社会主义工业化建设和对农业、手工业与资本主义工商业的社会主义改造(即"一化三改")。1953 年我国开始执行第一个五年计划,主要任务是集中力量发展重工业,为国家工业化和国防现代化奠定初步基础,相应地发展交通运输业、轻工业、农业和商业,培养建设人才。1954 年 9 月第一届全国人民代表大会在北京召开,大会制定了《中华人民共和国宪法》,这是我国第一部社会主义类型的宪法。一五计划期间,我国建成了长春第一汽车制造厂、沈阳第一机床厂、中国第一飞机制造厂和武汉长江大桥,修建了川藏、青藏等公路,为国家工业化和现代化建设奠定了基础。

2. 三大改造

三大改造,即对农业、手工业和资本主义工商业三大行业的社会主义改造。1953 年,随着土地改革的完成,通过引导农民参加农业生产合作社,走集体化道路形式,到1956年底,基本实现了农业合作化,完成了农业社会主义的改造。1954年开始,通过对手工业采取合作化形式,到1956年底,基本完成了对个体手工业的社会主义改造。为消灭资本主义私有制,1954年,国家通过公私合营和"和平赎买"方式,完成了资本主义工商业的改造。到1956年,我国基本建立了社会主义制度,进入社会主义初级阶段。

3. 社会主义建设与失误

1956年,中国共产党第八次全国代表大会在北京召开,大会确定了党和人民的主要任务是大力发展社会生产力,实现国家工业化,逐步满足人民日益增长的物质和文化生活的需要。中共八大后,党中央于1958年提出了社会主义建设时期总路线,即"鼓足干劲,力争上游,多快好省地建设社会主义"。但由于党和人民对我国社会主义所处的发展阶段认识不足,忽视了经济发展的客观规律,轻率地发动了"大跃进",造成了国民经济比例失调,经济严重困难。

"文化大革命"从1966年5月16日至1976年10月,是一场长达十年,涉及政治、经济、思想、文化等各个方面,给党和人民造成严重灾难的内乱。1966年5月16日,中央政治局召开扩大会议,决定成立中央"文化革命"小组(简称中央文革小组)为"文化大革命"指挥机构,此后"文化大革命"迅猛地发动起来。1968年10月,在江青、康生等把持下炮制关于刘少奇问题的"审查报告",制造了"文化大革命"中最大的一起冤案。1971年9月8日,林彪反革命集团策划发动武装政变,毛泽东、周恩来粉碎了他们的阴谋,林彪等人乘飞机出逃,在蒙古温都尔汗机毁人亡。

1971年10月25日,在联合国第二十六届大会上恢复中华人民共和国在联合国的一切合法权利,中国成为联合国安理会常任理事国。1972年2月,美国总统尼克松首度访华。1976年1月8日,周恩来总理逝世,在人民群众中引起巨大悲痛,"四人帮"发出各种禁令禁止悼念活动,并加紧展开对邓小平同志进行批判。1976年4月5日清明节,天安门广场聚集了大量群众,悼念活动达到高潮,最后导致群众与部分民兵、警察和部队战士的冲突,即四五运动。1976年7月6日,党和国家主要领导人及人民解放军创始人之一的朱德逝世。1976年9月9日,中国共产党的创建人之一,共和国的主要缔造者、党和国家的主要领导人毛泽东逝世。毛泽东逝世前后,"四人帮"加紧夺取党和国家最高领导权的阴谋活动,使老一辈革命家深感忧虑。1976年10月6日,华国锋、叶剑英等代表中央政治局,对江青、张春桥、王洪文、姚文元及其在北京的帮派骨干实行隔离审查,毅然粉碎了以江青为首的"四人帮"反革命集团的武装叛乱,结束了"文化大革命"十年给中国带来的严重灾难。

(三)中国特色社会主义建设

1. 中共十一届三中全会召开

1978年,思想界展开了一场真理标准问题的讨论,使人们认识到,只有实践才是检验真理的唯一标准。1978年底,中共中央在北京召开十一届三中全会,会议彻底否定"两个凡是"的方针,重新确立解放思想、实事求是的思想路线,停止使用"以阶级斗争为纲"的口号,做出把党和国家的工作重心转移到经济建设上来,实行改革开放的伟大决策。会议实际上形成了以邓小平为核心的党中央领导集体。中共十一届三中全会是建国以来党的历史上具有深远意义的转折,它完成了党的思想路线、政治路线和组织路线的拨乱反正,是改革开放的开端,从此,中国历史进入社会主义现代化建设的新时期。

2. 改革开放新时期

1979 年,安徽省凤阳县小岗村农民首先实行"分田包产到户,自负盈亏",得到中央支持。之后在中共中央领导下,全国农村逐步开始实行以家庭联产承包为主的责任制,到 1982 年承包生产责任制在农村得到普遍推广,农业生产大幅提高,农民收入大幅增加。1979 年 7 月中共中央、国务院决定试办深圳、珠海、汕头、厦门四个经济特区作为对外开放的"窗口"。1982 年 9 月,邓小平在党的十二大上提出:从中国实际出发,走自己的道路,建设有中国特色的社会主义。1984 年 5 月,中共中央决定进一步开放沿海 14 个港口城市。1984 年 6 月,邓小平在会见香港工商界访京代表团时提出"一个国家,两种制度"。1984 年 12 月 19 日,中英关于香港问题的联合声明在北京正式签订,声明决定 1997 年 7 月 1 日,中华人民共和国收回香港,并对香港恢复行使主权。1984 年,以国有企业改革为重点的中国城市改革全面展开。1987 年 4 月 13 日,中葡两国关于《中葡联合声明》正式签字,声明决定 1999 年 12 月 20 日,中华人民共和国政府将对澳门恢复行使主权。1987 年 10 月,党的十三大召开,大会阐述了社会主义初级阶段理论,提出了中国社会主义初级阶段的基本路线是以经济建设为中心,坚持四项基本原则和坚持改革开放,即"一个中心、两个基本点";制定了分三步走,实现现代化的发展战略。

3. 社会主义市场经济的建立

1992 年 1 月,邓小平视察武昌、深圳、珠海、广州、上海等地并发表重要讲话,即"邓小平南方谈话"。这些讲话包括姓"资"还是"社"问题;"发展经济,发展才是硬道理";"三个有利于",即改革开放的判断标准主要看是否有利于发展社会主义社会的生产力,是否有利于增强社会主义国家的综合国力,是否有利于提高人民的生活水平;社会主义的本质是解放生产力,发展生产力,消除两极分化,最终达到共同富裕等重要观点。1992 年 10 月党的十四大召开,将建设中国特色社会主义的理论和党的基本路线写进党章,确定了改革开放的基本路线。

4. 中华民族的伟大复兴

1997 年 7 月 1 日,中华人民共和国恢复对香港行使主权;1999 年 12 月 20 日,中华人民共和国恢复对澳门行使主权。2001 年 11 月,在卡塔尔多哈举行世界贸易组织(WTO)第四届部长级会议,会议正式通过中国加入世界贸易组织。2008 年 8 月 8 日,第 29 届奥运会在北京举行。2010 年 5 月,以"城市,让生活更美好"为主题的第 41 届世界博览会在上海成功举行。2012 年 11 月,党的十八大胜利召开,习近平当选中共中央总书记。2017 年 10 月,党的十九大召开,大会通过了关于《中国共产党章程(修正案)》的决议,习近平新时代中国特色社会主义思想写入党章。在党的十九大报告中,习近平明确提出:为实现中华民族伟大复兴的中国梦不懈奋斗。

5. 新中国成立以来的民族政策

中国自古就是一个统一的多民族国家,各民族相互依存、不可分离,并逐渐形成了以汉民族为主体的大杂居、小聚居的格局。1949 年,新中国成立后,实施了坚持民族平等团结、民族区域自治、发展少数民族地区经济文化事业、培养少数民族干部、发展少数民族科教文卫事业等一系列民族政策,5 大民族自治区相继建立。1947 年 5 月,内蒙古自治区成立,首府呼和浩特市;1955 年 10 月,新疆维吾尔自治区成立,首府乌鲁木齐市;1958 年 3 月,广西壮族自治区成立,首府南宁市;1958 年 10 月,宁夏回族自治区成立,首府银川市;1965 年 9 月,西藏自治区成立,首府拉萨市。新时期民族工作的主题是"两个共同",即各民族共同团结奋斗、共同繁荣发展。

第三节　外国历史

外国历史大致可划分为古代史、近代史和现代史三个大的阶段。外国古代史从距今400 万年前人类出现到 15 世纪末;近代史从 16 世纪初至 20 世纪初;现代史从 20 世纪初至今。

一、外国古代史

世界古代史分为史前史、上古史、中古史时期。

(一) 史前人类文明

据研究,人类进化起源于森林古猿,经历了南方古猿、能人、直立人、智人四个发展阶段。南方古猿大约生活于距今 400 万年前的非洲大陆南部,是正在形成中的人,能使用天然工具。能人是由南方古猿一支进化而来,大约生活于距今约 250 万到 150 万年前的非洲大陆东岸,能制造简单工具。直立人大约生活于约 200 万到 20 万年前,属于晚期猿人,懂得用火,开始使用符号与基本的语言,会通过打制方式制造石器。欧洲海德堡人,东南亚爪哇猿人。中国元谋人、北京人都属于直立人。智人大致划分为早期智人和晚期智人,早期智人约生活于 20 万年到 5 万年前,与现代人的特征很接近,采用打制方式制造石器。欧洲尼安德特人、中国马坝人、丁村人都属于早期智人。晚期智人大约生活于约 5 万到 1万年前,是现代人的祖先,能够人工取火,已进入母系社会,出现原始艺术和宗教。非洲阿尔法卢人、欧洲克罗马农人、中国山顶洞人都属于晚期智人。晚期智人时期孕育形成了当今世界黄、白、黑三大人种。

(二) 上古人类文明

上古人类文明主要包括四大文明古国、古希腊与古罗马文明。

1. 四大文明古国
古埃及是约公元前 3500 年,兴起于非洲北部尼罗河两岸的奴隶制国家,是四大文明古国之一。金字塔为古埃及国王陵墓,是古埃及文明的标志,最大金字塔为胡夫金字塔。古埃及文字为象形文字,是类似汉字的方块字。

古巴比伦是约公元前3500年,兴起于古代西亚的底格里斯河和幼发拉底河流域的奴隶制国家,史称"两河流域文明",是四大文明古国之一。古巴比伦的《汉谟拉比法典》是世界现存古代第一部比较完备的成文法典,是古巴比伦文明的标志。古巴比伦文字为楔形文字,属于象形文字,书写在泥板上,史称"泥板书"。

古印度是约公元前2500年,在南亚恒河和印度河流域出现的奴隶制国家,后为雅利安人征服并建立起统一国家。古印度形成的种姓制度是世界上最典型和严格的等级制度,这一制度从高到低将人分为婆罗门(宗教)、刹帝利(军政大权)、吠舍(平民)、首陀罗(贱民)4个等级,种姓制度下的各等级世代相袭,沿袭至今。古印度文字为印章文字,是象形文字的一种。

2. 古希腊文明

古希腊位于欧洲的东南部、地中海的东北面,是西方文明的发源地。大约公元前2000年至公元前1100年左右,在爱琴海岛屿及其周围地区出现许多奴隶制国家,史称爱琴文明。爱琴文明时期人们已经学会使用青铜器和铁器,形成了君主制国家,有了文字。大约在公元前11世纪到公元前9世纪,希腊城邦国家兴起前,由于这一时期的历史主要是由盲人荷马所写的《伊利亚特》和《奥德赛》(合称"荷马史诗")两部史诗记录,所以称为荷马时代。荷马时代是古希腊神话形成与造型艺术产生时期。

荷马时代之后,大约在公元前8至公元前6世纪,在希腊各地以城市为中心建立起了许多独立的奴隶制城邦国家,其中尤以雅典和斯巴达最为著名。由于这一时期政治、文化、艺术等繁荣类似于爱琴文明,故称古风时期。公元前594年雅典执政官梭伦实行改革,奠定了民主政治基础。

公元前5世纪,波斯帝国入侵希腊,战争以希腊获胜宣告结束。希波战争是世界历史上第一次欧亚两洲大规模国际战争,是古代世界史上一场以少胜多的战争。希波战争结束了雅典城邦的黄金时代,加速了东西方文化的交流。在希波战争的马拉松战役中,希腊战胜波斯,一名士兵为向雅典报信,极速跑了42公里,报捷后倒地身亡,这即是马拉松长跑的由来。公元前462至公元前429年,伯里克利实行扩大公民权利、改革议事会等一系列改革,确立了雅典民主政治,并使雅典政治、经济、文化进入繁荣时期。

公元前334至公元前323年,希腊北部马其顿国王亚历山大率军征服了希腊各城邦,并东侵波斯,建立起一个地跨亚欧非三洲的帝国,即亚历山大帝国。战争促进了希腊文化向东方的传播以及与东方文化的交流融合,故称为希腊化时期。

3. 古罗马文明

古罗马文明指公元前9世纪至公元476年在意大利中部兴起的文明,是西方文明的另一个重要源头,经历了罗马共和与罗马帝国两个时期。

公元前509年,罗马建立起由贵族掌权的奴隶制共和国。公元前3世纪罗马统一意大利半岛,通过三次布匿战争,打败地中海强国迦太基,在公元前2世纪成为地中海霸主,建立起一个横跨欧亚非罗马大国。罗马共和国确立"元老院"会议制度,最高官员为"执政官";颁布十二铜表法,完善共和法律。罗马各行业广泛使用奴隶,导致了奴隶起义。公元前73年,罗马共和国爆发了由斯巴达克领导的奴隶起义,即斯巴达克起义,是古罗马最大的一次奴隶起义。公元前49年恺撒夺取政权,集军政大权于一身,实施独裁。公元前27年,屋大维建立元首政治,罗马共和国宣告灭亡,罗马从此进入罗马帝国时代,屋大维为罗马帝国第一位皇帝。屋大维执政后,进行了积极的改革,促进经济和社会发展。公元395年,罗马帝国分裂为东罗马帝国和西罗马帝国,东罗马帝国,即拜占庭帝国,首都君士坦丁堡。罗马帝国分裂后,西罗马经济渐趋萧条,统治亦衰微,公元476年,西罗马帝国灭亡,西欧奴隶制社会结束。

(三)中古亚欧文明

中古亚欧文明主要包括日本大化改革、阿拉伯帝国建立及欧洲封建社会的发展等。

1. 日本大化改革

公元645年,日本社会矛盾突出,孝德天皇仿照隋唐制度实行改革,废除贵族世袭制,建立中央集权的天皇制封建国家,颁布"班田授受法"和"租庸调制",标志日本进入封建社会。

2. 阿拉伯帝国建立

公元610年,穆罕默德创立伊斯兰教,自称是阿拉伯和犹太人祖先亚伯拉罕宗教的继承者。公元622年穆罕默德在麦地那建立政教合一的政权,成为伊斯兰教的宗教领袖和军政统帅。公元630年,穆罕默德征服麦加,把麦加确定为伊斯兰教圣地。公元632年,穆罕默德去世,其继承者继续对外扩张,建立了一个庞大的地跨亚非欧三大洲的封建军事大帝国,即阿拉伯帝国。阿拉伯帝国在9世纪中期后逐渐衰落,公元1258年为兴起于东亚大陆北部的蒙古人所灭。

阿拉伯帝国的形成促进了伊斯兰教的传播。伊斯兰教与基督教、佛教同为世界三大宗教,伊斯兰教经典为《古兰经》,信徒为穆斯林。阿拉伯艺术极具特色,集中体现在阿拉伯建筑中,麦加清真寺是阿拉伯建筑的典型代表,是古代世界极具伊斯兰特点的建筑珍品。阿拉伯建筑、印度建筑和中国建筑并称东方三大建筑体系。

3. 中世纪的欧洲社会

从公元476年西罗马帝国灭亡到近代资本主义兴起的1000多年为欧洲中世纪。由于这一时期的欧洲为教会所控制,整个社会呈现出愚昧、落后状态,故称"黑暗时代"。

公元前1世纪中叶,居住于北欧的日耳曼人南迁并不断侵袭罗马边界。公元4世纪,日耳曼各部落已经在罗马帝国领土上建立起许多日耳曼王国,其中,以法兰克人在西欧建立的法兰克王国力量最强。公元8世纪,法兰克宫相查理马特推行采邑制,为西欧中世纪骑士制度的建立奠定了基础。公元751年,教皇为查理·马特的儿子丕平加冕,丕平成为法兰克国王。754年,丕平将新占领的大片土地划为教皇辖区,并逐渐形成由罗马教皇统治的"教皇国",教会在西欧的统治逐渐形成。公元843年,法兰克王国分为西法兰克、中法兰克和东法兰克,后来西、中、东法兰克王国逐渐演变发展为法兰西王国、意大利王国和神圣罗马帝国。公元5世纪,日耳曼人另外一支盎格鲁人、撒克逊人进入大不列颠群岛,建立英格兰王国,即现在的英国。

西欧封建社会教会拥有至高无上的权利,是最大的封建主,垄断教育,宣扬神学,整个社会形成了严格的封建等级制度,由上至下主要为教皇、国王、公爵、侯爵、伯爵、子爵、男爵、骑士几个等级,经济主要为封建制的庄园式自然经济。11世纪,西欧封建经济逐渐瓦解,出现了一批商业城市,社会分化形成市民阶层,这为资本主义兴起创造了条件。

4. 十字军东征

从1096年至1291年,在罗马教皇策动下,西欧各国组织军队向东方伊斯兰国家和拜占庭等发动旨在夺回天主教圣地耶路撒冷的宗教性军事行动,因每个出征的士兵胸前和臂上都佩戴有基督教象征的十字架标志,故称"十字军"。战争持续200年,前后共九次,以十字军攻破耶路撒冷,占领君士坦丁堡而结束。十字军东征使东方各国人民遭受了深重灾难,也使西欧人民付出了惨重代价。战争促进了东西方文化交流,刺激了西方的文艺复兴,阿拉伯数字、代数、航海罗盘、火药和棉纸等技术传播到西欧,促进了西方军事技术的发展。

5. 拜占庭帝国

拜占庭帝国即东罗马帝国。公元395年,罗马帝国分为东、西罗马帝国后,东罗马帝国定都君士坦丁堡,继承了古希腊文明,以东正教立国。1453年,奥斯曼土耳其攻陷君士坦丁,拜占庭帝国灭亡。

二、外国近代史

世界近代史是资本主义从产生、确立到发展这一时期的历史,主要内容包括资本主义制度的产生、确立与发展和无产阶级革命。

(一)资本主义发展史

1. 资本主义萌芽时期

资本主义萌芽时期,对资本主义发展产生重大影响的事件主要有文艺复兴和新航路的开辟。

文艺复兴是14至16世纪,首先在意大利发生的一场思想文化运动。其以复兴古希腊、古罗马文化为口号,以人文主义精神为核心,提倡人性、人权、理性,反对禁欲、神权、蒙昧的资产阶级新思想新文化运动,因借助复兴古代希腊、罗马文化来表达自己的主张,故称"文艺复兴"。文艺复兴为黑暗的西欧送来一股清新的气息,揭开了近代欧洲历史的序幕。

文艺复兴时期的著名人物和代表作品有但丁的长诗《神曲》(包括"地狱""炼狱"和"天堂"三部分),薄伽丘的小说《十日谈》,达·芬奇的绘画《最后的晚餐》《蒙娜丽莎》等,米开朗琪罗的雕塑《大卫》《被缚的奴隶》等,莎士比亚的戏剧《哈姆雷特》《罗密欧与朱丽叶》《威尼斯商人》等。文艺复兴推动了欧洲思想文化领域的繁荣,为资本主义在欧洲的发展奠定了思想基础。

公元13世纪,意大利人马可·波罗到达中国,在中国游历后回到意大利,通过他的讲述,鲁斯蒂撰写完成《马可·波罗游记》。书中描绘"东方遍地是黄金",激起欧洲人对东方强烈的好奇和对黄金的渴求。15 至 17 世纪,商品经济的发展、航海造船技术的提升及对黄金的追求,使欧洲掀起一股寻找通往东方道路的探险热。1492 至 1498 年,意大利航海家哥伦布受西班牙国王资助,从西班牙出发向西行驶,发现美洲大陆;1497 至 1498 年,葡萄牙航海家达伽马沿非洲海岸线南下,绕过好望角,找到了从西欧直通东方国家的新航路;1519 至 1522 年,葡萄牙航海家麦哲伦受西班牙资助,实现了人类第一次环球航行,证明"地球是球形的"科学真理。新航路的开辟沟通了欧、亚、非、美四大洲,扩大了各国间的经济文化交流,促进了欧洲资本主义发展,为资本主义在西欧的确立奠定了物质基础。但同时,欧洲对殖民地的掠夺,对亚、非、拉美人民带来了深重灾难。

2. 资本主义制度的建立

英国资产阶级革命。15 世纪末到 17 世纪初,随着英国资本主义的迅速发展,资产阶级新贵与封建贵族矛盾激化。1640 年,英国国王查理一世召开议会,议员们要求限制王权,掀开了资产阶级革命的序幕。1649 年,查理一世被送上断头台,英国共和国成立。1688 年,资产阶级和新贵族发动宫廷政变,推翻查理二世复辟后的专制统治,英国革命结束。1689 年,英国颁布《权利法案》,标志君主立宪制的确立。英国资产阶级革命推翻了封建君主专制,确立了自己的统治地位,为发展资本主义扫清了道路,从此世界历史进入近代时期。

美国独立战争。1607 年,英国在北美建立第一个殖民地弗吉尼亚,到 18 世纪 30 年代,英国人在北美建立起 13 个殖民地。为争夺对北美殖民地控制权,英、法两国发生战争,英国控制北美大部分地区。1774 年,北美 12 个殖民地在费城召开了第一届大陆会议,会议通过《权利宣言》,要求英国政府取消对殖民地的各种经济限制和高压法令。1775 年 4 月,在莱克星顿打响了北美独立战争第一枪。1775 年 5 月,北美各殖民地代表在费城召开第二届大陆会议,决定建立大陆军,任命乔治·华盛顿为总司令。1776 年 7 月,第三届大陆会议通过由托马斯·杰斐逊起草的《独立宣言》,宣告美利坚合众国诞生。1783 年 9 月,英美签订《巴黎条约》,承认美国独立。1787 年,美国制定宪法,确立美国是一个联邦制国家。

法国资产阶级革命。资本主义的发展和教会、王权统治的腐朽,进一步使阶级矛盾恶化。1789 年 7 月,巴黎工人、手工业者、城市贫民武装起义,攻占象征法国专制统治的巴士底狱,标志着法国大革命的开始。各城市纷纷仿效巴黎人民,夺取政权,召开制宪会议,颁布《人权宣言》,实行君主立宪制。1799 年,拿破仑发动雾月政变,建立临时执政府,革命高潮结束。1804 年,拿破仑建立法兰西第一帝国,拿破仑执政后,发动了一系列对外战争。1814 年,"反法同盟"军攻入巴黎,拿破仑被迫退位,并被流放到地中海的厄尔巴小岛。1815 年 2 月,拿破仑逃回法国,重新执政,欧洲各国组成第七次反法同盟,在比利时小镇滑铁卢与法军进行决战,法军全线崩溃,史称"滑铁卢战争"。拿破仑战败后,被流放到大西洋上的圣赫勒拿岛,自此退出历史舞台。1830 年 7 月,巴黎人民发动革命,建立新王朝,至此法国大革命彻底结束。

3. 资本主义制度的发展

第一次工业革命(资本主义蒸汽时代)。16 世纪至 19 世纪初,随着新航路的开辟和资产阶级革命的完成,资本主义制度得以在欧洲确立。工场手工业蓬勃发展,为生产技术的革新提供了条件。1733年,机械师凯伊发明"飞梭",大大提高了织布速度;1765年,织工哈格里夫斯发明"珍妮纺织机",揭开了工业革命序幕。1785年,瓦特改良蒸汽机,为机器生产提供便利动力;1807年,美国人富尔顿以蒸汽为动力制成汽船;1814年,英国人史蒂芬孙发明了"蒸汽机车";1825年,史蒂芬孙蒸汽火车试车成功,从此人类社会进入"蒸汽时代"。

殖民扩张。随着工业革命的完成,英国迅速成为资本主义工业强国。为积累发展资本,主要资本主义国家开始大肆拓展海外殖民地。16世纪,英国打败头号殖民国家西班牙,开始向北美、印度等海外进行殖民扩张,在印度建立英国东印度公司,在北美建立13个英属殖民地。18世纪中期,英国先后打败西班牙、荷兰、法国殖民国家,成为世界殖民霸主。欧洲资本主义国家的殖民扩张,促进了资本主义经济的发展,但对殖民地人民的野蛮屠杀和掠夺,给殖民地人民带来巨大的灾难,造成亚、非、拉美等殖民地国家长期落后,导致世界东、西方发展不平衡。

三角贸易,即奴隶贸易。16世纪新航路开辟,资本主义发展,为了扩大市场、获得廉价劳动力和大量原材料,在利润驱使下,殖民者开始罪恶的奴隶贸易。欧洲奴隶贩子装载盐、布匹、朗姆酒等货品从欧洲出发,沿非洲西海岸南下,用货品换取大批黑人奴隶,然后横渡大西洋运到美洲,在美洲换取大量的糖、烟草、茶叶等原材料和金银等贵重金属,最后返回欧洲,形成了一个从欧洲到非洲,再到美洲,最后回到欧洲的"出程""中程""归程"的三角三边性贸易,故称"三角贸易"。

资产阶级的巩固与扩大。1861年,美国爆发内战,史称南北战争,是发生在以资本主义经济为主的北方和以奴隶制经济为主的南方之间的战争。战争持续4年,于1865年以北方的胜利而结束,美国实现南北统一,为资本主义发展扫除了障碍。19世纪,沙皇俄国经济发展远落后于西欧国家,1861年,俄国沙皇亚历山大二世下诏废除农奴制,实行自上而下的社会改革,从此俄国走上了资本主义发展道路。19世纪中期,日本处于德川幕府统治之下,对外奉行"锁国政策"。1868年,明治天皇颁布《王政复古大号令》,恢复天皇亲政、废除幕府,成立新的中央政府,并实施了一系列改革措施,自此日本走上了资本主义和对外扩张道路,此次改革为日本历史上著名的"明治维新"。

第二次工业革命。19世纪中期,随着资本主义经济的发展,自然科学研究取得重大进展,各种新技术、新发明层出不穷。1866年,德国人西门子制成发电机,实现了电能和机械能转换,人类社会开始进入"电气时代"。1877年,美国人爱迪生发明电话、电灯;19世纪80年代,德国人卡尔·本茨成功制成汽油内燃机汽车;1896年,美国人亨利·福特制造出第一辆四轮汽车;1903年,美国莱特兄弟飞机试飞成功。电器、电话、电灯等的发明促进了生产力的高度发展,资本主义社会进入帝国主义阶段。

（二）无产阶级革命史

1. 马克思主义的诞生

19世纪30年代,欧洲爆发了法国里昂工人起义,英国工人宪章运动和西里西亚纺织工人起义,标志着无产阶级成为一支独立的政治力量登上历史舞台。1848年,由马克思、恩格斯为共产主义者同盟起草的纲领《共产党宣言》发表,第一次全面而系统地阐述了科学社会主义理论,为工人运动指明了方向,同时标志着马克思主义和科学社会主义的诞生。

2.巴黎公社运动

1871年,法国巴黎爆发工人起义,起义者很快占领全城,并成立自己的政权——巴黎公社,颁布一系列代表工人阶级利益的措施。为保卫公社,公社战士同攻入巴黎城内的资产阶级政府军展开激烈巷战,史称"五月流血周",最终以失败告终。巴黎公社是无产阶级建立政权的第一次伟大尝试。1871年巴黎公社领导人之一的欧仁·鲍狄埃创作了《国际歌》歌词,1888年狄盖特谱曲后,《国际歌》在全世界广泛传唱。

三、外国现代史

外国现代史指20世纪初至今的历史,这一时期,世界发生了许多重大事件。

(一)第一次世界大战及战后资本主义社会的发展

1.第一次世界大战

19世纪末,围绕争夺世界霸权和殖民地,帝国主义国家之间发生矛盾。早在19世纪80年代,德国、奥匈帝国和意大利就建立了针对俄罗斯帝国和法国的三国同盟。为对付"三国同盟",1907年,英、法、俄建立"三国协约",两大军事集团最终形成。1914年,奥匈帝国皇储费迪南大公夫妇在萨拉热窝被枪杀,奥匈帝国以此为借口,向塞尔维亚宣战,第一次世界大战爆发。随着战争的推进,塞尔维亚、比利时、意大利、日本等相继加入协约国。1917年,俄国爆发十月革命,退出帝国主义战争。1918年,德国向协约国投降,双方签署停战协定,至此第一次世界大战以同盟国的失败结束。战后各国在巴黎召开会议,即巴黎和平会议(简称巴黎和会),并与德国签订《凡尔赛和约》。第一次世界大战是帝国主义国家要求重新瓜分殖民地的掠夺战争,巴黎和平会议是帝国主义之间的分赃会议。

2.第一次世界大战后资本主义国家的发展

第一次世界大战后,帝国主义国家通过巴黎会议,签订了《凡尔赛和约》,确立了战后帝国主义国家在欧洲、西亚、非洲统治的新秩序;通过华盛顿会议,签订了《四国条约》《五国条约》《九国公约》等一系列条约,确立了战后帝国主义在东亚、太平洋地区的统治秩序,构成了战后资本主义国际新秩序,即"凡尔赛-华盛顿体系"。

由于资本主义国家生产的社会化与垄断资本主义私人占有,致使供给和需求矛盾,最终导致经济危机。1929年10月,美国纽约华尔街证券交易所股市崩溃,紧接着银行倒闭、工业生产下降、企业破产、工人失业,大危机从美国迅速蔓延到欧洲及除苏联以外的全世界,是世界历史上最大规模、历时最长和影响最深刻的一次经济危机。经济危机激化了社会矛盾,引发政治危机,改变了世界发展方向。

为维护资本主义制度,摆脱经济危机,1933年,美国总统罗斯福实施了一系列旨在克服经济危机的政策措施,核心概括起来为:救济(Relief)、复兴(Recovery)、改革(Reform),亦称"3R"新政。新政针对穷人与失业者进行救济,将经济恢复到正常水准,改革金融系统。新政使美国经济获得缓慢恢复,开创了国家干预经济的新模式。

在经济危机打击下,西欧社会矛盾激化。1922 年,墨索里尼掌握意大利最高领导权,建立法西斯专政;1933 年,希特勒上台,集大权于一身,称国家元首,建立德国法西斯统治,大力迫害进步人士,推行种族灭绝政策,形成世界大战的欧洲策源地。1930 年,日本形成了法西斯化为目的的团体——樱会。1931 年,日本发动"九一八"事变,开始侵略中国。1936 年,日本法西斯专政建立,1937 年日本制造了"七七事变""南京大屠杀"等暴行。

(二)俄国社会主义道路的探索

1. 俄国十月革命

1917 年 11 月,以列宁为领导的布尔什维克武装力量推翻了俄国临时政府,建立苏维埃政权。1918 年 3 月,苏俄与德国签订和约,退出第一次世界大战。十月革命的胜利,诞生了世界上第一个社会主义国家——苏维埃俄国,开辟了人类历史的新纪元,为世界各国无产阶级革命、殖民地和半殖民地民族解放运动开辟了前进的道路,是世界现代史的开端。

2. 社会主义道路的探索

为粉碎外国武装干涉,取得国内战争胜利,1918 至 1921 年苏维埃政权实施战时共产主义政策,通过实行余粮收集制、工业国有化、取消自由贸易等政策,巩固了第一个无产阶级国家。1922 年,苏维埃社会主义共和国联盟成立,简称苏联。1928 至 1937 年,苏联先后完成两个五年计划,工业上重点发展重工业,至 1937 年,工业跃居欧洲第一、世界第二;农业上全国完成农业集体化。1936 年,苏联通过新宪法,宣布苏联是工农联盟社会主义国家,标志苏联高度集中的经济政治体制形成。

(三)第二次世界大战及战后资本主义国家经济的发展

1. 第二次世界大战

第二次世界大战亦称世界反法西斯战争。1931 年 9 月 18 日,日本发动"九一八事变",侵占中国东北,西方大国普遍奉行绥靖政策,日本肆意妄为。1937 年 7 月 7 日,日本挑起卢沟桥事变(又称"七七事变"),发动全面侵华战争,进一步加剧国际紧张局势。1938 年 3 月,德国吞并奥地利,入侵捷克斯洛伐克。9 月,英、法、德、意四国首脑在德国慕尼黑开会,签订协议,强行把苏台德等地区割让给德国,历史上称为"慕尼黑阴谋"。1939 年 9 月,德国突袭波兰,英法被迫对德宣战,第二次世界大战爆发。1940 年 5 月,德国入侵法国,英法联军被迫从敦刻尔克大撤退;同年 8 月,德国空军集中轰炸英国,不列颠空战爆发。1940 年 9 月,德、意、日在柏林签订三国协定。1941 年 6 月,德国进攻苏联,苏德战争爆发,战争扩大化。1941 年 12 月,日本偷袭珍珠港,太平洋战争爆发,美国对日宣战,战争规模进一步扩大。

1942 年 1 月,美、英、苏、中等 26 国在美国华盛顿签订《联合国家宣言》,建立反法西斯统一战线。1942 年 6 月,美国海军在中途岛击溃日本海军,成为太平洋战场的转折点。1943 年 7 月,英美陆军在西西里岛登陆,意大利法西斯政府被推翻;同年 11 月,"中华民国"、英、美三国在埃及开罗召开会议,发表《开罗宣言》;苏、美、英三国首脑在伊朗首都德黑兰举行会议,发表《德黑兰宣言》。1943 年初,斯大林格勒会战的胜利成为第二次世界大战欧洲战场的转折点。1945 年 2 月,美、英、苏三国首脑罗斯福、丘吉尔、斯大林在雅尔塔召开会议,签署《雅尔塔协定》。1945 年 5 月 8 日,德国签署投降书,欧洲战场结束战争;同年 6 月 26 日,包括中国在内的 50 个国家在美国旧金山召开"联合国国际组织会议",签署《联合国宪章》,联合国正式成立。1945 年 7 月,美、英、苏三国首脑杜鲁门、丘吉尔(后为新任首相艾德礼)、斯大林在柏林近郊波茨坦召开会议,史称"波茨坦会议"。1945 年 9 月 2 日,日本宣布无条件投降,第二次世界大战彻底结束。第二次世界大战是人类历史上规模最大的世界战争,深刻地改变了人类历史,对政治、经济、军事、外交、文化、科技等各方面产生了广泛影响。

2. 战后资本主义国家经济发展

20 世纪五六十年代,美国通过政府干预经济,大力发展科技教育,发展新兴工业和军事工业,使经济呈现持续繁荣,成为世界上最富强的国家。欧洲在美国"马歇尔计划"援助下,通过采取先进的技术成果,制定恰当的经济发展政策,西欧经济持续发展,德国经济发展迅速,成为西欧经济强国。1967 年,法、意、联邦德国、荷、比、卢签订《布鲁塞尔条约》,成立共同体,统称欧洲共同体,总部设在比利时布鲁塞尔。1993 年,欧洲联盟正式成立,简称欧盟。欧盟的成立有利于欧洲各国经济发展和联合,使之成为世界上最大的经济体。

(四)东欧社会主义国家改革与演变

1. 苏联的改革与解体

第二次世界大战结束后,苏联进入和平建设时期,受斯大林体制影响,弊端日益暴露。20 世纪 50 年代,赫鲁晓夫执政后,在政治、农业、工业方面进行了一些改革,一定程度地冲击了斯大林体制,但收效甚微。1985 年,戈尔巴乔夫成为苏共中央总书记,进行了经济、政治改革,但都失败,最终导致苏联在 1991 年解体。

2. 东欧剧变

东欧为苏联西侧、欧洲东南部和中部地区的国家,即保加利亚、罗马尼亚、波兰、匈牙利、捷克斯洛伐克、阿尔巴尼亚、德意志民主共和国和南斯拉夫 8 个国家。第二次世界大战后,斯大林将苏联模式作为社会主义建设经验引入东欧。由于照搬苏联模式和苏联霸权主义倾向干涉,导致东欧各国出现严重经济困难和社会危机。进入 20 世纪 80 年代,东欧爆发全面危机,在西方和平演变政策的不断渗透下,无产阶级政党纷纷丧失政权,社会制度发生变化。1990 年,东德加入西德,两德实现统一;1993 年,捷克斯洛伐克解体,一分为二;1992 年后,南斯拉夫解体,一分为五,东欧社会主义国家基本不复存在。

(五)亚非拉民族解放运动

印度和巴基斯坦原为一个国家,18 世纪中期逐渐沦为英国殖民地。1947 年,根据英国"蒙巴顿方案",将英属印度分为印度和巴基斯坦两个国家,成为英联邦自治领。分治后的巴基斯坦领土被分为东、西两部分,为印巴持续不断的战争埋下祸患。1950 年印度共和国宣布成立,1956年,巴基斯坦伊斯兰共和国宣布成立,1971年,东巴基斯坦脱离巴基斯坦,宣布独立,后来成为孟加拉人民共和国。

自15世纪殖民主义者入侵非洲大陆以来,非洲就一直在帝国主义殖民奴役之下,成为"黑暗大陆"。第二次世界大战后,非洲独立浪潮风起云涌。1960年,先后有喀麦隆、多哥、马达加斯加等17个国家独立,史称"非洲独立年"。1990年,纳米比亚成为最后一个非洲独立的国家,标志着帝国主义在非洲殖民体系的崩溃和殖民时代的结束。1492年古巴被哥伦布发现后就沦为西班牙殖民地,而19世纪后期,古巴经过两次独立战争后为美国所控制。1959年,卡斯特罗领导古巴人民通过武装斗争,推翻美国建立的傀儡政权,建立起社会主义国家。

（六）第二次世界大战后世界格局的演变

第二次世界大战后,美国经济、军事实力居世界第一。为了遏制共产主义,美国带领西方资本主义国家于1947年在政治上推出"杜鲁门主义",经济上推行"马歇尔计划",于1949年建立北大西洋公约政治军事组织,即北约,对苏联等社会主义国家采取一切非武力敌对行动,以达到称霸世界的野心。为对抗北大西洋公约组织,1955年,苏联等东欧社会主义国家成立华沙公约组织,简称华约,美苏对抗的两极格局形成。1991年苏联解体,华约解散,美苏两极格局结束后,暂时形成了以美国"一超",欧盟、日本、中国和俄罗斯等国家和国家联盟为"多强"的"一超多强"世界政治格局,世界政治格局正朝着多极化方向发展。

【测试训练题】

一、选择题

1. 我国教育近代化之先河开启于哪一时期（　　　）？

A. 洋务运动时期　　　　　　　　　　B. 戊戌变法时期

C. 辛亥革命时期　　　　　　　　　　D. 南京临时政府时期

2. 下列哪个文件是法国颁布的（　　　）。

A.《权利法案》　　　　　　　　　　B.《独立宣言》

C.《人权宣言》　　　　　　　　　　D.《解放黑人奴隶宣言》

3. 下列完成全球航行的是（　　　）。

A. 达伽马　　　　　　B. 哥伦布　　　　　　C. 麦哲伦　　　　　　D. 迪亚士

4. 下列属于洋务运动代表人物的是（　　　）。

A. 张之洞　　　　　　B. 张作霖　　　　　　C. 梁启超　　　　　　D. 顾炎武

5. 下列人物中与"士别三日"有关的是（　　　）。

A. 吕蒙　　　　　　　B. 曹操　　　　　　　C. 诸葛亮　　　　　　D. 周瑜

6. "围魏救赵"谋略是下列（　　　）使用过的。

A. 孙子　　　　　　　B. 孙膑　　　　　　　C. 管仲　　　　　　　D. 孙权

7. "卧薪尝胆"成语与下面（　　　）历史人物有关。

A. 勾践　　　　　　　B. 孙权　　　　　　　C. 项羽　　　　　　　D. 刘备

8. 战国时代有七个强大的诸侯国争雄称霸,史称"战国七雄",下列选项中,不属于"战国七雄"的是(   )。

A. 齐国　　　　　　　B. 鲁国　　　　　　　C. 楚国　　　　　　　D. 秦国

9. (   )是中国历史上第一个出现的治世,奠定了汉武帝将汉朝推上顶峰的基础。

A. 文景之治　　　　　　　　　　　B. 光武中兴

C. 开元盛世　　　　　　　　　　　D. 仁宣之治

10. 意大利是一个典型国家,自从现代世界的曙光在那里升起的那个时代以来,它产生过许多伟大人物。这里"现代世界的曙光"是指(   )。

A. 手工工场出现　　　　　　　　　B. 文艺复兴运动

C. 海外殖民开始　　　　　　　　　D. 新航路开辟

11. 1945年秋,国共两党重庆谈判的主要成果是(   )。

A. 签署了《双十协定》　　　　　　B. 通过了《和平建国纲领》

C. 通过了《共同纲领》　　　　　　D. 制定了《中国土地法大纲》

12. 下列会议中,中国共产党自己解决自己的军事、组织等问题,标志着中国共产党走向成熟的标志性会议是(   )。

A. 中共一大　　　　　　　　　　　B. 瓦窑堡会议

C. 洛川会议　　　　　　　　　　　D. 遵义会议

二、填空题

1. 元朝时,直接负责管辖台湾的机构是_____。

2. 提出和平共处五项原则的会议是_____。

3. 第一次世界大战的起始时间是_____。

4. "逝者如斯夫"出自我国古代的_____。

5. 在世界历史中,用来比喻惨痛失败的战役是_____。

6. 确立中国实施改革开放战略方针的重要会议是_____。

三、辨析题

1. 金文也叫钟鼎文,是我国现存最古老的文字。

2. 1271年,忽必烈建立元朝,结束蒙古族的分裂状态,设立驻藏大臣,促进统一多民族国家的巩固和发展。

3. 1947年夏,刘邓大军千里跃进大别山,全面内战爆发。

4. 杜鲁门主义的出台标志着以美苏为首的两极格局的形成。

第三章 文学常识

文学是以语言文字为工具用于表达社会生活和心理活动的学科,属于人类精神活动,是民族文化的一种重要表现形式,对于确立人生价值和精神成长具有重要的意义。学习和了解文学知识,有助于我们了解一个民族的文化,提升文化素养,增强分析问题的能力。

第一节 文学基本知识

一、文学的属性

文学的本质是通过语言文字来塑造形象、反映现实生活、表现人们的精神世界的艺术,属于社会意识形态,是社会存在的反映。作为社会意识形态,文学具有三种属性,即意识形态性、审美性和语言性。

（一）意识形态属性

文学作为一种社会意识形态,受特定的社会存在决定和制约,同时又反作用于社会存在。作为社会意识形态的文学具有认识性、倾向性和实践性特征。认识性指文学具有能够帮助人们认识自然、社会和精神世界的特性,即通过塑造艺术形象来反应社会生活;倾向性指文学在反映特定社会生活时表现或流露出来的价值取向,是作者一定世界观、人生观、价值观自觉或不自觉的显现,政治和思想倾向性是文学倾向性的主要表现;实践性指文学反映社会实践又能动地作用于社会实践,文学的实践性是通过改变人的精神和观念间接实现的。

（二）审美属性

文学作为一种社会意识形态,还具有审美属性。文学作为审美活动,与其他审美活动一样,都具有情感性、形象性、超越性特征。情感性指文学表达情感并依此激发读者共鸣,促进社会情感交流,是文学审美活动的基本特征,情理交融是文学审美活动的真实表现;形象性指文学总是以某种形象来呈现,形象是文学区别于其他意识形态的显著特征;文学形象是作者根据现实生活,经过提炼、加工创造出来的具体、生动、真实的,具有审美价值的人物或图景,塑造形象是文学的根本特征;超越性指文学总是通过艺术想象和审美理想,超越人与自然现实的关系、人与社会现实的关系和自我提升人的精神境界和自由特性。

（三）语言属性

文学是一种语言艺术,语言的深刻与否,全面地影响着文学活动每一个环节,语言是文学审美意识的物质载体和实现方式,是文学的第一要素。文学语言不同于日常用语,有着自己鲜明的特色、独特的审美特征,即间接性、精神性和韵律性。间接性指文学具有通过阅读语言符号而间接地在内心唤起形象画面的特性,文学语言的间接性使文学形象具有诸多不确定性,为读者想象留下更多空间。精神性指文学具有通过语言符号传达人类精神的丰富性和深刻性的特性,表现为文学一方面可以通过语言塑造形象,使难以言说或不可言说的情绪、感受具体化;另一方面可以通过语言展示思维活动,表现理性化的思想。韵律性指文学具有像音乐韵律一样的节奏美和声韵美。

二、文学的功能

文学作为语言的艺术,是社会文化的重要表现形式,具有认识、审美、教育、娱乐的功能。

（一）认识功能

文学的认识功能体现在通过阅读文学作品能够帮助人们获得社会、人生知识,加深对于人和社会现实的理解。例如小说《白鹿原》以关中地区白鹿原上白鹿村为缩影,通过讲述白姓和鹿姓两大家族几代人的恩怨纷争,表现了从清朝末年到20世纪七八十年代长达半个多世纪的历史变化。以各种形象和复杂曲折的情节,全面深刻地展现了清朝末以来的中国社会现实及各种社会关系。通过小说可以使读者深刻地认识这一时期中国社会现实,加深对社会各种关系的理解。文学的认识功能是通过作家包含情感和审美态度的艺术创造与读者主动感受和审美享受来实现的,因而具有含蓄、深刻、多样、开放的性质。

（二）审美功能

文学的审美功能具体体现在能够满足主体与客体对美好情感的需求,使人获得对现实的超越,实现审美理想,促进个性和才能全面而自由的发展。文学作为语言的艺术,审美功能是其最基本的功能,即文学的存在主要是为了满足人的审美需求。文学审美功能以情感为中介,需要审美体验间接来实现。如莎士比亚的悲剧《哈姆雷特》以丰富、生动的故事情节,反映了人文主义理想同英国黑暗的封建现实之间的矛盾,通过表现美好人生社会的毁灭从而让人得到内心的升华。

（三）教育功能

文学作为社会文化的重要表现形式,具有以文化人的作用。文学的教育功能体现在文学作品具有影响人的思想情感、净化心灵世界、增强生活勇气和信心的作用。文学作品寄托着作者的信仰和人生态度,作者需要通过文学作品告诉读者什么是好的,什么是坏的。如小说《边城》描绘了湘西地区特有的风土人情,借船家少女翠翠的纯情爱情故事,展现出了人性的善良美好。通过小说塑造的艺术形象和体现的价值观念潜移默化地影响人的思想情感,对人进行道德教化。

（四）娱乐功能

文学娱乐功能体现在具有自娱与娱人的作用，作者通过文学艺术创造带来身心愉悦和精神自由，读者通过阅读和想象产生生理和心理上的快乐感。生理上的满足指通过特有的韵律和真切的生活体验，带给人丰富的想象和创造的乐趣；心理上的满足指文学作品通过展示一种接近甚至超过专业水平的技能，起到益智、提升欣赏格调的作用。如《西游记》通过各种形象和故事情节，在带给人满满的快乐，使人身心愉悦的同时，还通过唐僧师徒四人西天取经的历程，表现了对自我心灵净化与救赎的理想追求。

三、文学体裁

文学体裁是文学形式的要素之一，指文学作品的具体样式和类别。体裁具有时代性，由社会生活需要决定，并随着社会生活需要的变化而发展变化。每一种体裁都有一整套相对稳定的艺术手段，这些艺术手段就是这种文学体裁的独特辨认标志。如小说必须具备人物、情节和环境三个基本要素。文学体裁根据不同的标准划分为不同的类型，如中国古代文学体裁有赋、骈文、说、神话、传奇、杂记等；现代文学体裁有散文、小说、诗歌、戏剧等。

（一）散文

散文是与诗歌、小说、戏剧并列的一种文学体裁，直接表达作者对生活的主观感受，侧重主观抒情，不讲究韵律。散文具有"形散而神不散"的特点。"形散"主要是指散文取材广泛，行文自由，联想丰富，不受时空限制；"神不散"主要是指散文表达的中心或主旨必须明确而集中。散文可分为叙事散文、抒情散文和议论散文，叙事散文以叙述事情为主，兼有议论抒情；抒情散文以抒发情感为主，兼有叙事议论；议论散文以论述事理为主，兼有抒情叙事，具体采用哪种体裁，需要根据表达主题确定。

（二）小说

小说以塑造人物形象为中心，通过完整的故事情节和具体的环境描写，展示人物思想情感和性格特征，广泛而深刻地反映社会生活的一种文学体裁。小说必须具备人物、情节和环境三个基本要素，其中环境描写包括社会环境描写和自然环境描写；情节一般由开端、发展、高潮、结局四个部分构成。小说还可按照不同标准进行分类，如按照篇幅长短分为长篇小说、中篇小说、短篇小说、微型小说；按照内容属性分为科幻小说、武侠小说、言情小说、公案小说、传奇小说等；按照写作体制分为章回体小说、日记体小说、书信体小说、诗体小说等。

（三）戏剧

戏剧是一种综合的舞台艺术，是综合运用文学、音乐、绘画、舞蹈等艺术手段塑造舞台艺术形象，揭示社会矛盾，反映社会生活。戏剧要求情节高度集中，矛盾冲突激烈，人物语言（台词）和舞台说明口语化和个性化，能够在有限的时空表现社会生活。戏剧按照不同标准进行分类，如按照艺术形式和表现手法分为话剧、歌剧、舞剧；按照剧情繁简和结构分为独幕剧、多幕剧；按照矛盾冲突性质分为悲剧、喜剧、正剧；按照题材反映的时代分为历史剧、现代剧。

（四）诗歌

诗歌是以高度凝练的语言、大致整齐的句式、强烈鲜明的节奏、生动可感的形象来表达作者情感,反映社会生活的一种艺术形式。诗歌语言具有精练、形象、音调和谐、节奏鲜明等特点。诗歌也可按照不同标准进行分类,如按照内容分为叙事诗、抒情诗、哲理诗;按照形式分为格律诗、自由诗、散文诗;按照年代分为现代诗歌、古代诗歌,古代诗歌又可分为古体诗、近体诗、词、曲等。

第二节　中国文学史

中国文学是中华文明最值得自豪的瑰宝,经历了漫长而辉煌的发展过程。中国文学发展历史可划分为古代文学和现当代文学,古代文学指从先秦文学至五四运动前的文学发展;现当代文学指从五四运动后至今天的文学发展。

一、中国古代文学

按照"三古、七段"划分,中国古代文学可划分为上古期、中古期、近古期三个时期。上古期指上古神话和先秦至两汉时期的文学,中古期指魏晋至明中叶时期的文学,近古期指明中叶至五四运动前的文学。

（一）上古神话

上古神话是原始先民在社会实践中创造出来的文学形式,内容涉及自然环境和社会生活的各个方面,既包括世界的起源,又包括人类的命运,展示了远古先民对世界的认识。上古神话以文字形式的存在散见于《淮南子》《山海经》《左传》《庄子》《楚辞》等文学作品中,而大量的是通过口头流传下来,如盘古开天、夸父逐日、女娲造人、大禹治水、精卫填海、后羿射日等。中国神话中出现的神或者英雄多是为民除害的形象,具有牺牲精神,这种形象反映出古代中国人生活环境的严峻和在此环境中人们所崇仰的德性。

（二）先秦时期文学

先秦文学是指秦始皇统一六国之前的文学,其主要成就是诗歌和散文,是中国文学健康发展的坚实基础。

1. 诗歌

《诗经》和《楚辞》是我国先秦诗歌的代表作品。《诗经》是我国第一部诗歌总集,收录了自西周初年至春秋中叶大约五百多年间的 305 首诗歌,又称《诗三百》,《关雎》《蒹葭》《硕鼠》《氓》等是其中的名篇。《诗经》分为"风""雅""颂"三部分。"风"也称"国风",即周王朝国都以外地区、方域的民歌、民谣;"雅"是西周宫廷的诗歌;"颂"是宗庙祭祀或举行重大典礼时的乐歌。《诗经》主要采用"赋""比""兴"的表现手法,"赋"是铺陈直叙,"比"是打比方，"兴"是感物起兴。《诗经》展现了当时社会风俗和社会生活的各个方面以及劳动人民的思想情感，是中国最早的现实主义作品。《楚辞》是中国文学史上第一部浪漫主义诗歌总集，由西汉刘向辑录屈原、宋玉等人的作品而成。屈原是我国第一位伟大的浪漫主义爱国诗人，创作出《九歌》《天问》《九章》等楚辞名篇。其中《离骚》是屈原的代表作，是我国文学史上最宏伟壮丽的长篇政治抒情诗，"路漫漫其修远兮，吾将上下而求索""亦余心之所善兮，虽九死其犹未悔"是其中的名句。《诗经》中的《国风》和《楚辞》中的《离骚》在文学史上并称"风骚"，分别为中国现实主义与浪漫主义的鼻祖，后人也常以"风骚"代指诗歌，或以"骚人"称呼诗人。

2. 散文

先秦时期的散文著作是基于各种实用的目的而产生，并非完全意义上的文学作品，但它们在中国文学史上却具有极为重要的地位。先秦散文主要分为历史散文和诸子散文。历史散文以记述历史事件为主，按照文体可分为国别体、编年体和纪传体；诸子散文是春秋战国时期诸子百家阐述自己观点、主张的哲理性著作，经历了由语录体到对话式论辩文，再到专题论文的发展过程。

《左传》《国语》《战国策》是先秦历史散文的代表性作品，《左传》和《战国策》对后世的散文具有深刻影响。《左传》也称《春秋左氏传》或《左氏春秋》，是我国第一部编年体史书，相传为鲁国史官左丘明所著，《左传》与《公羊传》《谷梁传》并称"春秋三传"。《国语》是我国第一部国别体史书，按周、鲁、齐、晋、郑、楚、吴、越等八个国家分卷记载史事。《战国策》是一部国别体史书，主要记载战国时期的政治主张和外交策略，由西汉刘向重新编订成书。

诸子散文经典作品有道家的《道德经》《庄子》，儒家的《论语》《孟子》《荀子》，墨家的《墨子》，法家的《韩非子》《吕氏春秋》，兵家的《孙子兵法》等。《老子》是一部以政治为中心的哲理著作，也牵涉个人立身处事的准则，全书分81章，内容都是一些言简意赅的哲理格言。《论语》是孔子及其弟子的言行，由孔子弟子及再传弟子纂录而成，反映了孔子的政治理想和教育思想，其中颇多富有哲理性和启发性的语句，如"学而不思则罔，思而不学则殆""岁寒，然后知松柏之后凋也""学而时习之，不亦说乎？有朋自远方来，不亦乐乎？人不知而不愠，不亦君子乎？""知之为知之，不知为不知，是知也"等名句。《墨子》为墨翟及其弟子所著，主张"兼爱""非攻"，各篇主题明确，逻辑严谨，善于运用具体事例来说明，成为古代最早的严格意义上的论说文。《孟子》是儒家大师孟轲（后世尊为"亚圣"）的言论汇编，由孟子及其弟子共同编撰而成，文章善于运用比喻、寓言，借形象说理，具有很强的文学性。《庄子》由战国时期庄周和他的门人所著，善于通过艺术想象来描述理想的人生境界，是先秦诸子散文中文学性最强、文学成就最高的作品，《逍遥游》《庖丁解牛》是其中的名篇。《荀子》由先秦儒家最后一位大师荀况及其弟子所作，内容多为社会政治、伦理、教育等方面的长篇专题学术论文，善于运用自然界和日常生活中的事例作为论据进行论证，论点明确，论断缜密，结构严谨，风格朴实。《韩非子》是战国末期法家的代表人物韩非的著作，善于运用大量的譬喻和寓言故事来论证事理，具有较强的说服力。

（三）两汉时期文学

两汉时期，"罢黜百家、独尊儒术"的推行，使儒家思想得到确认和发扬，并在阐发儒家学说中出现了一批专门从事文学活动的文人群,以文学写作为主业,促进了文学的发展。两汉文学成就集中体现在辞赋、诗歌和散文方面。

1. 赋

赋是汉代新兴的介于诗歌、散文之间的文体,在汉时盛极一时,后世往往把它看作汉代文学的代表,在文学史上有"汉赋"之称。汉赋的特点是散韵结合,专事铺叙,内容上侧重"体物写志"。汉赋的内容可分为5类:一是渲染宫殿城市,二是描写帝王游猎,三是叙述旅行经历,四是抒发不遇之情,五是杂谈禽兽草木。代表性作品有贾谊的《吊屈原赋》、司马相如的《子虚赋》《上林赋》《长门赋》等、赵壹的《刺世疾邪赋》、扬雄的《河东赋》《羽猎赋》、班固的《两都赋》、张衡的《西京赋》《东京赋》等。司马相如、扬雄、班固、张衡被称为"汉赋四大家"。

2. 乐府民歌

汉乐府民歌是继《诗经》《楚辞》后我国诗歌发展史上的第三个重要发展阶段,在中国文学史上有重要的开创意义,奠定了中国古代叙事诗的基础。汉乐府民歌代表作品有《陌上桑》《东门行》《病妇行》《孤儿行》《十五从军征》《孔雀东南飞》等。《孔雀东南飞》是最早的叙事长诗,与北朝民歌《木兰辞》两者并称"乐府双璧"。

《古诗十九首》是汉代文人五言抒情诗的典范,由南朝萧统从无名氏古诗中选录十九首编列而成,每首诗以句首为标题,主要有《行行重行行》《青青河畔草》《西北有高楼》《客从远方来》《明月何皎皎》等,是乐府古诗文人化的显著标志,深刻地再现了文人在汉末社会思想大转变时期的情感和思绪。全诗语言朴素自然,描写生动真切,具有浑然天成的艺术风格,被刘勰称为"五言之冠冕"。

3. 散文

《史记》是中国第一部纪传体通史,作者西汉史学家、文学家司马迁(公元前145—前90),记载了从上古传说中的黄帝时期到汉武帝初年长达3000多年的历史,全书由十二本纪、十表、八书、三十世家、七十列传组成。"本纪"用编年方式叙述历代君主或实际统治者的生平和政绩,是全书的大纲;"表"是用表格形式分项列出各历史时期的大事,以便检索;"书"是天文、历法、水利、经济等各类专门事项的记载;"世家"是世袭家族以及孔子、陈胜等人物的传记;"列传"为本纪、世家以外各种人物的传记;《史记》既是一部史学巨著,又是一部文学名著,对后世影响巨大,被鲁迅先生誉为"史家之绝唱,无韵之离骚"。《史记》与北宋司马光主编的《资治通鉴》并称为"史学双璧"。司马迁被后世尊称为"史圣",与司马光并称为"史界两司马";与司马相如合称为"文章西汉两司马"。《汉书》(又称《前汉书》),为东汉史学家班固编撰,是我国第一部纪传体断代史,也是继《史记》之后中国古代又一部重要史书,在中国文学史上的地位很突出。《汉书》以"实录"精神描写社会各阶层人物,经典篇章有《霍光传》《苏武传》《外戚传》《朱买臣传》等,堪称后世传记文学的典范。后世将《史记》《汉书》《后汉书》《三国志》称为"前四史"。

(四)魏晋南北朝时期文学

自东汉末期三国鼎立以后,中国进入约四百年之久的多个政权并存的历史阶段,长期的战乱加速了民族的融合,也促进了文学的发展。这一时期的文学成就主要体现在诗歌、散文、小说和文学理论方面。

1. 诗歌

汉献帝年号建安,这一时期的文学被称为建安文学,形成了"建安风骨"这一美学特征。建安诗歌吸收了汉乐府民歌之长,情词并茂,具有慷慨悲凉的艺术风格。建安文学的代表人物为"三曹"(曹操、曹丕、曹植父子)和"建安七子",以"三曹"为核心。曹操是建安文学的主将和开创者,代表作有《蒿里行》《短歌行》《观沧海》《龟虽寿》等,其中《观沧海》是现存最早最完整的山水诗。曹丕是曹操次子,其诗歌委婉悱恻,两首《燕歌行》是现存最早的七言诗。曹植是这一时期最负盛名的作家,流传下来的诗赋文章共有100多篇,如描绘人民痛苦生活的《泰山梁甫行》,描写爱情的《洛神赋》;曹植的《七步诗》写作更传为尽人皆知的佳话。"建安七子"是孔融、陈琳、王粲、徐干、阮瑀、应玚、刘桢七位文学家的合称,这七人大体上代表了建安时期除曹氏父子外的文学成就,其中王粲的《七哀诗》成就最高。此外,陶渊明(365—427),东晋最杰出的文学家,是我国第一位田园诗人,开创田园诗派,代表作品有《桃花源记》《归去来兮辞》《归园田居》《五柳先生传》等。谢灵运(385—433),南朝时期的代表性诗人,是我国第一位山水诗人,在其现存近百首诗中,有38首可称得上是较为完整的山水诗,代表作品有《登池上楼》《登江中孤屿》《长歌行》等。

2. 辞赋散文

魏晋南北朝时期的辞赋与散文众多,著名作家作品有曹植的《洛神赋》,王粲的《登楼赋》,左思的《三都赋》(引出了"洛阳纸贵"的佳话),诸葛亮的《出师表》《诫子书》,范晔的《后汉书》,陈寿的《三国志》,李密的《陈情表》,王羲之的《兰亭序》,郦道元的《水经注》(地理学作品)等。

3. 小说

这一时期的小说十分繁荣,出现了以记述神仙鬼怪、佛法灵异为主要内容的志怪小说和以记录士大夫轶闻趣事和个性举止为主要内容的志人小说。志怪小说以干宝的《搜神记》为代表,志人小说以刘义庆的《世说新语》为代表。《世说新语》是我国第一部笔记体小说集。

4. 文学理论

文学理论是有关文学的本质、特征、发展规律和社会作用的原理、原则。魏晋南北朝时期文学理论成就突出。曹丕的《典论·论文》是我国第一篇文学理论和文学批评专论;陆机的《文赋》是第一篇用赋体写成的创作论;钟嵘的《诗品》是我国文学史上第一部诗论;刘勰的《文心雕龙》是我国第一部理论体系完整的文学理论巨著。

(五)隋唐时期文学

隋唐时期社会稳定,政治经济发展,多民族文化相互融合,中外文化交流频繁,使得这个时代的文化呈现丰富多彩、生机勃勃的面貌。唐代文学成就主要体现在诗歌、散文和传奇小说方面。

1. 诗歌

诗歌作为魏晋以来文人文学的核心文体,在唐代达到顶峰。王勃、杨炯、卢照邻、骆宾王被称为"初唐四杰"。王勃的《送杜少府之任蜀州》(海内存知己,天涯若比邻)、《滕王阁序》(落霞与孤鹜齐飞,秋水共长天一色),杨炯的《从军行》,卢照邻《行路难》和骆宾王的《咏鹅》《易水送别》(此地别燕丹,壮士发冲冠。昔时人已没,今日水犹寒)最为脍炙人口。陈子昂、刘希夷、张若虚、贺知章是继"四杰"之后推动唐诗发展的重要诗人。陈子昂的代表作有《感怀三十八首》《登幽州台歌》,刘希夷的代表作为《代悲白头翁》,贺知章代表作有《回乡偶书》《咏柳》等,张若虚的代表作《春江花月夜》有"孤篇盖全唐"的美誉。

盛唐诗歌兴盛,诗人众多,名家辈出,诗歌在这一时期达到艺术高峰。除个人创作外,诗歌还形成不同流派,主要有山水田园诗派和边塞诗派。山水田园诗派以王维和孟浩然为代表,表现大自然幽静恬适之美,有较高的审美情调。王维(701—761),后世称其为"诗佛",名作有《鸟鸣涧》《使至塞上》《山居秋暝》等,人们说他"诗中有画,画中有诗";孟浩然(689—740),代表作《春晓》《过故人庄》等。边塞诗派以高适、岑参、王昌龄、王之涣为代表,描绘了边塞生活的艰苦和战争的残酷,表现了爱国将士保家卫国、建功立业的英雄豪迈和乐观主义精神。高适代表作《燕歌行》,岑参代表作《白雪歌送武判官归京》,王昌龄代表作《从军行七首》《芙蓉楼送辛渐》《出塞》,王之涣代表作《登鹳雀楼》《凉州词》等。此外,王昌龄尤擅长七绝,被称为"七绝圣手"。

李白和杜甫是盛唐诗人中最为杰出的代表,被后人合成为"李杜"。李白(701—762)是我国杰出的浪漫主义诗人,被贺知章惊呼为"谪仙人",后世称为"诗仙",其诗充满了奇丽的想象、大胆的夸张,风格豪迈飘逸,代表作有《蜀道难》《梦游天姥吟留别》《将进酒》《静夜思》《望庐山瀑布》等。杜甫(712—770)是我国伟大的现实主义诗人,被后世称为"诗圣",其诗善于对现实生活做高度的艺术概括,描写细致入微,语言凝练,讲究格律对仗,风格沉郁顿挫,代表作《茅屋为秋风所破歌》《春望》《春夜喜雨》及"三吏"(《潼关吏》《石壕吏》《新安吏》)、"三别"(《新婚别》《垂老别》《无家别》)等。崔颢(704—754年)是盛唐时期著名诗人,代表作《黄鹤楼》家喻户晓,被誉为"唐人七律第一"。

中唐时期诗人主要有白居易、刘禹锡、李贺、刘长卿、韩愈、贾岛、孟郊等。白居易(772—846)是我国著名的现实主义诗人,"新乐府运动"的倡导者,主张"文章合为时而著,歌诗合为事而作",其诗浅显易懂,代表作有《秦中吟》《新乐府》(包括《卖炭翁》)《长恨歌》《琵琶行》。刘禹锡有"诗豪"之称,与柳宗元并称"刘柳",与韦应物、白居易合称"三杰",与白居易合称"刘白",留下《陋室铭》《竹枝词》《杨柳枝词》《乌衣巷》等诗歌名篇。李贺(790—816)是唐朝中期浪漫主义诗人,与李白、李商隐称为"唐代三李",后世称为"诗鬼""鬼才",留存诗歌200多首,有《雁门太守行》(黑云压城城欲摧)、《致酒行》(雄鸡一声天下白)、《金铜仙人辞汉歌》(天若有情天亦老)等千古名篇佳句。刘长卿以五言诗享誉当时,代表作《逢雪宿芙蓉山主人》等,自诩"五言长城"。孟郊代表作有《登科后》(春风得意马蹄疾,一日看尽长安花)《游子吟》等。贾岛代表作有《剑客》《寻隐者不遇》等,与孟郊合称"郊寒岛瘦"。

晚唐时期较为著名的诗人有杜牧和李商隐,杜牧擅长用七绝写咏史诗,风格豪迈俊爽,李商隐擅长用无题的方式表达婉曲之情,二人合称"小李杜"。杜牧代表作有《清明》《山行》,经典七绝《寄扬州韩绰判官》(二十四桥明月夜,玉人何处教吹箫)等。李商隐尤以七言近体诗成就最高,代表作有《夜雨寄北》和多首《无题》(相见时难别亦难,东风无力百花残)等。

2. 散文

唐代散文的主要成就体现在韩愈和柳宗元发起的古文运动。所谓"古文",是相对骈文而言,先秦和汉朝的散文,特点是质朴自由,以散行单句为主,不受格式拘束,有利于反映现实生活、表达思想。所谓"骈文",是始于汉朝、盛行于南北朝的文体,讲究排偶、辞藻、音律、典故,常用四字句、六字句,故也称"四六文"。骈文中大量使用典故,堆砌辞藻,形式大于内容,在表达思想方面受到很大限制。唐中期以后,以韩愈、柳宗元为代表,强调"文以明道",反对骈文,提倡古文,掀起古文运动。韩愈(768—824),唐代古文运动的倡导者,被后人尊为"唐宋八大家"之首,与柳宗元并称"韩柳",有"文章巨公"和"百代文宗"之名。后人将其与柳宗元、欧阳修和苏轼合称"千古文章四大家"。他提出的"文道合一""气盛言宜""务去陈言""文从字顺"等散文写作理论,对后人有很重要的指导意义,在散文方面的名篇有《师说》《原道》《进学解》等。柳宗元(773—819),唐宋八大家之一,与王维、孟浩然、韦应物并称"王孟韦柳",散文成就突出,涉及哲学、政论、山水、寓言、人物传记等,代表作有《天说》《黔之驴》《永州八记》《捕蛇者说》等。

3. 小说

唐朝小说的代表性成就是"唐传奇"和变文。唐传奇为流行于唐代的文言短篇小说,是在三国两晋南北朝志怪小说基础上,融合历史传记小说、辞赋、诗歌和民间说唱艺术形成的新文体,在情节、结构、叙事手法及人物形象塑造等小说艺术的各个方面有了显著的提高。代表作品有王度的《古镜记》、陈鸿的《长恨歌传》、李朝威的《柳毅传》、白行简的《李娃传》、元稹的《莺莺传》、蒋防的《霍小玉传》、沈既济的《任氏传》、裴铏的《聂隐娘》、杜光庭的《虬髯客传》等。变文是古代流行于民间的说唱文学体裁,兴起于唐代,是唐代通俗文学形式之一,文体由散文及韵文交替组成,以铺叙佛经义旨为主,内容涉及佛经演绎故事、历史故事、民间传说等,代表作品有《降魔变文》《伍子胥变文》《王昭君变文》等。

(六)两宋时期文学

宋代崇文抑武,城市经济、商业繁荣,有力地促进了文学艺术的发展。宋代文学在我国文学发展史上有着重要的特殊地位,是中国文学从"雅"向"俗"的转变时期。"雅"主要指流传于社会中上层的诗、文、词等文人文学,"俗"主要指流传于社会下层的小说、戏曲等。宋代文学尤以词、诗歌、散文和话本见长。

1. 词

词是隋唐五代兴起的一种合乐而歌的新诗体,也称"曲子词""长短句",始于南朝梁代,形成于唐代,在宋代取得了卓越成就,成为有别于诗之外的中国古代最为突出的文学体裁之一。温庭筠、韦庄、李煜等是晚唐以后有名的花间词派代表人物。温庭筠是花间词派的代表作家,在词的艺术创造上对后世文人产生了重大影响,被称为"花间鼻祖",与韦庄并称"温韦",作品大都收入《花间集》。李煜(937—978)为南唐末代君主,工书善画,能诗擅词,尤以词成就最大,存世词有三十余首,前期的词主要反映宫廷生活和男女情爱,风格绮丽柔靡,后期词反映亡国之痛,哀婉凄凉,意境深远,极富艺术感染力,代表作有《虞美人》《相见欢》《浪淘沙》等。

词经过五代至两宋，获得很大发展，产生了大批成就突出的词人和名篇佳作，并形成了各种风格和流派，成为宋代主要的文学形式，主要有豪放派和婉约派。

豪放派以苏轼和辛弃疾为代表。苏轼（1037—1101），北宋文学家、书法家，其在诗、文、书、画等方面都有非凡成就，开创了豪放词派，代表作有《念奴娇·赤壁怀古》《水调歌头·丙辰中秋》《江城子·密州出猎》等，与其父苏洵、弟弟苏辙合称"三苏"。辛弃疾（1140—1207），南宋著名词人，其词多以国家、民族的现实问题为题材，抒发慷慨激昂的爱国之情，气势磅礴，情感炽烈，作品收录《稼轩长短句》，代表作有《永遇乐·京口北固亭怀古》《水龙吟·登建康赏心亭》《破阵子·醉里挑灯看剑》等。

婉约派以晏殊、柳永、李清照等最具代表性。晏殊（991—1055），北宋著名文学家，喜欢用清丽疏淡的语言、精致的意向，抒写微妙的闲情闲愁，代表作有《浣溪沙》（一曲新词酒一杯）《踏莎行》（小径红稀，芳草绿遍）等。他开创了北宋词"雅"的一派，被尊为""北宋倚声家初祖"，著有《珠玉词》，与其子晏几道在词史上并称"二晏"。柳永（984—1053），北宋著名词人，是第一位对宋词进行全面革新的词人，也是两宋词坛上创用词调最多的词人，开创了北宋词"俗"的一派，代表作有《雨霖铃·寒蝉凄切》《望海潮·东南形胜》《蝶恋花·伫倚危楼风细细》等。柳永发展了词的长调，在词中融抒情、叙事、写景于一体并能细致展开，打破了文人词以传统的小令为主的习惯，为后人开拓了新路。李清照（1084—1155），宋代女词人，婉约词派的代表，有"千古第一才女"之称，作品繁多，代表词作有《如梦令》《声声慢》等。

2. 诗歌

宋代诗歌虽不及唐朝，但也另辟蹊径，取得了相当高的成就，产生了一大批诗人，并形成了众多的流派，主要诗人有苏轼、黄庭坚、王安石、陆游、范成大、杨万里、文天祥等。黄庭坚（1045—1105），北宋盛极一时的"江西诗派"开山之祖，与秦观、晁补之、张耒四人合称"苏门四学士"。"江西诗派"以杜甫为祖，黄庭坚、陈师道、陈与义为宗（即"一祖三宗"），作诗重视文字推敲技巧，提出了"点铁成金""夺胎换骨"的诗学理论，代表作有《牧童诗》《清明》《新竹》等。陆游（1125—1210），南宋文学家、爱国诗人，其诗语言平易晓畅、章法整饬谨严，兼具李白的雄奇奔放与杜甫的沉郁悲凉，尤以饱含爱国热情的诗词对后世影响深远，现存诗作9000多首，代表作有《示儿》《游山西村》《书愤》等名篇。范成大（1126—1193），南宋文学家、诗人，在纪行诗和田园诗方面成就突出，代表作有《四时田园杂兴六十首》，比较完整地反映了田园乡村的生活面貌。杨万里（1127—1206），南宋文学家，其诗自成一家，独具风格，形成对后世影响颇大的诚斋体，代表作有《插秧歌》《竹枝词》《小池》《初入淮河四绝句》等。文天祥（1236—1283），南宋末年文学家、民族英雄，代表作有《正气歌》《过零丁洋》等。

3. 散文

宋代是中国散文发展的繁盛时期，名家辈出，佳作如林，"唐宋八大家"中的六人位列其中。"唐宋八大家"是指唐朝的韩愈、柳宗元，宋朝的欧阳修、苏轼、苏洵、苏辙、王安石、曾巩八位文学大家。欧阳修（1007—1072），北宋诗文革新运动的领袖，继承发展了韩愈的古文理论，倡导文与道并重，对当时和后代诗文都产生了重大影响，代表作有《朋党论》《五代史伶官传序》《醉翁亭记》等。王安石（1021—1086），北宋著名文学家，在文学创作方面强调文学为社会现实服务，主张文道合一，代表作有《答司马谏议书》《游褒禅山记》等。苏轼的散文创作代表了宋代的最高成就,呈现出多姿多彩的艺术风格,创作风格随着表现对象的不同而变化自如,在诗词、散文、游记、赋、议论文等多方面都取得了极高成就,代表性散文有《贾谊论》《晁错论》《石钟山记》《赤壁赋》及《后赤壁赋》等。另外,范仲淹(989—1052)也是宋代有名的散文家,其《岳阳楼记》为千古名篇。

4. 话本

话本是演讲故事艺人所用的底本,由民间讲唱文学发展而来,属于宋时流行的白话小说。话本以白话为主,融合部分文言,间或穿插一些古典诗词,作为一种新的文学体裁,题材多取材于现实生活,涉及爱情、公案等。故事曲折生动,情节波澜起伏,人物性格鲜明,语言通俗易懂,极富表演力,为城市市民喜闻乐见,对后世通俗文学、戏剧的发展产生了很大影响。宋代著名话本有《大宋宣和遗事》(内有水浒故事)、《碾玉观音》等。

(七)元代文学

元代文学以戏曲成就最高,后世又称“元曲”,常与“唐诗”“宋词”并称。元曲是盛行于元代的一种文艺形式,包括杂剧和散曲,尤以杂剧最为突出。杂剧主要由唱曲、宾白和表演三部分组成,以折为单位,一本通常为四折,角色分末、旦、净三大类;散曲由宋词俗化而来,是一种起源于民间的音乐文学。

元曲著名作家有“元曲四大家”和王实甫等。“元曲四大家”指关汉卿、郑光祖、白朴、马致远。关汉卿(1219—1301),元代杂剧奠基人,我国文学史上伟大的剧作家,名作有《窦娥冤》《望江亭》《拜月亭》《救风尘》《单刀会》等。郑光祖(1264—?)为元代著名杂剧家,代表作《倩女离魂》。白朴(1226—1306),元代著名杂剧作家,代表作有《梧桐雨》《墙头马上》等。马致远(1251—1321),元著名杂剧家,代表作为《汉宫秋》《青衫泪》等。王实甫(1260—1336),元代著名杂剧作家,在元曲创作中大量吸收口头语言,创造了文采璀璨的元曲词汇,成为中国戏曲史上“文采派”杰出代表,代表作有《西厢记》(改编自唐朝元稹的《莺莺传》),是我国戏曲史上的一座丰碑。

关汉卿的《窦娥冤》、白朴《梧桐雨》、马致远《汉宫秋》、纪君祥《赵氏孤儿》为元曲中的四大悲剧。《窦娥冤》又名《感天动地窦娥冤》,剧情取材自东汉“东海孝妇”的民间故事,全剧叙写了窦娥蒙冤被押赴刑场杀害的悲惨情景,以强烈的悲剧特征揭露了元代吏治的腐败残酷。《梧桐雨》全名《唐明皇秋夜梧桐雨》,通过描写唐明皇与杨贵妃的爱情悲剧,揭示了唐王朝由盛至衰的历史教训。《汉宫秋》全名《破幽梦孤雁汉宫秋》,取材于王昭君出塞的历史故事,通过描写西汉元帝受匈奴威胁,被迫送爱妃王昭君出塞和亲的爱情悲剧。《赵氏孤儿》全名《冤报冤赵氏孤儿》,内容主要取材于《史记》,故事讲述了春秋时期晋国大将屠岸贾为了权力,谋害忠臣赵盾,程婴设计救出赵氏孤儿,赵氏孤儿长大成人后擒杀屠岸贾,为赵家报仇雪恨的故事。

关汉卿的《拜月亭》、王实甫的《西厢记》、白朴的《墙头马上》和郑光祖的《倩女离魂》为元曲中的四大爱情剧。《拜月亭》又名《王瑞兰闺怨拜月亭》,描写了大家闺秀王瑞兰在兵荒马乱时与家人走失,与穷书生蒋世隆相遇的悲欢离合的爱情故事。《西厢记》全名《崔莺莺待月西厢记》,描写了书生张生与相国小姐崔莺莺在侍女红娘的帮助下,冲破重重阻挠,终成眷属的故事。《墙头马上》全名《裴少俊墙头马上》，描写了李家千金小姐与裴家少年少俊游园偶遇，互相爱慕，互致情诗，最后二人相约私奔，几经周折，再得团圆的爱情故事。《倩女离魂》全名《迷青琐倩女离魂》，以唐朝陈玄佑的《离魂记》小说为素材，描写了张倩女与王文举指腹为婚，王文举不幸父母早亡，倩女之母欲毁约，借口王文举取得进士后才能成婚，文举上京赶考，倩女魂魄与文举一同赴京，文举功成名就，最终恩爱夫妻团圆的故事。

（八）明代文学

明代各种文学体裁兼备，并达到了成熟，但与唐宋相比，传统诗文等"雅"文学相对衰微，代表明代文学的最高成就的小说、戏曲等"俗"文学昌盛，并形成空前繁荣的局面。

1. 小说

明代小说创作十分繁荣，不仅数量多，而且取材广泛，形成了讲史、神魔、世情、公案、章回体和拟话本等不同风格和体裁的小说。章回体小说是我国古典长篇小说的重要形式，是在宋元讲史话本的基础上产生发展起来的。明代章回体小说，有代表中国古典文学最高成就的罗贯中的《三国演义》、施耐庵的《水浒传》、吴承恩的《西游记》和兰陵笑笑生的《金瓶梅》，这四部书被称为"明代四大奇书"。拟话本小说是模拟话本的形式创作的供人案头翻阅的白话短篇小说，主要有冯梦龙的"三言"（《喻世明言》《警世通言》《醒世恒言》）和凌濛初的"二拍"（《初刻拍案惊奇》《二刻拍案惊奇》），"三言两拍"继承和发展了宋元话本，代表了明代白话短篇小说的最高成就。

2. 戏曲

明后期戏曲呈现高度繁荣，出现了传奇。明代传奇是在宋元南戏基础上发展起来的一种不同于杂剧的戏曲体裁，特点是创作中突出批判封建专制，张扬个性，有以政治事件为题材的《鸣凤记》等；有借古喻今，嘲讽封建官场黑暗和腐败的《东郭记》等；有爱情剧《牡丹亭》《玉簪记》等。汤显祖（1550—1616），中国明代戏曲家、文学家，创作的戏剧《牡丹亭》《紫钗记》《南柯记》和《邯郸记》合称"临川四梦"，其中《牡丹亭》是代表性作品，描写了官家千金杜丽娘倾心梦中书生柳梦梅竟伤情而死，化为魂魄在现实中相恋，最后起死回生、永结同心的故事。戏曲创作的繁荣，也促使戏曲理论的发展，出现了大量曲学著作，如徐渭的《南词叙录》、王世贞的《曲藻》、魏良辅的《曲律》等。

（九）清代文学

清代文学集封建时代文学发展之大成，各种文体齐备，诸多样式全面繁荣，诗、词、散文等传统文学得到复兴，小说、戏曲、民间讲唱等新兴文学达到了登峰造极的高度，但尤以小说成就最高。

1. 诗

清代诗歌继承了唐宋诗歌的长处并在此基础上不断创新，出现风格多样、流派林立、数量众多的情况，使已经走向衰微的古代诗歌又呈现出"中兴"局面。最具代表性的有以钱谦益主盟的虞山诗派和吴伟业领袖的娄东诗派。虞山诗派是明末清初以常熟虞山命名的重要诗派，代表人物钱谦益。虞山诗派强调诗歌创作学古而不泥古，主张诗歌革新，博众家之长，自成风格，对诗歌的繁荣做出了一定贡献。娄东诗派，又称梅村诗派，是明末清初的一个文学流派，以吴伟业为首。娄东派诗歌善用工丽的语言、多变的章法、贴切的典故，叙述新的题材和表现新的主题而自成一派。

2. 词

词在清代也呈现中兴气象，词人云集，词派纷呈，有直追两宋之势。代表性词派有阳羡词派、浙西词派、纯任性灵派、常州词派等。阳羡词派以陈维崧为代表，创作风格粗放豪迈，接近苏轼；浙西词派以朱彝尊为代表，创作风格情调婉约；纯任性灵派以纳兰性德为代表，凄婉缠绵，卓然自成一家，而纳兰性德与曹贞吉、顾贞观也被合称"京华三绝"；常州词派以张惠言、周济为代表，提倡比兴、强调词的社会作用，对后期词风转变产生了重要影响。

3. 散文

散文发展到清代，呈现出蔚为壮观的多流派和多风格景象。清初以黄宗羲、顾炎武、王夫之等为代表的学人形成了以政论、史论见长的政治散文，而以号称"清初三大散文家"的侯方域、魏禧、汪琬为代表的散文，称为文人散文。进入清代中叶，出现了以号称"桐城三祖"的方苞、刘大櫆、姚鼐为代表的，影响最大、延续最长的桐城散文流派，提倡义理、考据和辞章，促进了古文理论的系统化和规范化。嘉庆时期，以恽敬、张惠言为代表开创阳湖派，强调在学习唐宋古文的同时，兼学诸子百家、史书禅书，主张文章要合骈散两体之长，增强文学性，有别于桐城派而自成一体。

4. 戏剧

清代戏剧成就较高，各种声腔日益兴旺，地方戏迅速成长，戏剧作品十分可观。戏剧创作有以李玉为代表的苏州派，以吴伟业、尤侗为代表的文人派和以李渔为代表的形式派。继三派之后产生了被称为"南洪北孔"的历史剧作家洪昇的《长生殿》和孔尚任的《桃花扇》。苏州派为明末清初，以李玉为代表活动在苏州一带的重要戏剧流派，戏剧题材内容关注现实，多为政治剧和时事剧，代表作有《清忠谱》《十五贯》；文人派戏剧注重剧本的文字才学，书面化倾向严重；形式派以讲求戏曲的娱乐功能和写作技巧为最高目标，重视形式。洪昇的《长生殿》和孔尚任的《桃花扇》是清代戏剧的杰作，在思想上和艺术上都代表了清代戏剧的最高成就。清中期后，杂剧创作走入低潮，根植于民间的地方戏曲蓬勃发展和京剧的兴起，标志着中国戏曲艺术进入了一个新的历史阶段。

5. 小说

清代无论文言小说，还是白话小说都获得了极大发展，是中国古典小说的全面成熟期，也是清代文学辉煌的标志，形成了以蒲松龄的《聊斋志异》为高峰的拟古派小说，以曹雪芹的《红楼梦》为高峰的人情派小说，以石玉昆的《三侠五义》为高峰的侠义派小说和以吴敬梓的《儒林外史》为高峰的讽刺小说。《聊斋志异》简称《聊斋》，为中国清代著名小说家蒲松龄的著作，堪称中国古典短篇小说之巅峰，多数作品通过谈狐说鬼的手法，对当时社会的腐败、黑暗进行了有力批判。《红楼梦》原名《石头记》，属章回体长篇小说，与《三国演义》《水浒传》《西游记》合称"中国古代四大名著"。小说通过贾宝玉、林黛玉的爱情悲剧和贾府由盛到衰的故事情节，揭示了封建统治阶级和封建社会走向没落的趋势。《三侠五义》是中国第一部具有真正意义的武侠小说,石玉昆堪称中国武侠小说的开山鼻祖,小说叙写北宋仁宗年间,包拯在众位侠义之士的帮助下,审奇案、平冤狱的故事。《儒林外史》属章回体小说,通过对封建社会科举制度下文人群像的塑造,抨击了僵化的考试制度及由此带来的社会问题,使之成为中国古代讽刺文学的典范。清后期,出现了大量以暴露社会黑暗、指斥政治腐败、谴责封建官僚的谴责小说,代表作有李宝嘉的《官场现形记》、吴沃尧的《二十年目睹之怪现状》、刘鹗的《老残游记》和曾朴的《孽海花》等。

另外,清末龚自珍的《己亥杂诗》、梁启超的《少年中国说》、王国维的《人间词话》等也影响巨大。

二、中国现当代文学

中国现当代文学指 1917 年至今的文学,包括现代文学和当代文学,以 1949 年为界,1917 年至 1949 年的文学称现代文学,1949 年至今的为当代文学。

(一)中国现代文学

中国现当代文学始于 1917 年初的文学革命,而文学革命发轫于新文化运动之中。1915 年 9 月陈独秀在上海创办《新青年》,标志着新文化运动的开始。中国先进的知识分子以《新青年》为阵地,高举"民主""科学"旗帜,对封建主义的社会制度和思想文化进行猛烈抨击。为了更好地宣传新思想、新道德,改变陈腐落后语言形式的束缚,文化界发起了以反对文言文、提倡白话文,反对旧文学、提倡新文学为内容的文学革命运动。1917 年初,胡适、陈独秀在《新青年》上相继发表了《文学改良刍议》和《文学革命论》,标志着文学革命运动正式兴起。1918 年 5 月,《新青年》刊登鲁迅的第一篇白话小说《狂人日记》,这也是现代文学史上第一篇白话小说,标志着"五四"新文学的正式开始。文学革命从形式上改变了中国文学的根本面貌,标志着中国文学进入新的发展时期。

1. 诗歌

1917 年《新青年》刊出胡适的《白话诗八首》,标志现代诗歌诞生。1920 年,胡适的《尝试集》出版,中国文学史上首次出现个人新诗集,此后更多的诗人创建文学社团,开始诗歌创作。1921 年,郑振铎、周作人、沈雁冰等发起成立文学研究会,这是新文学运动中最早的文学社团。同年,郭沫若等人成立创造社。郭沫若的诗集《女神》表现了五四时期狂飙突进的时代精神,诗风雄浑豪放,具有典型的浪漫主义风格,其中的《炉中煤》是借物言志的爱国诗篇。1922 年,汪静之等在杭州成立"湖畔诗社",以写爱情诗闻名。1924 年,胡适、徐志摩、闻一多等成立新月社,提倡现代格律诗。1925 年,以李金发《微雨》为代表的象征诗派出现。1928 年,现代派诗人戴望舒发表诗《雨巷》。20 世纪 30 年代初涌现出一批诗人和代表性诗歌,如林徽因的《林徽因诗集》、戴望舒的《望舒诗稿》、艾青的《大堰河我的保姆》等。1930 年中国左翼作家联盟(简称"左联")在上海成立,新诗的现实主义精神得到发扬,殷夫、蒋光慈、胡也频等诗人以极大的热情写作革命诗歌,讴歌无产者的光辉形象,其中有殷夫的著名诗集《孩儿塔》。在"左联"领导下,出现了现代文学史上的第一个革命诗歌团体——中国诗歌会。当时著名诗人及作品有田间的《致战斗者》、臧克家的《罪恶的黑手》等。20世纪40年代,在毛泽东《在延安文艺座谈会上的讲话》指引下,抗日根据地和解放区诗歌创作特别活跃,优秀作品有李季的《王贵与李香香》、田间的《给战斗者》等。

2. 小说

1918年5月鲁迅发表的《狂人日记》是现代白话小说的发轫之作,小说通过对"狂人"的描写,揭示了封建礼教的"吃人"本质,表现了作者对以封建礼教为主体内涵的中国封建文化的反抗。之后,鲁迅的短篇小说集《呐喊》《彷徨》《故事新编》等,以丰富多样的艺术手法,塑造了一系列各社会阶级、阶层的典型形象,体现了彻底反封建的"五四"精神,为中国现实主义小说创作奠定了坚实基石。在鲁迅的开拓和带动下,出现了一大批新体小说作家。"文学研究会"倾向于现实主义,有成就的作家有冰心、叶圣陶、王统照等;"创造社"作家则趋向于浪漫诗情小说的创作,其中郁达夫及其自传体小说《沉沦》和《春风沉醉的晚上》成就最高。

"左联"的成立促进了小说创作的进一步发展,优秀的中篇小说相继问世。茅盾(1896—1981),原名沈德鸿,中国现代著名作家、文学评论家、文化活动家以及社会活动家,代表作《子夜》真实描绘了20世纪30年代初上海的社会面貌,塑造了民族资本家吴荪甫的形象。巴金(1904—2005),原名李尧棠,中国作家、翻译家、社会活动家,代表作《家》描写了20世纪20年代初,四川成都一个大家庭走向崩溃的故事。小说通过对觉新、觉民、觉慧兄弟三人不同思想性格和生活道路的刻画,揭露了封建家庭的腐朽没落,热情歌颂了青年一代向封建制度和礼教做斗争的叛逆精神。老舍(1899—1966),原名舒庆春,中国著名作家,新中国第一位获得"人民艺术家"称号的作家,代表作《骆驼祥子》描述了旧中国北平城人力车夫祥子的悲剧故事,揭露了旧中国的黑暗,反映了军阀统治下的北平底层贫苦市民生活于痛苦深渊中的图景。沈从文(1902—1988),中国现代著名作家,代表作《边城》讲述了川湘交界的边城茶峒船家少女翠翠的爱情悲剧,描绘了湘西地区特有的风土人情,凸显了人性的善良与心灵的澄澈纯净。

抗战时期,沦陷区和国统区小说创作从不同侧面揭露了反动统治的黑暗和腐朽,代表作家作品有张天翼的《华威先生》、老舍的《四世同堂》、巴金的《寒夜》等。《华威先生》塑造了抗战时期一个国民党文化官僚的典型形象,揭示了当时中国社会统治机构的阴暗,暴露了国民党官僚打着抗日的假招牌,随时破坏人民群众抗日活动的真相。《四世同堂》以北平胡同为背景,刻画了抗日战争时期北平沦陷区社会各阶层众多普通人形象,揭露了日本军国主义的残暴罪行,讴歌弘扬了中国人民的伟大爱国精神。《寒夜》以抗战时期的"陪都"重庆为背景,描写自由恋爱的知识分子家庭如何在现实生活的重压下破裂,深刻地书写了抗战时期勤恳、忠厚、善良的小知识分子命运。

抗日根据地和解放区的小说创作以反映中国共产党领导下广大农村天翻地覆的革命性变化为基调,着力刻画了工农兵的新形象,洋溢着群众生活和革命斗争的诗情画意。丁玲(1904—1986),原名蒋伟,著名作家、社会活动家。她创作的小说《太阳照在桑干河上》描写的是1946年华北解放区土地改革运动初期的情况,通过一个普通村庄的土改运动,真实生动地反映了农村尖锐复杂的阶级斗争,展现了中国农民在中国共产党领导下踏上了光明大道。周立波(1908—1979),原名周绍义,现代著名作家。他的小说《暴风骤雨》反映了解放战争时期东北地区的土地改革运动,生动地描写了广大农民在党的领导下,与封建地主阶级及反革命武装进行了极其尖锐复杂的斗争。赵树理(1906—1970),现代小说家、人民艺术家,山药蛋派创始人,代表性小说《小二黑结婚》《李有才板话》。《小二黑结婚》描写了根据地一对青年男女冲破封建传统和落后家长的束缚,结为美满夫妻的故事,同时塑造了二诸葛与三仙姑的艺术典型。《李有才板话》描写了抗日战争时期,农村中农民和地主之间复杂尖锐的斗争,展现了两个阶级、两个政权斗争的残酷性和激烈性,准确而真实地反映了农村各阶层的心理变动。孙犁(1913—2002),现当代著名小说家、散文家,"荷花淀派"创始人。小说集《白洋淀纪事》反映了解放战争初期,冀中地区人民在中国共产党领导下,进行战争、土地改革、劳动生产、互助合作以及移风易俗的生活情境,其中《荷花淀》《芦花荡》为最负盛名的作品。

这一时期的作家作品还有:巴金的"激流三部曲"(《家》《春》《秋》)和"爱情三部曲"(《雾》《雨》《电》),茅盾的长篇小说《子夜》、"农村三部曲"(《春蚕》《秋收》《残冬》)及散文《白杨礼赞》,老舍的《月牙儿》《我这一辈子》和新中国成立后写的剧本《龙须沟》《茶馆》,钱钟书的《围城》,林语堂的《京华烟云》,张恨水的《啼笑姻缘》《金粉世家》,张爱玲的《金锁记》《倾城之恋》《沉香屑第一炉香》等。

叶圣陶(1894—1988),中国现代作家、教育家。其作品《倪焕之》艺术地再现了以主人公倪焕之为代表的小资产阶级知识分子在历史剧变中的思想变化和生活道路。而童话集《稻草人》借助稻草人的眼目,展现了劳动人民的苦难。钱钟书(1910—1998),中国现代作家、文学研究家,他的小说《围城》是中国现代文学史上一部风格独特的讽刺小说,被誉为"新儒林外史",描绘了20世纪30年代留学知识分子的群相。林语堂(1895—1976),中国现代著名作家、翻译家、语言学家,小说《京华烟云》讲述了北平曾、姚、牛三大家族从义和团运动到抗日战争三十多年间的悲欢离合和恩怨情仇,全景式展现了现代中国社会风云变幻的历史风貌。张恨水(1895—1967),中国章回小说家,鸳鸯蝴蝶派代表作家,被尊称为现代文学史上的"章回小说大家",代表作《啼笑姻缘》以一男三女的爱情故事为核心结构,通过旅居北京的青年樊家树与天桥卖唱姑娘沈凤喜的恋爱悲剧,反映了北洋军阀统治时期黑暗、动乱的一个社会侧面;《金粉世家》以北洋军阀内阁总理金铨封建大家族为背景,以金铨之子金燕西与平民女子冷清秋的婚姻为主线,揭露了封建官僚及其妻妾、子女们空虚、堕落的精神世界和没落腐朽的生活,是豪门贵族一部活生生的兴衰史。张爱玲(1920—1995),中国现代作家,作品《金锁记》描写了一个小商人家庭出身的女子曹七巧的心灵变迁历程;《倾城之恋》是一篇探讨爱情、婚姻以及人性在战乱前后挣扎的作品。

3. 戏剧

现代戏剧文学以话剧为主体,"五四"时期已有一批先驱者开始进行西方话剧创作的介绍和引进工作。20世纪20年代初,民众戏剧社、上海戏剧协社、南国社等先后成立,涌现出一批专门从事现代话剧创作的戏剧家,如欧阳予倩、熊佛西、田汉等。随着民主革命的深入,戏剧家们创作了一批优秀戏剧作品。曹禺(1910—1996),原名万家宝,中国杰出的现代话剧剧作家,代表作《雷雨》《日出》《原野》《北京人》,通过家庭和社会的悲剧,表现了中国社会尖锐的阶级对立以及反封建与个性解放的主题,标志着现代话剧艺术的成熟。

《雷雨》以 20 世纪 20 年代的中国社会为背景,通过周朴园家庭内部的种种纠葛和周、鲁两家错综复杂的矛盾冲突,揭露了以周朴园为代表的封建资本家腐朽、伪善、凶残的阶级本性,鞭挞了黑暗的社会;《日出》以抗战前的天津社会为背景,通过对都市群丑和下层被侮辱被剥夺者的描写,反映了 20 世纪 30 年代半殖民地中国大都市光怪陆离的社会生活图景,展现了作者对现实生活强烈的爱憎和迫切期待东方红日的心情。

革命根据地在"文艺为工农兵服务"方向的指引下,出现了新秧歌剧运动和新歌剧创作的勃兴。贺敬之等人创作的《白毛女》是在延安新秧歌运动基础上创作的第一部具有中国气派的新歌剧,讲述了喜儿被地主黄世仁霸占后逃进深山,头发全白,后来被解放军解救的故事,体现了"旧社会把人变成鬼,新社会把鬼变成人"的主题,具有鲜明的斗争精神和为群众喜闻乐见的民族化风格。

4. 散文

现代散文创作是在吸收外来思想和接受中国优秀散文传统的基础上发展起来的,现代散文以鲁迅的杂文最富有批判力量和艺术光彩,代表作有《朝花夕拾》《野草》《二心集》《热风》等。周作人、郁达夫、冰心、朱自清也是优秀的散文作家。冰心擅长写抒情性散文,赞颂母爱、童心和美好的自然风光,《寄小读者》是她最重要的散文集。郁达夫以写游记、随笔等散文小品为主,感情率真,行文跌宕,如行云流水。朱自清在文学研究会作家中以写散文著称,作品有《桨声灯影里的秦淮河》《背影》等。报告文学是产生于现代的一个散文新体裁,尤以夏衍的《包身工》最为著名。

(二)中国当代文学

1949 年中华人民共和国成立,中国社会迈入社会主义社会。社会形态的变化,使新文学的内容与形式都发生了根本性的转折而呈现新的品格。1949 年 7 月在北京召开的"第一次文代会",标志着中国当代文学的开始,同时也是文学"为工农兵服务,为政治服务"文学规范和方向确立的标志。新的文学规范和方向反映在小说创作中,主要有杜鹏程的《保卫延安》、赵树理的《三里湾》、柳青的《创业史》、杨沫的《青春之歌》、曲波的《林海雪原》、吴强的《红日》、欧阳山的《三家巷》等。

《保卫延安》是中国当代文学史上首次大规模正面描写解放战争的作品,小说以中国人民解放军一个连队参加青化砭、蟠龙镇、榆林、沙家店等战役为主线,艺术地再现了 1947 年延安保卫战的历史画面,塑造了解放军各级指战员的英雄形象,揭示了革命英雄主义精神是战争胜利的内在力量这一思想命题。《三里湾》是我国第一部反映农业合作化运动的长篇小说,小说围绕三里湾农业社工作,描写了四户农家错综复杂的矛盾和纠葛,反映了农村中先进与落后力量的冲突,展现了处于社会大变革时期农村生活的风貌。《创业史》是中国"十七年文学(1949—1966)"中农村题材的代表作,被誉为"经典性的史诗之作"。以陕西渭河平原下堡乡的蛤蟆滩作为表现中国农村合作化运动的地域背景,展现了中国社会主义改造进程中农村的历史风貌和农民思想情感的转变。《青春之歌》以 20 世纪 30 年代日本侵华过程中发生的九一八事变到"一二·九"运动的爱国学生运动为背景,通过女主人公林道静的成长故事,构筑了革命历史的经典叙事,也揭示出知识分子成长道路的历史必然性。《林海雪原》描写了1946年冬天东北民主联军一支小分队深入林海雪原执行剿匪任务，与匪帮斗智斗勇的故事。《林海雪原》被视作"革命通俗小说"的典型代表，被誉为"新的政治思想和传统的表现形式互相结合"的光辉典范，它是整个"十七年文学"发展之中不可替代的重要小说作品。《红日》讲述了解放战争时期，中国人民解放军华东野战军在山东歼灭国民党部队整编七十四师的故事，小说描绘了波澜壮阔的战斗场面和可歌可泣的英勇事迹，成功地塑造了一系列血肉丰满的军事人物形象，堪称新中国军事文学创作历史上的一座重要的里程碑。

十一届三中全会后，提出文艺"为人民服务，为社会主义服务"的方针，标志着一个多项拓进的新时期文学的到来。"伤痕文学"和"反思文学"是新时期首先涌动的创作潮流，"伤痕文学"的代表作品有刘心武的《班主任》《钟鼓楼》、卢新华的《伤痕》等；"反思文学"的代表作品有王蒙的《布礼》、古华的《芙蓉镇》、张贤亮的《绿化树》等。"改革文学"是顺应时代的改革进程出现的，有影响的作家作品有蒋子龙的《乔厂长上任记》、张洁的《沉重的翅膀》等。以北岛、顾城、舒婷等为代表的"朦胧诗人"在思想和艺术方面都展现了新的美学风格。

20世纪80年代中后期，中国文学进入了一个多主题或无主题的多元化时代，小说方面代表性的作家作品有路遥的《人生》《平凡的世界》、霍达的《穆斯林的葬礼》、陈忠实的《白鹿原》、王安忆的《长恨歌》、贾平凹的《浮躁》《废都》《秦腔》、莫言的《红高粱》《生死疲劳》《蛙》、刘震云的《一句顶一万句》、迟子建的《额尔古纳河右岸》、余华的《活着》《许三观卖血记》《兄弟》等。

《人生》以改革时期陕北城乡生活为时空背景，描写了高中毕业生高加林回到土地又离开土地，再回到土地的人生变化过程，揭示了乡土中国在现代化进程中个体生命的两难抉择。《平凡的世界》是一部全景式地表现中国当代城乡社会生活的百万字长篇小说，该书以中国20世纪70年代中期到80年代中期为背景，刻画了当时社会各阶层众多普通人的形象，深刻地展示了普通人在大时代历史进程中所走过的艰难曲折的道路。《穆斯林的葬礼》描写了一个穆斯林家族六十年间的兴衰，三代人命运的沉浮，展示了穆斯林独特的风俗习惯和人生历程，体现了他们生生不息的强大的民族凝聚力和向心力。《白鹿原》以陕西关中地区白鹿原上白鹿村为缩影，通过讲述白姓和鹿姓两大家族祖孙三代的恩怨纷争，表现了从清朝末年到20世纪80年代长达半个多世纪的历史变化。《长恨歌》描写了一个女人长达40年的感情经历，展现了上海这座大城市从20世纪40年代到20世纪90年代沧海桑田的变迁，被誉为"现代上海史诗"。

第三节　外国文学史

外国文学包括欧美文学和亚非文学两大部分，是人类智慧的结晶和文明的杰出典范。

一、欧美文学

欧美文学上起古希腊、古罗马文学，下至20世纪文学，大致划分为古希腊、古罗马文学，中世纪文学，文艺复兴时期文学，17至18世纪文学，19世纪文学，20世纪文学几个时期。

（一）欧美古代文学

古代文学包括古希腊和古罗马文学，二者共同构成西方文学和文化的两个源头。

1. 古希腊文学

古希腊文学涵盖了从氏族社会到希腊化时代的文学，即从公元前 12 世纪到公元前 2 世纪的文学，持续时间近 1000 年，是整个西方文学的源头，主要文学形式和成就是神话传说、史诗、戏剧、文艺理论、寓言。

古希腊神话包括神的传说和英雄故事两部分。述事长诗《神谱》是最早一部比较系统地叙述关于宇宙起源和神的谱系作品，是研究希腊神话的重要史料。英雄故事有赫拉克勒斯的故事、特洛伊战争故事、奥德修斯的故事等。

古希腊史诗的代表为《荷马史诗》，是欧洲文学史上流传下来的、有文字记载的最早的文学巨著，包括《伊利亚特》和《奥德赛》两部长篇史诗，前者主要描写了特洛伊战争和木马屠城等故事，后者描写了木马设计者奥德修斯在战争之后经过海上十年历险回家与妻儿团聚的故事。

古希腊戏剧起源于酒神祭祀，埃斯库罗斯、索福克勒斯、欧里庇得斯并称为古希腊三大悲剧作家。埃斯库罗斯被称为古希腊"悲剧之父"，代表作品《被缚的普罗米修斯》；索福克勒斯被称为"戏剧艺术的荷马"，代表作品《俄狄浦斯王》；欧里庇得斯被称为"舞台上的哲学家"，代表作品《美狄亚》；阿里斯托芬被称为"喜剧之父"，代表作品《阿卡奈人》。

古希腊寓言代表作品《伊索寓言》，是世界上最早的一部寓言故事集。《伊索寓言》中收录有 300 多则寓言，内容大多与动物有关。寓言故事简短精练，刻画出的形象鲜明生动，每则故事都蕴含哲理，或揭露和批判社会矛盾，或抒发对人生的领悟，或总结日常生活经验。

文艺理论的代表人物是柏拉图和亚里士多德。柏拉图提出了"理念论"，主要作品有《理想国》《斐诺篇》；亚里士多德继承和发展了柏拉图的学说，代表作品有《诗学》。

2. 古罗马文学

古罗马文学指公元前 3 世纪到公元 5 世纪的文学，是古希腊文学与后世文学的桥梁，发展大致经历了三个阶段，即共和时代、黄金时代和白银时代。

共和时代指公元前 3 世纪中叶至公元前 30 年的文学，主要成就为诗歌和喜剧。诗歌方面：希腊人利维乌斯·安德罗尼斯库是古罗马文学的奠基人，翻译了荷马史诗和大量古希腊抒情诗；埃纽斯（公元前 239—前 169），古罗马诗人、剧作家，被尊为"古罗马文学之父"，模仿荷马史诗风格撰写了《编年史》，创造了属于罗马的史诗。喜剧方面：普劳图斯是共和时代最著名的剧作家，主要作品有《孪生兄弟》《一坛黄金》《俘虏》等；泰伦提乌斯改编或翻译了许多古希腊新喜剧，主要作品有《婆母》《两兄弟》等。

黄金时代指公元前 100 至公元 17 年的罗马文学，主要成就为散文和诗歌。散文方面：西塞罗（公元前 106—前 43）被称为"欧洲散文之父"，是这一时期最著名的散文家，成就是演说词和书信，散文句法考究，词汇丰富，段落对称，音调铿锵，被看作古代散文的典范。古罗马军事家、政治家、独裁者恺撒（公元前 100—前 44），在散文上的贡献也比较突出，作品主要为历史著作《高卢战记》和《内战记》。诗歌方面：卢克莱修（公元前 99—前 55），罗马共和国时期的诗人和哲学家，传世之作为哲理诗《物性论》；贺拉斯（公元前 65—前 8），罗马帝国时期著名的诗人、批评家、翻译家，代表作品《长短句集》《歌集》（或译为《颂歌集》）和《诗艺》，《诗艺》是古罗马时期文艺理论上的最高成就，被古典主义文学视为经典；维吉尔（公元前 70—前 19），古罗马最伟大的诗人，代表作品《埃涅阿斯纪》《牧歌》和《农事诗》，《埃涅阿斯纪》是西方文学史上第一部文人史诗，是维吉尔成就最高的作品；奥维德（公元前 43—17），古罗马另一位伟大的诗人，代表诗作《变形记》《爱情诗》等，神话诗《变形记》是其最著名的作品，集希腊、罗马神话之大成，为后世文学家提供了重要的材料和创作灵感，有"神话词典"之称，但丁、莎士比亚、蒙田、莫里哀、歌德等大文豪的创作都不同程度地受到他的影响。

白银时代指公元 17 至 130 年的文学，这一时期古罗马文学开始转向衰落。卢肯（39—65），古罗马时期的诗人，创作了史诗《法萨利亚》。塞内卡是古罗马最重要的悲剧作家，代表作是悲剧《特洛伊妇女》。阿普列尤斯，古罗马作家，有"小说之父"之称，代表作《金驴记》，是古罗马文学中最完整的一部长篇小说。编年史和传记文学代表人物及作品有塔西佗（55—120），古罗马伟大历史学家，著有《历史》和《编年史》；普鲁塔克（约公元46—120），罗马帝国时期的作家、哲学家、历史学家，著有《希腊、罗马名人传》；苏维托尼乌斯（69—122），罗马帝国时期著名历史作家，著有《罗马十二帝王传》《名人传》。罗马后期，基督教文学兴起，世俗文学衰落。

（二）中世纪文学

中世纪文学是指公元 5 世纪至 15 世纪时期的欧洲文学，主要包括教会文学、英雄史诗、骑士文学和城市文学四个方面。

1. 教会文学

教会文学又称僧侣文学，是中世纪欧洲的正统文学，取材于《圣经》，包括《旧约》和《新约》两部分。其他主要著作有圣奥古斯丁的《忏悔录》与《上帝之城》等，主要宣扬了禁欲主义和来世思想。

2. 英雄史诗

中世纪是英雄史诗极度繁荣时期，欧洲许多国家、民族最早的史诗都出现在这一时期。这些史诗具有浓厚的神话色彩和异教色彩，内容几乎全是描写或赞颂拯救本民族走出困境的理想英雄。如盎格鲁-撒克逊人的史诗《贝奥武甫》，日耳曼人的《希尔德布兰特之歌》，法国的《罗兰之歌》，西班牙的《熙德之歌》，德国的《尼伯龙根之歌》和俄罗斯的《伊戈尔远征记》，后四部称为四大史记，其中《罗兰之歌》是成就最高、影响最大的一部作品。

3. 骑士文学

骑士文学是随着骑士制度在西欧中世纪的形成而出现的一种封建世俗文学，繁荣于十二三世纪，法国最为兴盛，以反映骑士阶层的生活理想为主要内容，包括骑士抒情诗、骑士传奇、骑士小说。骑士抒情诗以"破晓歌"最为著名，描述骑士和贵妇人在破晓时候分离的情景；骑士传奇以《郎斯洛》最为典型，描写了亚瑟王的骑士朗斯洛和王后耶尼爱佛的爱情故事；骑士小说流行于 15 和 16 世纪的西班牙，有《阿马迪斯·德·高拉》《埃斯普兰迪安的英雄业绩》《骑士西法尔》等，反映了封建骑士阶层为捍卫爱情、荣誉或宗教而显示出的冒险游侠精神。

4. 城市文学

城市文学是伴随着城市的兴起,在民间文学基础上发展起来的文学形式,取材于现实生活,反映了中世纪城市生活和新兴资产阶级的思想和愿望,代表作品有讽刺故事诗《列那狐的故事》,故事借助动物来讽刺封建社会的现实生活。

但丁(1265—1321),意大利诗人,中世纪最伟大的作家,被恩格斯誉为"中世纪的最后一位诗人,同时也是新时代的最初一位诗人",代表作《神曲》,分为《地狱》《炼狱》《天堂》三部分。《神曲》代表了中世纪文学的最高成就,既是中世纪文学的总结,又是近代文学的序曲。

(三)文艺复兴时期的文学

文艺复兴运动是发生在欧洲 14 世纪到 16 世纪的一场反映新兴资产阶级要求的思想文化运动,其核心思想是人文主义,主张以"人"为本,反对以"神"为本,反映在文学上是以人文主义思想为内容,面向现实、注重写实,具有强烈的反封建、反宗教色彩,表现手法上自由清新、活泼,包括诗歌、小说、戏剧等各种文学体裁。

1. 诗歌

彼得拉克(1304—1374),意大利诗人,被称为"人文主义文学之父",第一个提出"人学"与"神学"概念,以 14 行诗著称于世,与但丁、薄伽丘齐名,文学史上称他们为"三颗巨星",代表作有抒情诗集《歌集》。薄伽丘(1313—1375),意大利文艺复兴时期的文学家,代表《十日谈》,又称"人曲",讲述在意大利佛罗伦萨瘟疫流行期间,10 名男女在乡村 10 天讲了百个故事,通过故事批判了天主教会的黑暗和罪恶,鞭挞了封建贵族的堕落和腐败,谴责禁欲主义,体现了人文主义思想,是欧洲文学史上第一部现实主义巨著。

2. 小说

文艺复兴时期的小说尤以西班牙作家塞万提斯的长篇小说《堂吉诃德》为代表。塞万提斯(1547—1616),文艺复兴时期西班牙小说家、剧作家、诗人,代表作《堂吉诃德》被誉为欧洲"近代小说的开山之作"。小说以吉哈诺先生梦想做一个勇敢的骑士游侠为主线,真实而全面地反映了 16 世纪末到 17 世纪初西班牙的封建社会现实,揭露了正在走向衰落的西班牙王国的各种社会矛盾。

3. 戏剧

英国剧作家莎士比亚(1564—1616)是文艺复兴时期欧洲戏剧最杰出的代表,被马克思称为"人类最伟大的戏剧天才",尤以悲剧著称。《罗密欧与朱丽叶》是莎士比亚早期的爱情悲剧;《哈姆雷特》《奥赛罗》《李尔王》《麦克白》被称为莎士比亚的四大悲剧,其中《哈姆雷特》,又名《王子复仇记》被认为是莎士比亚戏剧创作的最高成就,取材于 12 世纪丹麦史,描写丹麦王子复仇的故事。《威尼斯商人》《仲夏夜之梦》《第十二夜》《皆大欢喜》被称为莎士比亚的四大喜剧,其中《威尼斯商人》塑造了夏洛克吝啬鬼的形象。

(四)17 至 18 世纪的文学

1. 17 世纪的文学

17 世纪的欧洲文学主要包括古典主义文学、巴洛克文学和英国资产阶级革命文学。

古典主义思潮是 17 世纪欧洲文学的主潮,形成和繁荣于法国,扩展到欧洲其他国家。法国古典主义悲剧的创始人高乃依(1606—1684),代表作品《熙德》被公认为法国古典主义第一部典范性作品;让拉辛(1639—1699),法国古典主义悲剧作家,代表作《安德洛玛克》被认为是标准的古典主义悲剧;莫里哀(1622—1673),法国喜剧作家,代表作《伪君子》为古典主义喜剧的代表,《吝啬鬼》(又名《悭吝人》)是又一部喜剧,成功塑造了"阿巴贡"这个典型的资产阶级守财奴形象。巴洛克文学兴起于 17 世纪 30 年代,最杰出的代表是西班牙戏剧家卡尔德隆(1600—1681),其剧作《人生如梦》体现了典型的巴洛克风格。英国资产阶级革命文学,以诗歌占主导地位,著名诗人弥尔顿(1608—1674)写了两部长诗《失乐园》《复乐园》。《失乐园》取材自《旧约·创世纪》,以史诗一般的磅礴气势揭示了人的原罪与堕落。《失乐园》与《伊里亚特》《神曲》并列为西方史诗的典范。

2. 18 世纪的文学

18 世纪欧洲文学以启蒙主义成就最高,包括法国启蒙运动文学、英国现实主义长篇小说和德国民族文学。

法国启蒙运动文学以哲理小说和正剧最为突出,哲理小说代表人物及作品有哲理小说开创者孟德斯鸠(1689—1755)的《波斯人信札》,启蒙运动精神领袖伏尔泰(1694—1778)的《老实人》,启蒙思想最杰出的代表狄德罗(1713—1784)的《拉摩的侄儿》,卢梭的《爱弥儿》《忏悔录》,其中《爱弥儿》是一部讨论教育问题的哲理小说。正剧介于悲剧和喜剧之间,由法国的狄德罗、博马舍和德国的莱辛创立,采用散文的形式描写现实社会斗争和人们的日常生活,代表性作品有狄德罗的《私生子》、博马舍的《费加罗的婚礼》。

笛福(1660—1731),英国现实主义小说的奠基人,被誉为欧洲小说之父,作品《鲁滨孙漂流记》,歌颂了资产阶级的积极进取精神,标志着英国现实主义小说的诞生。英国著名文学家斯威夫特(1667—1745)的讽刺小说《格列佛游记》,通过格列佛游历大小人国的故事,反映了 18 世纪前期英国统治阶级的腐败和罪恶。英国现实主义小说奠基人菲尔丁(1707—1754)的《汤姆·琼斯》,代表了 18 世纪英国现实主义小说的最高成就,被誉为"18世纪英国社会的散文史诗"。

德国民族文学的奠基人莱辛(1729—1781)的《萨拉·萨姆逊小姐》是德国文学史上第一部市民悲剧,《爱米莉娅·迦洛蒂》为其市民悲剧代表作。18 世纪 70 至 80 年代,在德国文学史上发生了一场"狂飙突进运动",以强烈要求摆脱封建束缚和个性解放为特征,运动名称源于德国剧作家克林格(1752—1831)的同名剧本《狂飙突进》。代表作品有赫尔德尔和歌德合著的《德国的风格和艺术》,席勒(1759—1805)的《强盗》《阴谋与爱情》,歌德(1749—1832)的《少年维特之烦恼》和长篇诗剧《浮士德》。《少年维特之烦恼》是德国第一部产生世界影响的作品,《浮士德》是世界文学史上里程碑式的作品。

欧文(1783—1859),美国建国后第一个获得国际声誉的作家,有"美国文学之父"之称,代表作《见闻札记》把浪漫主义奇想和日常生活场景的真实描写结合在一起,以反映新旧世界。霍桑(1804—1864),美国心理分析小说的开创者,19 世纪美国最伟大的浪漫主义小说家,代表作《红字》《七角楼房》等,《红字》讲述发生在北美殖民时期海丝特·白兰的恋爱悲剧,表现了宗教对人性的摧残。惠特曼(1819—1892),美国最伟大的浪漫主义诗人,代表作《草叶集》,以崭新的诗歌形式,用草叶象征生机勃勃的年轻的美国。

（五）19 世纪欧美文学

19 世纪的欧洲无论科技,还是思想文化方面都是一个十分辉煌的时代。社会变革也带来了文学思潮的变化,主要国家相继出现浪漫主义、现实主义、自然主义、唯美主义和象征主义等文学思潮。

1. 浪漫主义文学

华兹华斯、柯勒律治是英国最早出现的浪漫主义诗人;拜伦、雪莱是第二代浪漫主义诗人。拜伦(1788—1824),英国浪漫主义诗人,著有诗体小说《唐璜》;雪莱(1792—1822),英国浪漫主义民主诗人,被恩格斯称为"天才的预言家",代表作品有长诗《麦布女王》,诗剧《解放了的普罗米修斯》,抒情短诗《云雀》《西风颂》(名句:如果冬天来了,春天还会远吗)。《唐璜》通过主人公唐璜在西班牙、希腊、土耳其、俄国和英国等不同国家的生活经历,展现了 19 世纪初欧洲的现实生活,讽刺批判了"神圣同盟"和欧洲反动势力。

法国作家夏多布里昂(1768—1848)的《阿达拉》的问世,标志着法国浪漫主义文学的开端。雨果(1802—1885),法国浪漫主义文学的代表作家,被称为"法兰西的莎士比亚",作品《〈克伦威尔〉序言》是法国浪漫主义的宣言书。他的小说有《巴黎圣母院》《悲惨世界》《海上劳工》《九三年》等,其中《巴黎圣母院》是雨果浪漫主义文学的代表作品,小说通过三个主要人物的悲剧,暴露了封建王权和教会势力对善良无辜者的残害。缪塞(1810—1857)的自传体小说《世纪儿的忏悔》是法国浪漫主义文学作品。大仲马(1802—1870),法国 19 世纪浪漫主义作家,代表作《基督山伯爵》《三个火枪手》。《基督山伯爵》讲述了主人公无辜地被关进牢房 14 年,后来戏剧性地越狱,从此展开了惊心动魄的复仇故事。小仲马(1824—1895)为大仲马的私生子,代表作《茶花女》,讲述了一个青年人与巴黎上流社会一位交际花曲折凄婉的爱情故事,通过一个妓女的爱情悲剧,揭露了法国七月王朝上流社会的糜烂生活。

茹科夫斯基(1783—1852),俄国浪漫主义诗歌的奠基人,被誉为俄国文学史上第一位抒情诗人,代表作《傍晚》《俄罗斯军营的歌手》。普希金(1799—1837),俄国浪漫主义文学的重要代表,也是俄国批判现实主义文学奠基人,著名作品有《致凯恩》《皇村的回忆》《窗》《我爱过你》等。《叶甫盖尼·奥涅金》是普希金最重要的一部诗体小说,《上尉的女儿》是他成就最高的长篇小说,两者一起被誉为"俄罗斯生活的百科全书"。莱蒙托夫(1814—1841)是继普希金之后俄国又一位伟大诗人,作品《童僧》表现了作者对自由的热烈追求,《恶魔》是他浪漫主义创作的最高成就,《当代英雄》被誉为"俄国第一部社会心理小说"。

匈牙利最伟大的爱国诗人、民族文学的奠基人裴多菲(1823—1849)做有诗歌《自由与爱情》,其中名句"生命诚可贵,爱情价更高;若为自由故,两者俱可抛"流传广泛。

2. 现实主义文学

19 世纪中期,现实主义文学代替浪漫主义文学,成为主要文学思潮。现实主义文学的成就主要体现在小说领域,出现了一大批杰出的作家和作品。

法国是现实主义文学出现最早和最发达的国家之一。司汤达(1783—1842),法国作家,与巴尔扎克同为欧洲批判现实主义文学奠基人,代表作《红与黑》讲述小业主的儿子于连千方百计向上爬,最终被送上断头台的故事。巴尔扎克(1799—1850),被誉为"现代法国小说之父",主要作品《人间喜剧》,包括《高老头》《欧也妮·葛朗台》《贝姨》《邦斯舅舅》等;《人间喜剧》将九十余部篇幅不等的小说联成一体,构成了一幅完整的、包罗万象的社会风俗画,展示了法国社会的整个面貌。梅里美(1803—1870),法国极富艺术魅力的作家,代表作《卡门》是一部极富浪漫色彩的爱情悲剧,讲述了生性无拘无束的吉卜赛女郎从事走私的冒险经历。福楼拜(1821—1880),西方现代小说的奠基者,代表作《包法利夫人》,讲述了一个受贵族资产阶级社会腐蚀和逼迫从而堕落毁灭的妇女故事。莫泊桑(1850—1893),法国优秀的批判现实主义作家,被誉为"世界短篇小说之王",与俄国契诃夫和美国欧·亨利并称为"世界三大短篇小说巨匠",代表作《羊脂球》《项链》《漂亮朋友》《我的叔叔于勒》等。都德(1840—1897),法国19世纪著名的现实主义小说家,代表作《最后一课》《柏林之围》,其中《最后一课》通过一个孩子的眼光展现了普法战争中整个沦陷区的屈辱和对自己故土深切的思念。

英国现实主义时期文学代表作家有狄更斯、萨克雷、简·奥斯汀、勃朗特姐妹等。狄更斯(1812—1870),英国最伟大的作家,以高超的艺术手法描绘了包罗万象的社会图景,主要作品有《双城记》《匹克威克外传》《雾都孤儿》《艰难时世》等。《双城记》围绕曼马内特医生展开故事,描写了法国贵族的荒淫残暴、人民群众的重重苦难和法国大革命的历史威力以影射当时的英国社会现实(名句"这是一个最好的时代,也是一个最坏的时代;这是一个智慧的年代,这是一个愚蠢的年代;这是一个信任的时期,这是一个怀疑的时期");《雾都孤儿》以伦敦为背景,讲述了一个孤儿悲惨的身世及遭遇;《皮克威克外传》用幽默的笔法揭露了英国社会的种种不合情理、荒诞可笑的现象。萨克雷(1811—1863),英国小说家,与狄更斯齐名,代表作《名利场》,真实描绘了19世纪初英国上流社会贵族与资产阶级暴发户等各色人物的丑恶嘴脸和尔虞我诈的人际关系。简·奥斯汀(1775—1817),英国女小说家,主要作品有《傲慢与偏见》《理智与情感》等。夏绿蒂·勃朗特(1816—1855),19世纪英国女作家,与妹妹艾米莉·勃朗特和安妮·勃朗特在英国文学史上合称为"勃朗特三姐妹",代表作品《简·爱》,讲述一位从小变成孤儿的英国女子在各种磨难中不断追求自由与尊严,坚持自我,最终获得幸福的故事。艾米莉·勃朗特(1818—1848)代表作《呼啸山庄》,通过希斯克利夫与凯瑟琳曲折痛苦的爱情故事,向人们展示了一幅畸形社会的生活画面。安妮·勃朗特(1820—1849)代表作《艾格妮丝·格雷》,讲述了一个自幼受人宠爱的娇弱英国少女格雷因家道中落被迫外出,担任富人家的家庭教师,尝尽人间辛酸的故事。哈代(1877—1947),英国诗人、小说家,代表作《德伯家的苔丝》通过农村姑娘苔丝的悲剧,揭示了资产阶级道德的虚伪和法律的冷酷。

俄国批判现实主义文学代表人物主要有普希金、果戈理、屠格涅夫、车尔尼雪夫斯基、陀思妥耶夫斯基、契诃夫、列夫·托尔斯泰等。果戈理(1809—1852),19世纪俄国最优秀的讽刺作家,批判现实主义文学的奠基人,代表作有《死魂灵》《钦差大臣》等。《死魂灵》描写了专营骗术的商人乞乞科夫通过天花乱坠的吹捧牟取暴利,揭露了俄国专制农奴制度的反动和腐败以及新兴资产者的投机钻营。屠格涅夫(1818—1883),俄国小说家,代表作《父与子》,描写了父辈与子辈之间的冲突,反映了农奴制改革前夕不同阵营之间尖锐的思想斗争。车尔尼雪夫斯基(1828—1889),俄国杰出的革命民主主义者,伟大的无产阶级革命作家,代表作《怎么办?》通过描写薇拉、罗普霍夫、吉尔沙若夫安的爱情纠葛,提出了问题——怎么办,实则是对俄国改革后现实的提问。陀思妥耶夫斯基(1821—1881),俄国作家,与列夫·托尔斯泰、屠格涅夫等人齐名,作品有《白夜》《穷人》《罪与罚》《白痴》《群魔》等,其中《罪与罚》描写了受无政府主义思想毒害的穷大学生拉斯柯尔尼科夫一系列心理变化,揭示俄国下层人民的苦难生活。契诃夫(1860—1904),俄国19世纪末现实主义文学的杰出代表,代表作《变色龙》《套中人》《第六病房》,堪称俄国文学史上精湛而完美的艺术珍品。列夫·托尔斯泰(1828—1910),俄国批判现实主义作家,列宁评价其为"俄国革命的镜子",具有"最清醒的现实主义"的"天才艺术家"之称,代表作有《战争与和平》《安娜·卡列尼娜》《复活》。《战争与和平》描述了从1805到1820年间的重大历史事件,赞扬了俄国人民在战争中表现出来的爱国热情和英雄主义;《安娜·卡列尼娜》讲述贵妇安娜追求爱情幸福,最终落得卧轨自杀的下场,是对新旧交替时期俄国紧张惶恐社会的写照;《复活》是托尔斯泰最后一部长篇小说,被誉为俄国批判现实主义发展的高峰,小说通过玛丝洛娃的苦难遭遇和聂赫留朵夫的上诉经过,勾画了一幅已经走到崩溃边缘的农奴制俄国的社会图画。

美国批判现实主义文学萌芽于"废奴文学",代表性作家作品有希尔德烈斯(1807—1865)的《白奴》,斯托夫人(1811—1896)的《汤姆叔叔的小屋》。《白奴》是美国第一部反蓄奴制的现实主义小说,描写黑人在南方种植园主残酷压迫下的苦难生活和他们的反抗;《汤姆叔叔的小屋》又译作《黑奴吁天录》,围绕一位久经苦难的黑奴汤姆叔叔的故事展开,并描述了他与他身边人(奴隶与奴隶主)的经历,被认为是"世界小说中最令人感动的事件"。马克·吐温(1835—1910),美国批判现实主义文学奠基人,代表作品有《百万英镑》《哈克贝利·费恩历险记》《汤姆·索亚历险记》等。杰克·伦敦(1876—1916),美国现实主义作家,主要作品有小说集《狼的儿子》、中篇小说《野性的呼唤》《热爱生命》、长篇小说《海狼》《铁蹄》等。

易卜生(1828—1906),挪威著名戏剧家,现代现实主义戏剧的创始人,有"现代戏剧之父"之称,作品有历史剧《凯蒂琳》《觊觎王位的人》,思想剧《爱情喜剧》《布朗德》,社会问题剧《社会支柱》《玩偶之家》,心理与象征剧《野鸭》《罗斯莫庄》《海上夫人》等,其中《玩偶之家》通过对一个普通的资产阶级家庭夫妻关系的剖析,揭露了婚姻和家庭生活中内在的虚伪,提出了妇女的地位和妇女解放的问题。

3. 自然主义文学

自然主义文学是19世纪后期欧洲最重要的文学思潮之一,萌芽于法国,福楼拜为自然主义文学先驱,龚古尔兄弟为自然主义文学的开创者,左拉为自然主义文学的领袖。龚古尔兄弟指埃德蒙·龚古尔(1822—1896)和茹尔·龚古尔(1830—1870),作品有《大革命时代法国社会史》《列莱·莫伯兰》《翟惠赛夫人》《龚古尔兄弟日记》等。左拉(1840—1902),法国批判现实主义作家、自然主义文学流派的领袖,代表作为《萌芽》《娜娜》《金钱》等,《萌芽》真实地描写了工人劳动、生活和斗争场景,生动地揭示出了矿工罢工的原因是资本家剥削的结果。

4. 唯美主义文学

唯美主义文学是19世纪后期在法、英流行的一种文学思潮,提出"为艺术而艺术"。

戈蒂耶(1811—1873),法国唯美主义文学的先驱,作品有诗集《阿贝都斯》《死亡的喜剧》、小说《莫班小姐》等。王尔德(1854—1900),19世纪英国最伟大的作家与艺术家之一,唯美主义代表人物,作品有《快乐王子》《说谎的堕落》《温德梅尔夫人的扇子》等,其代表作《道林·格雷的画像》描写了一个美少年道林·格雷由纯洁走向堕落与毁灭的过程。

5. 象征主义文学

象征主义文学是19世纪后期从浪漫主义文学思潮中分离出来的一个文学流派,代表人物有法国的兰波、魏尔伦、马拉美和比利时的梅特林克。兰波(1854—1891),法国诗人,超现实主义诗歌的鼻祖,代表作品有《诗集》《启示录》《醉舟》等。魏尔伦(1844—1896),法国早期象征主义诗歌的代表人物,作品有《农神体诗》《美好之歌》《智慧》《无言的罗曼司》等。马拉美(1842—1898),法国象征主义诗人和散文家,代表作《牧神的午后》。梅特林克(1862—1949),比利时象征主义戏剧代表作家,作品有《青鸟》《盲人》《佩利亚斯与梅丽桑德》《蒙娜·凡娜》等,被誉为"比利时的莎士比亚"。

(六)20世纪文学

20世纪欧美文学受社会思潮和哲学思潮影响出现新趋向,现实主义文学思潮继续发展,现代主义文学思潮崛起,出现更多流派。

1. 现实主义文学

20世纪现实主义文学继承了19世纪现实主义文学传统并继续发展,力求真实地反映时代风貌,英国、法国、德国、美国、苏联都产生了一批现实主义作家及作品。

萧伯纳(1856—1950),英国现代杰出的现实主义戏剧作家,自称为"一个普通的无产者""一个社会主义者",主张艺术应当反映迫切的社会问题,反对"为艺术而艺术",代表作有《圣女贞德》《伤心之家》《华伦夫人的职业》等,其中《伤心之家》通过女青年艾丽·邓的视角,描写了老船长邵特菲和他一家房客,象征着走向末路的英国与西方文明社会。高尔斯华绥(1867—1933),英国现实主义文学的代表作家,作品有《福尔赛世家》三部曲(《有产业的人》《骑虎》《出租》)和《现代喜剧》三部曲(《白猿》《银匙》《天鹅曲》)等。威尔斯(1866—1946),英国著名科幻小说家,作品有《时间机器》《莫洛博士岛》《隐身人》《星际战争》等多部科幻小说;《时间机器》是其成名作。毛姆(1874—1965),英国小说家、剧作家,代表作《圈子》《人生的枷锁》《月亮和六便士》《叶的震颤》等,其中《人性的枷锁》是其成名作,小说通过叙述主人公菲利普的成长经历,反映了一个青年从迷惘、失望走向成熟,获得精神解放的历程。劳伦斯(1885—1930),英国小说家、批评家,代表作品有《儿子与情人》《恋爱中的女人》《查泰莱夫人的情人》等。《儿子与情人》描写了19世纪末英国工业社会中下层人民的生活与特定环境下母子间和两性间的复杂、变态的心理。

罗曼·罗兰(1866—1944),20世纪法国著名的人道主义作家,有"欧洲的良心"之称,代表作《名人传》《约翰·克利斯朵夫》等;《约翰·克利斯朵夫》通过克利斯朵夫顽强奋斗的一生,揭示十月革命前西欧进步知识分子的心灵历程。马丁·杜伽尔(1881—1957),法国当代小说家、戏剧家,代表作《蒂博一家》通过对两个信仰不同的家庭的描绘,表现了两代人的冲突,反映了第一次世界大战期间法国社会的基本状况。

亨利希·曼(1871—1950),20 世纪德国最杰出的批判现实主义作家之一,代表作有《帝国三部曲》《亨利四世》等;托马斯·曼(1875—1955),德国小说家和散文家,亨利希·曼的弟弟,代表作《布登勃洛克一家》通过布登勃洛克家族逐渐衰落的历史,反映了德国从"自由竞争"资本主义走向垄断资本主义的历史过程。赫尔曼·黑塞(1877—1962),德国作家、诗人,代表作有《彼得·卡门青》《荒原狼》《东方之旅》等。雷马克(1898—1970),德国小说家,成名作《西线无战事》是一部优秀的反战小说。

海明威(1899—1961),美国 20 世纪最著名的小说家之一,代表作有《老人与海》《乞力马扎罗的雪》《永别了,武器》。《太阳照样升起》与《永别了,武器》两部作品在 2001 年被美国现代图书馆列入"20 世纪中的 100 部最佳英文小说"。《老人与海》讲述了一位老年古巴渔夫与一条巨大的马林鱼在湾流中搏斗的故事,展示了人类与邪恶势力斗争到底的伟大精神;《太阳照常升起》表达了第一次世界大战后一部分美国年轻的知识分子对现实的绝望;《永别了,武器》描述了战争中人与人的相互残杀,战争对人精神的毁灭以及对美好爱情的扼杀。欧·亨利(1862—1910 年),美国现代短篇小说创始人,与契诃夫、莫泊桑并称为世界三大短篇小说巨匠,代表作《麦琪的礼物》《最后一片藤叶》《警察与赞美诗》等,他的作品有"美国生活的百科全书"之誉。《麦琪的礼物》讲述了一对穷困的年轻夫妇忍痛割爱互赠圣诞礼物的故事,反映了美国下层人民生活的艰难;《最后一片叶子》描写一位老画家为患肺炎的穷学生画最后一片叶子的故事,突出地刻画了一个舍己为人的老画家形象。

帕斯捷尔纳克(1890—1960),苏联作家、诗人,作品有诗集《云雾中的双子座星》《生活是我的姐妹》《在街垒之上》等;小说《日瓦戈医生》通过描写日瓦戈医生的个人际遇,表现了俄国两次革命和两次战争期间的宏大历史,从另一侧面反映了战争的残酷无情。肖洛霍夫(1905—1984),是 20 世纪苏联文学的杰出代表,代表作《静静的顿河》,小说生动地描写了从第一次世界大战到俄国内战结束,顿河哥萨克人的生活和斗争,表现苏维埃政权在哥萨克地区建立和巩固的艰苦过程及其强大生命力,揭示一切反动落后势力必然失败灭亡的命运。高尔基(1868—1936),社会主义现实文学的奠基人,苏联文学的创始人,"无产阶级艺术最杰出的代表"(列宁评价),代表作有《母亲》《小市民》和自传体三部曲《童年》《在人间》《我的大学》等。散文《海燕》通过对海燕在暴风雨即将来临之际勇敢欢乐形象的描写,热情地歌颂了俄国无产阶级革命先驱者坚强无畏的战斗精神;《母亲》塑造了世界文学史上第一批自觉为社会主义而斗争的无产阶级革命者的英雄形象,是社会主义现实文学的奠基之作。奥斯特洛夫斯基(1904—1936),苏联著名无产阶级革命家、作家,代表作有《钢铁是怎样炼成的》《暴风雨所诞生的》《柯察金的幸福》等。《钢铁是怎样炼成的》通过记叙保尔·柯察金的成长道路告诉人们,一个人只有在革命的艰难困苦中战胜敌人也战胜自己,只有把自己的追求和祖国、人民的利益联系在一起的时候,才会创造出奇迹,才会成长为钢铁战士。瓦西里耶夫(1924—2013),俄罗斯当代作家,是中国改革开放后最早被介绍到国内的苏联当代作家之一,代表作《这里的黎明静悄悄》通过一个凄美的故事,向人们展示了战争对妇女的摧残和对美好生活及人类文明造成的灾难,表达了强烈的反法西斯和反侵略的主题思想和深刻的人性关怀精神。

2. 现代主义文学

现代主义是 19 世纪末至 20 世纪诞生并流行于 20 世纪的许多文学流派的总称,主要包括后期象征主义、表现主义、未来主义、超现实主义和意识流小说等。

后期象征主义文学继承了前期象征主义文学的传统,在 20 世纪初达到高潮,以法国的瓦雷里、爱尔兰的叶芝及英国诗人艾略特为主要代表。瓦雷里(1871—1945),法国 20 世纪最伟大的诗人,代表作有《旧诗稿》《年轻的命运女神》《幻美集》等。叶芝(1865—1939),"爱尔兰文艺复兴运动"的领袖、诗人、作家,代表作有《驶向拜占庭》《丽达与天鹅》《在学童中间》等。艾略特(1888—1965),英国象征主义诗歌的代表人物,代表作有《荒原》《空心人》等。

表现主义文学是 20 世纪初流行于德、法等国的文学流派,以奥地利卡夫卡、美国奥尼尔为代表。卡夫卡(1883—1924),20 世纪奥匈帝国德语小说家,现代派文学的奠基人之一,代表作有《审判》《城堡》《变形记》等。《变形记》通过格里高尔的变形及变形后的遭遇,深刻揭示了资本主义社会里人与人之间赤裸裸的利害关系。奥尼尔(1888—1953),表现主义文学的代表作家,美国民族戏剧的奠基人,代表作有《琼斯皇》《毛猿》《天边外》《悲悼》等。

超现实主义文学是 20 世纪一个有广泛国际影响的重要文学流派,代表人物主要有法国安德烈·布勒东(1896—1966),代表作品有《超现实主义宣言》《磁场》《娜嘉》等。《娜嘉》是超现实主义文学中为数甚少的小说中的佳品,小说以第一人称的语气讲述了女主人公嘉娜的故事。

塞尔玛·拉格洛夫(1858—1940),瑞典女作家,代表作童话《尼尔斯骑鹅旅行记》,作品以幽默而生动的笔调为孩子们描绘了瑞典一幅幅气象万千的美丽图画,是世界文学史上第一部,也是唯一一部获得诺贝尔文学奖的童话作品。

马尔克斯(1927—2014),哥伦比亚作家,拉丁美洲魔幻现实主义文学的代表人物,20 世纪最有影响力的作家之一,代表作有《百年孤独》《霍乱时期的爱情》等,其中《百年孤独》描写了布恩迪亚家族七代人的传奇故事以及加勒比海沿岸小镇马孔多的百年兴衰,反映了拉丁美洲一个世纪以来风云变幻的历史。

二、亚非文学

亚非文学,又称东方文学,包括亚洲、非洲各国文学,是世界文学的重要组成部分,大致划分为上古、中古、近现代三个时期。

(一)上古文学

亚非上古文学是世界文学最早的源头,较多方面地反映从原始公社末期至奴隶社会的生活,取得重要成就的除中国文学外,还有古埃及、古巴比伦、古希伯来和古印度文学。

古代埃及文学是世界上最古老的文学,约有 4000 年的历史,在世界文学史上占有重要地位,对古代希腊文学和中古东方文学产生了广泛影响。主要作品有歌谣《搬谷人的歌谣》、故事《乡民与雇工》《遭难的水手》、宗教诗歌集《亡灵书》,表现了古埃及人的宗教信仰和生死观念。古巴比伦文学主要指古代两河流域不同时期的文学,主要作品有《埃及玛·埃立什》《伊什塔尔下降冥府》《咏正直受难者的诗》《主人和奴隶的对话》等。史诗《吉尔伽美什》是古代巴比伦文学最重要的作品,对古代西亚文学产生了很大影响。古代印度文学包括公元前 2000 年至公元 600 年间的作品,主要有《吠陀》、史诗《摩诃婆罗多》《罗摩衍那》、叙事诗《佛所行赞》《美难陀赞》、剧本《惊梦记》《小泥车》、寓言故事集《五卷书》《伟大的故事》等。《吠陀》包括《梨俱吠陀》《娑摩吠陀》《夜柔吠陀》和《阿达婆吠陀》，以《梨俱吠陀》和《阿达婆吠陀》文学价值最高。

（二）中古文学

中古文学是亚非封建社会的文学，成就比较突出的国家和地区有日本、朝鲜、越南、阿拉伯等国的文学。

日本中古文学有《万叶集》《源氏物语》，《万叶集》为日本最早的诗歌总集，《源氏物语》为女作家紫式部的长篇小说。朝鲜文学作品有汉文文学和朝鲜语文学，汉文文学成就主要是汉诗，崔致远被视为朝鲜汉文文学的奠基人；金万重是朝鲜语小说的代表作家，著有长篇小说《谢氏南征记》和《九云梦》。传奇小说《春香传》《沈清传》《兴夫传》被称为朝鲜中古三大传奇。越南现存最早的历史文献和书面文学作品是 1010 年李公蕴作的《迁都升龙诏》；黎文休的《大越史记》是越南第一部史书，也是一部文学巨著；阮屿的《传奇漫录》是越南最早的汉语小说集。阿拉伯产生了民间故事集《一千零一夜》，又名《天方夜谭》，是世界各国人民熟知的阿拉伯经典文学作品，内容包罗万象，包括脍炙人口的"阿拉丁和神灯""阿里巴巴和四十大盗""渔夫、魔鬼和四色鱼"等。

（三）近现代文学

近现代亚非文学指从 19 世纪下半叶至今地处亚非两大洲的各个国家的文学，一般大致划分为近代（19 世纪后期至 20 世纪初）、现代（20 世纪 20 至 40 年代）、当代（20 世纪 50 年代以后）三个阶段，在发展过程中，尤以日本和印度成就突出。

1. 日本文学

二叶亭四迷为日本近代小说的先驱，代表作《浮云》；森鸥外是日本浪漫主义文学的代表人物，代表作《舞姬》，与夏目漱石、芥川龙之介被称为日本近代三大文豪。夏目漱石代表作有《我是猫》《心》，芥川龙之介代表作有《罗生门》《竹林中》《舞会》。小林多喜二为日本无产阶级文学的奠基人，代表作《蟹工船》《在外地主》《为党生活的人》等。

2. 印度文学

般吉姆·钱德拉·查特吉为印度孟加拉语小说家、孟加拉语现代文学的先驱，小说《将军的女儿》开创了孟加拉语小说的先河，代表作《古莫拉庚多的日记》《毒树》等。钱达尔为印度乌尔都语作家，作品有小说《想象的魔力》《人生转折点》《我们是野蛮人》，剧本《心声》《客栈之外》，童话《倒长的树》《一头驴子的自述》等。泰戈尔是印度文学家、哲学家和印度民族主义者，代表作有《吉檀迦利》《飞鸟集》《家庭与世界》《新月集》《最后的诗篇》《文明的危机》等，1913 年以《吉檀迦利》成为第一位获得诺贝尔文学奖的亚洲人。普列姆昌德为印度近代作家，有"小说之王"的美誉，代表作有《圣地的奥秘》和短篇小说集《祖国的痛楚》等。

3. 阿拉伯地区文学

巴鲁迪是埃及近代著名诗人，近代阿拉伯诗歌复兴运动的先锋，代表作《巴鲁迪诗集》。邵基为埃及现代杰出的诗人，被誉为"诗圣""诗王"，在阿拉伯世界极享盛名。纪伯伦为黎巴嫩作家，被称为"黎巴嫩文坛骄子""艺术天才"，阿拉伯文学的主要奠基人，作品有《我的心灵告诫我》《先知》《论友谊》等。努埃曼为黎巴嫩作家、文艺评论家,作品有小说集《往事》《相会》,诗集《眼睑的私语》,剧本《父与子》等。塔哈·侯赛因为埃及现代著名作家、文艺批评家,被誉为"阿拉伯文学泰斗",代表作有《日子》《希腊剧诗选》《雅典人的制度》等。迈哈默德·台木尔为埃及小说家,阿拉伯现代文学中现实主义戏剧的先导,代表作有《深渊》《阿卜杜·赛塔尔先生》《笼中鸟》等。陶菲格·哈基姆为埃及小说家、戏剧家,阿拉伯长篇小说奠基人之一,被称为"阿拉伯现代戏剧之父",作品有《灵魂归来》《乡村检察官手记》《来自东方的小鸟》等。赫达亚特是伊朗现代最杰出的小说家,作品有短篇小说集《活埋》、中篇小说《瞎猫头鹰》《哈吉老爷》。尼玛·尤什吉为伊朗自由体诗歌的创始者,作品《传奇故事》被认为是伊朗新诗的奠基之作。希克梅特为土耳其著名诗人,作品有诗歌《心绞痛》和小说《我的同胞们的群像》等。

4. 非洲文学

非洲地域广阔,一般以撒哈拉沙漠为界分为南北两部分,北部诸国属于阿拉伯世界,南部居民主要为黑色人种。撒哈拉沙漠以南的非洲现代文学起步于 20 世纪 20 年代。桑戈尔为塞内加尔诗人,提出"黑人性"理论,作品有诗集《阴影之歌》《黑色的祭品》《夜歌集》《热带雨林的信札》等。彼得·亚伯拉罕姆斯是南非著名作家,作品有长篇小说《怒吼》。费迪南·奥约诺为喀麦隆著名作家,撒哈拉以南非洲文坛的杰出领袖,与喀麦隆著名作家蒙戈·贝蒂一起被誉为"喀麦隆文学双星",作品有中篇小说《老黑人和奖章》。桑贝内·乌斯曼是塞内加尔小说家,代表作《祖国,我可爱的人民》。沃莱·索因卡为尼日利亚作家,创作了反殖民主义的戏剧《沼泽地居民》,代表作长篇小说《解释者》和戏剧《路》。纳丁·戈迪默为南非著名白人女作家、英语小说家,南非首位诺贝尔文学奖得主,代表作有《朱利的族人》和《大自然的运动》。

【测试训练题】

一、选择题

1. 初唐时我国诗坛上升起四颗光辉灿烂的新星,被人们称为"初唐四杰"。下列不属于"初唐四杰"的是( )。

A. 王勃   B. 陈子昂   C. 杨炯   D. 卢照邻

2. 关汉卿的代表作是( )。

A.《牡丹亭》   B.《西厢记》   C.《窦娥冤》   D.《桃花扇》

3. 下列诗句与中国和西域的物质文明交流无关的一组是( )。

A. 沧海月明珠有泪,蓝田日暖玉生烟   B. 兰陵美酒郁金香,玉碗盛来琥珀光

C. 年年战骨埋荒外,空见葡萄入汉家   D. 汉家天马出蒲梢,苜蓿榴花遍城郊

4. 下列诗句不是出自唐朝诗人的是( )。

A. 接天莲叶无穷碧,映日荷花别样红   B. 窗含西岭千秋雪,门泊东吴万里船

C. 可怜九月初三夜,露似珍珠月似弓   D. 身无彩凤双飞翼,心有灵犀一点通

5. 下列说法中正确的一项是( )。

A. "二十四史"中的"前四史"依次为:左丘明的《左传》、司马迁的《史记》、班固的《汉

书》和陈寿的《三国志》

B. "四书"是《中庸》《礼记》《论语》和《孟子》的合称

C. "元曲四大家"是指关汉卿、马致远、白朴和郑光祖四位元曲作家

D. 晚清四大"谴责小说"分别为：吴敬梓的《儒林外史》、李宝嘉的《官场现形记》、吴沃尧的《二十年目睹之怪现状》和曾朴的《孽海花》

6.《诗经》是我国第一部诗歌总集,相传由孔子编订而成。《诗经》分为风、雅、颂三部分,其中"风"包括了十五个地方的民歌,叫"十五国风"。孔子在编订《诗经》时,不选赵国诗歌的原因是( )。

A. 赵国偏远,孔子不曾到过。　　　　B. 赵国和鲁国在当时是敌对国家。

C. 孔子游说赵国时,赵王对孔子无礼。　　D. 当时诸侯国没有赵国。

7.《朝花夕拾》《子夜》《激流》三部曲、《白洋淀纪事》这些作品与其作者对应正确的一项是( )。

A. 鲁迅、曹禺、茅盾、李健吾　　　　B. 鲁迅、茅盾、巴金、孙犁

C. 郭沫若、曹禺、巴金、李健吾　　　　D. 郭沫若、茅盾、巴金、孙犁

8. 下列关于作家、作品的解说不正确的一项是( )。

A.《左传》是一部著名的史学和文学名著,课文《曹刿论战》就选自其中。

B.《爱的教育》是英国作家德·亚米契斯为9至13岁的小孩创作的一部散文集,以日记体形式讲述了一个叫阿廖沙的小男孩成长的故事。

C. 柳宗元是唐代文学家,"唐宋八大家"之一,著有《柳河东集》。

D. 莫泊桑是法国作家,被称为"短篇小说巨匠",《我的叔叔于勒》就是他的作品。

二、填空题

1. _____和_____开创了我国文学现实主义和浪漫主义先河。

2. 被鲁迅先生称赞为"史家之绝唱、无韵之离骚"的文学作品是_____。

3. "乐府双璧"是指_____和_____。

4. 被刘勰评价其为"五言之冠冕"的是_____。

5. 现代文学史上第一篇白话小说是_____。

6.《暴风骤雨》的作者是_____,该作品反映中国共产党领导下广大农村天翻地覆的革命性变化。

7. 被恩格斯誉为"中世纪的最后一位诗人,同时也是新时代的最初一位诗人"是_____,其代表作是_____。

8. 世界三大短篇小说巨匠是_____、_____和_____。

9.《老人与海》的作者是_____,《百年孤独》的作者是_____。

三、辨析题

1.《尼尔斯骑鹅旅行记》是世界文学史上第一部,也是唯一一部获得诺贝尔文学奖的童话作品,是丹麦女作家塞尔玛·拉格洛夫创作的童话。

2.《战争与和平》是苏联作家列夫·托尔斯泰创作的长篇小说。

3. 雨果是法国文学史上卓越的资产阶级民主作家,代表作有《巴黎圣母院》《悲惨世界》《简·爱》《九三年》。

第二篇

科学素养

　　科学素养是主体通过掌握科学知识，形成科学技能，并以科学的态度、运用科学的方法，做出符合客观事物发展规律抉择的修养和品质。科学素养是教师素养的重要组成部分，是教师树立科学的教育观、教学观的前提。教师的科学素养直接影响着教育的质量，影响着学生科学素养的培养。

　　教师科学素养包括教师在教育教学中应具有的科学知识、科学方法、科学态度和科学精神，其中核心是科学精神。科学知识是教师科学素养形成的基础，是掌握科学方法，形成科学态度和科学精神的前提；科学方法表现为教师在处理日常教育教学事务中遵循或运用的、符合科学一般原则的各种途径和手段，包括采用的思路、程序、规则、技巧和模式；科学态度表现为教师以尊重事物发展规律方式解决问题、表达看法、做出决定的心理或行为倾向；科学精神表现为由科学性质所决定的教师的精神状态和思维方式，集中体现为追求真理、崇尚创新、尊重实践、弘扬理性的精神。

　　掌握科学知识，形成科学技能是教师科学素养形成的基础。科学知识的内容十分广泛，涉及自然科学、社会科学、思维科学、形式科学和交叉科学等各领域，而其中自然科学知识在形成科学态度，掌握科学方法，培养科学精神中发挥着极为重要的作用。本篇将围绕教师科学素养的形成，结合现代中小学教师应具备的自然科学知识，从数学、物理、化学、生物学、天文学、地理科学六大自然科学基础学科方面组织内容，为教师了解自然科学知识，形成科学素养提供帮助。

第四章 数学常识

数学既是一种方法，又是一门艺术和一种语言。它无处不在，是人们认识世界和掌握其他学科知识的工具。了解数学基本知识及其蕴含的数学思想能够提高我们的思维素养。

第一节 数学基本知识

数学是一门研究数量、结构、变化、空间以及信息等概念的古老的学问，包括研究数、数量、关系与结构的代数和研究空间关系的几何，这些知识促进了人类对世界的认识。

一、代数与几何

代数与几何都是数学的分支学科，"数"是代数研究的基本问题，"形"是几何研究的基本问题，无论"数"还是"形"都是从实物中抽象出来的，是人类对自然界事物的认识。

（一）代数

代数产生于自然数。自然数是用以计量事物的件数或表示事物次序的数，常用 **N** 表示，有基数、序数之分，两者一一对应。基数，即 1，2，3…是用来表示事物数量的数，如 2 表示两件事物；序数，即第一，第二…是用来表示事物位次的数。自然数是人与人交流、人与机器交流的通用语言，数学中的一切都是从自然数开始的，数的应用遍及人类生产生活的所有领域。数可从多角度进行分类，根据是否能够被 2 整除，划分为奇数（单数）和偶数（双数），不能被 2 整除的数叫奇数，能被 2 整除的数叫偶数，0 为偶数；根据是否真实存在，划分为实数和虚数，实数为真实存在的数，是有理数与无理数的统称。有理数是整数和分数的统称，包括正数、负数和零，是无限循环小数；无理数与有理数相对，是不能精确地表示为两个整数之比的数，即无限不循环小数。实数都能够在数轴上找到相对应的点，即数轴上的点与实数一一对应。虚数是不实的数字或并非表明具体数量的数字。

实数可实现基本的加、减、乘、除运算，正数和 0 还可以进行开平方运算。实数的加、减、乘、除运算存在结合律、交换律和分配律等规律。结合律体现为三个数相加，先把前两个数相加或先把后两个数相加，再同第三个数相加，和不变；三个数相乘，先把前两个数相乘或先把后两个数相乘，再和第三个数相乘，它们的积不变。交换律体现为两数相加，交换加数的位置，和不变；两数相乘，交换因数的位置，积不变。分配律主要体现在乘法中，即两个数的和同一个数相乘，可以把两个加数分别同这个数相乘，再把两个积相加，结果

中小学教师文化素养

不变,如$(5+4)\times 8＝5\times 8+4\times 8$;在除法中,被除数和除数同时扩大(或缩小)相同的倍数,商不变。

(二)几何

几何以研究空间结构及性质为主要对象,包括平面图形、立体图形、解析几何等。平面图形是所有点都在同一平面内的图形,即二维的图形,如直线、三角形、平行四边形等。平面图形有规则图形和不规则图形,常见规则图形有三角形、正方形、长方形、平行四边形(例如菱形、矩形)、梯形、五边形、其他多边形、圆、椭圆、半圆等。立体图形是各部分不在同一平面内的几何图形,由一个或多个面围成的可以存在于现实生活中的三维图形。立体图形也有规则立体图形和不规则立体图形,常见规则立体图形主要有长方体、正方体、圆柱、圆锥、球体等。解析几何是用代数方法研究几何对象之间关系和性质的一门学科,也称坐标几何。

二、数学学科思想

数学学科思想是对数学事实与理论经过概括后形成的认识,是学习数学以后具有的思维能力,学习数学知识,就是要掌握数学思想。数学基本思想主要有分类讨论思想、数形结合思想、整体思想、化归思想、归纳推理思想、优化思想、数学建模思想和方程数学等。

(一)分类讨论思想

分类讨论思想,即在解决问题时,无法用同一种方法去解决,需要根据问题的特点,把问题按照一定的标准分成若干个能够用不同形式解决的小问题,然后将小问题一一解决,从而使问题得到解决的思维方法。如要解决与三角形有关的问题,必须对三角形进行分类,根据三角形特性采用适当的解决方法。

(二)数形结合思想

数形结合思想,即在解决问题时,把抽象的数量关系和直观的图形结合起来,使抽象思维和形象思维结合,实现抽象概念形象化的思维方法。如长方形 $ABCD$ 的面积是 35 平方厘米,三角形 ADF 的面积是 14 平方厘米,三角形 ABE 的面积是 5 平方厘米,求三角形 AEF 的面积,这就需要应用数形结合的思维方法,将数量关系与图形结合来解决问题。

(三)整体思想

整体思想,即在解决问题时,从问题的整体性质出发,通过对问题的整体形式、整体结构、已知条件和所求等进行综合考虑后得出结论的思维方法。如分解因式$(x^2+3x+1)(x^2+3x-3)-23$,可将(x^2+3x)看作整体,就能够使问题很快解决。

(四)化归思想

化归思想,即在解决问题时,将需要解决的问题通过某种转化手段,归结为另一个相对比较容易解决的或者已经有解决程序的问题的思维方法,是将一个问题由难化易,由繁化简,由复杂化简单的思维过程。如 $6+6+6+6+5=6×5-1=6×4+5=4×7+1$ 等。

(五)归纳推理思想

归纳推理思想,就是在解决问题时,从某类事物部分对象具有的特征,推出该类事物全部对象都具有这些特征,或对几个简单的、个别的、特殊的情况进行研究,从中归纳出一般的规律和性质的思维方法。如直角三角形内角和是 180 度,锐角三角形内角和是 180 度,钝角三角形内角和是 180 度,得出一切三角形内角和都是 180 度。

(六)优化思想

优化思想,即解决问题时,在多种方案中挑选最优方案的思维方法,如"算法优化""策略优化""统计方法优化"等。在日常生活中,优化思想体现得更为明显,如要通过电话向 12 位同学通知一件事,怎么做最省时;再如"田忌赛马"的故事等都包含了优化思想方法。

(七)数学建模思想

数学建模思想,即先根据问题的一些属性、关系,用形式化的数学语言建立一种数学结构——数学模型,再通过对数学模型的探索进而解决问题的思维方法。数学模型是对客观事物的空间形式和数量关系的一种反映,常用的数学模型有方程模型、函数模型、几何模型、三角模型等。数学建模思想是解决实际问题常用的思维方法之一。如牧场上一片青草,每天牧草都匀速生长,这片草地可供 10 头牛吃 20 天,或者可以供 15 头牛吃 10 天,问可供 25 头牛吃几天? 要解决这样的问题,就要用到数学建模思想。

(八)方程思想

方程思想,即在解决问题时,把问题中的量划分为已知量和未知量,并把这些量用数学符号表示,根据问题中的条件,建立量与量关系的方程或方程组,通过解方程或方程组,从已知量推导出未知量,从而使问题解决的思维方法。如把一段长为 50 米的绳子做成一个长方形,已知长、宽之比为 2∶1,求这个长方形的长和宽各是多少。

第二节　中国数学史

中国数学经历了中国传统数学和近现代数学两个发展阶段,从远古到清末中西合璧阶段的数学属于我国传统数学阶段,从清末民初至今的数学为近现代阶段数学。

一、中国古代数学

中国古代数学,即中国传统数学,包括算术、代数、几何等多方面内容,经历了从远古至春秋战国时期的确立、秦汉至南北朝时期的体系形成、隋唐时期的发展、宋元时期的高潮、明初至清中期的衰落等阶段。

（一）先秦时期数学

远古至秦汉时期是我国历史上的先秦时期，是数学从萌芽到确立的时期。最早的数学计算方式是"结绳记事"。原始社会末期，已开始用文字符号取代结绳记事。仰韶文化时期出土的陶器上面已刻有表示数字的符号，半坡出土的陶器有用 1 至 8 个圆点组成三角形和分正方形为 100 个小正方形的图案。先民还创造了规、矩、准、绳等作图与测量工具。殷商出土的甲骨文已有从一到十、百、千、万共 13 个专用记数文字，产生了一套十进制的记数法。

《周髀算经》是中国流传至今最早的数学著作，为后世数学的源头。书中提到西周初期用矩进行测量的方法，包含了勾股定理及图形绘制方法。《礼记》篇提到西周贵族子弟从九岁开始便要学习六艺（礼、乐、射、御、书、数），数作为"六艺"之一，开始成为专门的课程。

春秋战国时期，生产的迅速发展与科学技术的进步，算筹、九九乘法表、整数四则运算普遍使用，还出现了分数。算筹是中国古代用小竹棍制成的计算工具，算筹记数，有纵、横两种方式，用纵的筹表示个位数、百位数、万位数，用横的筹表示十位数、千位数。计数法则为"一纵十横，百立千僵，千、十相望，万、百相当"，即将十、百、千、万等通过数码所处位置加以表示，与现在使用的阿拉伯计数法一样，从左到右排列，并以空位表示零。

战国时期，百家争鸣促进了数学的发展。墨家学派著作《墨经》阐述了圆（圆，一中同长也）、线、点、正方形或长方形等几何图形定义及"有穷""无穷"数学定义。道家著作《庄子》已出现"无穷大""无穷小"概念。《周易》又称《易经》，被认为是中国传统思想文化的源头，有"大道之源"之称，包含了组合、二进制等数学思想。如"易有太极，是生两仪，两仪生四象，四象生八卦"，可看作是由阴阳组成的二元符号系统。阴爻和阳爻合成两仪，每次取两个，按照不同顺序排列，生成四象；每次取三个，生成八卦；每次取六个，则生成六十四卦，包含数学组合思想。若将阴爻（－－）和阳爻（一）看作"1"和"0"，则就可把八卦转化成二进制数码。

（二）秦汉至南北朝时期数学

秦汉至南北朝时期是中国古代数学体系形成时期，这一时期出现了许多专门阐述数学的书籍。汉简《算数书》大约成书于西汉初，是我国已知最早的数学著作，内容涉及今天的整数与分数四则运算、各种比例、面积、体积计算、负数等内容。《周髀算经》简称《周髀》，大约成书于西汉末年（公元前 1 世纪），是中国历史上最早的一部天文历算著作，记载了西汉以前天文学和数学等相关发展成果，对先秦数学发展成就进行了总结，在数学方面论述了分数运算、等差运算、勾股定理及在天文测量中的应用、开方问题等。赵爽（约182—250），三国时期著名数学家，对《周髀算经》做了详尽注解，对勾股定理进行了表述和理论证明。《九章算术》大约成书于东汉初年（公元前 1 世纪），是中国古代一部最重要的数学典籍，内容十分丰富，全书采用问题集的形式，共收有 246 个数学问题，分为九章论述，包括分数四则运算、各种面积和体积计算、勾股测量计算、正负数加减法则、方程解法等算术、代数、几何内容。刘徽（约 225—295），三国时期杰出的数学家，中国传统数学的奠基人之一,为《九章算术》做注,不仅对原书的方法、公式和定理进行一般的解释和推导,系统地阐述了中国传统数学的理论体系与数学原理,而且在其论述中多有创造。《九章算术》注重理论联系实际,确立了中国古代数学的框架、形式和风格,对中国古代数学发展有很大影响。《海岛算经》为刘徽所撰,附于《九章算术》注之后,唐时开始单行,内容主要为高与距离的测量,是中国最早一部测量数学的专著。赵爽和刘徽的工作为中国古代数学体系奠定了理论基础。

南北朝时期数学获得蓬勃发展,出现了《孙子算经》《张丘建算经》等算学著作。《孙子算经》是中国古代重要的数学著作,大约成书于公元四五世纪,论述了算筹记数制度、筹算乘除法、分数算法、开平方法及"鸡兔同笼"等求解一次同余组问题。《张丘建算经》成书于5世纪,为清河人张丘建所撰,共92题,涉及最大公约数与最小公倍数计算、各种等差数列问题计算、某些不定方程问题求解等。

祖冲之(429—500),南北朝时期杰出的数学家、天文学家,一生钻研自然科学,在数学、天文历法和机械制造方面做出了贡献,著《缀术》《九章算术注》等。他在刘徽割圆术基础上,首次将"圆周率"精算到小数第七位,比西方早了一千年,发展了二次与三次方程的解法。祖暅(456—536),南北朝时期数学家、天文学家,祖冲之之子,在刘徽工作的基础上提出"祖暅定理"并得到球体积计算公式,领先于西方一千多年。

(三)隋唐时期数学

隋唐时期,随着农业、手工业和商业的发展,以及开凿大运河、城市建设的需要,数学在前代成就基础上继续向前发展,数学教育也获得长足发展。

王孝通,隋唐数学家,撰《缉古算经》,通过土木工程等实际问题,讨论了如何用三次多项式方程解决体积问题和勾股问题。隋朝在国子寺设立"算学",置有博士、助教各二人,招收学生,进行数学教育。隋朝将算学列入基本国学,是最早开设数学专科学校的朝代。唐朝沿袭隋制,于公元656年在国子监设立算学馆,设算学博士和助教,招收学生,根据学生程度分科教学,学习内容主要为由太史令李淳风等人编纂注释的《算经十书》(包括《周髀算经》《九章算术》《海岛算经》《孙子算经》《张丘建算经》《夏侯阳算经》《缉古算经》《五曹算经》《五经算术》和《缀术》),这是世界上第一次由国家颁行的数学教科书。与此相应,科举取士设置明算科,考试内容主要从十部算经中选题。

隋唐时期,南北朝在天文方面的重大发现开始应用到历法编算中,使唐代历法出现一些重要数学成果。刘焯(544—610),隋朝经学家和天文学家,撰《皇极历》,在世界上最早提出了等间距二次内插公式,是数学史上一项杰出的创造。

(四)宋元时期数学

北宋的建立结束了五代十国的割据局面,农业、手工业、商业空前繁荣,科学技术突飞猛进,火药、指南针、印刷术三大发明的广泛应用,为数学的发展创造了良好条件,中国传统数学进入繁荣时期,从11世纪至14世纪的300多年间,出现了一批数学家与数学著作。

沈括(1031—1095),北宋时期政治家、科学家。所著《梦溪笔谈》,是一部涉及古代中国自然科学、工艺技术及社会历史现象的综合性笔记体著作,被看作是"中国科学史上的里程碑",内容涉及天文、数学、物理、化学、生物等诸多领域。在数学方面,沈括首创了隙积术,开始对高阶等差级数的求和进行研究,并创立了正确的求和公式;提出"会圆术",得出了我国古代数学史上第一个求弧长的近似公式。贾宪,北宋数学家,撰《黄帝九章算法细草》,创造了开任意高次幂的"增乘开方法";刘益,北宋著名数学家,撰《议古根源》,首次讨论了系数可正可负的一般二次方程,创立了开带从方和正负损益法。秦九韶(1208—1268),南宋著名数学家,与李冶、杨辉、朱世杰并称宋元数学四大家,著《数书九章》,概括了宋元时期数学的主要成就;提出了"正负开方术",叙述了高次方程的数值解法,早于欧洲 500 多年;还系统研究了一次同余问题,提出了"三斜求积术"。杨辉,南宋著名数学家和数学教育家,著《详解九章算法》《日用算法》《杨辉算法》。《详解九章算法》对《九章算术》中 80 问进行详解,突破了《九章算术》编排格局,按照解题深浅程度重新编排,绘制"开方做法本源",现简称"杨辉三角";《日用算法》为通俗的实用算书,部分已失传。《杨辉算法》是《乘除通变本末》《田亩比类乘除捷法》《续古摘奇算法》三部书的合称。《乘除通变本末》记述了四则运算方法,收录了不少现已失传的各种数学著作中的算题和算法;《田亩比类乘除捷法》记述了开方术;《续古摘奇算法》论述了纵横图。杨辉发展了乘除捷算法,对纵横图进行系统研究和记录,研究了等差级数求和,为数学的发展做出了重要贡献。李冶(1192—1279),金元时期著名数学家,著《测圆海镜》和《益古演段》,《测圆海镜》是第一部系统论述"天元术"(一元高次方程)的著作,是数学史上一项杰出的成果;《益古演段》主要讨论了各种平面图形的面积关系。朱世杰(1249—1314),元代著名数学家,著《算学启蒙》和《四元玉鉴》,他把"天元术"推广为"四元术",并提出消元的解法,比法国人别朱(1775年)早 470 多年;他还对各有限项级数求和问题进行了研究,在此基础上得出了高次差的内插公式比英国人格里高利和牛顿提出内插法的一般公式早 300 多年。

宋元时期是中国古代计算技术改革的高潮时期,在宋元历史文献中记载有大量的实用算术术语,如"留头乘""归除"最早见于朱世杰的《算学启蒙》,"九归"最早出现在沈括的《梦溪笔谈》,朱世杰还提出了"撞归""起一"等。"留头乘"与"归除"的出现,使乘除法不需任何变通便可在一个横列里进行,与现今珠算的方法完全一样。算法改革的同时,穿珠算盘在北宋可能已出现,并在元代完善,形成了一套完善的算法和口诀。

(五)明清时期数学

从 14 世纪中叶明王朝建立到 19 世纪末 20 世纪初,是中国传统数学向现代数学发展的过渡时期,这一时期中国传统数学经历了衰落、中西合璧和艰难复兴几个阶段。

从 14 世纪中叶明王朝建立到明末的 1582 年,中国传统数学除珠算外出现全面衰落局面。明代最大的成就是珠算的普及,出现了许多珠算读本,如吴敬,明代数学家,著《九章算法比类大全》,对珠算技术进行了记载;王文素(1465—1487),明代数学家,著《算法统宗》,对珠算在民间的普及起到很大作用。中国古代数学是以筹算作为计算辅助工具,珠算代替筹算是计算技术的一大进步。明代随着珠算的流行,珠算算法和口诀已渐趋完善,筹算几乎绝迹,这标志着从筹算到珠算转变的完成。

16 世纪末,西方传教士开始到中国,并将西方初等数学知识传入中国,中国数学发展出现"中西合璧"的局面。西方传教士和中国学者合译了许多西方数学专著,其中第一部也是有重大影响的一部是意大利传教士利玛窦(1552—1610)和徐光启于1607年合译的《几何原本》。徐光启(1562—1633),明代农学家、天文学家、数学家,除合译《几何原本》外,还撰写了《测量异同》和《勾股义》两书。在输入的西方数学中,仅次于几何的是三角学。邓玉函(1576—1630),德国传教士,编译了《大测》和《割圆八线表》,其中《大测》是中国第一部三角学著作。罗雅谷(1593—1638),意大利传教士,著《测量全义》,介绍了西方三角学。

进入清朝,对中西数学进行研究的学者及著书较多,影响较大的有王锡阐的《图解》、梅文鼎的《梅氏丛书辑要》(其中数学著作13种共40卷)、年希尧的《视学》等。梅文鼎(1633—1721),清初天文学家、数学家,集中西数学之大成者,为清代"历算第一名家",对传统数学中的线性方程组解法、勾股形解法和高次幂求正根方法等方面进行整理和研究;年希尧(1671—1738),清代医学家,著《视学》,是中国第一部介绍西方透视学的著作。清康熙皇帝重视西方科学,命数学家梅珏成(1681—1764)会同他人编纂天文算法书,于1721年完成《律历渊源》100卷,其中《数理精蕴》是一部比较全面的初等数学书,分上下两编,上编包括《几何原本》《算法原本》,均译自法文著作;下编包括算术、代数、平面几何等初等数学,附有素数表、对数表和三角函数表,对当时数学研究有一定影响。雍正即位以后,对外闭关自守,导致西方科学停止输入中国。清中期乾嘉年间逐渐形成以考据学为主的乾嘉学派,编成《四库全书》,其中数学著作有《算经十书》和宋元时期的著作,为保存濒于湮没的数学典籍做出重要贡献。随着《算经十书》和宋元数学著作的收集和注释,出现了研究中国传统数学的小高潮,尤以焦循、汪莱、李锐(三人被称为"谈天三友")工作突出。李善兰(1811—1882),中国近代著名的数学、天文学、力学和植物学家,著《垛积比类》,书中得到三角自乘求法和公式,现称为"李善兰恒等式",这些工作较宋元时期的数学有进一步发展。阮元(1764—1849),清代经学家、训诂学家、金石学家,李锐(1769—1817),清代数学家,此二人与他人共同编写了一部天文学家和数学家传记《畴人传》,介绍了已故天文学和数学家,开创数学史研究先河。第一次鸦片战争后,清朝闭关锁国政策被迫中止,同文馆内添设"算学",上海江南制造局内添设翻译馆,翻译介绍西学出现第二次高潮。其中较重要的著作有李善兰与英国传教士伟烈亚力合译的《几何原本》《代数学》《代微积拾级》;华蘅芳(1833—1902),清末数学家、科学家、翻译家和教育家,与英国传教士傅兰雅合译的《代数术》《微积溯源》《决疑数学》等。《代微积拾级》是中国第一部微积分学译本,《决疑数学》是中国第一部概率论译本,这些译著中创造了许多数学名词和术语,至今还在使用。在翻译西方数学著作的同时,中国学者也进行了一些研究,撰写了一些数学著作,主要有李善兰的《尖锥变法解》《考数根法》,夏弯翔的《洞方术图解》《致曲术》《致曲图解》等,都是会通中西学术思想的研究成果。

二、中国近现代数学

中国近现代数学开始于清末民初,以1949年新中国成立为标志,划分为两个阶段。

中国近代数学开始于清末民初的留学活动,较早出国学习数学的有冯祖荀、郑之蕃、胡明复、赵元任、姜立夫、何鲁、陈建功、熊庆来、苏步青等人,他们中的多数人回国后成为著名数学家和数学教育家,为中国近现代数学发展做出重要贡献。其中胡明复(1891—1927),中国数学家,1917 年取得美国哈佛大学博士学位,成为第一位获得博士学位的中国数学家。随着留学人员的回国,数学教育有了起色,各地大学相继创建了数学系,到1932 年各地已有 32 所大学设立了数学系或数理系。熊庆来(1893—1969),中国数学家、教育家,中国现代数学先驱,1930 年在清华大学首创数学研究部,开始招收研究生。20 世纪 30 年代出国学习数学的还有江泽涵、陈省身、华罗庚、许宝骙等人,他们都成为中国现代数学发展的骨干力量。此外,外国数学家也有来华讲学的,如英国的罗素、美国的伯克霍夫、奥斯古德、维纳、法国的阿达马等人。1935 年中国数学会在上海召开成立大会,1936 年《中国数学会学报》和《数学杂志》相继问世,标志着中国现代数学已经建立。这一时期的数学研究集中在纯数学领域,陈建功、熊庆来、华罗庚、苏步青、陈省身等人在数学研究方面做出了突出贡献。此外,李俨和钱宝琮开创了中国数学史研究,在古算史料的注释整理和考证分析方面做了许多奠基性工作,使我国民族文化遗产重放光彩。

1949 年 11 月中国科学院成立,1951 年 3 月《中国数学学报》复刊(1952 年改为《数学学报》),1951 年 10 月《中国数学杂志》复刊(1953 年改为《数学通报》)。1951 年 8 月中国数学会召开新中国成立后第一次全国代表大会,讨论了数学发展方向和各类学校数学教学改革问题。新中国成立后,数学研究取得长足进步,出版了华罗庚的《堆叠素数论》、苏步青的《射影曲线概论》、陈建功的《直角函数级数的和》和李俨的《中算史论丛》等多部专著,到 1966 年,共发表各种数学论文约 2 万余篇。数学研究除在数论、代数、几何、拓扑、函数论、概率论与数理统计、数学史等学科继续取得新成果外,还在微分方程、计算技术、运筹学、数理逻辑与数学基础等分支有所突破,有许多论著达到世界先进水平,同时培养和成长起一大批优秀数学家。1966 年至 1978 年,中国数学研究基本处于停止状态,后经多方努力状况略有改变。1970 年《数学学报》恢复出版,并创刊《数学的实践与认识》,1973 年陈景润在《中国科学》上发表《大偶数表示为一个素数及一个不超过二个素数的乘积之和》的论文,在哥德巴赫猜想的研究中取得突出成就。1978 年 11 月中国数学会召开第三次代表大会,标志着中国数学的复苏。1978 年恢复全国数学竞赛,1985 年中国开始参加国际数学奥林匹克数学竞赛。1981 年陈景润等数学家获国家自然科学奖励。1983 年国家授予首批 18 名中青年学者以博士学位,其中数学工作者占2/3。1986 年中国第一次派代表参加国际数学家大会,加入国际数学联合会,吴文俊应邀做了关于中国古代数学史的演讲。近十几年数学研究硕果累累,发表论文、专著数量成倍增长,质量不断上升。

第三节　外国数学史

数学是人类最古老的科学知识之一,早在史前,人类就开始尝试用自然法则衡量物质的多少、时间的长短等抽象的数量关系。就数学本身发展看,外国数学经历了由低级到高级的发展过程,大致可分为古代、近代和现代三个阶段。

一、外国古代数学

古代数学指从远古到 17 世纪初的数学，包括数学形成和初等数学两个时期。

（一）数学形成时期

数学形成时期是人类建立最基本的数学概念时期，古埃及、古巴比伦、中国、古印度对数学形成都做出了贡献。

从考古学来看，已知最古老的数学来自公元前 35000 年前的一支狒狒腓骨，上面被刻意切割出 29 个不同的缺口，计数妇女及跟踪妇女月经周期。相似的史前遗物在非洲和法国也有出土，都与量化时间有关。在尼罗河上源也发现了有 20000 年甚至更久历史的刻有三组一系列条纹符号的骨头，其他地区亦发现不同的史前记数系统，如符木、印加帝国的奇谱（古代印加人使用的一种结绳记事的方法）。几何学方面，公元前 5000 年前的古埃及已出现用图画表示的几何图案，但这些发现均有争议，目前最早无争议的数学史料来自古巴比伦、古埃及和史后。

1. 古巴比伦数学

古巴比伦位于亚洲西部的两河流域，是历史悠久的东方文明古国。古巴比伦最早的文献是用楔形文字写成的"泥板书"。据考古研究发现，在已发现的 50 万块泥板书中，约有 300 块为记载有数字表和数学问题的数学典籍。最早的古巴比伦数学可追溯到公元前 3000 年由苏美尔人发明的一个复杂的计量表和公元前 2500 年在泥板上写下的乘法表。古巴比伦数学包括记数法与进位制、代数和几何等方面。古巴比伦人产生了"逢十进一"的概念，并形成了 60 进位制，掌握了用相同的符号按其位置表示其数值的方法和计算方法，编制了乘法表、倒数表、平方和立方表、平方根和立方根表等各种帮助计算的数表；代数方面包括了二次方程、三次方程、线性方程组、不定方程求解和级数求和等；几何方面，古巴比伦人已掌握了长方形、三角形、梯形等图形面积计算，简单几何体体积计算，相似三角形证明，等分圆周的方法及勾股定理的使用。巴比伦数学在早期达到了极高水平，由于积累的数学知识主要源于观察和经验结果，具有较强实用性，但还缺乏理论依据和逻辑说明。

2. 古埃及数学

古埃及数学指用古埃及象形文写成的数学。古埃及最早的数学开始于公元前 2500 年左右，数学资料主要有成书于公元前 1850 年左右的莫斯科纸草书和成书于公元前 1650 年的莱因德纸草书。纸草书是用尼罗河三角洲生长的纸莎草作为"纸"书写成的文献。从这些纸草文献可以看出，古埃及人的数学知识包括了记数法、算术、代数和几何等方面。古埃及人最早建立了以 10 为基数的形象数字符号计数，掌握了加减乘除运算和分数运算法则，懂得二次代数方程求解，掌握了土地面积、谷仓容积和矩形、三角形、梯形面积计算等丰富的几何知识。但古埃及数学只是一些具有很强实用性的零散数学知识，没有形成系统。

3. 古印度数学

古印度文明是世界主要文明之一，印度数学的发展经历了三个时期，即达罗毗荼人时期(史称河谷文化)、吠陀时期和悉檀多时期。印度数学最早有文字记录的是吠陀时期，数学材料与婆罗门教经典《吠陀》混杂在一起，时间很不确定，早起公元前10世纪，晚至公元前3世纪，其中有一些代数计算和几何内容。悉檀多时期，即公元5世纪至12世纪，是印度数学全盛时期，出现了许多著名的学者和涉及数学的著述，如数学家、天文学家阿耶波多(476—550)的《阿耶波多历数书》，天文学家、数学家婆罗摩笈多的《婆罗门历算书》，马哈维拉的《计算方法纲要》，数学家、天文学家婆什伽罗第二(1114—1185)的《丽罗娃提》《算法本源》等。从现有的文献资料来看，印度数学内容十分丰富，涉及记数法、算术、代数、几何和三角学等多方面。古印度数学采用十进制和位值记数法，出现了10个完整的数码，包括用点表示的0，对现今数系的发展起了重要作用；还使用了一些数学符号进行代数运算，并采用缩写文字和符号表示未知数和运算，由此建立了算术运算，包括整数、分数四则运算、开平方和开立方法则等，对负数的运算法则也有具体描述。在几何方面，侧重面积、体积计算，在实际应用中使用了若干不加证明的几何公式，还记录了大量与勾股定理有关的问题。古印度在三角学发展方面做出了重要贡献，在一些著作中列出了一些三角学公式和最早的三角函数表，证明了一些简单的三角恒等式，给出了圆周率的几个近似值，证明了球面积和体积的公式。

(二)初等数学时期

从公元前6世纪到公元17世纪初，是古代数学发展的第二个阶段，也是数学科学形成时期，通常把这一时期称为初等数学或常量数学时期。初等数学经历了开创、交流与发展两个时代。

1. 数学的开创

初等数学的开创时代主要是指希腊数学，从公元前600年左右到公元641年为止，共持续1200多年，大致分为古典阶段、希腊化阶段和罗马阶段。

古典阶段(公元前600—公元前336)代表学派有爱奥尼亚学派、毕达哥拉斯学派、智者派、吕园学派等。爱奥尼亚学派是古希腊第一个数学学派，由泰勒斯创立，泰勒斯也被称作"科学之父"。他在数学上的贡献是把地面几何演变成为平面几何学，开始了命题的逻辑证明。毕达哥拉斯学派信奉"万物皆数"，将科学分为算术、几何、音乐、天文四大分支，着重研究了数与形、数与天体运行的关系。智者派提出三等分任意角、倍立方和化圆为方等几何三大难题。吕园学派的亚里士多德建立了形式逻辑，并且把它作为证明的工具，亚里士多德也被称为"逻辑之父"。这些学派将数学研究向前推进了一大步。

希腊化阶段(公元前336—公元前30)，这一时期希腊数学以亚历山大里亚为中心，达到全盛时期，各地学者云集于此进行教学和研究，数学也取得了极其辉煌的成就，出现了欧几里得、阿基米德和阿波罗尼三位名垂青史的大数学家。欧几里得(公元前330—前275)，古希腊数学家，被称为"几何之父"，著《几何原本》，是欧洲数学的基础。欧几里得第一次将形式逻辑的公理演绎方法应用于几何学，成为用公理化方法建立数学演绎体系的最早典范，《几何原本》也成为数学史乃至思想史上一部划时代的杰作。阿基米德(公元前287—前212)，古希腊哲学家、百科式科学家，静态力学和流体静力学奠基人，享有"力学之父"的美称,曾说过"给我一个支点,我就能撬起整个地球"。在数学上,阿基米德被誉为"数学之神",与牛顿、欧拉、高斯并称四个最伟大的数学家,著有《论球和圆柱》《抛物线求积法》《论锥形体与球形体》《论螺线》等多部数学著作。阿波罗尼奥斯(约公元前262—前190),古希腊数学家,与欧几里得、阿基米德齐名,著《圆锥曲线》,代表了希腊几何的最高水平,成为后来所有研究这一问题的基础和出发点。三位伟大数学家取得的成就将希腊数学推向了光辉顶点。

罗马阶段(公元前30—公元641),随着罗马成为地中海一带的统治者,希腊数学转入罗马阶段,并开始走向衰落。这个阶段也出现了一些有建树的数学家,如托勒密、尼可马修斯、丢番图等。托勒密(90—168),希腊数学家、天文学家,提出了"地心说",结合天文学对三角学进行了研究,论证了四边形的特性(托勒密定理)。尼可马修斯(公元100年左右),希腊数学家,著《算术入门》,是一部研究数论的书,该书摆脱了几何形式的算术,开辟了希腊数学的新途径。丢番图(约246—330),希腊数学家,代数学的创始人之一,著《算术》《论多边形》等。《算术》是一部讲述数论的书,将数学研究从形转向数,在希腊数学中独树一帜,对后世数学发展产生了重大影响,被称为"划时代的著作"。

这一时期,数学已经开始发展成为一门独立科学,建立了真正意义上的数学理论;数学的两大分支——算术和几何,已经作为演绎系统建立起来;数学由经验形态上升为理论形态。

2. 数学的交流与发展

从公元6世纪到17世纪初是数学的交流与发展时期,初等数学在亚洲、欧洲之间交流,并且取得了重大进展。这一时期对数学发展做出贡献的有中国数学、印度数学、阿拉伯数学和欧洲数学。

阿拉伯数学是指由阿拉伯文写成的数学著作所代表的数学。公元7世纪,地跨亚、非、欧的阿拉伯帝国建立,阿拉伯文成为帝国各地区通用文字,数学发展中心也转向了阿拉伯和小亚细亚。阿拉伯数学在发展中吸收、保存了古希腊和印度数学,并将它传到欧洲,促进了各地区数学的交流和发展。阿拉伯数学发展大致可划分为三个阶段:(1)从8世纪到9世纪中叶,是翻译希腊、印度数学著作为主的数学知识传入时期,欧几里得、阿基米德、阿波罗尼奥斯、丢番图等古希腊数学家著作和印度数学家婆罗摩笈多的著作相继被译成阿拉伯文。这一时期印度著名数学家花拉子米,编写了《代数学》等著作,讨论了代数中二次方程解法,"代数"这一学科名称就是花拉子米发明的。(2)9世纪中叶到13世纪是阿拉伯数学的兴盛时期,出现了许多学术中心,产生了巴塔尼、瓦法、比鲁尼、海亚姆等一批著名数学家,使阿拉伯数学达到顶点。(3)14世纪后,阿拉伯数学进入衰落期。阿拉伯数字,最早由印度人创造,阿拉伯人对印度数字记号和进位记数法进行了改进,后又传入欧洲,演变成为今天使用的记数系统。阿拉伯数学在算术运算、一次方程解法、二次方程解法、三次方程几何解法、平行公理、圆周率计算等方面都做出了贡献。

从公元5世纪到15世纪文艺复兴开始前,在历史上被称为中世纪。在这1000年左右的时间内,欧洲处于宗教束缚之中,科学文化的发展处于停滞状态,数学上几乎没有什么成就。十二三世纪,随着阿拉伯人将希腊和印度数学传播到西欧,一些历史上著名大学建立,数学的发展有了一定起色。斐波那契为这一时期著名数学家。斐波那契(1175—1250),意大利数学家,著《算盘书》《实用几何》《平方数书》等,介绍了整数和分数计算、平方根与立方根求法、线性方程和二次方程解法等算术、代数、几何及三角学内容,探讨了著名的"生兔子问题"(斐波那契问题),被誉为点燃西方文艺复兴之火的第一个伟大数学家。从14世纪到16世纪末,文艺复兴运动在欧洲兴起,数学作为其他科学的基础,在文艺复兴中受到广泛重视,初等数学在各个领域都有重大进展。三角学在文艺复兴中获得快速发展,德国数学家缪勒完成了包括平面三角和球面三角的《三角全书》,使三角学彻底独立于天文学成为数学的一个分支。哥白尼的学生雷提库斯在重新定义三角函数基础上,编制完成了正弦、正切、正割三角函数表。代数学方面,以意大利的费罗、塔塔利亚、卡尔达诺、费拉里等为代表的数学家发现三次和四次方程的代数解法,大大推动了代数方程解的研究和发展。韦达(1540—1603),法国杰出的数学家,著有《三角学的数学基础》《几何补编》《分析方法引论》《有效的数值解法》等多部数学专著,在方程、符号代数、三角学和几何学等方面都进行了卓有成效的探索。他系统地使用字母来表示已知数、未知数及其乘幂,带来了代数理论研究的重大进步,讨论了方程根的多种有理变换,发现了方程根与系数的关系(韦达定理),在欧洲被尊称为"代数学之父"。这一时期,初等数学主体部分,即算术、代数与几何已全部形成,并且发展成熟,主要体现为纳皮尔首创对数,化简了天文计算;布里格斯引入相当于现在的常用对数,使计算方法向前迈进了一大步;塔塔利亚、费拉里发现了三次和四次方程的代数解法;韦达建立了符号代数,系统论述了三角函数,使三角几何学成为数学的一个重大分支;弗朗切斯卡对透视法的研究为射影几何的产生奠定了基础。

二、外国近代数学

从公元17世纪至19世纪初期是外国数学发展的第三个时期,通常称为变量数学时期或近代数学时期。这一时期数学研究开始转向数量的变化及几何变换,研究的主要成果为解析几何、微积分、高等代数等,它们构成了现代大学数学课程的主要内容。

(一)17世纪的数学

17世纪是数学发展史上一个开创性的世纪,以解析几何和微积分的创立为标志,外国数学进入了近代数学时期。这一时期数学研究发生了根本性变化:一是数学研究从常量数学转向变量数学,产生了解析几何、微积分、概率论、射影几何等一系列影响很大的新领域,无理数、虚数、导数、积分等新概念层出不穷,这些概念都不是经验事实的直接反映,而是数学认识进一步抽象的结果。其中,解析几何和微积分的创立是17世纪数学发展中具有重大意义的事件。二是数学进一步向代数化发展,希腊数学主体是几何,代数问题常常要用几何方法论证。17世纪,代数学超越几何,进一步向符号代数转化,几何问题常用代数方法解决。三是微积分学的建立,实现了数学方法论从综合到分析的转变。四是实验数学为科学研究开创了一种全新局面,确立了数学在自然科学中的地位。五是数学研究队伍和研究范围大大扩大,数学知识得到普遍推广与应用。

这一时期产生迪沙格、费马、笛卡尔、牛顿、莱布尼茨等许多在数学和科学方面做出重大贡献的人物。迪沙格(1591—1661),法国数学家,著《论透视截线》《圆锥曲线论稿》,提出两个三角形透视原理和投射的基本原理,奠定了射影几何的基础。解析几何是科学技术中最基本的数学工具之一,解析几何的创建促进了数学观与方法论的重大变革,也成为常量数学迈向变量数学的转折点。费马(1601—1665),法国业余数学家,被誉为"业余数学家之王",在数论、概率论、解析几何、微积分方面都做出了贡献。在数论上,费马证明并提出了许多命题,包括"费马大定理"和"费马小定理";在概率论上,费马和帕斯卡相互通信创立了概率论的基本原则——数学期望的概念;在解析几何上,他撰写《平面与立体轨迹引论》论文,对一般直线和圆的方程以及双曲线、椭圆、抛物线进行了讨论,发现了用代数方程表示曲线的方法,具有开创性;在微积分上,他建立了求切线、求极大值和极小值以及定积分方法,对微积分做出了重大贡献。笛卡尔(1596—1650),法国哲学家、数学家、物理学家,西方现代哲学思想的奠基人,黑格尔称之为"现代哲学之父",17世纪欧洲哲学界和科学界最具影响的巨匠之一,被誉为"近代科学的始祖"。笛卡尔在数学上的贡献是创立了解析几何,提出了代数基本定理和关于代数方程根的符号(笛卡尔符号法则)。所著的《几何学》,是他创立解析几何的代表作,也是他唯一的数学论著。牛顿(1643—1727),英国著名自然科学家,在数学、物理、天文学方面都做出了贡献,数学方面著有《自然哲学的数学原理》《光学》《曲线求积术》,研究涉及数论、高次代数方程、解析几何、数值分析、概率论、曲线分类等问题,最大的贡献是解决了微积分问题的一般方法,创立了微积分。莱布尼茨(1646—1716),德国哲学家、数学家,研究涉及逻辑学、数学、力学、地质学、法学、物理学、生物学、历史学、哲学、语言学等诸多领域,被誉为"百科全书式"的人物,在数学史和哲学史上占有重要地位,被誉为17世纪的亚里士多德,著有《神义论》《单子论》《数学笔记》《新方法》等,数学方面的突出贡献是独立创立了微积分,他所使用的微积分的数学符号优于牛顿,被更广泛地使用。他发明了能做四则运算的手摇计算机,系统地阐述了二进制记数法,并把它与中国八卦联系起来。

（二）18世纪的数学

18世纪是数学蓬勃发展的时期,三角学、解析几何学、微积分学、数论、方程论、概率论、微分方程和分析力学得到快速发展,同时还开创了若干新的领域。18世纪数学的主流是微积分的深入发展,这种发展与广泛的应用交织在一起,催生了许多新分支,使数学分析在观念和方法上都具有鲜明特点且成为独立的数学领域。这一时期数学发展的特点有以下几方面。一是以微积分为基础的数学分析大大发展,由此发展出诸多的领域,成为后来数学发展中的一个主流;二是数学方法完成了从几何方法向解析方法的转变,解析方法成为一个独立的数学分支;三是微积分在力学、天文学广泛应用,促进了数学与物理学、天文学的有机结合和相互促进,数学第一次从属于自然科学,成为自然科学的一个分支;四是数学已经明确地分化为纯粹数学和应用数学。数学研究的深入发展,促进了数学教育的发展,数学研究向职业化发展,出现专业化的数学家,数学教学与研究结合并相互促进。

这一时期产生了许多数学家,主要有伯努利家族的几位成员、泰勒、欧拉、克雷罗、达朗贝尔、兰伯特、拉格朗日和被称为"画法几何之父"的蒙日等。伯努利家族,数学史上最著名的家族,在力学、数学、天文学、生理学等领域做出了根本性的贡献,这个家族从 17 世纪到 18 世纪前后产生了 8 名优秀数学家,尤以雅各布·伯努利、约翰·伯努利和丹尼尔·伯努利最为著名,最大成就是推广和传播了莱布尼茨的微积分,培养了一大批著名的学者。泰勒(1685—1731),英国数学家,提出了泰勒定理,开创了有限差分理论。欧拉(1707—1783),瑞士数学家和物理学家,近代数学先驱之一,著有《无穷小分析引论》《微分学原理》《积分学原理》等多部数学著作和力学、分析学、几何学等课本,是 18 世纪数学界最杰出的人物之一,被誉为数学界的"莎士比亚"。他在数学上的最大功绩是扩展了微积分的领域,为微分几何及分析学的一些重要分支,如无穷级数、微分方程等的产生与发展奠定了基础。欧拉在数学多领域都有贡献,在许多数学分支中,都能够见到以他名字命名的公式、定理,如欧拉定理、欧拉函数、欧拉角、欧拉线、欧拉方程等。达朗贝尔(1717—1783),法国著名的物理学家、数学家和天文学家,著有《数学手册》,对弦振动的著名研究导出了弦振动方程及其最早的解,成为偏微分方程论的发端。拉格朗日(1736—1813),法国籍意大利裔数学家和天文学家,著有《论任意阶数值方程的解法》《解析函数论》和《函数计算讲义》等,发展了解一阶偏微分方程的一般理论。蒙日(1746—1818),法国数学家、化学家和物理学家,著有《曲面的解析式》《静力学引论》《画法几何学》《代数在几何学中的应用》《分析在几何学中的应用》等,创立了画法几何学,推动了空间解析几何学的独立发展,奠定了空间微分几何学的宽厚基础,建立了偏微分方程的特征理论。

三、外国现代数学

从 19 世纪 20 年代开始至今是数学发展的第四个时期,也是外国现代数学时期。

（一）19 世纪的数学

19 世纪数学突破了分析学独占主导地位的局面,几何、代数、分析各分支表现出前所未有的发展势头,复变函数论的创立、数学分析的严格化、非欧几何的问世、射影几何的完善、群论和数学公理化运动成为 19 世纪显著的数学成就。

经过一个多世纪数学家们的努力,进入 19 世纪,近代数学主体部分发展已经成熟,并在三个组成部分都取得了极为重要的成就。微积分发展成为数学分析,方程论发展成为高等代数,解析几何发展成为高等几何,以及傅立叶级数论的产生和建立、伽罗瓦群论的产生、非欧几何的诞生等,促使近代数学迅速向现代数学转变,从此数学步入了现代数学时期。这一时期数学发展呈现出一些显著特点:一是数学的全面发展和数学家在数学发展过程中表现出创造精神和严格精神。具体体现在复变函数发展成为一门完善的学科;严格分析理论建立促进数学分析的严格化;不同于欧几里得几何的非欧几何的诞生,结束了欧几里得几何一统天下的局面,成为几何学上的一次革命;射影几何得到蓬勃发展并进一步完善;群论与非交换代数诞生,开辟了一个崭新的研究领域。二是数学学派的兴起,涌现出了一大批优秀的数学人才,如傅里叶、柯西、伽罗瓦等。三是数学研究杂志、数学学会和学术团体迅猛发展,各种新思想、新方法、新观念、新成果层出不穷。

这一时期各国都涌现出一批优秀的数学人才。法国的傅里叶、彭赛列、柯西、刘维尔、伽罗瓦、埃尔米特、若尔当、达布、庞加莱、阿达马等,他们在几乎所有的数学分支中都作出了卓越贡献。英国的皮科克、格林、哈密顿、西尔维斯特、凯莱、布尔等，在代数学、代数几何、数学物理方面取得了突出成就。19世纪下半叶，自高斯登上数学舞台，德国在数学上逐渐发展为与法国并驾齐驱的又一个世界数学中心，最重要的数学家除高斯外，还有施陶特、普吕克、雅可比、狄利克雷、格拉斯曼、库默尔、魏尔斯特拉斯、克罗内克、黎曼、戴德金、克莱因、希尔伯特等。其他国家的学者有挪威的阿贝尔，捷克的波尔查诺，俄国的罗巴切夫斯基、切比雪夫和柯瓦列夫斯卡娅，匈牙利的波尔约，意大利的贝尔特拉米和里奇等。柯西（1789—1857），法国数学家、物理学家、天文学家，著有《代数分析教程》《无穷小分析教程概要》《微积分在几何中应用教程》《天体力学》等，致力于纯数学研究，在数学的多个领域都做出了贡献。柯西对人类科学发展做出的巨大贡献是在微积分中引进了极限概念，并以极限为基础建立了逻辑清晰的分析体系。伽罗瓦（1811—1832），法国数学家，提出了群的概念，并用群论彻底解决了根式求解代数方程的问题。基于群概念，数学发展出了一整套关于群和域的理论，把代数学的研究推向了一个新的里程。高斯（1777—1855），德国著名数学家、物理学家、天文学家、大地测量学家，近代数学奠基者之一，历史上最重要的数学家之一，享有"数学王子"之称，著《算术研究》《曲面的一般研究》等，在数论、代数、统计、分析、微分、几何等方面都做出了开创性贡献，特别是在数论和几何学上的创新，对后世数学的发展产生了深刻影响。罗巴切夫斯基（1792—1856），俄罗斯数学家，非欧几何的早期发现人之一，著有《平行线理论的几何研究》，构造了一个全新的几何系统，标志着非欧几何的诞生，其几何也被称为罗氏几何。黎曼（1826—1866），德国著名数学家，非欧几何的创始人之一，在数学分析和微分几何方面做出过重要贡献，开创了黎曼几何。非欧几何学的建立具有重要的意义，是人们对空间观念认识的一次飞跃，从根本上拓展了人们对几何学观念的认识，扩大了几何学研究的范围，对物理学关于时间、空间观念的改革起了重大推动作用。

19世纪，诸多的学者都为数学的发展做出了突出贡献，数学的研究领域不断扩大，出现了许多新的领域。庞加莱（1854—1912），法国最伟大的数学家之一，理论科学家和科学哲学家，公认为19世纪后和20世纪初的领袖数学家，在数学、数学物理、天体力学等方面都做出了创造性和基础性的贡献，开创了微分方程定性理论，提出了庞加莱猜想。希尔伯特（1862—1943），德国著名数学家，20世纪最伟大的数学家之一，被后人称为"数学世界的亚历山大"，研究领域涉及代数不变式、代数数域、几何基础、变分法、积分方程、无穷维空间、物理学和数学基础等，并在这些领域都做出了贡献。他著有《几何基础》，是公理化思想的代表作；1897年发表了《数论报告》，系统总结了代数数论的全部成果，开辟了类域论的研究方向；1900年在第二届国际数学家大会上，做了题为《数学问题》的报告，提出了新世纪数学家应当努力解决的23个数学问题（统称希尔伯特问题），对20世纪数学的研究和发展产生了深刻的影响，并起了积极的推动作用。

（二）20世纪的数学

20世纪是数学大发展的世纪，伴随科学技术的飞速发展，数学在前期建立的庞大知识体系基础上急剧扩张、广泛应用，在一些领域实现了重大突破，数学渗透到几乎所有的学术领域，作用越来越大。这一时期，数学发展呈现出一些比较明显的特点：一是计算机科学的形成;二是应用数学出现众多的新分支;三是纯粹数学有若干重大的突破。

计算机的出现,改变了整个数学的面貌,围绕计算机学科的发展,很快就形成了计算科学庞大的学科,计算机学科发展促进了数学的变革与发展,也为数学开辟了新的天地。数学几乎渗透到所有的科学领域,涌现出大量新的应用数学科目,如对策论、规划论、运筹学、信息论、控制论、系统分析等。数学与其他学科交织在一起,产生了许多交叉学科,如生物数学、数理生物学等,数学已成为其他学科理论的一个重要组成部分,各门科学都呈现出数学化。纯粹数学出现了重大突破,解决了一些根本性的问题,如希尔伯特1990年在国际数学家大会上提出的尚待解决的23个问题中,有些问题得到了解决。在这一过程中新的概念、新的方法引入,推动了整个数学学科前进,如出现了非标准分析、模糊数学、突变理论等新兴的数学分支,概率论、数理统计、解析数论、微分几何、代数几何、微分方程、因数论、泛函分析、数理逻辑等经典数学也获得了巨大进展。

20世纪早期围绕数学基础的争论,形成了现代数学史上著名的三大流派:逻辑主义、形式主义、直觉主义。

逻辑主义数学流派,主要代表人物为英国著名的数学家、哲学家、逻辑学家罗素和数学家、逻辑学家、过程哲学的创始人怀特海,两人合著《数学原理》。书中认为:全部数学都可以从基本的逻辑概念和逻辑规则推导,一切数学都是逻辑思维,数学是逻辑学的延伸或分支。罗素甚至说:"逻辑学是数学的青年时代,而数学是逻辑学的壮年时代","数学即逻辑"。对于"数学即逻辑"的观点,数学基础学家一般都不接受,但逻辑主义主张逻辑推理的方法,对数理逻辑后来的发展起了决定作用,是近代公理方法的一个重要起点。

形式主义数学流派,主要代表人物为美国逻辑学家、数学家鲁滨逊和柯恩,一般认为形式主义的奠基人是德国著名数学家希尔伯特,并把希尔伯特的数学观和数学基础称为"形式主义"。希尔伯特主张保卫经典数学和经典的数学方法,为实现这一目的,提出了著名的希尔伯特计划(也称证明计划)。希尔伯特计划的主要思想就是奠定一门数学的基础,即所有数学应该用一种统一的严格形式化的语言,并且按照一套严格的规则来使用。形式主义的提出是数学发展史上最重要的转折点,它标志着元数学的建立,从此,数学的发展进入研究形式系统的新阶段。

直觉主义数学流派,奠基者和代表人物是荷兰数学家布劳威尔,其哲学观点直接源于康德"原始直觉",即康德的"自然数是从时间的直觉推演出来"的主张。19世纪克罗内克强调能行性,认为只有自然数是真实存在,其余都只是人为做出的一些文字符号罢了,主张在自然数基础上构造整个数学。20世纪初,庞加莱、包瑞尔、勒贝格、鲁金等亦强调能行性的观念。这些都为布劳威尔的直觉主义提供了前提,布劳威尔集先驱们之大成,系统地提出了直觉主义的主张,基本观点是"存在即是被构造",纯粹数学是"心智的数学构造自身",不依赖于逻辑和语言经验,"逻辑不是发现真理的绝对可靠的工具"。直觉主义对20世纪数学的发展产生了很大的影响,构造性数学已经成为数学科学中一个重要领域,与计算机科学密切相关。

三大流派都有各自的优点和缺陷,但都弥补了数学基础的很多不足,为数学的严密性提供了更加精确的符号和语言。

【测试训练题】

一、选择题

1. ( )是中国流传至今最早的数学著作,为后世数学的源头。书中包含了勾股定理及图形绘制方法。

　A.《周髀算经》　　　　　　　　　　　B.《九章算术》
　C.《海岛算经》　　　　　　　　　　　D.《孙子算经》

2. 古埃及的数学知识常常记载在( )。

　A. 纸草书上　　　　B. 竹片上　　　　C. 木板上　　　　D. 泥板上

3. 我国古代关于求解一次同余式组的方法被西方称作"中国剩余定理",这一方法的首创者是( )。

　A. 贾宪　　　　　B. 刘徽　　　　　C. 朱世杰　　　　D. 秦九韶

4. 中国南北朝时期南朝数学家、天文学家、物理学家( )把圆周率数值推算到了第7位。

　A. 华罗庚　　　　B. 祖冲之　　　　C. 刘徽　　　　　D. 秦九韶

5. 欧几里得最著名的数学著作( )是欧洲数学的基础,被广泛认为是历史上最成功的教科书。

　A.《几何原本》　　　　　　　　　　　B.《九章算术》
　C.《圆锥曲线》　　　　　　　　　　　D.《实用几何》

6. 古代美索不达米亚的数学成就主要体现在( )。

　A. 代数学领域　　　　　　　　　　　B. 几何学领域
　C. 三角学领域　　　　　　　　　　　D. 解方程领域

7. 下列著作中,为印度数学家马哈维拉所著的是( )。

　A.《圆锥曲线论》　　　　　　　　　　B.《计算方法纲要》
　C.《算经》　　　　　　　　　　　　　D.《算法本源》

8. 提出行星运行三大定律的数学家是( )。

　A. 牛顿　　　　　B. 笛卡儿　　　　C. 伽利略　　　　D. 开普勒

9. 被称为"数学之王"的( )。

　A. 柯西　　　　　B. 高斯　　　　　C. 欧几里得　　　　D. 费罗

10. 最早采用位值制记数的国家或民族是( )。

　A. 埃及　　　　　B. 美索不达米亚　　C. 印度　　　　D. 阿拉伯

二、填空题

1. 中国古代数学发展的顶峰时期为_____。

2. 阿拉伯数字最早是由_____发明,后由阿拉伯人传向欧洲。

3. _____将算学列入基本国学之一,是最早开设数学专科学校的朝代。

4. 中国数学史上最先完成勾股定理证明的数学家是_____。

5. 在射影几何的诞生过程中,对于透视画法所产生的问题从数学上直接给予解答的第一个人是_____。

中小学教师文化素养

三、辨析题

1.《老子》被认为是中国传统思想文化的源头,有"大道之源"之称,包含了组合、二进制等数学思想。

2.《梦溪笔谈》被看作"中国科学史上的里程碑"。

3. 古埃及人产生了"逢十进一"的概念,并形成了 60 进位制,掌握了用相同的符号按其位置表示其数值的方法和计算方法。

4. 法国杰出的数学家韦达,著有《三角学的数学基础》《几何补编》等多部数学专著,在欧洲被尊称为"代数学之父"。

第五章　物理常识

物理是关于大自然规律的知识,是对物理现象、物质结构、物质相互作用、物质运动规律的研究。作为自然科学的基础,大至宇宙,小至基本粒子等一切物质最基本的运动形式和规律都是物理研究的内容。世界是由物质构成的,生活离不开物质,物质离不开运动。学习物理,了解事物发生和发展的客观规律,能够让我们更深刻地认识世界、认识宇宙,增强实践自觉。

第一节　物理学基本知识

一、物理学概念

(一)物质概述

1. 物质内涵

物质,即客观存在,在物理学中是指构成宇宙万物的实物、场等客观事物,是能量的一种聚集形式。物质形态是指物质存在的具体形式和状态,实物与场是目前为止人们所知的两种基本物质形态。"实物"指自然界中以分立的聚集状态存在的物质,物质通常有三态,即气态、液态、固态;"场"是实物之间进行相互作用的物质形态,场通常有引力场、电磁场、真空场及各种量子场等。

2. 物质属性

物质的根本属性是客观实在性,运动是物质固有的根本属性,即自然界中的一切物质都在运动之中,时间和空间是物质运动的存在形式。

时间是物质运动的持续性与顺序性。持续性指任何一个物体的运动都要经过一个或长或短的过程;顺序性指不同事物不同运动过程的出现有一个先后顺序关系,如人的运动(生长)过程是从婴儿、儿童、青少年、中年到老年,即时间具有一维性,不可逆转。

空间是物质的广延性或伸张性,即任何物质,小到微粒,大到宇宙天体都具有的一定长度、宽度和高度。凡是物质都有一定的体积,占据一定的空间。空间具有三维性,表现为一定的体积和一定的位置。时间和空间离不开运动的物质,物质运动离不开空间、时间,物质从微观到宏观是有机一体的。

运动是物质的固有属性和存在方式,一切物质都处于运动之中。物质运动的形式有多种,一般有机械运动、物理运动、化学运动、生命运动和社会运动五种形式。物理学中,把一个物体相对于另一个物体位置的变化称为机械运动,简称运动。机械运动是物质各种运动形态中最简单、最普遍的一种运动形式,有直线运动、曲线运动等多种形式,匀速直线运动是最简单的机械运动。

客观实在性、运动变化性和宇宙一体性是物质的三大基本属性。

3. 物质质量

质量是物体的一种基本属性,是物理学基本概念之一。物理学中,物质质量指物体所含物质的量,一般用符号 m 表示,基本单位是千克(kg),物质质量与物质的状态、形状、所处的空间位置变化无关,只与物体所包含的物质有关。物体的质量与物体的重量是两个不同的概念,质量是物体所含物质的量;重量是一个包含质量的物体在引力影响下对另一物体施加的力。质量不受引力影响,而重量则体现了引力本身,重量单位是牛顿(N)。

4. 物质构成

元素组成了物质,物质都是由基本微观粒子构成,构成物质的粒子有分子、原子、离子三种。分子是原子通过共价键结合而成的,而原子又由原子核和核外电子构成,离子是原子得失电子而成的。微观粒子都在不停地做无规则运动;微粒之间都存在着间隙,间隙大小决定该物质在该条件下的状态。

5. 惯性

惯性是指物体保持静止状态或匀速直线运动状态的性质,是物质自身的一种属性,是物理学的基本概念之一。惯性代表了物体运动状态改变的难易程度,存在于每一物体当中,大小与该物体的质量成正比。质量大的物体运动状态相对难以改变,也就是惯性大;质量小的物体运动状态相对容易改变,也就是惯性小。

(二)物理现象

1. 物理现象内涵

物理现象指物质的形态、大小、结构、性质(如高度、速度、温度、电磁性质)等的改变而没有生成新物质的现象,如光的折射和反射、液体凝固、能量转化等都是物理现象,也称物理变化。

2. 能量转化

能量的转化是物理现象之一。能量,简称"能",是用来表征物理系统做功的本领,即对物质运动转换程度的度量,是物理学的基本概念之一。能量与功的单位相同,国际单位都是焦耳(J),有时也用卡路里(cal)作为能量单位,1卡路里约等于4.184焦耳。能量以多种不同的形式存在,如核能、机械能、化学能、内能(热能)、电能、辐射能、光能、生物能等。

能量既不会凭空产生也不会凭空消失,它只会从一个物体转移到另一个物体,或者从一种形式转化为另一种形式。能量转化遵循守恒的规律,即在能量转化或转移的过程中,能量总量保持不变。换句话说，一个系统总能量的改变只能等于传入或者传出该系统能量的多少。能量守恒是自然界最普遍、最重要的基本定律之一，小到原子核内部，大到宇宙，只要有能量转化，就一定服从能量守恒的规律。

二、物理学学科思维

物理学作为自然科学的基础，所研究的是物质的基本结构、最普遍的相互作用、最一般的运动规律，其基本概念和基本规律具有极大的普遍性，为其他科学提供了理论基础和实验技术。学习物理学知识，掌握物理学思想，就要形成物理学的思维方式。物理思维方式主要有模型思维、图像思维、等效思维、守恒思维、临界思维、极限思维等。

（一）模型思维

模型思维是物理学思维方式之一。模型是一种理想化的物理形态，模型思维就是对研究对象或过程加以合理的抽象、简化、理想化，以突出研究对象的物理学本质特征，从而使物理问题得到解决的方法。在实践中，人们往往需要通过构建物理模型，形成清晰的问题图景，才能有效解决问题。建立模型是现代问题解决的常用方法之一。

（二）图像思维

利用图像描述物理规律，解决物理问题是物理学常用方法。图像思维就是利用图像本身的数学特征所反映的物理意义解决物理问题，是物理学常用思维方式之一。如根据物理图像判断物理过程、状态、物理量之间的函数关系和求某些物理量，或由物理量之间的函数关系、物理规律画出物理图像，并灵活应用图像来解决物理问题。

（三）等效思维

等效思维就是在保持效果和关系不变的前提下，对要解决的复杂问题进行分解、变化或重组等等效处理，使问题转换为我们熟知的、更简化的形式，从而使问题得到解决的思维方式。如常用的等效思维方法有类比、迁移和变换。

（四）守恒思维

守恒思维是指在解决问题时，不受事物的空间特点等外在因素的影响，而能够抓住事物的本质特质进行抽象概括，即能够透过现象看清事物本质，把握本质不变性，从而使问题解决的思维方式。常见的物理学中的守恒有质量守恒、能量守恒、电荷守恒。

（五）极限思维

极限思维是指根据已知的经验事实，从边界原理出发，把研究的现象或过程推到极值加以考虑，使主要因素或问题的本质暴露出来，从中得出正确判断或导出一般结论的思维方式。

第二节　中国物理学史

物理学与其他众多学科一样,经历了漫长发展过程。学习物理学发展历史,对于我们掌握物理知识,科学认识自然现象具有重要意义。中国物理学是中华民族认识的结晶,经历了中国古代物理学、近代物理学和现代物理学发展阶段。

一、中国古代物理学

中国古代物理学,又称为传统物理学,指从原始社会到 20 世纪初的中国物理学。

(一)先秦时期的物理学

从原始社会到春秋战国时期是我国物理学的形成时期。原始社会,人们学会了钻木取火、制造石器,在烧陶过程中,通过掌握火候,判明温度高低。《诗经》和《周礼》等书还记载了这个时期人们已开始收藏冰和利用冰。进入夏、商、西周时期,青铜器的使用促进了冶炼技术发展,生产分工细化,出现了掌握专门技术的"百工"。技术的发展为物理学知识的积累创造了条件,为其后总结物理学知识打下了基础。

春秋战国时期是我国从奴隶制向封建制过渡的社会变革时期,生产技术上完成了从青铜时代向铁器时代的过渡。随着生产技术的发展,以《墨经》和《考工记》两书为标志,中国古代物理学开始形成。墨子,墨家学派创始人,战国时期著名的自然科学家,是这一时期物理学成就最大的学者,其代表作《墨经》记载了有关力学、声学、光学和物质结构假说等物理学方面知识。力学方面,初步阐发了力的平衡概念,讨论了浮体平衡原理;运动学方面,对时间、空间做出了正确定义,讨论了平动、转动、滚动以及运动和时空关系等问题,提出了物质不能再分的"端"的概念;声学方面,发现了埋在地下的陶瓮具有共振效应;光学方面,以八条文字连续记载了影子生成的道理、光线与影的关系、光线直线行进实验、光反射特性、从物体与光源的相对位置确定影子的大小、平面镜反射成像、凹面镜的反射成像、凸面镜的反射成像等光学现象,是世界古代文化史上一篇很难得的且较全面记载光学的著作。

《考工记》,春秋末年著作,是中国目前所见年代最早的记述手工业各工种规范和制造工艺的文献。记述了木工、金工、皮革、染色、刮磨、陶瓷等六大类 30 个工种的内容,涉及数学、天文、生物、物理、化学等多方面自然科学知识。从所阐述的科学道理看,包括了力学、声学和热学等物理知识,堪称集我国物理学知识在工艺技术上应用的大成。书中叙述了车轮、箭杆的均匀对称检验法(置于水中,看其各部分的浮沉状态),根据皮革受力和形变情况检验质量好坏的方法;最早记述了惯性现象,从实践经验中对斜面受力情况做了极好的描写;在制钟技术中,叙述关于鼓、磬声学技术;描述了不同金属在不同温度加热过程中颜色的变化,记载了有关热学技术。

（二）秦汉至五代时期的物理学

秦汉至五代是我国物理学发展时期，这一时期古代物理学有了较为全面的发展，制造了不少大型的复杂的机械，如指南车、记里鼓车、水运浑仪等；发明了许多小型器具，如被中香炉、透光镜等；在诸如《淮南子》《西京杂记》《论衡》《博物志》等著作中零散地记载了大量的物理学经验或思辨性理论，涉及了热、力、声、光、电和磁等方面内容。

1. 热学方面

汉代初期，我国就已经发现并利用了煤、石油、天然气高温燃料。东汉发明家杜诗发明水排（水力鼓风机），为冶炼技术中掌控温度带来方便。在观察自然中，人们已经掌握了物的三态变化，学会利用热空气上升原理使灯笼漂浮空中，起到信号作用。《华阳国志》成书于东晋时期，是记述古代中国西南地区地方历史、地理、人物等的地方志著作，书中记载公元前250年，李冰在开凿都江堰时，曾利用热胀冷缩原理打碎拦路巨石。《博物志》为晋代张华所著，以油水实例，表明油与水沸点不同和油的逐次沸腾现象。唐朝段成式所著《酉阳杂俎》曾记载公元前206年汉高祖刘邦进入咸阳宫时，宫中有一种灯，类似后来出现的普通走马灯，是利用热空气流动使轻小物体（如纸马）旋转，可以说是近代燃气轮机的始祖。

2. 力学方面

汉代已开始将各种简单机械联合使用，如使用桔槔（古代一种取水的工具）；发明了齿轮；已运用振动与波的原理制成"鱼洗"。鱼洗是用金属铜制作的盥洗盆，盆内铸有四条鱼，用双手摩擦洗盆双耳，盆内的水会显示出美妙的各种柱波花样。西汉巧匠丁缓做"被中香炉"（古代盛香料熏被褥的球形小炉），是世界上最早的常平支架。西汉时还发明了一种等臂天平式验湿器，在杠杆两端分别挂上重量相等的炭和羽毛，利用炭的吸水性和天平两端的重量变化，以测知大气湿度变化。东汉时，杰出天文学家、数学家、发明家、地理学家张衡（78—139）制造出浑天仪，采用齿轮把浑象和表示时间的壶漏结合在一起，以流水下落的力量带动齿轮，齿轮带动浑象旋转；发明地动仪，用于测定震源方向，是世界上第一台测定地震的仪器；利用机械结构制造了指南车，已失传。东汉思想家王充在其《论衡》中，对力和运动进行了描述，"是故车行于陆，船行于沟，其满而重者行迟，空而轻者行疾"，已初具动力学思想。马钧，三国时期魏国人，是中国古代科技史上最负盛名的机械发明家之一，运用差动齿轮构造原理，制成了指南车；运用机械传动原理制成龙骨水车、水转百戏等。南朝时期杰出数学家、天文学家祖冲之设计制造水碓、铜制机件传动的指南车、千里船、定时器等。

这一时期，出现了许多有关器物的专门图书，如《杂器械草木赋》《望远连弩射器法》《蹙鞠》等。祖暅撰《称物重率术》《权衡经》，阐述了密度、重心和平衡等力学问题。北齐数学家、天文学家信都芳撰《器准》，用图画方式对浑天、敧器、地动、铜鸟、漏刻等机械进行了记录，这可能是我国历史上第一部科学仪器图著，已失传。

僧一行（673—727），唐代杰出天文学家，编制了《大衍历》。梁令瓒（690—757），唐朝天文仪器制造家。两人于公元725年，合制"水运浑天仪"，是当时中国独有的天文钟,在世界天文学史上有划时代的意义。梁令瓒还发明了自动报时装置,是全世界最早的机械钟。

3. 光学方面

汉代时期人们已经知道凹凸透镜、平面镜,并且实验性地掌握了各种透镜成像的事实,以及运用凹凸透镜取火法。古代人把一束光线射到金属镜面时,镜背花纹被清楚地反射在屏上的金属镜,称为"透光镜"。汉代利用凹面镜发明阳燧取火,并能运用其他能聚焦光线的物体取火,如王充在《论衡》中列举了类似应用玻璃的器具、金属刀剑等对着太阳取火;张华在《博物志》中,曾列举圆形冰决、透明珠取火。汉代对彩虹、色散现象已经有了描述和实验,如东汉蔡邕在《月令章句》中就对虹的形成条件进行了记述:"虹见有青赤之色,常依阴云,而昼见于日冲,无云不见,太阴也不见。见辄与日相互率,以日西,见于东方"。唐代中期张志和在《玄真子》中记述了人造彩虹的简单实验:"背日喷水成虹霓之状"。这些都表明古人对光与颜色已经有了一定的认识。

4. 声学方面

王充对声音有一段精彩的描写:"人坐楼台之上,察地之蝼蚁,尚不见其体,安能闻其声。何则? 蝼蚁之体细,不若人形大,声音孔气不能达也。……鱼长一尺,动于水中,振旁侧之水,不过数尺,大若不过与人同,所振荡者不过百步,而一里之外淡然澄静,离之远也。今人操行变气远近,宜与鱼等;气应而应,宜与水均。"其中叙述了声音和传播距离的关系,王充用水波比喻声波,是世界上最早对波的认识。这一时期,乐器有很大的发展,唐代调音律官郭道源能用盛有不同数量水的一组碗碟奏出优美的音乐,这种以加减水量来控制发声体振动频率的方法,是中国人最早发明的。有大量典籍记载了各种乐器的共振现象,晋代张华和唐代乐律家曹绍夔还掌握了消除共振的方法。

5. 磁学方面

春秋战国时期,我国古人已经认识到磁石有吸引铁的性质。东汉时期,古人已认识到磁石相互排斥。《淮南万毕术》记载有"磁石拒綦",正是对排斥现象的描述。东汉王充对"司南(指南针)"的形状、用法和指向做了记述。王充和两晋时期的郭璞(276—364)都曾以物质元气说来解释静电和磁的吸引现象。张华、南朝陶弘景和唐代段成式都发现摩擦起电现象。

(三)宋元时期的物理学

宋元时期是中国古代物理学发展的鼎盛时期,这一时期相继出现了《梦溪笔谈》《新仪象法要》《武经总要》《营造法式》《革象新书》等记载有丰富物理学内容的巨著,产生了许多在当时属于世界一流的有关物理学方面的发明创造,对热学、力学、光学、声学、电和磁都有涉及。

1. 热学方面

曾公亮(998—1078),北宋政治家、文学家,与丁度编撰的《武经总要》是中国古代第一部官方编纂的军事科学百科全书。书中记载了世界上最早的三种火药配方,在火药发明基础上出现了各种火药武器。大概在 13 世纪初期发明了以火药喷射推进的火箭，并在战争中使用。火药和火箭技术传到欧洲后，对欧洲的社会和科学技术产生了巨大影响。《清异录》为北宋初陶谷(903—970)所著，书中第一次记载了火柴的制作方法。这一时期还发明了水套式省油灯。在煮水泡茶生活实践中，发现了水的递次沸腾现象。

2. 力学方面

《宋史》记述了制造指南车和记里鼓车的方法。指南车以车轮、平轮、立轴等各种齿轮复合运动为基础；记里鼓车是利用车轮带动大小不同的一套齿轮，在行驶一里时，拨动车上木人打鼓一次。这些大型机械的制造，表明我国古代已经熟练地掌握了有关齿轮系统的力学知识。

苏颂(1020—1101)，北宋杰出的天文学家、机械制造家、药物学家，著《新仪象法要》。书中详细介绍了水运仪象台的设计及使用方法，绘制了我国现存最早最完备的机械设计图。水运仪象台将观测、表演和计时仪器安装在一个统一的木结构系统中，兼具观测天体运行、演示天象变化以及准确计时功能。其中有一套称为"天衡"的杠杆装置，相当于现代钟表装置中的擒纵器或卡子，以保证计时装置中的齿轮等时转动。

宋元时期建筑上的木结构技术达到高峰。1056 年建造的山西应县木塔，采用了斗拱以增大接触面，减少对立柱的挤压应力，同时缩短横梁跨度，减轻弯曲应力的影响，至今保存完好。李诫(1035—1110)，北宋著名建筑学家，编著的《营造法式》是中国第一本详细论述建筑工程做法的著作。书中系统地总结了历代建筑经验，为后世留下了许多有关建筑力学和材料力学的史料。

这一时期，流体力学也有了重要发展。在《宋史》中曾记载人们应用流体浮力原理，用浮船打捞沉落江中的万斤铁牛；用莲子、鸡蛋或桃仁测量盐水浓度或比重，如北宋高僧赞宁(918—999)在《物类相感志》中记载"盐卤好者，以石莲投之则浮"；发明表面张力演示仪，检测桐油质量，如宋代张世南在《游宦纪闻》中记载用一条细竹篾弯曲成圆圈，蘸上桐油，若竹圈上有一薄层油面，则为上好桐油，若竹圈上不附着油膜，则可推断桐油内有杂质。

3. 光学方面

沈括通过观察和实验，对日食、月食、雨虹的成因做了理论性总结，第一次用类比演示实验来验证月亮圆缺，认为月亮"如一弹丸，以粉涂其半，侧视之，则粉处如钩；对视之，则正圆"。他还记述了两种冷光现象：一种属于天然的化学物质发光；一种是微生物发光。沈括在研究阳燧中，以针孔成像实验说明光直线行进的基本性质，并以此解释了塔楼倒影现象，通过对阳燧一类凹面镜观察，发现焦点，从而对凹面镜成像原理做了正确叙述。早在汉代就有利用光照幻灯和影戏的雏形，宋代已经普遍应用。宋元时期卓越的科学家赵友钦，著《革象新书》，书中记载了他的一个大型小孔成像光学实验。他通过这个实验不仅证明光的直线行进性质，而且正确地说明了光源(大小、强度)与小孔(大小)的距离、像(大小、亮度)三者之间的关系。他从客观实验出发，采用大规模的实验方法去探索自然规律的科学实践，在世界物理科学史上是首创，比世界著名物理学家伽利略早了两个世纪。

4. 声学方面

沈括对不同形状的古乐钟的音响效果进行了分析。他指出：圆形钟音长，有哼音，在快速旋律中声音发生相互干扰，不成音律；扁圆形钟（椭圆形横截面）音短，因此可以演奏。解释了古人把钟铸成扁圆形的道理。沈括通过纸游码实验证明了管与弦的共振现象，发现两个频率为倍数和简单整数比的音会产生共振。我国现存的古代建筑中，有闻名于世的四大回声建筑，分别是山西永济县莺莺塔（普救蝉声）、河南三门峡宝轮寺三圣舍利塔（河南蛤蟆塔）、重庆潼南大佛寺石阶梯（潼南石琴）和北京天坛回音壁与三音石，这几大建筑都利用了回声原理，创造了闻名的奇观，也说明我国古人早已掌握了朴素的声学原理。

5. 磁学方面

宋元时期磁学高度发展，沈括在《梦溪笔谈》中记载了人工磁化方法，即用磁石磨针，铁针即可获得磁性，并提出了水浮法（将磁针放置在水面）、指甲法（将磁针放置在光滑指甲上）、碗唇法（将磁针放置在碗唇上）、丝悬法（利用蚕丝悬吊磁针）四种指南针安置法。《武经总要》为中国古代第一部官方编纂的军事科学百科全书，书中记载了使用人工磁化方法制作和使用指南鱼。人工磁化方法的发明，对指南针的应用和发展起到了巨大的作用。南宋陈元靓在其著《事林广记》中记载了指南鱼和指南龟两种指南针，前者把针安放在鱼形木片内，浮于水中，后者把针放入龟形木片内，以竹钉作转动支轴。丝悬法和指南龟后来发展为旱罗盘，其他方法后来发展为水罗盘。12世纪初，我国在航海中已经普遍使用指南针，据南宋吴自牧著《梦粱录》中记载，船在风雨阴天"唯凭针盘而行"。我国是最早使用指南针导航的国家，大约12世纪末13世纪初，指南针由阿拉伯人传入欧洲，为欧洲开辟新航路提供了重要条件。

（四）明清时期的物理学

明清时期是中国传统物理学发展的衰落时期，开始渐渐落后于西方。但一方面，物理学在一些方面也有个别发现；另一方面，随着西方传教士入华，西方物理学知识开始传入我国，中国近代物理学也慢慢地发展起来。

这一时期，元末明初文学家、史学家陶宗仪（1329—1412），曾做热胀冷缩实验，将一个物体塞入加热后带孔洞的物体，使这两个物体紧合无缝，并明确指出是前一物体"煮之胖胀"缘故。明皇室后裔朱载堉（1536—1611），明代著名的律学家、历学家、音乐家，著有《乐律全书》《嘉量算经》《算学新说》等多部著作，内容涉及音乐、天文、历法、数学、舞蹈等，是一个百科全书式的学者，被中外学者尊崇为"东方文艺复兴式的圣人"。他在世界上首次提出了十二平均律的理论，并精心制作出世界上第一架定音乐器——弦准，为现代键盘乐器（如钢琴）的创制打下了基础。明代画家、园林设计师文震亨（1585—1645）提出可用火浣布（石棉）防火。宋应星（1587—1666），明代著名科学家，所著《天工开物》是世界上第一部关于农业和手工业生产的综合性著作，记录了机械、砖瓦、陶瓷、硫黄、兵器、火药、纺织等多方面生产技术，被誉为"中国17世纪的工艺百科全书"。书中详细记述了烧制陶瓷器皿的热学技术和制针的抽拉冷锻法。方以智（1611—1671），明代著名思想家、哲学家、科学家，著《物理小识》，以记叙自然科学为主，涵盖了物理学、医学、哲学、地理学等方面科学知识。书中首次记述了隔声以及建造隔声房的方法，它比西方同样的理论和建筑要早约250年。黄履庄，清初制器工艺家、物理学家，研制发明了自行车、验燥湿器（湿度计）、验冷热器（温度计）、瑞光镜等。

从明代开始，随着西方传教士陆续来华传教，包括物理学在内的西方文化不断传入中国。但由于清政府的闭关锁国政策，致使在 18 世纪 20 年代至 19 世纪 40 年代的一百多年间，西方物理学知识在中国的传播几乎中断。

1582 年，意大利传教士利玛窦（1815—1610）来华标志着近代物理学开始在中国传播。西方来华传教士对物理学知识的传播主要是通过与中国学者共同翻译西方著作，其中物理学知识比较集中的著作有《远镜说》《远西奇器图说》《新制灵台仪象志》《穷理学》。《远镜说》是 1626 年由德国传教士汤若望和中国学者李祖白共同翻译的一本介绍望远镜的书，是第一本系统将欧洲近代早期光学知识介绍给中国的著作。《远西奇器图说》是德国传教士邓玉函（1576—1630）与明代科学家王徵（1571—1644）合译的第一部系统地介绍西方机械的专著，书中介绍了力学的基本知识和原理、各种简单机械的原理和机械原理的应用等。王徵除翻译西方科学知识外，还通过自己对知识较强的理解力，发明创造出许多新颖、实用的机械，并完成《新制诸器图说》，记录了他个人的发明。王徵对传播西方科学、促进文化交流做出了贡献，被称为"南徐（光启），北王"。《新制灵台仪象志》是由比利时传教士南怀仁纂著，清钦天监官员笔录的一部有关天文仪器方面的著作。《穷理学》是南怀仁会通当时中西科技知识的集成之作，内容包括逻辑学、方法论及形而上学、数学、天文学、测量、力学与机械、生物学与医学等方面，但损毁严重。该书反映了明末清初"格物穷理之学"的总体概况。

鸦片战争之后，清政府被迫打开国门，西方科学技术连同宗教文化大量传入中国。这一时期，经典物理学体系已经在欧洲建立，有大量的专业书籍问世，在以学术助传教的目的下，一些西方物理学专业书籍通过传教士传入中国。英国传教士艾约瑟和张福僖于 1853 年合译《光论》，是中国近代最早的光学译著；1858 年伟烈亚力、王韬合译《重学浅说》，是力学方面的最早译著；1859 年艾约瑟与李善兰，根据英国物理学家 W·明威立所写的《初等力学教程》合译《重学》，是中国第一部系统介绍包括运动学和动力学、刚体力学和流体力学知识的重要著作。1865 年清政府在上海创办了江南机器制造总局，于 1868 年附设翻译馆，该馆是中国近代科技著作翻译出版最重要的机构。馆内汇聚了徐寿、华蘅芳、赵元益、徐建寅等中国学者，聘请英国传教士傅兰雅等西方人士，在近 40 年间共翻译各种科技书籍 200 多种，译书内容包括科学、技术、工程、军事、医药等各个方面。其中较为著名的物理学著作有对牛顿《自然哲学之数学原理》的译著《数理格致》；对英国著名物理学家廷德尔《声学》的译著，该书系统论述了声学的理论与实验，是中国最早出版的声学专著；对英国诺德《电学教科书》的译著《电学》，比较系统地叙述了 19 世纪 60 年代中期以前的电学知识；对廷德尔《电学七讲教程讲义》的译著《电学纲目》，概述了书中电磁学基础知识；金楷理和赵元益对廷德尔光学讲稿译述的《光学》，内容主要是波动光学，是首次在中国对波动光学知识系统的介绍；玛高温和华蘅芳对美国著名地质学家和矿物学家戴纳《矿物学手册》译著的《金石识别》，书中包含了许多晶体物理学内容，首次将近代晶体学知识系统地介绍到中国。

此外，翻译馆还编译出版了大量科普著作，如傅兰雅负责编译的《格致须知》《测候器说》《格致释器》《量光力器图说》等，其中包含了丰富的物理学知识，这些科普作品对于物理学知识的普及和传播发挥了积极作用。

二、中国近现代物理学

从 20 世纪初至今是中国近现代物理学时期。这一时期大致可分为新中国成立前的物理学和新中国成立后的物理学。

20 世纪初，一批中国学者到西方国家学习现代物理学知识，他们中的一些人学成回国，兴办教育，出版刊物，组织学会，创办研究机构，在国内从事物理学工作，开创了中国近代物理学的发展。新中国成立后，物理学在研究队伍、研究机构、物理学教育、专业刊物创办等方面都步入快速发展时期，并取得了突出成就。

1912 年，京师大学堂更名为北京大学堂，1913 年开始招收物理学专业大学生。1919 年北京大学首创物理系，1920 年开辟实验室，1926 年清华大学创立物理系。至 1932 年，已有 30 多个高等院校设立物理系。1928 年、1929 年，中央研究院和北平研究院相继创立了物理学研究所，1932 年成立了中国物理学会，并创办了中国物理学报，现代物理学开始在中国大地上生根发芽，并逐渐成长起来。

从 20 世纪初到 20 世纪 50 年代，产生了许多杰出的物理学家，在物理学的各个领域做出了一些高水平的成果，对中国近现代物理学的发展做出了重要贡献。

叶企孙（1898—1977），物理学家、教育家，中国近代物理学奠基人之一，中国物理学界最早组织者之一，对中国的物理学研究、理科研究，乃至世界科学发展做出了巨大贡献。1921 年，他与导师合作利用 X 射线对普朗克常数进行了精确测定，被物理学界沿用 16 年之久。1926 年，他创立清华大学物理系，在北京大学创立磁学专门组，在培养科学人才、发展中国教育事业方面做出了重要贡献，两弹一星元勋中有半数以上是他的学生或者是他学生的学生。

吴有训（1897—1977），物理学家、教育家，中国近代物理学研究的开拓者和奠基人之一，被称为中国物理学研究的"开山祖师"。他全面验证了康普顿效应，因此这一效应也被称为康普顿-吴有训效应。他是公认的首位对物理学做出过重大贡献的华人科学家，为中国物理学人才培养做出了贡献，钱三强、钱伟长、杨振宁、邓稼先、李政道等学者都是他的学生。

胡刚复（1892—1966），物理学家、教育家，中国近代物理学事业奠基人之一，1918 年，在南京高等师范学校创立中国最早的现代物理学实验室，用布拉格方法精确测定了原子序数 25 至 34 的元素 K 线的临界吸收波长，确定了 X 射线光电子的最大发射速度，这些成果对于确定 X 射线谱项结构，揭示原子发射 X 射线的机制，理解原子内层电子构造都有重要意义。

王淦昌（1907—1998），核物理学家、中国核科学的奠基人和开拓者之一、"两弹一星功勋奖章"获得者。1964 年，他独立地提出了用激光打靶实现核聚变的设想，是世界激光惯性约束核聚变理论和研究的创始人之一。他参与了中国原子弹、氢弹原理突破及核武器研制的试验研究和组织领导，是中国核武器研制的主要奠基人之一。

周培源（1902—1993），著名流体力学家、理论物理学家、教育家和社会活动家，中国近代力学奠基人和理论物理奠基人之一，对爱因斯坦广义相对论中的引力论和流体力学中的湍流理论进行研究，奠定了湍流模式理论的基础。

钱学森（1911—2009），世界著名科学家，空气动力学家，中国载人航天奠基人，中国"两弹一星功勋奖章"获得者，被誉为"中国航天之父""中国导弹之父""中国自动化控制之父"和"火箭之王"。在应用力学、物理力学、航天与喷气、工程控制论和系统学等多方面取得了突出成就。他组建了中国第一个火箭、导弹研究所——国防部第五研究院，主持完成了"喷气和火箭技术的建立"规划，参与了近程导弹、中近程导弹和中国第一颗人造地球卫星的研制，直接领导用中近程导弹运载原子弹的"两弹结合"试验，参与制定了中国第一个星际航空的发展规划。在他的努力带领下，1964 年 10 月 16 日中国第一颗原子弹爆炸成功，1967 年 6 月 17 日中国第一颗氢弹空爆试验成功，1970 年 4 月 24 日中国第一颗人造卫星发射成功。

严济慈（1901—1996），物理学家、教育家，中国现代物理学研究工作的创始人之一，中国光学研究和光学仪器研制工作的奠基人之一，中国研究水晶压电效应第一人，在压电晶体学、光谱学、大气物理学和应用光学等方面做出重要成果。

王大珩（1915—2011），杰出的战略科学家、教育家，中国近代光学工程的重要奠基人、开拓者和组织领导者，"两弹一星功勋奖章"获得者，被誉为"中国光学之父"。在激光技术、遥感技术、计量科学、色度标准等方面也都做出了重要贡献。

这一时期的著名物理学家还有被誉为中国物理学之父的吴大猷；中国核物理研究和加速器建造事业的开拓者赵忠尧，他第一次发现了正电子的存在，是人类物理学史上第一个发现反物质的科学家；中国原子能科学事业的创始人，中国"两弹一星"元勋钱三强；被誉为"中国的居里夫人"的核物理学家何泽慧等。

进入近现代，中国物理学在各学科领域都取得了重要成就。周培源在国际上首先提出了脉动方程（或称涨落方程），建立了普通湍流理论。张国藩论证了湍流运动是一种非牛顿流体运动，并依此建立了他的湍流运动方程。卢鹤绂提出流体的容变黏滞性理论。钱学森与导师冯·卡门共同提出跨声速流动相似律和高超声速流动概念，为空气动力学的发展奠定了重要理论基础。魏嗣銮以变分法探讨了均匀负荷四边固定的矩形板的挠度和弯矩。丁西林创造了一种可逆摆用以精确地测定 g 值，从而避免了测定 g 值的许多实验误差。江仁寿改进了液态碱金属的黏滞性测定方法。钱伟长建立了薄壳和薄板的统一内禀理论，导出的圆柱浅壳和圆球浅壳方程被称为"钱伟长方程"。胡宁采用广义相对论里通常的坐标条件，简化了爱因斯坦等人的方法，首先计算出双星系统的反阻尼结果。赵忠尧通过硬 γ 射线在物质中的吸收和散射的实验，发现了正负电子对的湮没辐射，成为发现正电子的先驱。何增禄在高真空技术领域发明了"何氏泵"。

新中国成立后，我国物理学有了较大发展，许多大学都建立了物理学研究所，原子能研究所、高能物理研究所、理论物理研究所、半导体研究所、电子学研究所、声学研究所等许多与物理学有关的研究所也相应建立起来。刊物方面，创办了《物理通报》《物理》《原子能》《激光》《光学学报》《声学学报》《原子核物理》等刊物。物理学分支学科建设也获得较大发展，创建了半导体物理、激光物理、低温物理、高压物理、空间物理、天体物理、海洋物理、凝聚态物理等新的分支学科。许多的物理学工作者在固体物理、核物理、高能物理、光学、声学等方面理论研究和实验工作都取得了可喜的成绩。

第三节　外国物理学史

现代意义上的物理学是从 16 世纪开始的,但从物理学发展的整个过程来看,世界物理学发展经历了古代物理学、近代物理学和现代物理学三个阶段。

一、外国古代物理学

从远古开始至公元 15 世纪,是物理学的萌芽时期。物理知识主要包含在哲学中,对物理现象的研究主要采用观察、直觉猜测、形式逻辑演绎方法,研究水平尚处于对现象的描述、一般经验的总结和思辨性的猜测,在内容上主要是对物质本原的探索、天体的运动、静力学和光学等方面。这一时期可划分为古希腊时期和中世纪时期。

(一)古希腊的物理学

古希腊时期指从公元前 8 世纪到公元 5 世纪。在这一时期地中海东海岸的古希腊,先后出现了泰勒斯、毕达哥拉斯、德谟克利特、亚里士多德等一大批著名哲学家,他们对世界万物本原进行了探索,观点集中反映在对物质本原、宇宙的认识。在物质观方面,形成了朴素元素论、原子论和数为万物本原的观点;其中由留基波、德谟克利特创建的原子论,认为宇宙的一切事物都是由在虚空中运动着的原子构成的观点,对 18 世纪后物理学发展有相当大的影响。在宇宙观方面,米利都学派的泰勒斯(公元前 624—前 547)认为大地像一个圆盘或圆桶浮在水上;毕达哥拉斯学派(公元前 600—前 500)断言宇宙是球形的,中心是火团,各种物体都围绕中心火团做均匀圆周运动;柏拉图学派(公元前 427—前 347)提出天体是沿着复合的圆周运动;柏拉图的学生欧多克索和亚里士多德提出了同心球层模型,认为太阳、月亮和行星都在以地球为中心的同心球壳中运动;阿里斯塔克(约公元前 310—前 230)认为地球不是宇宙的中心,太阳才是中心,地球和行星都围绕太阳做圆周运动,恒星在远处是不动的。此外,古希腊的物理学主要集中在力学和光学。

1. 力学方面

亚里士多德和阿基米德研究了重力作用下物体的运动,论证了运动、时间和空间的关系。认为时间不同于运动,但时间也不能脱离运动;认为变化就是运动,变化包括物体性质变化、物体位置移动、事物的产生和消灭、数量的增减等。阿基米德详细研究了物体在液体中所受浮力跟浸入液体中物体体积之间的关系,得出了著名的浮力定理;还研究了杠杆的平衡问题,找出了杠杆的平衡条件,并提出"给我一个支点,我可以撬起整个地球"的著名观点。阿基米德叙述的杠杆平衡学说,奠定了静力学的基础。

2. 光学方面

欧几里得把几何学运用到光现象的研究上,开创了几何光学。他著有《反射光学》,确立了光的直进性并建立了反射定律,确定了凹面镜的聚焦点在球心或球心与球面之间。希隆(约公元前150—前100)著《反射光学》,记述了镜子的理论和实际应用。托勒密(约90—168)在观测天体中曾注意到光的折射现象。

(二)中世纪的物理学

从公元5世纪到15世纪,随着古希腊和古罗马文明的衰落,欧洲处于宗教统治之下,对自然科学的探索几乎处于停滞状态。但在阿拉伯地区,物理学有一定发展,主要表现在光学和力学方面。塔比特(826—901),阿拉伯数学家、物理学家,著《杠杆的平衡》,记述了杠杆平衡原理。比鲁尼(973—1050),阿拉伯科学家,研究了流体静力学与物体的瞬间运动和加速度,发现光的传播速度快于声音;精确测定了不同类型宝石的比重,建立所有已知的复合物与物质元素的比重表;设计了"智慧秤",发现了空气具有重量,进而提出了物质的质量不同于重量,二者关系是正比的思想。阿勒·哈增(965—1040),阿拉伯最杰出的光学家,发展了光反射和折射知识,对平面镜、球面镜、柱面镜等进行研究,对眼睛的构造做出了解剖研究。罗吉尔·培根(1214—1293),英国哲学家和自然科学家,著名的唯名论者,实验科学的先驱,提倡用实验的方法研究自然界,发现了火药的成分,发明了暗室,解释了彩虹的成因,提出平面凸透镜制成望远镜的设想。

二、外国近代物理学

从16世纪至19世纪是近代物理学阶段,也是经典物理学产生、发展和完善时期。经典物理学的发展表现在四个方面:一是经典力学体系的形成,二是热力学的发展,三是电磁学的发展,四是几何光学的发展。

(一)经典力学体系的形成

16至17世纪是经典力学体系的形成时期,对经典力学体系形成做出突出贡献的学者有伽利略、开普勒和牛顿。1543年,哥白尼(1473—1543),波兰天文学家,发表《天体运行论》,提出日心地动说(地球沿圆轨道绕日运动),推翻了地心说和以亚里士多德为代表的经典哲学运动观,从此自然科学开始脱离神学而独立发展。开普勒(1571—1630),德国天文学家、数学家与占星家,在哥白尼日心说基础上,发现了行星运动三定律,研究针孔成像,并从几何光学的角度进行了解释,最早提出了光线和光束的表示法,阐述了近代望远镜理论,是近代光学的奠基者。

伽利略(1564—1642),意大利物理学家、数学家、天文学家,是第一个把实验引进力学的科学家,在运动学、热学、相对论等方面都做出了突出贡献,是运动学的奠基人,被誉为"现代物理学之父""现代科学之父",著有《运动论》《力学》《流体力学》等多部物理学著作。他在比萨斜塔做了"两个铁球同时落地"的著名试验,推翻了亚里士多德"物体下落速度和重量成比例"的学说;对运动基本概念,包括重心、速度、加速度等都做了详尽研究并给出了严格的数学表达式,将运动分为匀速运动和变速运动;提出惯性定律和外力作用下物体的运动规律,为牛顿正式提出运动第一、第二定律奠定了基础;提出合力定律,抛射体运动规律,并确立了伽利略相对性原理,将实验与数学逻辑结合,确立观察、假设、逻辑推理、实验检验的科学方法,有力地推动了人类科学认识的发展。

牛顿(1643—1727),英国著名物理学家,百科全书式的人物,著有《自然哲学的数学原理》《光学》,在力学、光学、热学、天文学等方面都做出了突出成就。牛顿在伽利略等人工作的基础上进行深入研究,总结出了物体运动的三个基本定律(牛顿三定律),即第一定律(惯性定律)、第二定律(力的瞬时作用规律)和第三定律(作用与反作用定律),提出了万有引力定律,建立了以牛顿力学为代表的经典力学体系。

(二)热力学的发展

随着资本主义生产方式的兴起,人们对与热相关的现象积累了大量的实验和观察事实,特别是蒸汽机的发明和改进以及计温学和量热学的建立,使热现象的研究走上了科学的道路。

1690 年法国人巴本发明带有活塞和气缸的蒸汽机,为后来蒸汽机发展开辟了道路;1698 年英国矿山技师萨弗里制成世界上第一台实用蒸汽提水机;1705 年英国铁匠纽科门在之前蒸汽机基础上发明空气蒸汽机,利用空气压力推动活塞带动抽水泵抽水。1765 年英国仪器修理工瓦特发明了设有与汽缸壁分开的凝汽器的蒸汽机,使蒸汽机的效率提高到原来的 3 倍多,最终发明出工业用蒸汽机。瓦特蒸汽机在纺织、采矿、冶炼和交通等方面广泛应用,也促使人们研究水、蒸汽及其他物质的热学性质,成为热学理论发展的巨大动力。

1662 年英国化学家波义耳(1627—1691)根据实验结果提出,"在定量定温下,理想气体的体积与气体的压力成反比",称为"波义耳定律",是人类历史上第一个被发现的"定律"。1802 年法国化学家、物理学家盖·吕萨克(1778—1850)对理想气体膨胀进行测定,指出各种气体具有相同的热膨胀系数,即 1/273。这是热力学的重要概念"绝对零度"的先导思想。18 世纪上半叶华氏温标和摄氏温标建立,使测温有了公认的标准,随后又发展了量热技术,为科学地观测热现象提供了测试手段,使热学走上了近代实验科学的道路。

1760 年苏格兰化学家布莱克(1728—1799)将热量与温度从概念上区分开,他的学生伊尔文引进了"热容量"概念,测定了一些物质的比热容。法国化学家拉瓦锡(1743—1794)和法国著名天文学家、数学家、天体力学的集大成者拉普拉斯(1749—1827)提出了热量"卡"的概念,把一磅水升高或降低一摄氏度时所需要的热作为热的单位,称作"卡",并提出了当时最精确的测量热量的方法,制造了经典仪器——冰量热器。

19 世纪上半叶,先后有迈尔(1814—1878),焦耳(1818—1889),亥姆霍兹(1821—1894 年)等十余位科学家从蒸汽机的效率、机械、电、化学、人的新陈代谢等不同侧面进行了研究,获得了"热是一种能量",能量守恒以及"各种形式的能量可相互转换"的定律。特别是焦耳测定了热功当量,亥姆霍兹发展了能量守恒原理的普遍意义,英国数学家和物理学家汤姆逊(1824—1907)于 1853 年对能量守恒概念做出最后定义,1860 年左右能量守恒原理得到普遍承认。能量守恒原理揭示了热、机械、电和化学等各种运动形式之间的统一性,从而实现了物理学的第二次理论大综合。能量守恒定律又称为热力学第一定律。

1850 年和 1851 年德国物理学家克劳修斯(1822—1888)和汤姆逊分别建立热力学第

二定律。1906年，德国化学家能斯特（1864—1941）提出热力学第三定律。从此，热力学作为完整的宏观平衡态理论体系得以建立。

（三）电磁学的发展

电和磁是一门古老而又晚起的学科。从1600年吉尔伯特（1540—1603）发现地球是个大磁体，以及他的《论磁》问世，到18世纪初，电和磁的研究进展极为迟缓。其中，较为重要的事件有1745年荷兰物理学家穆欣布罗克（1692—1761）发明莱顿瓶，为静电研究提供了一种储存电的有效方法；1752年美国物理学家富兰克林（1706—1790）以风筝实验证明天空闪电与人工摩擦电的一致性；1800年，意大利物理学家伏打（1745—1827），即伏特，发明了世界上第一个发电器，也称伏打电堆，开创了电学发展的新时代。为了纪念伏打，电压的单位规定为伏特，简称伏，用符号 V 表示。1820年，丹麦物理学家奥斯特（1777—1851）发现电流的磁效应；同年，法国物理学家安培（1775—1836年）发现了电流间的相互作用力，并提出了著名的安培定律。为纪念安培，电流的单位规定为安培，简称安，用符号 A 表示。1826年，德国物理学家欧姆（1789—1854）建立电阻定律，提出欧姆定律。为了纪念欧姆，电阻的单位规定为欧姆，简称欧，用符号 Ω 表示。1831年英国实验物理学家法拉第（1791—1867）通过一系列实验，发现磁感生电流的效应，建立法拉第电磁感应定律，这一定律是发电机的理论基础。法拉第的实验为人类开辟了一种新能源，打开了电力时代的大门。

1855至1864年，英国伟大的物理学家和数学家麦克斯韦（1831—1879）在法拉第"力线"和"场"的概念的基础上又引进了"位移电流"概念，从数学上建立了意义深远的电磁理论。法拉第、麦克斯韦等人的工作引发物理学史上第三次理论大综合，揭示了光、电、磁三种现象的本质统一性。1888年，德国物理学家赫兹（1857—1894）以实验证实电磁波的存在，并证明它具有光的一切特性。电磁波的发现，预示了无线电通信和稍后兴起的电视技术的到来，为现代人类的物质文明奠定了强有力的基础。

（四）几何光学的发展

从16世纪到19世纪是光学发展的转折点。光的反射定律和折射定律奠定了几何光学的基础。同时为了提高人眼的观察能力，人们发明了光学仪器，第一架望远镜的诞生促进了天文学和航海事业的发展，显微镜的发明给生物学的研究提供了强有力的工具。

1608年荷兰李普塞发明第一架望远镜；1611年开普勒发表《屈光学》，提出照度定律，设计了新型望远镜，还发现当光以小角度入射到界面时，入射角和折射角近似地成正比关系；1621年荷兰数学家斯涅耳（1580—1626）通过实验精确确定了入射角与折射角的余割之比为一常数，即折射定律，又称斯涅耳定律；1637年，法国数学家、物理学家笛卡尔（1596—1650）在实验基础上用数学方法推导出反射定律、折射定律和一些透镜的几何理论；1657年，法国业余数学家费马（1601—1665）首先指出"光在介质中传播时所走路程取极值"的原理，并根据这个原理推出光的反射定律和折射定律。综上所述，到17世纪中叶，基本已经奠定了几何光学的基础。

17世纪下半叶，牛顿和惠更斯（1629—1695）等把光的研究引向进一步发展道路。

中小学教师文化素养

1672年牛顿完成了著名的三棱镜色散试验,发现了牛顿环,在1704年出版《光学》,提出了光是微粒流的理论;1678年荷兰物理学家、天文学家、数学家惠更斯在其《论光》一书中,从声和光的某些现象的相似性出发,认为光是在"以太"中传播的波。这一时期,由于相继发现了干涉、衍射和偏振等光的波动现象,以惠更斯为代表的波动说也初步提出,因而这个时期也可以说是几何光学向波动光学过渡的阶段,是人们对光的认识逐步深化的时期。

三、现代物理学

19世纪末20世纪初,经典物理学各分支学科均发展到了完善、成熟阶段,经典物理学已经达到了顶峰。但电子、X射线和放射性现象的发现,使经典物理学传统观念受到冲击,由此引发了物理学的一场革命,标志着物理学开始进入现代物理学阶段。

20世纪物理学取得了两大突破,即量子力学和相对论的建立。爱因斯坦(1879—1955),现代物理学家,1905年在《论运动物体的电动力学》一文中系统地提出了狭义相对论。狭义相对论摒弃了牛顿的绝对时空观,认为空间、时间与运动有关,得出了质量与能量的简单关系,以及关于高速运动物体的力学规律,这对随后发展粒子加速器技术至关重要。1915年爱因斯坦创立广义相对论,完满解释了物体在强引力场中的行为。

1900年德国著名物理学家普朗克(1858—1947)为解释黑体辐射问题,提出能量子假设,引入了著名的普朗克常数。1905年爱因斯坦提出光量子论,解释了光电效应等经典物理所不能解释的一些问题,证实并发展了普朗克的思想。光量子论认为,光既有连续的波动性质,又有不连续的粒子性质。1913年丹麦物理学家玻尔(1885—1962)依据量子论提出一种原子模型,成功地解释了只含一个电子的原子的光谱和其他性能;1923年法国理论物理学家德布罗意(1892—1987)提出物质波概念。经过20世纪初近20年的酝酿与准备,当时欧洲一批年轻的物理学家,如德国物理学家海森伯(1901—1976)、英国理论物理学家狄拉克(1902—1984)、德国物理学家玻恩(1882—1970)、奥地利物理学家薛定谔(1887—1961)等终于在1925至1927年间建立了量子力学。它不仅解决了19世纪末提出的诸多物理问题,并在此后被广泛用于原子、分子和金属性能的研究,加速了原子和分子物理学的发展,而且成为物理学通向化学和生物学的桥梁。

量子力学建立后,朝两个方向发展:一是将量子力学应用于更小尺度,如原子以下的研究,建立了原子核物理学、基本粒子物理学;二是把量子力学用于处理更大尺度上的问题,如分子问题、固体物理或凝聚态物理问题。量子论由初期解决辐射问题进入到物质本体中,从而打破了原子不可分的古老观念,人们对物质的认识从宏观深入到原子内的微观世界。1932年英国物理学家查德威克(1891—1974)发现中子;美国物理学家安德森(1923—2020)发现正电子;英国物理学家考克饶夫(1897—1967)和爱尔兰实验物理学家瓦尔顿(1903—1995)用加速器实现人工核蜕变;1938年德国放射化学家、物理学家哈恩(1879—1968)和德国物理学家弗里茨·斯特拉斯曼(1902—1980)发现铀分裂,即重原子核裂变现象;1942年实现原子核链式反应。同年,在美籍意大利著名物理学家费米(1901—1954)领导下,芝加哥大学建成人类第一台可控核反应堆(芝加哥一号堆,Chicago Pile-1),为第一颗原子弹的成功爆炸奠定基础,费米也被誉为"原子能之父"。1945年第一颗原子弹制成,从此揭开了原子能时代的序幕。

从 1932 年发现中子、正电子开始,粒子物理学成为 20 世纪中期以后的热门课题。新粒子的性质、结构、相互作用和转化成为该学科主要研究内容。存在于自然界中的四种相互作用力(引力、电磁力、强相互作用力和弱相互作用力)的统一问题,已经取得了相当的进展。物理学在传统意义下分化出高能物理学、原子核物理学、等离子体物理学、凝聚态物理学、复杂系统的统计物理、宇宙学和各种交叉学科。随着物理学研究的进一步深化,物理学家不断发现新现象、新方法,实验设备和装置不断增大和更新,如强子对撞机、直线对撞机、相对论重离子对撞机、同步辐射光源、激光核聚变及其点火装置,甚至由众多国家联合参与建设和研究的国际热核实验堆等。

现代物理学的研究领域十分宽广,从最微小的基本粒子一直延伸到浩瀚的宇宙,在极小和极大这两个极端处还存在大片尚待研究的领域,等待物理学家深入研究。

【测试训练题】

一、选择题

1. 中国最早记述手工业各种工种规范和制造工艺的文献是(　　)。

    A.《博物志》　　　　　B.《考工记》　　　　　C.《天工开物》　　　　　D.《武经总要》

2.《物理小识》是由我国古代学者(　　)所著。

    A. 沈括　　　　　B. 方以智　　　　　C. 黄履庄　　　　　D. 苏颂

3. 被称为"南徐(光启)北王",发明创造了许多新颖实用机械,对传播西方科学,促进中西文化交流做出贡献的明代科学家是(　　)。

    A. 王充　　　　　B. 王淦昌　　　　　C. 王徵　　　　　D. 王大珩

4. 中国近代最早的光学译著是(　　)。

    A.《远镜说》　　　　　B.《光论》　　　　　C.《穷理学》　　　　　D.《光学》

5. 许多科学家在物理学发展过程中做出了重要贡献,下列叙述中符合史实的是(　　)。

    A. 伽利略研究了天体的运动,并提出了行星运动的三定律

    B. 牛顿发现了万有引力定律,并通过扭秤实验测出了引力常量

    C. 库仑发现了点电荷间的作用规律,并提出了电场的概念

    D. 法拉第发现了电磁感应现象,并制造了世界上第一台发电机——法拉第圆盘发电机

6. 关于科学家和他们的贡献,下列说法正确的是(　　)。

    A. 古希腊学者亚里士多德用科学推理论证重物体和轻物体下落一样快,推翻了意大利物理学家伽利略的观点

    B. 德国天文学家开普勒发现了万有引力定律,提出了牛顿三大定律

    C. 法国物理学家库仑利用扭秤实验发现了电荷之间的相互作用规律——库仑定律,并测出了静电力常量 k 的值

    D. 丹麦物理学家奥斯特发现了电流的磁效应,并总结出了右手螺旋定则

7. 下列说法符合物理学史实的是(　　)。

    A. 开普勒发现了万有引力定律　　　　　B. 伽利略首创了理想实验的研究方法

    C. 卡文迪许测出了静电力常量　　　　　D. 奥斯特发现了电磁感应定律

8. 19 世纪 40 年代前后,科学界已形成了一种思想氛围,即用联系的观点去观察自然,这种思想促进了能量转化与守恒定律的建立. 在能量转化与守恒定律建立的过程中,下列说法不符合史实的是(　　)。

　　A. 焦耳测定了热功当量的数值,建立了功和热的联系

　　B. 焦耳发现电流的热效应,建立了电和热的联系

　　C. 法拉第发现电流的磁效应,建立了电和磁的联系

　　D. 法拉第发现电磁感应现象,建立了磁和电的联系

9. 学习物理除了知识的学习外,还要领悟并掌握处理物理问题的思想与方法。下列关于物理学中的思想方法叙述正确的是(　　)。

　　A. 在探究求合力方法的实验中使用了等效替代的思想

　　B. 伽利略在研究自由落体运动时采用了微元法

　　C. 在探究加速度与力、质量的关系实验中使用了理想化模型的思想方法

　　D. 法拉第在研究电磁感应现象时利用了理想实验法

10. 关于物理学思想方法,下列说法中正确的是(　　)。

　　A. 著名的伽利略斜面实验,主要应用了控制变量方法

　　B. 在研究加速度 a 和外力 F、质量 m 的关系时,主要应用了等效替代的方法

　　C. 在研究气体的温度不变时压强与体积的关系,主要应用了理想实验方法

　　D. 在定义"速度""加速度""电场强度"等物理量时,主要应用了比值的方法

二、填空题

1._____(1879—1955)创立了狭义相对论(1905)、广义相对论(1915),解释了光电效应现象,提出了光子说(1905)。

2. 英国物理学家_____(1831—1879)建立电磁场理论,预言电磁波的存在,提出光是一种电磁波。

3. 法国物理学家_____(1775—1836)提出环形分子电流假说。

4. 16 世纪中期,哥白尼在巨著《天体运行论》中提出了_____,这是自然科学向神学的第一次挑战,标志着自然科学从神学中独立出来。

5. 1785 至 1789 年间,_____的建立使电学进入了定量的研究,由此可以看到类比方法在科学研究中所起的作用。

三、辨析题

1. 伽利略根据实验证实了力是使物体运动的原因。

2. 牛顿发现了万有引力,并总结得出了万有引力定律,卡文迪许用实验测出了引力常数。

3. 法国物理学家库仑发现了电流的磁效应。

第六章　化学常识

化学,顾名思义就是"变化的科学",和物理一样,同为自然科学的基础学科,是研究物质的组成、结构、性质及其变化规律的科学,也是一门关于创造新物质的科学。化学作为自然科学的基础学科之一,与人类生活密切相关,学习化学对我们认识物质和利用物质具有极为重要的作用。

第一节　化学基本知识

一、化学的研究对象

(一)分子、原子、离子和原子团

分子是保持物质化学性质的最小粒子。分子有一定的大小和质量;分子间有一定的间隔,且在不停地做高速无规则运动;同种物质的分子性质相同,不同种物质的分子性质不同。原子是化学变化中不可再分的最小微粒,原子也在时刻不停地做高速的无规则运动,原子之间也有一定的间隔。离子也是构成物质的基本粒子,是原子由于自身或外界的作用而失去或得到一个或几个电子而达到最外层电子数为 8 个或 2 个的稳定结构。原子团,即在许多化学反应里,作为一个整体参加反应的原子基团,是分子中的一部分。

分子由原子构成,原子通过一定的作用力,以一定的次序和排列方式组合成为分子。有的分子仅由一个原子构成,称单原子分子,如氩(Ar),这种单原子分子既是原子又是分子;由两个原子构成的分子称双原子分子,如氧分子(O_2)是由两个氧原子构成,为同核双原子分子,一氧化碳分子(CO)是由一个氧原子和一个碳原子构成,为异核双原子分子。分子中的原子数可有几个、十几个、几十个乃至成千上万个,由两个以上的原子组成的分子统称多原子分子。原子可组合成新分子再构成新物质,也可直接构成物质。

(二)化学元素

化学元素是具有相同核电荷数(即核内质子数)的一类原子的总称,是根据原子核电荷的多少对原子进行分类的一种方法。元素只表示物质的种类,不表示物质的数量。

化学元素周期表是根据核电荷数从小到大对化学元素进行排列形成的列表,列表大体呈长方形。元素周期表是 1869 年俄国科学家门捷列夫首创的,后来经过多名科学家多年的修订才形成当代的周期表。周期表中共有 118 种元素,每一种元素都有一个编号,称

为原子序数,其大小恰好等于该元素原子的核内质子数目。元素周期表具有明显的规律性,科学家们是按原子序数递增排列,将电子层数相同的元素放在同一行,将最外层电子数相同的元素放在同一列。每一横行称为一个周期,每一列称为一族。元素周期表有7个周期,16个族。元素在周期表中的位置不仅反映了元素的原子结构,也显示了元素性质的递变规律和元素之间的内在联系。同一周期内,从左到右,元素核外电子层数相同,最外层电子数依次递增,原子半径递减(零族元素除外)。同一族中,由上而下,最外层电子数相同,核外电子层数依次递增,元素金属性递增,非金属性递减。

（三）物质的分类

物质根据其组成和结构分为纯净物和混合物。

纯净物,是由一种单质或一种化合物组成的物质。纯净物组成、物理性质和化学性质固定,有专门的化学符号,能用一个化学式表示,如氧(O_2)、氮(N_2)、碳(C)。纯净物可根据其组成元素多少,分为单质和化合物。单质是由同种元素组成的纯净物,可根据元素的种类,分为金属单质、非金属单质、稀有气体单质;化合物是由两种或两种以上元素的原子组成的纯净物,一般根据是否含碳元素分为有机化合物和无机化合物。

有机化合物是生命产生的物质基础,所有的生命体都含有机化合物,如脂肪、氨基酸、蛋白质、糖、血红素、叶绿素、酶、激素等。生物体内的新陈代谢和生物的遗传现象,都涉及有机化合物的转变。无机化合物是与机体无关的化合物(少数与机体有关的化合物也是无机化合物,如水),与有机化合物对应,通常指不含碳元素的化合物及部分含碳的化合物,如一氧化碳、二氧化碳、碳酸、碳酸盐、碳化物、碳硼烷、烷基金属等。生物体内的无机化合物对维持生命正常活动具有重要作用。

混合物是由两种或多种物质混合而成的物质。混合物无固定组成和性质,也无固定的化学式。组成混合物的各种成分之间没有发生化学反应,保持着原来的性质。混合物可以用物理方法对所含物质进行分离。

二、化学反应原理

（一）化学反应

化学反应是指分子破裂成原子,原子重新排列组合生成新分子的过程。在反应中常伴有发光、发热、变色、生成沉淀物等现象。判断一个反应是否为化学反应的依据是反应能否生成新的分子,即化学反应的本质是旧化学键断裂和新化学键形成。化学反应类型有基本反应类型、氧化还原反应和中和反应。

基本反应类型包括四大类反应:化合反应、分解反应、置换反应、复分解反应。化合反应是指由两种或两种以上的物质反应生成一种新物质的反应,如金属和氧气生成金属氧化物;分解反应是指由一种物质反应生成两种或两种以上新物质的反应,如碳酸分解为二氧化碳和水;置换反应是单质与化合物反应生成新的单质和化合物的反应,如铁与非氧化性的酸反应生成亚铁盐和氢气;复分解反应是由两种化合物互相交换成分,生成另外两种化合物的反应。

氧化还原反应是物质与氧化剂发生的化学反应。根据氧化数的升高或降低,可以将氧化还原反应拆分成氧化反应和还原反应。氧化反应是反应中物质失去了电子,氧化数升高;还原反应是反应中物质得到电子,氧化数降低。还原与氧化反应同时进行。在氧化还原反应中,氧化剂是处于高氧化状态,具有强氧化性的物质,即在化学反应中可以使另一反应物失电子的物质。还原剂是在氧化还原反应中,处于高还原状态,具有强还原性,能够夺取氧化物中电子的物质,即在化学反应中可以使另一反应物失去氧的物质。

中和反应是指酸和碱互相交换成分,生成盐和水的反应。中和反应的特点是快而广。快,即速度快,优先于其他反应而进行;广,即反应非常普遍,只要酸碱相遇即发生中和反应,而与酸碱性的强弱或是酸碱的溶解性无关。中和反应在社会生产生活中应用广泛,如人被蚊虫或蜜蜂叮咬,蚊虫或蜜蜂会在人的皮肤内分泌出蚁酸,使叮咬处很快肿成大包而痛痒,这时可以涂一些稀氨水、肥皂水、稀碳酸氢钠溶液等碱性溶液,减轻痛痒。

(二)化学平衡

化学平衡,指在宏观条件一定的可逆反应中,化学反应的正、逆反应速率相等,其标志是化学反应体系内的各物质的浓度不再随时间的变化而变化。可逆反应是指在同一条件下,既能正向进行又能逆向进行的反应。绝大多数化学反应都具有可逆性,都可在不同程度上达到平衡。化学平衡是一种动态平衡,本质是正反应速率等于逆反应速率。勒夏特列(1850—1936),法国化学家,1888年在实验中发现:如果改变可逆反应的条件(如浓度、压强、温度等),化学平衡就被破坏,并向减弱这种改变的方向移动,这一现象被称为勒夏特列原理或平衡移动原理。化学中常见的平衡有氧化还原平衡、沉淀溶解平衡、配位平衡、酸碱平衡。

(三)催化剂

催化剂是指在化学反应里能改变反应速率(提高或降低)而不改变化学平衡,且本身的质量和化学性质在化学反应前后都没有发生改变的物质。催化剂本质上是把一个比较难发生的化学反应变成了两个很容易发生的化学反应。催化剂种类繁多,按状态可分为液体催化剂和固体催化剂;按反应体系的相态分为均相催化剂和多相催化剂。生物催化剂属于多相催化剂,其中生物催化剂中的酶能够加速活的生物体内的化学反应,以维持生物体的生命,如果没有酶,生物体内的许多化学反应速度就会大大减慢,生物体就难以维持生命。

三、化学学科思想

化学学科思想是化学的核心和灵魂。把握化学学科思想,对理解、掌握、运用化学知识和化学方法,解决化学问题起着促进和深化作用。化学学科基本思想主要有结构决定性质思想、守恒思想和动态平衡思想。

(一)结构决定性质思想

结构决定性质思想是化学学科的核心思想之一。结构决定性质,性质反映结构。物质都有一定的组成结构,不同的分子,结构不同,性质不同。物质结构的变化必然引起物质化学性质的变化,通过物质所反映出的化学性质,也可以认识和确定它的结构。如金刚石和石

中小学教师文化素养

墨,均由碳原子组成,但由于原子排列结构不同,它们的化学和物理性质天壤之别。金刚石是世界上最硬、最耐高温、最耐磨的物质;石墨则是片状、质软,用手就能揉捏碎的物质。

(二)守恒思想

守恒是自然界中最普遍的规律。守恒思想是自然科学的重要思想,其实质就是抓住物质变化中的某一个特定恒量进行分析,不探究某些细枝末节,不考虑途径变化,只考虑反应体系中某些组分相互作用前后,某种物理量或化学量在反应前后的状态。化学反应必须遵守质量守恒、原子守恒、电荷守恒、电子守恒、能量守恒。质量守恒指化学反应前后,物质质量总和不变;原子守恒是指化学反应前后,原子个数不变;电荷守恒,即在电解质溶液中,阳离子所带的正电荷总数与阴离子所带的负电荷总数相等;电子守恒,即在氧化还原反应中,氧化剂得到的电子总数等于还原剂失去的电子总数;能量守恒,即化学反应前后吸收、释放或转移的能量是守恒的。

(三)动态平衡思想

动态平衡普遍存在于自然界和人类社会,是物质系统在不断运动和变化下的最为普遍的存在状态。化学动态平衡思想是化学学科思想的重要组成部分,即指在宏观条件一定的可逆反应中,当反应进行到一定程度时,从宏观上看,反应物不再消耗,生成物不再产生,反应似乎是静止的;而微观上,反应物仍在转化为生成物,而生成物也在转化为反应物,只是量上相等,反应处于动态平衡状态。化学动态平衡包括氧化还原平衡、沉淀溶解平衡、配位平衡、酸碱平衡。物质转化时有一定的方向,不能进行到底的反应都可能在一定条件下建立动态平衡;改变某些条件都可能打破平衡使之移动。

第二节　中国化学史

中国化学的历史非常古老,可以说从史前人类学会使用火,早期的化学就已经开始。在烧制陶器、金属冶炼及酿造中,人们积累了丰富的化学知识,产生了实用化学。从中国化学发展历史来看,大致经历了古代实用化学、近代化学和现代化学三个发展阶段。

一、中国古代实用化学

化学的历史源于人类学会使用火。据考古发现,早在 50 万年前的北京人时期,火的使用就已经很普遍,中国古代化学发展正是肇始于火的使用。有了火,人们就可以利用火烧烤食物、烧制陶器、冶炼金属等。

煤、石油、天然气作为三大能源,在中国很早就已经使用。《山海经》中记载"女儿之山,其上多石涅",是古代最早记载煤的名称和产地的典籍。石油在古代称石漆、水肥、石脂、猛火油等,《汉书·地理志》是古代最早记载石油的典籍。我国天然气是古人在开凿水井或盐井过程中发现的,最早把天然气作为能源加以利用的记载是西晋张华(232—300)所著的《博物志》。

(一) 陶瓷化学

1. 陶器化学

陶器是中国古代重大发明,是用黏土为胎,经过手捏、轮制、模塑等方法加工成型并烧制而成的物品。中国最原始的陶器出现在新石器时代的初期,为原始陶。距今6500年前,原始陶发展为红陶,红陶又称为"彩陶",陶器上常有彩绘装饰,颜色的使用表明当时的人已经能够使用矿石粉着色。距今4000年左右,红陶进一步发展为黑陶,黑陶通体呈黑灰色,主要是陶坯中的三氧化二铁在还原气氛中生成四氧化三铁,表明当时的人们已经能够控制焙烧温度。黑陶进一步发展为硬陶,硬陶最早出现于新石器时代晚期,硬陶质地细腻、坚硬,原料中含有二氧化硅,烧成温度高达1200℃。商代时出现了釉陶,陶外层浆液中掺加了石灰石和方解石等碱性物质,釉陶较之硬陶更加美观,不透水,烧成温度较高,又称高温釉。

釉陶发展到汉代有了极大进步,一方面是陶釉中加入了助熔剂,出现低温釉;一方面是陶料中加入了含铜或含铁的矿物,即在制陶中已经使用呈色剂。唐三彩的出现是釉陶发展的高峰。唐三彩是一种低温釉,釉料的基本原料是白黏土和黄丹、炼铅熔渣,再混入适量的含铜、铁、钴、锰等元素的矿物粉作釉料着色剂,烧制采用二次烧成工艺,形成了浅黄、浅绿、天蓝、褐红等斑驳灿烂的多彩色釉,尤以黄、褐、绿三色为主。"唐三彩"是我国艺术宝库中的珍品,釉陶工艺的杰作,表明我国制陶工艺已达到相当水平。宋代以后,在江苏宜兴生产出了一种无釉细陶制品——棕褐色的紫砂陶器,非常适用于制作茶具。紫砂陶器原料为紫砂泥,紫砂泥属于高岭土-石英-云母类型,含铁量特高,烧成后呈棕褐色,二氧化硅含量达60%~70%。

2. 瓷器化学

瓷器是由瓷石、高岭土等组成,经混炼、成形、煅烧而成的外表施釉或彩绘的物品。瓷器与陶器在原料、烧制温度、坚硬程度、透明程度等制作工艺方面具有很大不同。中国瓷器是在烧制陶器基础上发展起来的。商周时期,在釉陶出现后不久就出现了青釉器,这种青釉器已基本符合瓷器要求,称原始瓷器。春秋时期,原始瓷器质量有了明显提高。东汉时期,原始青瓷发展成为真正的瓷。早期瓷器的釉层靠釉料中固有的三氧化二铁自然呈色,所以多呈黄褐色;若焙烧时还原气氛掌握得好,则釉呈青色,称青瓷。三国至南北朝时期,青瓷器釉色青绿纯正,说明当时已能较熟练地掌握焙烧气氛和釉料配方。唐代瓷器以南方青瓷和北方白瓷为代表,青瓷瓷胎细腻质密,釉层均匀,青色纯正;白瓷釉含铁量已极少,洁白似玉,表明釉料处理和施釉技术都有了很大进步。宋代瓷器呈现百花齐放局面,白瓷有了更大进步,钧瓷、开片瓷、青瓷则更具特色。钧瓷是一种天蓝或天青色乳浊釉瓷,这种釉以铜为着色剂,在高温还原气氛中烧成;开片瓷是有意地利用胎质与釉质的膨胀系数相差悬殊的特点,使在开窑的片刻釉面出现很多裂纹,再填以炭末;青瓷有梅子青和粉青,颜色碧青、柔和淡雅,达到了青瓷的高峰,说明配料、烧成温度和气氛的掌握技术已达到了相当纯熟的程度。元代出现了以钴土为呈色剂的青花瓷和以铜为呈色剂的釉里红瓷。进入明代,青花瓷达到了成熟阶段,出现了釉下青花与釉上彩色相结合的斗彩瓷和釉上彩绘的五彩瓷。进入清代,彩釉、彩绘技术得到了全面高度发展,出现了粉彩、珐琅彩、釉下三彩、墨彩、乌金釉以及金彩、胭脂红釉彩和以氧化锑呈色的黄彩等新品种。陶瓷工艺中的化学内涵，从另一个侧面反映了中国古代化学发展的成就。

3. 玻璃化学

据出土文物考查，我国最早的玻璃出现于西周及春秋战国时期。近年来，在西周的一些墓葬中发现了玻璃管珠，在湖南长沙、衡阳、常德、湘乡等战国时期的楚地古墓中发掘出了大量战国、两汉时期的玻璃，这些玻璃的化学成分都属于氧化铅-氧化钡-二氧化硅或氧化铅-二氧化硅体系，即用氧化铅作助熔剂的玻璃。东汉时期，为了制得更纯净、透明的玻璃，开始使用人工铅丹(Pb_3O_4)或黄丹(PbO)，这种铅玻璃为氧化铅-二氧化硅体系。唐代，玻璃工艺进一步发展，全国各地出现了氧化铅-氧化钾-二氧化硅体系的玻璃，即在铅丹中增加了氧化钾成分。唐时期成书的《丹房镜源》曾记载黄丹(PbO)的配制方法。在汉代以后出土的古玻璃器中，有相当大的一部分是钙钠玻璃，这类玻璃器件部分是从国外引进的玻璃制品，有的则是古人仿效外国制造的。《汉书·西域传》就曾记载："罽〔jì 寂〕宾（今克什米尔)有琥珀、琉璃"。葛洪(283—363)，东晋道教理论家、著名炼丹家和医药学家，著《抱朴子》，曾记载有"外国作水精碗，实是合五种灰以作之。今交广多有得其法而铸作之者"，表明当时铸造玻璃的技艺已传入中国。玻璃技术在我国古代发展缓慢，玻璃制品也只局限于制作一些玻璃葡萄、玻璃葫芦等装饰品，忽视了实用价值。明清以后，生产玻璃制品的作坊、工厂多了起来，但也只限于烧制灯罩、杯瓶之类的小件东西，平板窗玻璃和其他大件玻璃货物仍靠进口。

（二）冶金化学

中国古代在冶炼金属的历史上居于世界前列，在冶金过程中，中国古人积累了丰富的冶金化学知识。古人所利用的金属主要有两大类，一种是铜及其合金，另一种是铁与钢，铜器冶炼先于铁器冶炼。

1. 铜冶炼

据考古发现，早在新石器时代晚期，中国先民就已经发现了天然红铜。大约距今5000年前，中国已进入了冶炼红铜时期，最初是利用孔雀石类氧化铜矿石，将它与木炭混合加热还原得到金属铜。与冶炼红铜几乎同时出现了青铜，主要是铜锡合金。最初青铜冶炼是将红铜和锡矿石、木炭一起合炼得到青铜；后来发展到先炼出锡、铅，再与铜合炼。商和西周时期，中国青铜冶炼达到鼎盛时代，商、周遗址中出土了包括生产工具、兵器和礼器在内的大量青铜器。商代"后母戊鼎"是这一时期青铜器的代表作，重875千克，是世界上最大的古青铜器，成分为铜占84.77％，锡11.84％，铅为2.76％。据冶金史学家们研究和判断，商代不仅发明了失蜡铸造法，分铸法（接铸法）也已经有了多种形式。

在安阳出土的商代铜器中，发现了成块的锡锭和外镀厚锡的铜盔及铅质酒器。这表明中国最迟在商代已掌握了金属锡和铅的冶炼技术。据《诗经》和《墨子》记载，西周时期已经发明了用牛皮制作的鼓风器，在湖北铜绿山古矿冶炼遗址中保存有春秋时期的炼铜竖炉，竖炉具有金门和鼓风口，已大体具备了现代鼓风炉的雏形。炼铜渣中含铜量平均仅0.7％，表明那时冶炼技术已很高。据成书于战国后期的《考工记》记载，铸造各类青铜器有"六齐"规则("六齐",即铸造青铜器的六种配方)。成书于战国末期的《吕氏春秋·别类编》记载有"金(即铜)柔锡柔,合两柔则刚"的论述,说明当时的人们已经对青铜的成分与性能之间的关系有了较系统的认识。战国以后,在青铜器制作中又出现了多种镀层工艺,既美观,又能起到防锈蚀作用,这种工艺发展到了西汉时已臻完善。鎏金术是把黄金溶于水银中,制成泥膏状汞齐,涂布于青铜(或银)的器物表面,再加热烘烤,使其中的水银挥发掉,得到部分渗入到铜胎中的镀金层。除鎏金外,战国初期还发明了将青铜器氧化成墨黑色的技术,用以防锈或做花饰。经科学检测,该镀层是一层致密的含铬氧化膜,可能是用铬铁矿-天然碱-硝石的混合物经高温处理获得。从多处考古遗址发现,早在春秋初期,我国就已经开始冶炼铜、锡、砷共生的硫化矿。

胆铜法是中国古代冶金化学中的一项重要发明。这种冶铜法是利用金属铁从含有铜化合物的溶液中置换出铜来,再经烹炼后得到铜锭。"胆水"指天然的含硫酸铜(俗称石胆、胆矾)的泉水,只要铜的浓度足够大,就可以作为水法冶铜的原料。西汉时,人们就已经注意到金属铁可置换铜的现象。大约成书于公元前2世纪的《淮南万毕术》是我国古代有关物理、化学的重要文献,书中记载"曾青(硫酸铜类的矿物)得铁,则(铁)化为铜"。成书于东汉的《神农本草经》是中医四大经典著作之一,书中有"石胆能化铁为铜"之说。唐代有人用这种方法小规模炼制赤铜。五代时"胆水冶铜"正式成为一种实用性生产铜的方法,至宋代,成为大规模生产铜的重要方法之一。据《宋会要·食货篇》记载,北宋徽宗年间以胆水冶铜,全国年总产量达到187万斤。《浸铜要略》为北宋人张潜所著,书中记述了从含铜矿水(或称胆水)提取铜的操作。当时大约每用铁二斤四两可得铜一斤,技术水平已相当高。此外,当时还有利用胆土煎铜的"淋铜法",基本原理与"胆水法"相同,所以也被普遍利用过。进入元代,由于浸铜法炼铜质量不如火炼矿铜,便渐渐衰退。

黄铜是铜锌合金,在中国古代的重要性仅次于青铜。明代以前,人们是把红铜与含锌的菱锌矿石加炭一起合炼得到黄铜。明代之后,才学会以金属锌和金属铜来熔炼黄铜,明嘉靖年间,铸币改用黄铜,可以说是金属铸币史上的一个重要转折。中国古代曾经发明和研制砷白铜和镍白铜两种银白色铜合金,前者是用砒霜点化而成,后者是用铜矿石与含镍矿石一起合炼制得。晋代时,已有方士用雄黄点化红铜成砷黄铜,唐代方士金陵子发展了这种技艺,炼成"丹阳银"。镍白铜自古产自云南、四川地区,成书于东晋时期的《华阳国志》中记载"螳螂县因山名也,出银、铅、白铜、杂药",表明镍白铜在晋代时已经炼成。清代,云南白铜生产达到鼎盛时期,白铜面盆、墨盒、香炉、烛台远销海内外,极受欢迎。嘉庆年间成书的《滇海虞衡志》,为清代檀萃撰著的一部地方志书,曾描述了当时云南生产白铜"居肆之众,器别之多,工匠之自远而至"的盛况。

2. 钢铁冶炼

中国最早冶炼铁大致可追溯到春秋时期。据《左传》记载,春秋时晋国人赵鞅曾征收生铁,铸造一刑鼎。据东汉赵晔著《吴越春秋》记载:春秋时吴王阖闾命工匠干将"采五山之铁精",锻造宝剑。在多处也出土了春秋晚期的铁柄铜剑、块炼铁铁条、生铁丸、生铁臿(锹)、铁鼎等铁制器具。战国时期,工匠在锻打块炼铁的过程中,由于碳的渗入而炼成了最早的渗碳钢,并掌握了淬火工艺。这种方法到西汉初年发展为百炼钢工艺,后期又发展为以生铁为原料的炒钢技艺，从而得到熟铁。两晋、南北朝时期，出现"灌钢"技术，将生铁和熟铁放在一起冶炼成钢。到了宋代，"灌钢"工艺更趋成熟，沈括著《梦溪笔谈》中对此进行了清晰介绍。

3. 金与银的冶炼

黄金都是以游离状态存在于自然界，分沙金和脉金。历史上早期的采金技术都是"沙里淘金"，大约在五代之后，才出现脉金开采。据考古出土文物考证，中国古代黄金陶冶加工技术大约在商代前期就已经出现，在河北藁城县台西村商代中期宫殿遗址中出土了金箔，河南安阳商代遗址也出土了许多金器，在湖北随县战国早期的曾侯乙墓中出土了大量金盏、金勺、金盒等，表明当时黄金加工技术已达到很高水平。

银，俗称白银，是一种稀有金属，单质银在自然界中很少见，银和金通常共生，几乎所有的天然金都含银。中国银的冶炼晚于黄金，大约在春秋战国才开始开采银，在战国时期的一些墓葬中发现了银器随葬品。《管子·轻重篇》记载"山上有赭者，其下有铁，上有铅者，其下有银，此山之见荣者也"。东汉炼丹家狐刚子著《出金矿图录》，对金、银的性状、地质分布、选矿采集、冶炼工艺等进行了实地考察和深入研究，表明早在汉代我国金银冶炼已达到先进水平。古代炼银的基本方法是"灰吹法"，即利用银铅互熔，使银溶于铅中，通入空气使铅氧化沉积，再使银铅得以分离，得到提纯的银的方法。

（三）酿造化学

1. 酿酒

酒是含乙醇的饮料，我国酿酒历史悠久。据考古发现，早在新石器时代晚期的龙山文化遗址中就已发现了相当多的陶质酒器，表明龙山文化时期以前，酿酒技术就已经出现。殷商时期饮酒风气盛行，商代遗址中出土了种类繁多、制作精良的饮酒和贮存酒的青铜器，当时大体已经有了两种酒——麦芽发酵制成供饮用的甜酒和以黑黍为原料，加香料，利用曲酿造的祭祀用的香酒。周代时，已经总结出了丰富的酿酒经验，有了很完整的一套酿酒技术规程。据《周礼·天官冢宰》记载：周代时宫廷中设有"酒正"，即专门掌管造酒的政令；有"大酋"负责造酒的诸般事宜；有"浆人"从事造酒的劳作。《礼记·月令》中记述了大酋在仲冬酿酒时必须负责监管的七个主要环节，足见经验已经相当完整。

酒曲是酿酒过程中，用以发酵的菌丝。制曲技术最早见于西晋时期的文学家及植物学家嵇含（263—306）所著的《南方草木状》，该书是我国现存最早的地方植物志，其中记载了两广的"草曲"。《齐民要术》是南北朝时期我国古代杰出的农学家贾思勰撰写的，是我国现存最早、最完整的一部包括农林、牧禽、渔、食品加工等的农学百科全书，书中有四篇专门介绍酿酒，记载了当时北方的 12 种造曲法，并按酿造的效能把酒曲分成三等，对酒曲制作方法及酿酒工艺都做了很翔实的叙述，表明在南北朝时期，我国造曲技术和酿酒工艺已经达到了很高的水平。《北山酒经》是北宋人朱肱（1050—1125）撰写的一部专门介绍南方造曲法和酿酒法的书，记录了 13 种曲的制法，这些曲分别以麦粉、粳米、糯米为原料，都掺杂了一些草药，如川芎、白术、官桂、胡椒、瓜蒂等，以调节酒的风味。

2. 造醋

我国的造醋历史可追溯到西汉。西汉史游所撰《急就篇》是中国古代儿童启蒙学习书籍,记载有"芜荑盐豉醯酢酱";东汉农学家、文学家崔寔(103—170)撰《四民月令》是记述一年例行农事活动的书籍,书中有"四月四日可作醢、酱";贾思勰的《齐民要术》则明确指出,"酢,今醋也"。由此判断,西汉时期人们已经掌握了酿造食用醋的方法。早期的食醋味道还不大鲜美,所以古人很长一段时间把食醋称为"苦酒"。《齐民要术》中翔实记载了20多种"苦酒法"(酿醋法),还有许多制曲酿醋法,表明南北朝时期我国酿醋工艺已经达到了很高水平。东汉时,醋不仅食用,而且开始作为医药,陶弘景整理的《名医别录》,记述醋能"消痈肿,散水气,杀邪毒"。隋唐之际,人们已经能够熟练地用粮食为原料,通过直接生曲、发酵连续过程造醋,而且制醋原料更加多样,醋的品种也极为丰富。据唐代药学家苏敬所撰的《新修本草》记载,当时除有米醋、麦醋、糠醋、曲醋、糟醋等粮食醋外,还有以饴糖为原料的糖醋,以桃、葡萄、大枣等为原料的果醋。

3. 造酱

酱是中国食材中的重要调味品,我国以豆类和面粉为原料发酵制成豆酱的历史已有2000多年。据成书于西汉的《急就篇》记载,那时已有"酱",唐人颜师古注释说:"酱以豆合面为之也"。此后,崔寔的《四民月令》也提到做酱,表明那时已经大量造酱。《齐民要术》中有专门介绍"做酱"的章节,还提到"清酱",即酱油。唐代,酱油作为调味品已经普遍使用。

(四)炼丹术与制药化学

1. 炼丹术

炼丹术在我国已有2000多年历史,炼丹术化学是古代化学的极重要的组成部分。战国时期,人们试图以某些矿物为原料,按照一定的配比,通过人工加工方法制取到可令人长生不死的神丹。虽然没有取得设想的结果,但却做了大量化学实验,制取了一些合成的化学制剂和化合物,并积累了大量的化学知识,而一些具有医疗效果的制品启发医药学家致力于新药物的合成。

战国时期道教哲学家有关肉身不死的寓言,被战国时期的燕、齐方士发展为神仙说,妄言人可通过吃药达到长生不死,这一说法契合了封建帝王、贵族的奢望。秦汉之后,大规模炼丹活动开始兴起。现存最早的炼丹著作是东汉初的《黄帝九鼎神丹经》,其中记载有9种神丹药方与炼法,其成分主要为丹砂、雄黄和黄丹。东汉时期炼丹理论家魏伯阳撰《周易参同契》,应用阴阳学理来阐述炼丹术,是现存最早的一本炼丹术理论性著作,对后来炼丹术有很大影响。东汉张道陵(34—156)于142年创立道教,此后从事炼丹者多为道士。魏晋时期,炼丹术进入成熟时期,东晋葛洪撰写了《抱朴子内篇》,不仅从理论到实践对前代炼丹术做了全面总结,而且发展并形成了自己的独特体系,提出长生有内修和外养兼顾的见解,其中外养强调以金液、还丹为主要药物。

唐代,中国炼丹术达到全盛时期,药物品种大为增加,炼丹设备从两汉所用的土釜、竹筒等发展到特制的铁质上下釜、水火鼎等,设备的改进使化学实验更加精密,出现了更多的化学制剂,为防治疾病提供了更多的人工制备药物。《石药尔雅》为唐代梅彪撰写的一部专述矿物药的小型著作,书中记载丹药配方与炼制方法98种,收录讲述炼丹服食的书97部,从中反映出当时炼丹术流行盛况。唐代炼金之风盛行,成书于唐代的《铅汞甲庚至宝集成》记载有当时流行的药金达15种。宋代炼丹出现了精致的金银质丹炉、神室(反应器)、各式铁质水火鼎,以及专用于升炼水银的蒸馏器等,但炼丹术经长期实践之后未得长生者,丧生者却屡见不鲜,炼丹术受到质疑。明代炼丹术大大衰落,炼丹术在制药和化学方面的成就却为医药学家所继承和发扬,一些化学药剂及其炼制方法被收录到药学书籍,为后世研究中国古代化学提供了重要原始资料。

2. 炼丹中的化学成就

古代炼丹术从丹药成分看,最主要有汞、铅、砷、硝石、硫黄等。

汞制剂。氧化汞是炼丹家以水银为原料制得的一种鲜红色的化合物,具有治痈疽疔毒、梅疮瘰疬的功效;红色硫化汞是以水银和硫黄两物合炼得到的化合物,大约出现于隋唐,古人称"灵砂"。天然丹砂自古就是中国本草中的重要之物,据《神农本草经》记载,丹砂具有"养精神,安魂魄,益气明目,杀精魅邪恶鬼,久服通神明不老"功效,可见炼丹家把它作为长生药,自有其道理。明代时,药学家们称人工硫化汞为"银朱"。据宋应星撰《天工开物》记载,每一斤水银可得到14两上等银朱,外加次银朱三两五钱,收益相当高,银朱具有治癫痫,驱邪疟,解胎毒,润心肺等功效。氯化汞分为氯化高汞(俗名升汞)和氯化亚汞(俗名甘汞),均为白色结晶粉末。中国炼丹家称呼升汞为粉霜、水银霜或霜雪,称呼甘汞为轻粉或水银粉。东晋时,炼丹家就已经成功地炼制出了粉霜,古人很早就研究了它们的医疗功能和生理效应,宋代以后粉霜成为重要的医药。轻粉有通便、治瘰疬、杀疥癣的功效,而粉霜在明代以后被尊为疮科的圣药之一,能治一切疮毒、溃疡、阴疽成瘘、脓水淋漓等症。清初时,人们又往粉霜中掺入少许砒霜以增加其疗效,这种丹药就是著名的"白降丹"。

铅制剂。由于铅在化学反应中颜色变化多端,中国炼丹家用铅炼制成多种制剂,有黄丹(PbO)、橘红色铅丹(Pb_3O_4)、白色铅粉和铅霜(醋酸铅)等。黄丹由于色泽金黄,橘红色铅丹貌似丹砂,因此被方士视为神丹妙药。唐代炼丹家发明硝磺法炼制铅丹,使铅丹制作效率显著提高。明代医药学家进一步改进铅丹制作工艺,把铅与白矾、焰硝一起加热获得铅丹,称为硝矾法。黄丹外用具有拔毒、生肌、杀虫、止痒功效,内服具有坠痰、镇惊、攻毒、截疟的功效。铅丹具有解毒、镇惊的功效。铅粉的主要成分是碱式碳酸铅,自古就用作化妆品、白色颜料和药物,汉代以后成为釉颜料和炼丹药物。铅霜,古人称"玄霜",是制作铅粉中发现的,唐代时制作工艺得以完善,具体工艺见唐代成书的《玄霜掌上录》,该书是一部专门讲述铅霜制造方法、性能以及作用的书。铅霜具有消痰、止惊悸、解酒毒、治疗胸膈烦闷的功效。

砷制剂。古代炼丹家利用的含砷矿物有雄黄、雌黄、砒石(不纯的氧化砷)和礜石(硫砷铁矿)等。雄黄和雌黄颜色赤红、金黄,非常鲜艳,最初被用作颜料,后据《本草经》记载能"杀精物、恶鬼、邪气、百虫",所以为炼丹家视为炼丹重要药物。雄黄和雌黄有攻毒杀虫,祛风定惊,燥湿祛痰的功效。如果把雄黄、砒石、礜石放在土釜中加热升炼,就得到砒霜。隋代时,炼丹家已掌握了焙烧雄黄获得纯净砒霜的方法,称"饵雄黄法"。唐代孙思邈最早用它治疗疟疾、牙痛等病。中国古代砷化学中的最大成就是制得了单质砷,据孙思邈《太清丹经要诀》中记载,把雄黄、雌黄与金属锡在密闭坩埚中合炼可获得升华的产物,即单质砷。南宋炼丹家将砒霜和草木药或蜜合炼,得到了色如银或如黑角色、甚硬的单质砷晶体,称为"砒",表明中国炼丹家在世界上最早发现了元素砷。

矾。矾是中国古代染色、医药、炼丹术中应用广泛的矿物,包括绿矾(七水合硫酸亚铁,又名青矾)、白矾(十二水合硫酸铝钾,又名明矾)、黄矾(硫酸盐类矿物)、胆矾(五水硫酸铜)。绿矾是古代制取和应用最早的一种矾,战国时期用作黑色染料,通过焙烧含煤黄铁矿的涅石获得,《山海经》已有涅石和涅染黑的记载。绿矾具有燥湿化痰、解毒敛疮、补血止血的功效。黄矾是绿矾经自然风化氧化形成的,很早就用于染色,唐代以后又成为炼金术中的"染色剂",具有解毒杀虫,敛疮,治痔瘘、恶疮、疥癣的功效。白矾、胆矾自古就是药物,白矾具有解毒杀虫、燥湿止痒、止血止泻、清热消痰的功效。胆矾具有"化铁为铜成金银"的神异性,因而被炼丹家视为圣药,具有催吐、祛腐、解毒功效。

3. 火药的发明

火药是中国四大发明之一。最早的火药出自炼丹家之手,后为军事家利用,得到发展和改进,于是先后出现了燃烧性火药和爆炸性火药。传统火药的成分主要为硝石(硝酸钾)、硫黄和含碳物质。硝石是火药发明的关键,早在战国时期,硝石就已做药用。炼丹术兴起后,硝石成为一种主要炼丹药剂。硫黄的使用大约开始于西汉,据《博物志》记载,当时所用的是成块的天然硫黄,主要来自西域。魏晋时期,人们开始从焙烧黄铁矿制取绿矾中收取硫黄。唐代炼丹术中已经出现"伏火法",是防止硝石、雄黄、硫黄、草木药等共同烧炼过程中发生易燃、易爆的预处理方案。在唐代的一些炼丹术著作中也出现了一些伏火方,实质就是原始火药配方。"火药"名称及其正式配方最早见于曾公亮所撰的中国古代第一部官修兵书《武经总要》,其中翔实记载了用于制作"毒药烟球""蒺藜火球""火砲"的火药配方,各配方中除焰硝、硫黄外,还掺入了易燃并冒烟的油桐、松脂、砒霜等物质。大约在南宋时期,火药经印度传入阿拉伯国家。元时,蒙古人西侵时,火药传入西方。

(五)制糖化学

食糖在中国古代医药中很受重视,应用很广泛。古代的食糖主要有饴糖和蔗糖。饴糖主要成分是麦芽糖,利用风干的麦芽和谷物酿造而得,与酒的发明相似。这种糖最初称为"饧",大约在 3000 年前的周代就有加工制作饧的工艺了。到了汉代人们食用麦芽糖制品已经很普遍,饴饧已经成为平民的小食品。饴饧制作工艺最早见于东汉崔寔撰写的《四民月令》,但记述简单,贾思勰在《齐民要术》中翔实地介绍了当时制造糖化蘖和饧的方法。此后,方法没有多大改进,但做饴饧的原料日趋广泛。蔗糖主要是从甘蔗榨取获得。西汉时期,人们已经知道采用日晒和温火煎熬得到胶状糖浆,当时称蔗饴或蔗饧。唐代时,制蔗糖技术有了很大改进,掌握了制造大块结晶冰糖的技艺。关于制作冰糖的技艺,南宋王灼撰写的《糖霜谱》专门做了详细记述。明代我国有了脱色白砂糖,于是就用白砂糖制作冰糖。

(六)染料与色染化学

距今 6000 至 7000 年前的新石器时代中期,先民们就已经会用赭土粉(赤铁矿粉)将粗麻布染成红色。矿物染料由于染色附着力不强,染色不均匀,自人们掌握以天然植物色素作染料之后很快就被淘汰。大约也是在新石器时代中期,先民们开始以天然植物色素作为染料。最初是把花、叶搓成浆状物,后逐渐掌握用温水浸渍的方法提取植物染料,选用植物部位也逐渐从花、叶扩展到枝条、树皮、块根、块茎以及果实等。通过千百年的努力,人们找出了几种特别适宜作染料的植物,并掌握了其特性和加工工艺。随着染料需求大增,人们便有意识地大规模栽培这类植物并研究栽培方法,色染也就逐步成为一种专门技艺,古代称为"彰施"。我国历代都很重视"彰施",各代王朝都设有专门掌管染色的机构。如周代设有"染人",为掌管染色的官员,秦代设有"染色司",唐代设有"织染署",宋代工部下设有"内染院",明清则设有"蓝靛所"。

我国古代常用染料有红色染料、黄色染料、蓝色染料、紫色染料、黑色染料。红色染料采用的植物有红花,提取染料部分为花;茜草,提取染料部分为根茎;苏木,为热带乔木。黄色染料主要采用的植物为落叶乔木黄栌、黄檗、栀子和槐。蓝色染料主要采用的植物为蓝草,蓝草叶子中含有叫"蓝甙"的色素,在水浸条件下会逐步水解生成可溶性的 3 - 羟基吲哚,染于织物上,经日晒、氧化,就生成"蓝靛"。紫色染料采用紫草,紫草为多年生草本植物,我国南北各地都有生长,根、茎部可提取出紫色染料。黑色染料的原料是一些含有多元酚基和羧基有机化合物的植物的树皮、果实外皮或虫瘿等,经水浸取液与媒染剂绿矾配合,便生成鞣酸亚铁,上染后经日晒氧化,便在织物上生成黑色沉淀色料,故绿矾常用于染黑。古代染色技术经历了从简单到复杂的发展过程,最初为"浸染",即将漂洗的织物浸泡在染料溶液中,后取出晾干即成;后发展为"套染",是将染物依次以几种染料陆续着色,不同染料搭配就可产生色调不同的颜色。

二、中国近代化学

中国近代化学发展是指 1840 年第一次鸦片战争后到 1949 年新中国成立前化学在中国的发展。

16 世纪后期,随着意大利传教士利玛窦来到中国,西方科学知识开始传入中国。但直到 17 世纪初,西方化学知识才零散地传入中国。1611 年,法国传教士金尼阁来华,带来了 7000 多部西方书籍,其中有《论金属》。1643 年,德国传教士汤若望等和我国学者李天经翻译了该书,书名为《坤舆格致》,可以说是中国最早翻译的含有化学知识的书籍。1612 年意大利传教士熊三拔和中国学者徐光启合译《泰西水法》,书中介绍了西方元素说。18 世纪初,由于清政府采取了闭关自守政策,中西方科学技术交流中断。

1840 年鸦片战争后,中国关闭的大门被迫打开,西方科学技术连同宗教文化大量传入中国。1855 年上海出版了第一部由英国传教士合信(1816—1873)著的《博物新编》,书中介绍了近代化学零星的知识和若干化学实验,是我国第一部介绍西方近代化学知识的书籍。1856 年英国传教士威康臣译著的《格物探源》中,第一次把西方的"chemistry"译为"化学"。1868 年,京师同文馆刊行美国传教士丁韪良著《格物入门》,其中《化学入门》是第一部介绍西方近代化学的专业译著。从 1868 年至 1900 年 30 多年间,共介绍、引进了近 50 部西方化学方面的书籍,这些书籍主要有《化学初阶》《化学鉴原》《制火药法》《化学分原》《化学指南》《化学鉴原续编》《化学启蒙》《化学鉴原补编》《西药大成》《化学易知》《化学器》《化学阐原》《化学考质》等,内容涉及无机、有机、分析、化工等。

中国近代化学教育开始于 19 世纪后期。1876 年京师同文馆设立化学专修班,即"汉文化学",是化学教育正规化的表现。同年,中国近代化学先驱徐寿与英国传教士傅兰雅在上海设格致书院,讲授化学知识。1879年《格致书院招致生徒启》规定:"本院于算学、化学、矿学、机器之学皆有专家",可知,书院开办之时,就已经设置了化学课程。除京师同文馆和格致学院开设化学外,各新式学堂也都根据实际,不同程度地开展了化学教学。1903年,清政府颁布了《奏定学堂章程》(又称"癸卯学制"),以政府法令形式规定化学作为各级各类学堂的必修科目和内容,确立了体系化化学教育。"癸卯学制"颁布后,全国各级各类学校陆续开展化学教育,并开始了较正规的高等化学专门人才的教育。1910年北京大学首先设立了格致科化学门,这是中国最早的高等化学教育机构。1919年北京大学化学门改为化学系,随后南开大学、厦门大学、东南大学(今南京大学)、中山大学、清华大学、四川大学、浙江大学、武汉大学、山东大学等校相继设立化学系,开展化学人才培养。这一时期,化学研究机构也相应建立起来。1923年黄海化学研究所建立,1928年中央研究院成立,设立化学研究所,1929年成立北京研究院,设有化学研究所和药物研究所。1932年中国化学学会在南京成立。

徐寿(1818—1884),中国近代化学的启蒙者。同治末,与英国传教士傅兰雅在上海设格致书院,讲授化学知识,演示化学实验,译著有《化学鉴原》《化学鉴原续编》《化学鉴原补编》《化学考质》《化学求数》《物体遇热改易记》等书,系统地介绍了十九世纪七八十年代化学知识。他采用取外文第一音节来造新字的办法为化学元素统一定名,如钠、钾、钙、锰、镍、锌等译名,一直为后世所采用。徐寿致力于在中国系统传播西方近代化学知识,促进了中国近代化学学科建设,被视为中国化学的先驱。

侯德榜(1890—1974),近代中国化学工业的奠基人之一。1921年任中国化工工业开拓者范旭东开办的天津塘沽碱厂总工程师。于20世纪20年代突破索尔维制碱法秘密,建立亚洲第一座纯碱厂,生产出中国优质纯碱——"红三角"牌纯碱,并于1926年在美国费城万国博览会上为中国赢得一枚金质奖章,被誉为"中国近代工业进步的象征"。20世纪30年代,他领导建成了我国第一座兼产合成氨、硝酸、硫酸和硫酸铵的联合企业;1943年创制联合制碱法(又称侯氏制碱法),可同时生产纯碱和氯化铵两种产品;新中国成立后,面对国家建设迫切需要化肥的情况,他经过多年探索,创制碳化法合成氨流程制碳酸氢铵化肥的新工艺,为我国农业发展做出了不可磨灭的贡献。

三、中国现代化学

1949年新中国成立后,中国化学在基础研究、应用研究和开发工作等各方面都获得长足发展。

1949年中国科学院成立,在上海设立物理化学研究所和有机化学研究所。1950年成立的东北科学研究所及大连分所,分别成为长春应用化学研究所和大连化学物理研究所的基础。至1956年,中科院化学研究所已有上海有机化学研究所、长春应用化学研究所、大连化学物理研究所、北京化学研究所等分所。1956年中科院又相继在广东、四川、甘肃、青海、山西等地建立了9个化学类研究所,加强基础研究和国家急需的重大应用任务研究。到21世纪初,全国有各类化学研究机构近千个。

新中国成立后,建立了新的教育制度,从中学开始实施化学教育,加强化学基础教育,积极普及化学教育。1952年高等学校院系调整,全国综合大学和大部分师范院校都设有化学系,设置了各种化学专业,建立化学实验室,编制化学教材,开展化学人才培养。进入20世纪80年代,化学基础教育得到广泛普及,中等职业技术教育中的化学教育也有很大发展。高等院校通过专业调整与优化,在教学内容上积极吸收化学研究新成果,开设了许多反映现代化学发展的新课程,新编一批水平较高的教材,引进和添置了大批现代化的化学实验仪器设备。到21世纪初,全国高校共有250多个化学系,在各级化学专门人才培养方面做出了贡献。

随着化学研究全面开展,化学各分支领域也相继形成,如有机化学、无机化学、高分子化学、生物化学、核化学等。1953年中国科学院成立全国性高分子化合物委员会,负责全国高分子科研和生产工作;1954年召开全国第一次高分子学术委员会;1958年中国科学技术大学建立第一个高分子科学系。元素有机化学在解放初也建立起来。经过50年的建设,到20世纪末,我国化学学科都已相继建立,并形成了完整的化学学科体系。

经过多年的发展,我国化学在基础研究、应用研究及开发新产品等方面都取得了突出成绩。在基础研究方面:1965年中国科技工作者获得人工全合成的牛胰岛素结晶,是世界上第一种人工合成的蛋白质;深化分子结构理论研究,促进配体场理论系统化和标准化;发展了一系列新的数学技巧和模型方法,深化了对化学拓扑规律的认识;1981年实现了酵母丙氨酸转移核糖核酸的人工合成,是世界上首次人工合成核糖核酸。在应用研究方面:1966年成功研制用于合成氨的原料气净化新流程的脱硫、水煤气低温交换和甲烷化三种催化剂,大大提高了中国合成氨工业的水平;研制并推广了一批新型高效低毒农药,促进了农业发展;20世纪50年代研制出一批用于石油炼制、天然气和煤的利用等方面的催化剂,缓解了能源紧张;开发了釉陶长期高产稳产的注水开发技术,提高了石油开采率;开发出由煤制取液体燃料技术,提高了煤的利用率;解决了一系列工业生产、自然资源开发、环境保护、新材料研制、国防建设等方面的技术难题,为国家工业、农业等方面发展做出贡献。

第三节　外国化学史

化学与人类的生产生活密切相关,早在史前,人类就已经开始使用火,火的使用标志着化学史的开端。根据一些化学史料,外国化学发展经历了古代化学、近代化学和现代化学三个发展阶段。

一、外国古代化学

从史前人类发现并使用火到17世纪中期为外国古代化学时期。这一时期,化学的显著特点是以实用为主,故为实用化学阶段。化学的产生和发展与人类生活、生产联系在一起,是通过制陶、冶金、酿酒、染色等各种实践活动中对化学工艺经验的积累,化学知识不系统,化学也还没有成为独立的科学门类。外国古代化学发展可分为两个时期:萌芽时期与炼丹和医药化学时期。

（一）萌芽时期

从史前到公元 1500 年前后为化学的萌芽时期。古埃及、古巴比伦、古印度、古希腊、罗马的实用化学都有了一定的发展。

大约公元前 5000 年古巴比伦人已经懂得炼铜技术，流传火、水、木、金、土五行说。公元前 4000 年至公元前 3000 年，古埃及人掌握了葡萄酒与啤酒酿制技术、冶金术、陶器制作和颜料染色。约公元前 3000 年，埃及人已用金银作饰物，古巴比伦人学会陨石炼铁并开始使用铁器。公元前 2500 年左右，埃及人已用砂和苏打制取玻璃，约公元前 2200 年，古巴比伦人也学会制造玻璃，掌握了模铸法。公元前 2000 年左右，古埃及人已经普遍使用青铜器具，掌握了利用碳粉从铅矿中提炼单质铅的技术，发明了防腐剂以制作木乃伊，希伯来人已会酿制葡萄酒。约公元前 1700 年，埃及人已会制珐琅。公元前 1000 年，埃及人已学会用石灰鞣革。

公元前 4 世纪，古希腊哲学家德谟克列特提出原子说，认为万物由大小和质量不同的、不可分的、运动不息的原子组成；亚里士多德提出"四元素"说，认为万物主要有干、冷、湿、热四性，元素是四性结合的表现，故可以互相变换。公元 1 世纪，古罗马百科全书式作家普林尼撰《博物志》，记述了当时的化学成就。公元 3 世纪，"炼金术"出现，在古希腊蒸馏、挥发、溶解成为熟练的操作。公元 8 世纪，阿拉伯炼金术士贾比尔，认为金属皆由硫、汞元素组成，以两元素作为点金术的理论基础，并首先引用碱、锑等化学术语，记载了硝酸、王水、硝酸银、氯化铵、升汞的制法。12 世纪阿拉伯和希腊出现"智者石"说，认为智者石可使贱金属变为贵金属。13 世纪，英国自然科学家，实验科学的前驱罗杰·培根（1214—1293），认为空气为燃烧必需的物质，建立炼金术实验室，十分重视实验科学；德国经院哲学家、科学家阿尔伯特·马格拉斯（1200—1280）进行了科学观察，于 1250 年以硫黄和皂角分离出了砷元素。1450 年，德国索尔德在辉矿石中发现化学元素锑。

炼丹术士在制造液体试剂的过程中，发明了蒸馏器、烧杯、冷凝器和过滤器等化学实验仪器，以及溶解、过滤、结晶、升华、蒸馏等化学实验操作方法。蒸馏方法的广泛使用，促进了酒精、硝酸、硫酸、盐酸等溶剂和试剂的发现，从而扩大了化学实验的范围，为后来许多物质的制取创造了条件。

（二）炼丹和医药化学时期

从公元 1500 年左右到 1650 年，化学从炼丹时期向医药化学时期过渡。这一时期，炼丹术由于缺乏科学基础，屡遭失败而声名狼藉。化学实验则开始在医药、冶金等实用工艺中发挥作用，一些化学方面的书籍也得以出版，如 1572 年《炼金的化学方法》《化学原理》等，书中第一次有了"化学"这个名词，学者也开始认识到实验是开展化学科学工作的重要工具。帕拉塞斯（1493—1541），瑞士医药化学家，是促进化学向医药和实验科学发展最具代表性人物，他强调化学研究的目的不应在于点金，而应把化学知识应用于医疗实践和制药。李巴乌（1540—1616），德国医药化学家，极力强调化学的实用意义，为推进化学成为一门独立科学做出了重要贡献，编著《工艺化学大全》，总结了他多年的化学实验经验。继帕拉塞斯、李巴乌之后，赫尔蒙特（1597—1644），比利时医药化学家，对化学进行了定量研究,开展了"柳树实验"和"沙子实验",这两个实验是早期化学发展史上著名的定量实验。从此,化学才找到了真正的科学方法,化学进入新的发展阶段。

二、外国近代化学

从 17 世纪中叶英国化学家波义耳把化学确立为科学开始至 19 世纪末为外国近代化学发展阶段。这一阶段又分为燃素化学时期和定量化学时期。

(一)燃素化学时期

从 1650 年到 1775 年是近代化学孕育时期。这一阶段开始的标志是英国化学家波义耳为化学元素指明了科学概念。波义耳(1627—1691),英国化学家,化学科学实验的奠基人,著《怀疑派化学家》,对化学发展产生重大影响。他主张化学研究的目的在于认识物体的本性,化学本身应作为自然科学中的一部分,应是为真理而追求真理的化学;通过一系列实验,认为元素是不能用化学方法再分解的简单物质,确立了化学元素的科学概念,为化学指明了研究对象;强调实验方法和对自然界的观察是科学思维的基础,提出了化学发展的科学途径。

燃素学说形成于 17 世纪末,是解释燃烧本质的学说,认为可燃物能够燃烧是因为它含有燃素。1669 年,德国医生兼化学家贝歇尔(1635—1682)出版《土质物理学》一书,对燃烧现象做了论述,提出了燃素说,认为燃烧是一种分解作用,是复杂物质分解成简单东西的过程。1703 年,德国化学家施塔尔(1659—1734),燃素说的集大成者,提出了比较系统的燃烧理论。尽管这个理论是错误的,但它将大量的化学事实统一在一个概念之下,解释了许多化学现象。在燃素说流行的一百多年间,化学家为解释各种现象,做了大量实验,发现了多种气体,积累了更多关于物质转化的新知识,为近代化学发展做了思想上的准备。这一时期,在气体方面做出贡献的学者有英国化学家卡文迪许(1731—1810),发现了二氧化碳和氢气,并发现水是由氢和氧两种元素组成的,被称为"化学中的牛顿";英国化学家卢瑟福(1749—1819),于 1772 年发现空气中的氮气;英国化学家普利斯特里(1733—1804),发现并制得氮气、氢气、氯化氢、氨气等多种气体,被称为"气体化学之父";瑞典化学家舍勒(1742—1786),发现并制得氧气和氯气。

(二)定量化学时期

从 1775 年到 1900 年是近代化学发展时期。这一时期对化学发展做出突出贡献的学者有拉瓦锡、道尔顿、阿伏伽德罗、盖·吕萨克、贝采利乌斯、维勒等。

拉瓦锡(1743—1794),法国著名化学家。1775 年前后拉瓦锡通过定量化学实验推翻了"燃素说",建立了氧化学说;给出了氧与氢的命名;发表第一个现代化学元素列表,列出 33 种元素;提出规范的化学命名法;撰写了第一部真正的现代化学教科书——《化学基本论述》;倡导并改进定量分析方法,开创了定量化学,使化学沿着正确的轨道发展,被后世尊称为"现代化学之父"。

道尔顿(1766—1844),英国化学家,于 1808 年出版《化学哲学新体系》一书。他继承了古希腊朴素原子论和牛顿微粒说,提出了原子学说,认为化学元素由不可分的微粒——原子构成,原子在一切化学变化中是不可再分的最小单位;同种元素的原子性质和质量都相同,不同元素原子的性质和质量各不相同,原子质量是元素基本特征之一;推导并用实验证明了倍比定律;发表了第一张原子量表,为后来测定元素原子量工作开辟了道路。

阿伏伽德罗(1776—1856),意大利科学家。他于 1811 年提出分子说,认为分子由原子组成,指出原子是参加化学反应的最小粒子,分子是能独立存在的最小粒子;单质的分子是由相同元素的原子组成,化合物的分子则由不同元素的原子组成;推出同体积气体在同温同压下含有同数目的分子,此被称作阿伏伽德罗定律,根据这条定律,他还详细研究了测定分子量和原子量的方法。阿伏伽德罗是第一个认识到物质由分子组成、分子由原子组成的人,他提出的"分子假说"奠定了原子-分子论的基础,推动了物理学、化学的发展,对近代科学产生了深远的影响。

盖·吕萨克(1778—1850),法国化学家、物理学家。1802 年他发现气体热膨胀定律;1805 年证实水可以用氧气和氢气按比例制取;1808 年证明体积的一定比例关系不仅在参加反应的气体中存在,而且在反应物与生成物之间也存在,同年发现硼元素;1809 年发表气体化合体积定律(即盖·吕萨克定律);1813 年为碘元素命名;1815 年发现氰并研究了氰的性质;还发明了碱金属钾、钠等的制备新方法,在推动化学发展方面做出了卓越贡献。

贝采利乌斯(1779—1848),瑞典化学家。1803 年发现元素铈;1806 年最早提出"有机化学"这一名称;1810 年最早分离出硅;1814 年发表了包含 41 种元素的原子量表,1818 年增加到 45 种元素,1826 年增加到 50 种元素;提出电化二元论,认为化合物都是由两种电性质不同(即带正电荷和负电荷)的组分构成,开创了对分子中各原子间相互关系的探索;1817 发现元素硒;1824 年分离出元素钽和锆;1828 年发现元素钍,还提出了新的元素符号体系;创始了重量分析;1834 年详尽地研究了碲的化合物和稀有金属(钒、钼、钨等)的化合物,被称为"分析化学之父"。

维勒(1800—1882),德国化学家。他人工合成了尿素;1827 年用还原方法获得了金属铝单质;1828 年发现了铍、钇,并且命名了铍;分离出了硼,研究了硅烷、钛及其化合物的性质;1842 年制备了碳化钙,并证明它与水作用放出乙炔。

李比希(1803—1873),德国化学家,被称为"有机化学之父"。1829 年他发现并分析马尿酸;1831 年发现并制得氯仿和三氯乙醛;1832 年与维勒共同发现苯甲酸基团,提出了根理论,发现同分异构体;1837 年与维勒共同发现了扁桃苷;1839 年,提出多元酸理论,开展对有机酸的研究,在发展有机化学上作出了重大贡献。

1829 年德国化学家德贝莱纳(1790—1849)把当时已知的 54 种元素中的 15 种,分成 5 组,指出每组的三种元素性质相似,而且中间元素的原子量等于较轻和较重的两个元素原子量之和的一半。1862 年法国矿物学家尚古多(1820—1886)提出元素的性质就是数的变化的论点,并创造"螺旋图"分类方法,将已知的 62 种元素按原子量的大小顺序标记在绕着圆柱体上升的螺旋线上,第一个指出了元素性质的周期性变化。1865 年,英国工业化学家纽兰兹(1837—1898)提出了"八音律",发现元素的性质有周期性的重复,第八个元素与第一个元素性质相近,就好像音乐中八音度的第八个音符有相似的重复一样。1864 年,德国化学家迈耶尔(1830—1895)出版《近代化学理论》,书中宣扬了原子-分子论,并发表了第一张元素周期表,表中列出了 28 种元素,按原子量递增的顺序排列,周期性地分成 6 个族;1868 年发表第二张元素周期表,新增加 24 种元素和 9 个纵列,共计 15

个纵列；1870年又发表第三张元素周期表，重新把硼和铟列在表中。1869年，俄国化学家门捷列夫(1834—1907)通过研究和总结，认为"周期表中元素的位置决定了原子量"，并发现已经知晓的元素是按照原子量递增排列，相似的元素会有一定的间隔，并制作了第一张元素周期表，还预言了类似硼、铝、硅的未知元素(门捷列夫称为类硼、类铝和类硅，即以后发现的钪、镓、锗)的性质，他的预言都得到了证实。为了纪念他在化学领域的贡献，因而把元素周期律和周期表称为门捷列夫元素周期律和门捷列夫元素周期表。各国化学家的努力工作，都对化学成为一门系统的科学做出了重大贡献，也为现代化学的发展奠定了基础。

三、外国现代化学

自19世纪末至今为外国现代化学发展阶段。经过近代化学的发展，化学逐渐成为一门成熟的科学。特别是进入20世纪后，随着量子物理学的发展，人们对原子内部结构的认识，无论在深度还是广度上都达到了前所未有的水平，在此基础上，化学无论从研究内容，还是从研究方法上都呈现重大的新发展，化学进入现代发展阶段。现代化学是建立在量子力学基础上，对原子、分子、晶体的微观结构本质进行的理论阐释。

（一）现代化学研究呈现的新特点

1. 化学对物质的研究由宏观向微观发展

进入20世纪，化学对物质的研究已经深入到原子内部，用量子理论探讨原子内的电子排布、能量变化等。

2. 化学研究由定性、半定量化向高度定量化发展

虽然近代化学已广泛使用各种定量化工具，但仍然处于定性和半定量化水平。20世纪60年代后，随着电子计算机技术的发展，用计算机计算分子结构取得巨大成功。化学实验、化学仪器精密度愈来愈高，呈现显著的定量化，并且已使用电子计算机来控制。

3. 化学对物质的研究由静态向动态发展

近代化学对物质的研究基本上停留在静态水平或从静态出发推导出一些动态情况。现代化学已摆脱这一阶段，可采用激光技术、同位素技术、分子束技术等现代技术直接去了解或描述动态情况。

4. 化学研究由描述向推理或分子设计方向发展

近代化学主要基于经验通过实验来了解和阐述物质，在认识基础上，也形成了一些理论，如溶液理论、结构理论等，但就总体研究来看，对化学的研究基本处于描述性阶段，化学各领域彼此独立。进入现代化学阶段，化学不仅各领域相互渗透，化学与物理、生物、数学、医学等学科也相互交融和渗透。各学科的渗透使化学摆脱传统的描述，向预测、推理和分子设计方向发展，即根据理论，计算后设计出最佳合成路线和原料配比，再按照设计进行实验来验证或合成。

（二）新的分支学科大量增加

随着化学与物理学、生物学、数学等学科的相互渗透和发展，催生了新的研究领域，化

学出现许多新的分支,使化学日趋成为一个庞大学科体系,包括无机化学、有机化学、物理化学、分析化学等。

1. 无机化学

无机化学是化学学科的起始。无机化学是以现代科学理论和先进实验技术研究无机物的组成、结构、性能和反应,并把无机物的性质、反应与结构联系起来的化学。19 世纪中叶形成的元素周期律为现代无机化学奠定了基础。20 世纪以来,化学工业及其他相关产业的发展,为无机化学提供了更广阔的舞台。近年来,人们对于新材料、新产品等的追求,促进了无机化学的发展。无机材料化学、生物无机化学、理论无机化学等新兴领域不断出现,使传统的无机化学再次焕发出勃勃生机。

2. 有机化学

从 1858 年价键学说的建立到 1916 年价键电子理论的引入是有机化学的萌芽时期,这个时期对有机化合物的性质已经有了一些认识。20 世纪 20 年代,随着化学家对价键理论的发展,高活络活催化剂、有机金属催化剂以及天然资源的开发和利用,有机化学进入合成高分子材料的新阶段。随着电子计算机、激光、核磁共振、重组 DNA 技术等的发展,有机化学在人工合成物方面取得了巨大成功。人们利用化学研制出了许多新材料,解决了天然资源短缺的问题。

3. 物理化学

物理化学是以物理的原理和实验技术为基础,研究化学现象的学科。1887 年,德国化学家奥斯特瓦尔德(1853—1932),物理化学创始人之一,与荷兰化学家范托夫(1852—1911)共同创办《物理化学杂志》,标志着物理化学的诞生。20 世纪初,物理化学以化学热力学的蓬勃发展为特征,吉布斯对多相平衡体系的研究、范托夫对化学平衡的研究、阿伦尼乌斯提出电离学说、能斯特的热定理等都是对化学热力学的重要贡献。20 世纪 20 年代以后,物理化学研究已深入微观的原子和分子世界,随着电子学、高真空和计算机等技术的应用和许多新的谱学技术的发现,使物理化学研究对象超出了基态稳定分子而开始进入各种激发态的研究领域。

4. 分析化学

分析化学是研究物质的组成、含量、结构和形态等化学信息的分析方法及理论的一门科学,是化学的一个重要分支。进入 20 世纪,随着学科的渗透与融合,化学家发明、创造了更多的仪器和方法,大大推动了分析化学的发展。20 世纪 20 年代后,溶液化学平衡理论、动力学理论、指示剂作用原理,滴定曲线和终点误差,催化反应和诱导反应,缓冲作用原理的应用大大丰富了分析化学的内容。20 世纪 40 年代以后,电子学的发展促进了各种化学仪器及分析方法的改进与发展,特别是原子能技术的发展与半导体技术的兴起,推动了微区分析、薄层分析、无损分析等各种仪器分析方法和分离技术的广泛应用,使过去很难解决的问题迎刃而解。

(三)现代化学发展成就

现代化学在发展过程中,取得了众多成就,这些成就主要有 X 射线、放射性、电子等三大发现,元素蜕变假说,原子核式结构模型,同位素假说,价键理论,量子化学等。

伦琴(1845—1923),德国物理学家,1895 年他在进行阴极射线的研究中发现了 X 射线(伦琴射线)。受伦琴影响,1896 年法国物理学家贝克勒尔(1852—1908)发现铀具有放射性,且这种放射性能使空气电离,也可以穿透黑纸使照相底片感光,从而确认了天然放射性现象。1898 年法国女物理学家、放射化学家玛丽亚·居里(1867—1934)与其丈夫法国著名物理学家皮埃尔·居里(1859—1906)共同研究放射性现象,发现了放射性更强的钋和镭,并结合放射性元素的特性,提出了放射性理论,为现代放射化学奠定了基础。汤姆逊(1856—1940),英国物理学家,在系统研究阴极射线中证实了阴极射线是很小的带电粒子,即电子。电子的发现,打破了"原子是物质结构最小单元"的观念,揭示了电的本质,使人们对物质世界的认识向前迈出了一大步。

卢瑟福(1871—1937),新西兰著名物理学家,原子核物理学之父。1902 年,卢瑟福与索迪合作在对铀、镭、钍等元素的放射性研究中提出了元素蜕变假说,认为放射性能使一种原子改变成另一种原子,这一发现打破了元素不会变化的传统观念,开启了对原子内部新的认识。1911 年卢瑟福提出原子核式结构模型,认为在原子中心有一个很小的核叫原子核,原子的全部正电荷和几乎全部质量都集中在原子核里,带负电的电子在核外空间里绕着核旋转,这一模型也被称为"行星模型"。

索迪(1877—1956),英国物理学家、化学家,1910 年提出同位素假说,1913 年发现放射性元素的位移规律。他认为化学元素存在着相对原子质量和放射性不同而其他物理化学性质相同的变种,这些变种应处于周期表的同一位置上,称作同位素。同位素的发现,使人们对原子结构的认识更深一步。这不仅使元素概念有了新的含义,而且使相对原子质量的基准发生了重大的变革,再一次证明了决定元素化学性质的是质子数(核电荷数),而不是原子质量数。

路易斯(1875—1946),美国化学家,化学热力学创始人之一,提出了共价键理论等,在同位素分离、光化学领域做出了贡献。1916 年路易斯研究共价键理论,该理论认为两个(或多个)原子可以相互"共有"一对或多对电子,以便达成惰性气体原子的电子层结构,从而形成共价键。共价键理论基本上解释了共价键的饱和性,明确了共价键的特点。1923 年路易斯发展了酸和碱的电子配对理论,并于 1926 年命名了"光子"。

海特勒(1904—1981),德国物理学家。1927 年他与 F.W.伦敦首先用量子力学处理氢分子,解释了氢分子中共价键的实质问题,为化学键的价键理论提供了理论基础,开创了量子化学这门学科。量子化学的发展可分两个阶段,从 20 世纪 20 年代末到 50 年代末为创建时期,主要标志是三种化学键理论的建立和发展,分子间相互作用的量子化学研究;20 世纪 60 年代以后为发展时期,主要标志是量子化学计算方法的研究,严格计算的从头算方法、半经验计算的全略微分重叠和间略微分重叠等方法的出现,扩大了量子化学的应用范围,提高了计算精度。

化学与人们生产、生活紧密相连。进入 21 世纪,由于化学与其他学科的相互渗透和交叉性,在研究方法上的通融性,研究目的上的相似性,使得化学进入基础科学与应用科学的各个领域,并在解决人类食品、能源与资源的合理开发和高效利用,材料科学的发展,提高人类生存质量和生存安全方面发挥了更大的作用。

【测试训练题】

一、选择题

1. ( )是保持物质化学性质的最小粒子。

A. 原子　　　　　　　B. 分子　　　　　　　C. 离子　　　　　　　D. 夸克

2. ( )的使用标志着化学史的开端。

A. 火　　　　　　　　B. 石油　　　　　　　C. 天然气　　　　　　D. 陶器烧制

3. 维勒(1800—1882)，德国化学家，他人工合成了( )。

A. 蛋白质　　　　　　B. 氨基酸　　　　　　C. 氨气　　　　　　　D. 尿素

4. 物理学家( )在进行阴极射线的研究中发现 X 射线。

A. 伦琴　　　　　　　B. 爱因斯坦　　　　　C. 哈伯　　　　　　　D. 坎贝尔

5. 化学家( )发现了元素周期律。

A. 波义耳　　　　　　B. 拉瓦锡　　　　　　C. 阿伏伽德罗　　　　D. 门捷列夫

6. 黑火药的三组分是( )。

A. 硝酸钾、硫黄和木炭　　　　　　　　　　B. 硝酸钾、二氧化硫和木炭

C. 碳酸钾、硫黄和木炭　　　　　　　　　　D. 硝酸钾、硫黄

7. ( )是世界上最早掌握制酒技术的国家。

A. 埃及　　　　　　　B. 中国　　　　　　　C. 印度　　　　　　　D. 阿拉伯

8. 1939 年，中国化工专家( )提出"联合制碱法"。

A. 徐寿　　　　　　　B. 张青莲　　　　　　C. 徐光宪　　　　　　D. 侯德榜

二、填空题

1. 物质根据它的组成和结构分为_____和_____。

2. 基本反应类型包括四大类反应：_____、_____、_____、_____。

3. 如人被蚊虫或蜜蜂叮咬，涂一些_____等碱性溶液，就可以减轻痛痒。

4. 中国近代化学的启蒙者是_____。

5. 1965 年，中国科技工作者获得人工全合成的_____，是世界上第一种人工合成的蛋白质。

6. 1981 年实现了_____的人工合成，是世界上首次人工合成核糖核酸。

7. 瑞典化学家_____发现并制得氧气和氯气。

8. _____提出了原子学说，认为化学元素由不可分的微粒——原子构成，(原子)在一切化学变化中是不可再分的最小单位。

三、辨析题

1. 催化剂只能加快化学反应速率。

2. 陶器和瓷器是两种不同的东西，但它们之间又有着密切的联系。

3. 钢和铁是没有区别的，钢就是铁，铁就是钢。

第七章　生物学常识

生物学是研究植物、动物、微生物等生物的结构、功能、发生和发展规律的科学,是自然科学的有机组成部分。生物学与人类生活密切相关,学习生物学,掌握生物学思想,站在纯粹生物科学立场对客观生命现象做出科学合理的阐释,能够更好地提升人们对生命本质的理解和认识。

第一节　生物学基本知识

一、生命与生命系统

(一)生命体

1. 生命与生物

生命是生物体所表现的自身繁殖、生长发育、新陈代谢、遗传变异以及对刺激产生反应等的复合现象,如植物、动物、细胞等都是生命,生命的基本单位是细胞。生物是有生命的有机体,如海洋生物、微生物等,有生命的个体称为生物体。有生命的物体不一定是生物,生物的一部分也可以有生命,如细胞;但生物都有生命,是有生命物质的有机组合。生物具有共同的物质基础和结构基础,具备新陈代谢以及对外界刺激做出反应、生长、繁殖和发育、遗传和变异、适应环境和改变环境等特征。

2. 细胞

除非细胞的生命以外,地球上生物的基本结构和功能单位都是细胞。原生动物及细菌、酵母等微生物以单一细胞形式存在,即单细胞生物;高等植物和动物则由多细胞构成,即为多细胞生物。细胞形态多种多样,体形极微,只能借助显微镜观察。细胞一般由细胞核、细胞质和细胞膜组成。细胞核位于细胞中央,近似球形;细胞质位于细胞核与细胞膜之间,为半透明、胶状、颗粒状结构的部分,是生命活动的主要场所,含水量约80%;细胞膜是位于细胞质外围的一层界膜,能够调节物质进出细胞,是细胞内外的屏障。动物细胞基本结构与植物细胞基本结构有所不同,区别在植物细胞膜外有细胞壁,细胞质中有如叶绿体、白色体、有色体等质体,还有特殊的液泡、圆球体、乙醛酸循环体;动物细胞无细胞壁,细胞质中有中心体、溶酶体。细胞壁位于植物细胞的最外层,是一层透明的薄壁,主要成分是纤维素与果胶,对细胞起着支持和保护的作用。

增加细胞数量是生物个体发育和系统发育的基础。细胞分裂是细胞增殖的方式,细胞通过分裂形成的新细胞具有与亲代细胞相似的遗传特性。无论单细胞生物还是多细胞生物,每个细胞必须生长和分裂。在单细胞生物中细胞分裂就是个体的繁殖,在多细胞生物中细胞分裂是个体生长、发育和繁殖的基础。细胞分裂的前提是遗传物质的复制、各种细胞器以及生物大分子的倍增与细胞体积的增大,之后一个细胞分裂为两个细胞,并将复制的遗传物质均等地分配到两个子细胞中,保证细胞遗传的稳定。

　　多细胞真核生物个体由多种类型细胞构成,细胞形态和功能各异,但都是由受精卵反复地有丝分裂产生细胞后代分化增殖而来,这些细胞在个体发育中循着不同的发育方向。在细胞形态、结构和功能上发生稳定差异的过程称为细胞分化,其本质是基因选择性表达的结果。

3. 遗传与变异

　　亲代产生与亲代相似的后代的现象叫作遗传,即亲代将自己的遗传物质传递给子代,代代相承,使后代拥有与前代相近的性状,从而使遗传的性状和物种保持相对的稳定性,所谓"种瓜得瓜,种豆得豆",如人眼睛颜色和肤色的遗传。基因是具有复杂结构的化学物质,能控制生物的遗传性状,决定子代与亲代之间的相似和不相似。基因一方面能忠实地复制自己,保持生物的基本特征;另一方面,会发生"突变",绝大多数突变为致病性突变,另外一小部分是非致病突变,非致病突变促进自然选择。除某些病毒的基因由核糖核酸(RNA)构成外,多数生物的基因由脱氧核糖核酸(DNA)构成。基因可以识别,基于一般情况下人类基因的唯一性,法医学上常常通过基因识别来进行个体识别和亲子鉴定。

　　变异是指生命在遗传的基础上,子代个体之间在 DNA 水平上的差异;或同一物种个体之间遗传差别的表述。亲代与子代之间、子代个体之间,绝对不会完全相同,总是存在着一定程度的差异,这种现象叫变异。生物变异有不可遗传变异和可遗传变异,不可遗传变异是指由于环境因素影响,变异并没有引起生物体内遗传物质的变化,因而不能够遗传下去;可遗传变异是由生物体内遗传物质的变化引起的变异,可遗传给下一代。基因重组、基因突变、染色体变异是可遗传变异的来源,可遗传变异使生物的生命得以持续地发展和进化。基因变异是产生生物多样性的根本原因。据科学研究发现,人类和大猩猩的 DNA 相似度高达 95%,人类和大猩猩很可能拥有相同的祖先,但是在漫长的进化过程中由于基因变异分道扬镳。

(二) 生 命 系 统

1. 生物体的结构层次

　　生物体是指单个的生物,即有生命的个体。单细胞生物由细胞构成个体;多细胞生物体具有一定的结构和层次。多细胞植物体与多细胞动物体的结构层次不同,多细胞植物体的结构层次为:细胞→组织→器官→植物体;多细胞动物体的结构层次为:细胞→组织→器官→系统→个体。

　　在个体发育生长过程中,细胞分裂产生的细胞在形态结构和生理功能方面逐渐产生差异与不同,即细胞分化。由形态相似、结构和功能相同的细胞群和细胞间质联合在一起构成组织,如动物和人体有上皮组织、结缔组织、肌肉组织和神经组织。组织是构成器官的基本成分,不同的组织组成具有一定形态并能完成一定生理功能的结构,称为器官,如骨、脑、心、肺、肾等。系统是动物体内能够共同完成一种或几种生理功能的多个器官按照一定的次序组合在一起形成的结构,如运动系统、呼吸系统等。

2. 生物圈

生物圈是指地球上所有生物与其生存环境形成的具有一定结构和层次的有机整体,生物圈包含了生物链中所有细微的生物和生态环境、生态系统等。因此,生命系统的结构层次是细胞→组织→器官→系统→个体→种群→群落→生态系统→生物圈。

种群是指同一时间生活在一定自然区域内同种生物的所有个体,是进化的基本单位。群落也称为"生物群落",指生存在一起并与一定的生存条件相适应的所有生物,包括生存在一定时间和一定空间的所有动物、植物、微生物。生态系统指在一定的自然区域内,生物群落与无机环境相互形成的统一整体,包括生物成分和非生物成分。生物成分按照物质和能量流动中的作用,可划分为生产者(植物)、消费者(动物)和分解者(微生物);非生物成分包含阳光、水、无机盐、空气、有机质、岩石等构成生态系统的基础物质。生物圈是地球上最大的生态系统。

3. 生态平衡

生态平衡是指在一定时间内生态系统中的生物和环境之间、生物各个种群之间,通过能量流动、物质循环和信息传递,相互之间达到高度的适应、协调和统一。生态平衡是整个生物圈保持正常的生命维持系统的重要条件,为人类提供适宜的环境条件和稳定的物质资源。生态平衡是相对、动态的,自然因素和人为因素会导致生态平衡失调,当前人为因素是造成生态平衡失调的主要原因。生物群落中各种生物由食物关系形成一种联系,这种通过食性关系而直接串联在一起的一组生物序列,称为食物链。食物链形成了能量和营养素在不同生物间的传递,生物间的能量传递是单向的,且逐级递减。一条食物链一般包括3至5个环节。根据生物在能量和物质运动中的作用,可划分为生产者、消费者和分解者。生产者主要是绿色植物,它们从环境中得到二氧化碳和水,在太阳光能或化学能的作用下合成碳水化合物(以葡萄糖为主),成为消费者和分解者生命活动中唯一的能源。消费者指直接或间接利用生产者制造的有机物质为食物和能量来源的生物,主要指动物,也包括某些寄生的菌类等。根据食性不同,生物可以区分为食草动物和食肉动物两大类。食草动物为第一级消费者,以食草动物为食的食肉动物为第二级消费者,各动物之间形成复杂的食物链,如青草→野兔→蛇→鹰。人类是最高级的消费者,他不仅是各级的食肉者,而且又以植物为食物。分解者主要是各种细菌和真菌,它们把复杂的动植物残体分解为简单的化合物,最后分解成无机物归还到环境中,被生产者再利用。

二、生物分类

(一)生物分类系统

自然界中的生物多种多样,为了理清生物之间的关系,人类很早以前就对生物进行了类别划分,如我国汉初的《尔雅》中,把动物分为虫、鱼、鸟、兽四类。近代随着自然科学的发展,生物学家依据生物的形态结构和生理功能等特征,把生物划分为不同类型和级别,通常包括界、门、纲、目、科、属、种七个主要级别。种(物种)是基本单元,近缘的种归为属,近缘的属归为科,科隶于目,目隶于纲,纲隶于门,门隶于界。根据细胞核膜结构有无,将生物分为原核生物和真核生物两大类,真核生物是具有细胞核的单细胞或多细胞生物的总称,包括所有动物、植物、真菌和其他具有由膜包裹着的复杂亚细胞结构的生物。原核生物是一类细胞核无核膜包裹,只存在称作核区的裸露 DNA 的原始单细胞生物。真核生物根据生物营养类型进一步划分为植物界(光合自养)、动物界(异养)和真菌界(腐生异养)。随着研究的进展,分类层次不断增加,单元上下可以附加次生单元,如亚门、总纲(超纲)、亚纲、次纲、总目(超目)、亚目、次目、总科(超科)、亚科等。此外,还可增设新的单元,如股、群、族、组等,其中最常设的是族,介于亚科和属之间。

(二)植物界分类

植物以固着生活为基本特征,不能自由运动,躯体含有叶绿素,能进行光合作用,且自己可以制造有机物。植物是一切生物赖以生存的物质基础,为一切真核生物及需氧的原核生物提供生命活动必需的氧气和生存环境,维持自然界的物质循环。没有植物,包括人类在内的生物将不能生存。地球上的植物约 50 万种,已经命名的植物约 30 万—35 万种,对数目如此众多、彼此千差万别的植物进行研究,最先要做的是根据它们的自然性质分门别类。植物分类的基本等级依然遵循当前国际生物分类系统命名法规,植物界分类阶层为界、门、纲、目、科、属、种;每个基本阶层下面均可加一个"亚级",如亚门、亚纲、亚目、亚科和亚属。通常将植物界的植物分为 17 门、6 大类:藻类(9 门)、菌类(3 门)、地衣(1 门)、苔藓类(1 门)、蕨类(1 门)、种子植物类(2 门)。按照五界分类系统,植物界主要包括真核藻类(绿藻门、轮藻门、褐藻门、红藻门)、苔藓、蕨类、裸子植物和被子植物。以西红柿(番茄)为例,其植物分类系统的等级和所在分类位置是植物界、被子植物门、双子叶植物纲、管状花目、茄科、番茄属、番茄。植物界存在物种多样性、生态环境多样性、营养方式多样性、生命周期多样性、遗传多样性等特征。

(三)动物界分类

动物是生物的一个主要类群,称为动物界。动物是自身无法合成有机物,须以动植物或微生物为营养,以维持生命活动的生物。植物和动物最主要的区别是植物自身能够通过光合作用合成有机物,满足自身生命需要,称为自养生物;动物不能光合作用,只能摄取有机物为食满足自身生存需要,称为异养生物。动物界分类阶层遵循界、门、纲、目、科、属、种。根据自然界动物的形态、身体内部构造、胚胎发育的特点、生理习性、生活的地理环境等特征有多种分类方法。通常可分为脊索动物和无脊索动物两大类。无脊椎动物体内没有脊椎骨,是动物界中比较低等的多样化的类群。在种类与数量上无脊椎动物远超脊椎动物,无脊椎动物群体在动物界占比超过 90%。无脊椎动物依据进化顺序分原生动物、海绵动物、腔肠动物、扁形动物、线形动物、环节动物、软体动物、节肢动物、棘皮动物等类群。无脊椎动物种类多样,除一些有亲缘关系外,没有什么共同特征。脊椎动物背部有脊椎骨,是由低等无脊椎动物进化而来,是脊索动物的一个亚门;一般体形左右对称,全身分为头、躯干、尾三个部分,有比较完善的感觉器官、运动器官和高度分化的神经系统。脊椎动物包括圆口类、鱼类、两栖动物、爬行动物、鸟类和哺乳动物六大类。以大熊猫为例,其动物分类系统的等级和所在分类位置是动物界、脊索动物门、脊椎动物亚门、哺乳纲、食肉目、犬型亚目、熊科、大熊猫亚科、大熊猫属、大熊猫。

(四)真菌界分类

真菌独立于动物、植物和其他真核生物自成一界,是营养方式为异养的真核菌类,包括真菌门和黏菌门。真菌细胞既不含叶绿体,也没有质体。少数真菌细胞壁以纤维素为主,多数以几丁质为主,如霉菌、酵母以及蕈菌(大型真菌)之类的微生物等,目前已发现真菌有 1 万属 10 万余种。真菌广泛分布于全球各带的土壤、水体、动植物及其残骸和空气中,营腐生、寄生和共生生活。真菌在生态系统中以主要分解者参与生态系统的物质循环。

酵母菌是一群单细胞的真核微生物,广泛分布于自然界,尤其在水果、蔬菜、花蜜的表面和果园土壤中最为常见,是重要的一种天然发酵剂。其能分解碳水化合物,产生酒精和二氧化碳等。酵母菌是人类应用最广泛的一类微生物,在酿造、食品、医药工业等方面占有重要地位。

霉菌是真菌的一种,其特点是菌丝体较发达,无较大子实体,繁殖迅速,喜欢温暖潮湿的环境,常造成食品、用具大量霉腐变质。

蕈菌(大型真菌)是指能形成大型的子实体或菌核组织的高等真菌类的总称。蕈菌大多具有食用、药用价值,如香菇、木耳、银耳、猴头、松口蘑、红菇、牛肝菌、灵芝、云芝等;少数蕈菌有毒,主要有毒鹅膏菌、白毒鹅膏菌和毒粉褶菌等,毒素主要是毒伞肽和毒肽两大类。

三、生物学学科思想

生物学学科思想是指自然界的各种生命活动规律反映在人的意识里,经过思维活动而产生的结果,是在对生物学知识、生物学思维和生物学方法积累、形成、掌握过程中对生物学规律及其精神实质的把握和领悟,具有概括性和普遍性[①]。学习和掌握生物学思想,有助于人们树立正确的生物科学观,提升对生物科学的认识。生物学思想体现在多方面,但最核心的思想是进化思想和生态学思想。

(一)生物进化思想

生物进化思想,即生物是不断进化的,现存的所有生物之间都有亲缘关系,都是由最原始的无细胞结构状态进化为有细胞结构的原核生物,从原核生物进化为真核单细胞生物,然后按照不同方向发展,出现了真菌界、植物界和动物界。总体来看,进化过程是从水生到陆生、从简单到复杂、从低等到高等,呈现出一种进步性发展的趋势。但生物的进化不都表现出进步性,也存在特化和退化现象。即生物进化的过程是曲折的,表现出种种特

① 赵法茂,齐霞. 生物学中的学科思想及其教学意义[J].泰山学院学报,2010(06):141-144.

殊的复杂情况,既具有缓慢的渐进,也具有急剧的跃进;既是连续的,又是间断的,整个进化过程表现出渐进与跃进、连续与间断的辩证统一。生物进化遵循自然选择的原则,即自然界的生物,在生存斗争中,适应者生存下来,不适应者被淘汰。现存在的生物是生物与环境相互作用过程中自然选择的结果。

(二)生态思想

生态思想,即认为一定空间内的生物和非生物通过物质循环和能量流动相互作用、相互依存构成了一个生态系统。在生态系统中,各种生物种群之间有互助也有竞争,生物种群与所处环境相互影响、相互制约,呈现出一种相对稳定的动态平衡状态。而任何一种生物种类、生物种群规模或环境的变化,都会引起与之相联系的其他生物种类或种群的变化。考察生物,要应用系统论的观点,将生物放在整个生态系统中进行整体研究,注意该生物与其他物种、环境之间的相互联系和关系,正确处理生物种群之间、生物物种、生物与环境之间的关系。从生态思想出发,遵循自然规律,正确处理人类与自然的关系,坚持人与自然的和谐发展是目前解决生态环境问题的重要途径。

第二节　中国生物学史

早在远古时期,中国先民就在长期的农、林、牧、副、渔和医药(本草)等研究实践中,积累了大量有关植物、微生物、动物、人体结构和功能等生物学方面的知识,为中国现代生物学的形成与发展奠定了基础。从中国生物学发展来看,主要经历了古代生物学(中国传统生物学)、近代生物学和现代生物学三个发展阶段。

一、中国古代生物学

古代生物学是中国传统文化的重要组成部分,经历生物学知识的萌芽与积累、系统生物学知识形成和生物学发展三个时期。

(一)史前至春秋中叶的生物学

从原始社会至春秋中叶是我国传统生物学知识的萌芽与积累时期。这一时期,我国古人通过观察,积累了许多动植物方面的知识,并形成了有关生命的一些认识。在出土的大量原始社会时期的文物中,保存了奔鹿、飞鸟、游鱼、花瓣纹、蟾蜍纹、蜥蜴纹、核果纹、豆荚纹、稻穗纹、叶纹、猪纹等彩陶绘画和长尾鸟、猪、羊、龟、象、鸡、狗、豹、猴、鼠等陶塑。据《尚书·尧典》记载,尧时人们已观察到鸟兽在不同季节中的交尾、繁殖、脱羽、换毛等生理变化。《夏小正》是我国现存最早采用夏时的历书,书中结合天文、历象,记载了几十种动植物在不同季节气候条件下的生长和繁殖,以及鸟类迁徙、鱼类洄游、鹿角退换、熊类冬眠等周期性生理现象。商代甲骨文中有不少动植物的名称。从字形结构看,如秫、黍、粟等皆从"禾"形,桑、栗、杞、柏等皆从"木"形,虫、蚕、蛇等皆从"虫"形,这表明当时人们已经能够根据动植物的外形特征,辨认不同种类的动、植物,并出现了最早生物分类的雏形。卜辞是中国晚商巫师进行占卜活动而刻在牛胛骨、龟甲等兽骨甲壳上的文字记载。通过对卜辞的分析,可知当时人们已经对人体解剖和生理方面有了一定的认识。据《周礼·地官司徒》记载,西周时期已设有官吏从事动植物资源调查及生物辨别等事项,积累了不少有关动植物的知识。《诗经》是中国最早的一部诗歌总集,收集了西周初年至春秋中叶的诗歌,书中记载有黄河流域中下游和长江以北地区植物约130种,动物约90种。

夏、商、周时期,中国先民已经有关于生命的认识,并形成了天神赐予说、化生说等生命观。天神赐予说认为生命是天神赐予的,如《诗经·生民》中"诞降嘉种,维秬维秠,维糜维芑";《商颂》中"天命玄鸟,降而生商"等。化生说认为生物是由另一种生物变化来,如《夏小正》中有"鹰则为鸠"的记载,认为鸠由鹰转化而来。据《国语·郑语》记载,西周末期思想家史伯在原始"五行说"的基础上提出"以土与金木水火杂,以成百物"之说;春秋时期的法家代表人物管仲(约公元前723—前645)及其后学则认为"水"是"万物之本原,诸生之宗室也",这些学说对于人们认识生命现象起到了一定的积极作用。

(二)春秋中叶至南北朝时期的生物学

从春秋中叶至南北朝时期是我国逐步形成系统生物学知识的时期。春秋战国时期,私人讲学兴起,促进了各学派的产生,出现不少农学、医学、药物学(本草)和有关动植物的著作,形成了蕴含在农学、医学、本草、哲学、训诂学等中分别阐述生物形态分类、生理、生物发生发展等方面内容的比较系统的生物学知识。

《尔雅》成书于秦汉时期,是我国第一部词典,书中收集了比较丰富的古汉语词汇,期中有"释草""释木""释虫""释鱼""释鸟""释兽""释畜"等篇,记述植物200余种,动物100余种,甚至对某些动植物体的不同部位和功能都有专名并做了解释说明。

《韩非子》是战国时期法家学派的代表著作,记载树木有"直根"(主根)和"曼根"(须根)之分,并指出前者具有"建生"(支撑)的作用,后者具有"特生"(摄取营养)的作用。

《黄帝内经》成书于春秋战国时期,是我国现存最早的一部重要医学文献,分《灵枢》《素问》两部分。书中对胃肠消化道形状结构、功能,心脏、血液及血管之间关系,肺脾肝肾、膀胱、脑等人体器官进行了记述,还对男女生长发育过程及其生理特征等都有较切实的记录。春秋时期,人们已经把生物分为植物和动物,并形成了从事物本身的自然属性进行分类的方法,如将动物分为小虫和大兽,大兽又分为鳞物(鱼蛇之属)、介物(龟鳖之属)、羽物(鸟类)、毛物(兽类)和蠃类(人类和猿类);植物分阜物(柞、栗之属)、膏物(莲、茨之属)、核物(梅、李之属)、荚物(荠荚、王棘之属)和丛物(苇之属)五类。荀子在吸取当时各家学术成就基础上,提出从事物的形、色、声、臭入手,采用"取类比象"对事物进行分类和命名,这与《尔雅》中所反映的动植物分类系统一致。荀子还运用这种逻辑分类法,把自然分为有生命的和无生命的,有生命的又分为无感知的和有感知的,有感知的又分为有思想的和无思想的等类。

《神农本草经》成书于汉代,又称《本草经》,是我国已知最早的中药学著作,书中集录、整理了我国各地区的多种药物,书中依据药用植物特性将植物分为上、中、下三品。

《齐民要术》是北魏农学家贾思勰所著的一部综合性农业书,是我国最早的一部农业百科全书。书中分别对作物栽培、选种育种、嫁接、杂交、果树、蔬菜、植保、家畜家禽饲养、养蚕、酿造等进行了论述,其中涉及了许多动植物及微生物等方面知识,还对生物遗传性和变异性做了阐释,认为不同生物都有适应一定环境条件的遗传性,同时又普遍具有变异性。这一时期,对生物习性及其生活环境的记述已经有很多,表明当时生物学知识已经非常丰富,形成了较为系统的反映生物生长、变化的知识。

(三)隋唐至清代中叶的生物学

隋至清代中叶是我国古代生物学发展的鼎盛时期。进入隋、唐以后,政治、经济、文化、科技和中外交通等方面都得到空前发展,生物学也由于医药事业、种植业、园艺业、养殖业、酿造业和海外贸易等的发展而积累了更为丰富的知识。这一时期,生物学发展呈现以下特点,一是出现了大量专门阐述动植物的专著;二是地区性的动植物志相继出现;三是出现了大量的动植物形态图和人体形态解剖图等著述。

专门论述动植物的专著有宋代欧阳修的《洛阳牡丹记》(1031)、蔡襄的《荔枝谱》(1059)、韩彦直的《橘录》(1178)、陈仁玉的《菌谱》(1245)及专门研究鸟类的《禽经》等。《植物名实图考长编》和《植物名实图考》都是清代植物学家、博物学家吴其浚(1789—1847)撰写完成的科学性较强的植物学专著。《植物名实图考长编》收载植物838种,每种植物名下摘录了历代本草、农书、方志、诗词等各类书中有关资料,内容涉及产地、形态、名称、品种、栽培、药用及其他作用。《植物名实图考》是在《植物名实图考长编》基础上,通过实地调查考证撰写完成的,书中共记载植物1714种,分谷、蔬、山草、隰草、石草、水草、蔓草、芳草、毒草、群芳、果、木共12类,附图1805幅,基本为一物一图,图文对照,对植物文献出处、产地、形态、颜色或性味、用途等进行了较为全面介绍。作为植物学的专门著作,《植物名实图考》及《植物名实图考长编》是中国古代植物学集大成的著作。《虫荟》是清代博物学家方旭(1857—1921)撰写的一部动物学专著,记载有1000多种虫类,分羽虫、毛虫、昆虫、鳞虫、介虫五类。

隋唐以后,随着经济重心南移和对西南地区的开发,在生物学知识方面,出现了大量的地区性动植物志。如唐代段公路的《北户录》、刘恂的《岭表录异》记述了不少岭南地区的动植物。宋代范成大的《桂海虞衡志》,记述了广东、广西、云南、贵州等地一些动植物;宋祁的《益部方物略记》,是记述四川地区草木、药材、鸟兽等动植物的专书。《救荒本草》是明永乐皇帝朱棣刊刻的专门论述地方性植物的植物学专著,记载植物414种,每种都配有木刻插图,按部编目,记草类245种、木类80种、米谷类20种、果类23种、菜类46种。《闽中海错疏》为明代屠本畯撰写,是我国现存最早的水产动物志,记载福建沿海水产动物200多种。后鲍山的《野菜博录》、王磐的《野菜谱》和清代郝懿行的《记海错》、郭柏苍的《闽产录异》等记录地区性动植物的书著也相继出现。

动植物形态图是与本草中的药图联系在一起的,最早的药图出现在汉、晋时期。《隋书·经籍志》记有《芝草图》《灵芝本草图》等,现都已散失。657年,唐高宗时,朝廷组织人员编修本草,完成《新修本草》(即《唐本草》),是中国历史上由国家颁行的第一部药典,也是中国生物学史上出现的第一部药用动植物图谱,附有《药图》25卷、《图经》7卷,已佚失。《本草图经》为宋代苏颂等撰,虽已失传,但其内容大都保存在北宋著名药学家唐慎微所著《经史证类备急本草》(简称《证类本草》)中,书中有图有文,记载有400余种植物、

90 余种动物,是中国现存最早的一部动植物图谱。《本草纲目》是由明代伟大医药学家李时珍(1518—1593)编修的具有世界性影响的博物学著作,被誉为"东方药学巨典",书中记载有药物 1892 种,绘制插图 1160 幅。《本草纲目》在药物分类上改变了原有上、中、下三品分类法,采取了"析族区类,振纲分目"的科学分类,对药物的分类已经过渡到按自然演化的系统来进行;植物分类根据植物性能、形态及其生长环境,区别为草部、谷部、菜部、果部、木部 5 部;动物分类按低级向高级进化的顺序排列为虫部、鳞部、介部、禽部、兽部、人部 6 部。

人体形态解剖图始于宋代,《欧希范五脏图》是由北宋吴简编订成书,对欧希范等 56 人尸体解剖后,经画工绘成的人体解剖图,现已散失。《存真图》又名《存真环中图》,由北宋杨介编订成书,书中有"肺侧图""心气图""气海横膜图""脾胃包系图""二分水阑门图""命门、大小肠膀胱之系图"等多帧脏腑、经络图,今已佚失。明末清初,还翻译了一些西方解剖学著作,如意大利传教士罗雅谷、龙华民和瑞士传教士邓玉函合译的《人体图说》及邓玉函编译、毕拱辰整理出版的《泰西人体说概》。《医林改错》是清医学家王清任(1768—1831)编著的,是我国中医解剖学上具有重大革新意义的著作,书中约有三分之一篇幅为解剖学内容,并提出"灵机记性在脑不在心"等正确看法。

这一时期,除上述大量的动植物及医书中记载有丰富的生物学知识外,在农书及其他书籍中,也有大量生物学内容和相关知识,对动植物分类、动植物与环境等生态知识、遗传与变异、人工选择与栽培对变异的作用等进行了记述。如韩彦直的《橘录》中已意识到通过人工选择、杂交或嫁接可使动植物产生新的变异或形成新品种。元代农学、农业机械学家王祯(1271—1368)在其《农书》中提出了各地适宜种植的作物及种植季节,同时强调选种、接枝、杂交、水利、粪土等人工措施,可创造出有利于作物生长的条件。《农政全书》是明代科学家徐光启撰写的一部农业百科全书,书中对 159 种植物形态、特征、价值及栽培方法进行了记载。《授时通考》是清代乾隆时以传统形式编撰的大型综合性官修农书,在林业内容部分记载了松、柏、桧、楸、杉、椿、梧桐、楮、槐、榆、柳、杨 12 种树木,对树木的生长环境、特性、果实以及作用做了记述。这些事例表明,我国古人已积累了丰富的生物学知识,对生物现象的认识已经不断扩大和深化了。

二、中国近代生物学

(一)第一次鸦片战争至 1911 年的生物学

第一次鸦片战争后,随着兴办洋务热潮,包括生物学在内的西方近代科学技术相继传入中国。1851 年由英国传教士合信与中国学者陈修堂合译的《全体新论》,介绍了西方近代解剖生理学知识。1858 年中国学者李善兰与英国传教士韦廉臣合译《植物学》,是中国最早的一部介绍西方近代植物学基础知识的著作。1895 年英国传教士傅兰雅翻译并出版了巴尔弗的《植物图说》,书中以图片的方式直观地对西方近代植物学知识进行了阐释,将西方植物学知识清晰明了地传播至晚清植物学界。英国传教士艾约瑟(1823—1905)为西方科学知识在中国的传播做出了重要贡献,他主持编译了《西学启蒙》丛书,其中包括《动物学启蒙》《植物学启蒙》等。此后,陆续有许多有关西方生物学的著作被翻译成中文出版。1898 年严复译著的《天演论》首次介绍了"物竞天择,适者生存"的生物进化思想,在中国思想界产生较大的影响。1896 年由罗振玉等人在上海创立农务总会(亦称"上海农学会"),1897 年创办《农学报》,除介绍一般农业知识外,还组织翻译出版了许多动植物学著作。从 19 世纪 50 年代至 1911 年的近 60 年间,在被译成中文出版的 468 部西方科学著作中,有关动物学、植物学和矿物学在内的博物类书籍达 92 部之多。19 世纪 90 年代生物学教学在学校教育中已见端倪。1893 年,在湖北"自强学堂"的格致科内即设置了动植物学课程。1905 年,随科举制度的废除和新学兴起,生物学教学在学校中得以逐渐发展。

(二)1911 年辛亥革命以后至 1949 年的生物学

民国初期,随着高等师范学校在各地相继成立,博物部或农科也相继在一些学校设立。秉志(1886—1965),中国近代生物学的主要奠基人,1921 年在南京高等师范学校创建中国第一个生物系。之后,一大批生物学家到各个大学任教,并进行了生物学的教学和研究,在开创中国现代生物学领域方面做出了突出贡献。如中国近代植物学的开拓者钟观光(1868—1940);中国近代植物分类学的开拓者和奠基人之一陈焕镛(1890—1971);中国古脊椎动物学的开拓者和奠基人杨钟健(1897—1979);中国现代动物组织学、胚胎学研究的开拓者之一崔之兰(1902—1970);中国动物遗传学的创始人和动物行为学、生物学史研究的开拓者陈桢(1894—1957);中国植物生理学的开拓者,植物生态学与地植物学的奠基人之一李继侗(1897—1961);中国植物生理学奠基人之一汤佩松(1903—2001);中国昆虫学的奠基人之一胡经甫(1896—1972);中国医学寄生虫学奠基人之一冯兰洲(1903—1972);中国生物物理学的奠基人贝时璋(1903—2009);生理学和水生生物学的奠基人之一伍献文(1900—1985);中国现代遗传学奠基人谈家桢(1909—2008);中国植物病理学科的奠基人戴芳澜(1893—1973);中国实验胚胎学主要创始人,中国海洋科学研究奠基人,被誉为"中国克隆之父"的童第周(1902—1979)等。

1914 年中国近代科学的奠基人之一任鸿隽(1886—1961)等人联合发起成立科学社,集资创办《科学》。1915 年《科学》杂志在国内正式发行,同年 10 月"中国科学社"正式成立。1922 年中国科学社委托秉志等人在南京筹建中国第一个生物学研究机构——中国科学社生物研究所,该研究所为中国培养了大批生物学家。1928 年由尚志学会和中华教育文化基金会集资在北平建立了静生生物调查所,由秉志任所长。1929 年中央研究院自然历史博物馆在南京成立,主要任务是陈列从全国各地送来的动、植物标本,同时进行一些动植物的分类研究。1934 年该馆改组为中央研究院动植物研究所。1929 年成立国立北平研究院,为中国科学院的前身,下设动物学研究所、植物学研究所和生物学研究所(后改名为生理学研究所),主要负责北方动物、植物的调查和分类研究,生理学、细胞学等问题的研究和中药生理作用的研究。1931 年中国西部科学院(四川北碚)成立生物研究所,为中国调查研究西部地区的动植物建立了基地。这些先后建立的生物学研究机构以及各大学的生物系、农学院、医学院彼此配合,为中国动植物调查和分类研究做出了重要贡献。1937 年抗日战争爆发,大量研究所西迁,没有搬迁的研究所毁于日军炮火。在战火中,各研究机关和大学的图书资料、仪器设备、动植物标本损失惨重。20 世纪 20 年代以来,随着生物学研究所的成立,各生物学专业学会也相继成立。1925 年北京博物学会成立;

1926 年中国生理学会在北京成立；1929 年中国古生物学会在北京成立；1930 年中华水产生物学会在厦门成立；1933 年中国植物学会在南京成立；1934 年中国动物学会在庐山成立。

生物学研究机构的成立及其开展的研究工作，促进了中国生物学的发展，这一时期还编著出版许多生物学方面的专著和论文，如钱崇澍发表的《黄山植被和植物区系》，胡先骕和陈焕镛合作的《中国植物图谱》，陈焕镛的《我国樟科植物初步研究》《我国植物中之新种与新组合》《中国胡桃科之研究》《广东植物名录增订》等多种论著，秦仁昌的《中国蕨类植物图谱》，戴芳澜和邓叔群的《中国菌类名录》和《中国真菌志》等。除在植物学方面取得的大量研究成果外，许多学者在动物学方面也取得了大量成果。如 1924 年孙云铸出版了我国第一部古生物学专著《中国北部寒武纪动物化石》，1926 年李四光出版了《中国北部之蜓科》，根据进化观点，对蜓科做了系统分类。1931 年朱元鼎出版《中国鱼类索引》，是中国第一部鱼类分类学专著。此外，王家楫在对原生动物调查基础上，先后发表论文 10 多篇，陈纳逊对腔肠动物、陈义对环节动物、伍献文对圆形动物、沈嘉瑞对甲壳动物等都做了许多工作。1941 年胡经甫出版了《中国昆虫名录》，为中国昆虫学巨著之一。

三、中国现代生物学

中华人民共和国成立以后，中国的生物科学事业进入了一个新的历史时期，生物学从机构、队伍到研究的领域、范围和规模都得到了巨大发展。1949 年 11 月中国科学院成立，在对原有的中央研究院和北平研究院的几个生物学研究机构进行了调整与充实后，又陆续建立了许多新的生物学研究机构。1955 年 6 月成立生物学地学部，1957 年又单独成立生物学部，对开展相关研究工作起到了重要作用。此外，大学的生物系、医学院和农学院也相继建立，并逐渐增设了许多生物学相关的新专业，推动了生物学方面的研究，并源源不断地为生物学研究输送大批新生力量。与此同时，生物学各领域专业学会也相继建立并开展了广泛的学术研究与交流。随着生物科学研究工作的开展，生物学方面的刊物也成倍增加，这一切都促进了生物学的迅速发展，出现了新的繁荣面貌。

中华人民共和国成立后，有计划地开展了大规模自然条件和自然资源的综合考察，并在自然资源调查基础上，经过整理研究陆续编写出各种生物学志书。

在植物学方面，《中国植物志》《中国经济植物志》《中国高等植物图鉴》《中国真菌志》《中国经济海藻志》《中国黄海海藻志》《中国孢子植物志》等相继出版。《中国植物志》是一部集中国植物分类大成的重要著作，共计 80 卷 126 分册，包含国产及归化的种子植物和蕨类植物 31141 种，分别归属于 300 多个科的 3401 个属之中，是世界上已出版的植物志中种类最丰富的科学著作。在动物学方面，《中国动物志》《中国经济昆虫志》《中国经济动物·鸟类》《中国经济动物·兽类》《中国鲤科鱼类志》《中国软骨鱼类志》《中国动物图谱》《西藏鸟类志》《西藏昆虫》相继出版。《中国植物志》《中国动物志》等生物资源巨著的出版，不但为生物学、地学各科的基本理论研究奠定了基础，也为我国国民经济建设规划提供了基本材料。

新中国成立后，生物学各个领域都有了长足发展。在分类学方面，在编研"三志"（即《中国植物志》《中国动物志》和《中国孢子植物志》）的过程中，产生了许多分类学研究成果,包括新的分类系统、区系和生物地理研究等,并在重视生物分类研究下,开始重视生物多样性保护。1956年,在生物学家的推动下,设立了第一个自然保护区——鼎湖山自然保护区。在植物学方面,不仅加强了原有的高等植物分类学、形态学以及真菌学、藻类学工作,而且发展了原来十分薄弱乃至空白的生态学、地植物学、孢粉学等研究。在动物学方面,对全国范围动物资源进行了调查,积累了大量有关动物分类、生态和地理分布方面的资料,出版了多部动物学论著。在植物生理学方面,在植物生长与发育方面的研究,对农作物的种植起到了重要的促进作用。在生物化学与生物物理学方面,于1965年首次获得人工合成的蛋白质——结晶牛胰岛素,使人类在认识生命、改造自然的伟大征途上向前迈出了一大步,也有力地推动了中国和世界对蛋白质和核酸研究工作的发展;1981年经氢键配对,T4RNA连接酶连接,为世界上首次人工合成76核苷酸的整分子酵母丙氨酸tRNA。人工合成胰岛素与人工合成核酸的相继成功,表明中国在生物化学等相关领域已从能开展国际跟踪向国际并行的研究工作迈进。在胚胎学方面,自20世纪60年代起,童第周等生物学家开始尝试在其他脊椎动物身上做核移植实验,1963年首先在鱼类中取得成功,即世界上第一群克隆鱼,这个工作开启了我国克隆动物的实践。在作物遗传育种方面,在袁隆平的带领下,杂交水稻取得重大成功,水稻产量大大提高,袁隆平也被称为"杂交水稻之父"。在微生物学方面,对发酵菌种的分离、鉴定、选育和保存做了大量工作,奠定了中国现代微生物工业的基础;在动、植物和人类病害方面做了研究,在病毒疫苗研制上取得了突出成就;针对疟疾的青蒿素研究取得重大突破。2015年,屠呦呦因发现青蒿素对疟疾寄生虫有出色疗效而获得诺贝尔生理学或医学奖,成为首个获诺贝尔奖的中国本土科学家。

综上所述,经过几代人70多年的不懈努力,中国生物学已经形成了一个包括基础研究和应用研究在内的门类比较齐全、层次众多的生物科学体系,拥有了一支素质良好、水平较高的生物科学研究队伍,具备了一定科研攻坚能力,在生物学各个领域都取得了一定的成果。

第三节　外国生物学史

生物学是自然科学六大基础学科之一,外国生物学从最初的萌芽到成为一门科学,经历了古代生物学、近代生物学和现代生物学三个阶段。

一、外国古代生物学

早在原始社会,人类在采摘植物果实、捕食猎物中,通过观察就已经对动植物习性有了了解,并逐渐学会栽培植物、饲养动物,并开始有了原始的医术,这一切为生物学发展奠定了基础。大约4000年前,随着生产的发展,出现了原始的农业、牧业和医药业。人们对生物知识有了一些积累,但对植物学、动物学和解剖学还停留在搜集事实阶段,在搜集的同时也进行了一些整理。这一时期,古希腊学者和古罗马学者为生物学的发展做出了贡献。

（一）古希腊生物学

早在古希腊时期,古希腊人就提出了关于生命起源于自然界的假说。思想家、哲学家泰勒斯认为"万物出自水"便是这种假说的最初代表。到亚里士多德时代,亚里士多德和他的学生德奥弗拉斯特对生物进行了深入研究,通过动物解剖、分类,准确描述了动植物的形态,提出生物的层次思想,认为生物有高低差别,可以从低到高阶梯排列,人是自然界中最高级的动物。

亚里士多德在生物学方面的贡献主要在生态学和分类学方面,他是将生物学分门别类的第一个人,被公认为生物学的创始人。他撰写了《动物志》《动物的结构》《动物的繁殖》及《植物志》《论植物的本源》等著作,其中植物方面的著作已经失传。在对动物观察的基础上,把动物分成有血动物与无血动物,有毛动物与无毛动物。有血动物分为有毛胎生四足类、鸟类、鲸类、鱼类、蛇类卵生四足类;无血动物分为软体类、甲壳类、有壳类、昆虫类。在对动物发育观察研究基础上,他把动物的繁殖分为有性、无性与自然发生三类。

德奥弗拉斯特(公元前 372—前 287)为亚里士多德的学生,是古代最著名的植物学家,被称为"植物学之父"。他强调必须以科学的态度"研究真实事物存在的条件及其相互关系",著有《植物史》和《植物起源》。书中记述了 500 多种野生和栽培植物;阐明了动物和植物在结构上的基本区别;把植物分为乔木、灌木、草本植物、一年生植物、二年生植物和多年生植物,并认为高等植物是通过种子繁殖后代,而低等植物是靠自然发生产生后代。

（二）古罗马生物学

古罗马继承并发展了古希腊文化,一些学者在生物学方面也做出了贡献,如普林尼和盖伦。普林尼(约 23—79),古罗马著名科学家,古罗马时期一位百科全书式的学者,著有《博物志》,是古代西方最为渊博的科技著作。该书以科学的观察为基础,综合了大量的事实材料,以形象的语言勾画出了地球、人类以及其他生物的演变历史,全书共 37 卷,其中第 7 卷至第 32 卷介绍了有关生理学、动物学、药物学等生物学方面的知识。盖伦(129—199),古罗马时期最著名、最有影响的医学大师,在生物学方面的成就主要在解剖学和生理学,建立了血液运动理论,著有《论解剖过程》《论身体各部器官功能》等。他通过对猪、山羊、猴子和猿类等活体动物实验,在解剖学、生理学、病理学及医疗学方面有许多新发现。他认为神经起源于脊髓,人体有消化、呼吸和神经等系统,肝是有机体生命的源泉,是血液活动的中心等。他还对植物、动物和矿物等进行了比较深入的研究,在其药物学著作中记载了植物药物 540 种,动物药物 180 种和矿物药物 100 种。

二、外国近代生物学

西方近代生物学指从 15 世纪文艺复兴运动起到 1900 年孟德尔遗传学说的新发展,这一时期又划分为两个阶段:15 世纪下半叶到 18 世纪末为第一个阶段,19 世纪为第二个阶段。

（一）15 世纪下半叶至 18 世纪末的生物学

这一时期,许多学者为生物学的发展做出了突出贡献,主要有维萨里、哈维、列文虎克、林奈、拉马克等，他们的贡献促进了人体解剖学、生理学、动植物分类学等的发展。

维萨里（1514—1564），比利时解剖学家，人体解剖学的奠基人，现代医学的创始人之一。1543年维萨里发表了划时代的著作——《人体构造》，第一次详细描述了静脉和人类心脏的解剖，以及纵隔和系膜的结构，对盖伦的错误进行了纠正。

哈维（1578—1657），英国医生，近代胚胎学的奠基人之一。他在多年的研究基础上，创立血液循环理论，并于1628年发表了划时代著作——《心血运动论》，该书标志着近代生理学的诞生，同时也奠定了哈维在科学发展史上的重要地位。他还对动物在子宫内的发育进行了研究，并于1651年出版了《论动物的生殖》一书。

列文虎克（1632—1723），荷兰显微镜学家，微生物学的开拓者。1673年列文虎克对人、哺乳动物、两栖动物和鱼类等红细胞进行了观察，并绘制了红细胞的形态结构；1677年他描述了昆虫、狗和人的精子；1684年他准确地描述了红细胞，证明了马尔皮基推测的毛细血管层是真实存在的；1702年他在露天积水中发现了微生物，并绘出了微生物的主要形态（即球形、杆形和螺旋形），是第一个用放大透镜看到细菌和原生动物的人。他的发现对18世纪和19世纪初期细菌学和原生动物学研究的发展起了奠基作用。

林奈（1707—1778），瑞典博物学家，动植物分类学和双名命名法的创始人。1735年发表了最重要的著作——《自然系统》，1737年出版《植物属志》，1753年出版《植物种志》，建立了动植物命名的双名法，对动植物分类研究的进展产生了很大的影响。在动植物分类学上，林奈采用阶梯等级分类法，即将自然界分为动物界、植物界和矿物界"三界"。界以下依次是纲、目、属、种，实现了分类范畴的统一。植物界以种为分类的最小单位，再根据花的数量、形状和位置分成属，并以雌蕊的数目决定植物应归入的目，以雄蕊的数目确立应归入的纲，另总括隐花植物为一纲，构成所谓"林氏24纲"。动物界分为六个纲，即哺乳纲、鸟纲、两栖纲、鱼纲、昆虫纲和蠕虫纲。双名命名法，即用两个拉丁字构成生物某一物种的名称，第一个字是属名，第二个字是种名，两者组成一个学名，后面还附有定名人的姓名。林奈的分类法和命名法，使已知的各种生物可以排成一个有规则的系统，结束了过去生物学在分类命名上的混乱现象，这为后来生物进化的研究打下了基础。

拉马克（1744—1829），法国博物学家，生物学伟大的奠基人之一，他最先提出生物进化学说，是进化论的倡导者和先驱。1778年他撰写完成名著《法国全境植物志》；1794年第一个将动物分为脊椎动物和无脊椎动物两大类，是首先提出"无脊椎动物"的学者；1801年发表代表作《无脊椎动物系统》，由此建立了无脊椎动物学；1809年发表《动物哲学》，系统地阐述了他的进化理论（即"拉马克学说"）。《动物哲学》中提出了用进废退与获得性遗传两个法则，并认为这既是生物产生变异的原因，又是适应环境的过程。他第一个从生物与环境的相互关系方面探讨了生物进化的动力，为达尔文进化理论的产生提供了一定的理论基础。

（二）19世纪的生物学

进入19世纪以后，生物学获得了快速的发展。在这一时期，对生物学做出突出贡献的学者有施莱登、施旺、达尔文、孟德尔、巴斯德、科赫等，他们的研究促进了细胞学、进化理论、遗传学的确立，也使微生物学获得了快速发展。

施莱登(1804—1881)和施旺(1810—1882)都是19世纪德国的动植物学家。施莱登根据多年的研究,于1838年发表了著名的《植物发生论》,提出了植物细胞学说,认为在任何植物体中,细胞是结构的基本成分;低等植物由单个细胞构成,高等植物则由许多细胞组成。在复杂的植物体内,细胞的生命现象有两重性:一是独立性,即细胞具有独立维持自身生长和发育的重要特性;二是附属性,即细胞属于植物整体的一个组成部分。细胞增殖是一种以细胞核仁为起点的结晶化。施旺将施莱登的细胞学说从植物学扩展到动物学,于1839年发表《关于动植物的结构与生长的一致性的显微研究》,论述了细胞结构是一切动物所具有的共同特性,并进而建立起统一的细胞学说。"细胞学说"被恩格斯誉为19世纪自然科学三大发现之一,对生物科学的发展起了巨大的促进作用。

达尔文(1809—1882),英国博物学家,进化论的奠基人。他以博物学家的身份乘英国海军勘探船"贝格尔号",经历了5年的环球旅行,对动植物和地质结构等进行了大量的观察、采集和研究,形成了生物进化的思想,并于1859年出版了震动学术界的《物种起源》。书中从变异性、遗传性、生存竞争和适应性等方面论述了生物界的进化现象,提出了以自然选择、适者生存为基础的进化学说。1868年又发表了《动物和植物在家养下的变异》,1971年发表了《人类起源和性的选择》等书,对人工选择做了系统的叙述,解释了物种的起源和发展、变异和遗传等生物属性,从而提出性选择及人类起源的理论,进一步充实了进化学说的内容。

孟德尔(1822—1884),奥地利遗传学家,近代遗传学奠基人,被誉为"现代遗传学之父"。他通过长达八年的豌豆实验,发现了遗传规律,并在1865年将研究成果撰写成论文《植物杂交试验》发表在自然科学学会杂志上。文中提出了遗传单位因子(现在称为"基因")的概念,阐明了生物遗传的基本规律,即分离规律和自由组合定律(亦称独立分配定律);总结和指出了一整套科学杂交研究方法,如纯系培育、性状分类、回交实验等,开创性地引进和运用数理统计方法,把遗传学研究从单纯的观察和描述推行到定量的计算分析,为现代遗传学研究奠定了方法论基础。

巴斯德(1822—1895),法国19世纪著名的微生物学家,近代微生物学的奠基人。他一生进行了多项探索性研究,取得了重大成果,是19世纪最有成就的科学家之一。他研究了微生物的类型、习性、营养、繁殖、作用等,把微生物的研究从主要研究微生物的形态转移到研究微生物的生理途径上来,从而奠定了工业微生物学和医学微生物学的基础,并开创了微生物生理学。他发现用加热的方法可以杀灭微生物,即"巴氏杀菌法"(加热杀毒法);成功研制出鸡霍乱疫苗、狂犬病疫苗等多种疫苗。他有一个著名言论:科学虽没有国界,但是学者却有自己的祖国。

科赫(1843—1910),德国细菌学家,世界病原细菌学的奠基人和开拓者,在病菌学方面做出了突出贡献。他首次发现了炭疽杆菌并发明了预防炭疽病的接种方法;首次分离出伤寒杆菌、结核病细菌;首次发现了霍乱弧菌并提出了霍乱预防法;首次证明了特定的微生物是特定疾病的病原,阐明了特定细菌会引起特定的疾病;制定了科赫法则用以验证细菌与病害的关系;创立了固体培养基划线分离纯种法。科赫法则内容包括:第一,这种微生物必须能够在患病动物组织内找到,而在未患病的动物体内则找不到;第二,从患病动物体内分离的这种微生物能够在体外被纯化和培养;第三,经培养的微生物被转移至健康动物后,动物将表现出感染的征象;第四,受感染的健康动物体内又能分离出这种微生物。

三、外国现代生物学

现代生物学始于 1900 年孟德尔遗传学的重新发现。1865 年孟德尔发表《植物杂交试验》后,他在遗传学方面工作未能引起当时学术界的重视,直到 1900 年才被德国的柯灵斯、荷兰的德弗里斯和奥地利的丘歇马克三位植物学家分别发现,并予以证实。此后,遗传学向理论(包括生物进化)和实践(主要是植物育种)两个方面深入发展。

摩尔根(1866—1945),美国生物学家,是 20 世纪最重要的生物学家之一。他毕生从事胚胎学和遗传学研究,在孟德尔定律的基础上,创立现代遗传学的“基因理论”;利用果蝇进行遗传学研究,发现了染色体是基因的载体,确立了伴性遗传规律;并发现位于同一染色体上的基因之间的连锁、交换和不分开等现象,建立了遗传学的第三定律——连锁交换定律。连锁交换定律连同孟德尔提出的基因分离定律、基因自由组合定律并称为遗传学三大定律。他还把 400 多种突变基因定位在染色体上,制成染色体图谱,即基因的连锁图。1926 年他出版了《基因论》专著,对基因这一遗传学基本概念进行了具体而明确的描述。他创立的基因理论在胚胎学和进化论之间架设了遗传学桥梁,推动了细胞学的发展。

米丘林(1855—1935),苏联植物育种学家和农学家,米丘林学说的奠基人。经过多年的研究,他从有机体与其生活条件相统一的原理出发,提出关于遗传性、定向培育、远缘杂交、无性杂交、气候驯化改变植物遗传性的原则和方法,发展成为米丘林学说。米丘林学说的基本思想为:生物体与其生活条件是统一的,生物体的遗传性是其祖先所同化的全部生活条件的总和。如果生活条件能满足其遗传性的要求,遗传性保持不变;如果被迫同化非其遗传性所要求的生活条件,则导致遗传性发生变异,由此获得的性状与其生活条件相适应,并在相应的生活条件中遗传下去。进而主张生活条件的改变所引起的变异具有定向性,获得性状能够遗传的理论。

巴甫洛夫(1849—1936),苏联生理学家、心理学家,高级神经活动学说的创始人,条件反射理论的建构者。他在生物学上的贡献主要在血液循环生理、消化生理和高级神经活动生理方面。在血液循环生理方面,发现了支配心脏活动的四种神经,第一次说明了神经调节心脏活动的机制;在消化生理方面创造了慢性生理实验法,从而证明了动物的主要消化腺都有专门的分泌神经;在消化生理方面,发现所谓“心理性分泌”现象,导致条件反射理论的建立,从而开辟了高级神经活动生理研究的新领域。

奥巴林(1894—1980),苏联生物化学家,生命起源科学假说的创始人。1924 年写成《生命起源》,1936 年出版了另一部著作《地球上生命的起源》,第一次按照唯物主义观点详尽地探讨了生命的起源问题。他认为地球上的生命是由非生命物质经过长期的化学进化逐步演化而来,即从无机物生成有机小分子,从有机小分子形成氨基酸、蛋白质、核酸等高分子聚合物,再形成具有新陈代谢、能够自我复制的原始生命体,最终产生细胞。同时,他认为团聚体的形成过程是最早的多分子体系形成的合理过程,并指出生物进化阶段前的这一过程至少延续约 20 亿年以上时间。

自 20 世纪 50 年代,由于自然科学新成就在生物学研究中的广泛应用,使生物学的研究逐步深入到分子结构与功能水平,从静态观察发展到对生命活动过程的分析和测定。1953年,被称为"DNA之父"的美国生物学家沃森和英国生物学家、物理学家及神经科学家克里克(1916—2004),两人提出了遗传物质脱氧核糖核酸(DNA)的双螺旋结构模型,从此,生物学研究进入分子生物学的新阶段。

20世纪70年代,在分子生物学、细胞生物学等的基础上,结合实际应用,产生了一门新的学科,即生物工程学。生物工程学包括基因工程、细胞工程、酶工程、发酵工程等,它们互相联系,其中以基因工程为基础。

随着分子生物学和分子遗传学研究的深入,细胞学也进入新的发展水平,出现了细胞生物学。20世纪,生态学获得蓬勃发展,研究范围从群落扩大到生态系统,再至包括多种类型生态系统的综合考察和全球性的"生物圈",并与地学、环境科学以及社会科学结合,对生产和社会产生重大影响。此外,神经生物学成为一门崭新的学科,成为整个生命科学的发展前沿。进化论研究也有明显的突破,集中表现在对进化机制和微观层次规律的揭示方面。总之,现代生物学正向微观和综合方向深入。

宏观方面,现代生物学从研究生物体的器官、整体到研究种群、群落和生物圈,生态学为其中典型代表。生态学在研究方向、内容、尺度、方法上均有了重大转向:一是研究层次向宏观和微观方向发展,即一方面向区域性、全球性乃至宇宙性方面发展,另一方面与分子生物学、分子遗传学、生理学、微形态解剖学结合。二是研究范围不断扩展,一方面是研究内容和任务扩展到人类社会,渗入人类社会生活的各领域,成为自然科学与社会科学的桥梁之一,另一方面是应用生态学得到迅速发展。三是研究方法手段更新,野外自计电子仪器、遥感与地理信息系统、生态建模等现代化测试技术、设备和手段得到广泛应用;系统分析方法以及系统生态学的发展,进一步丰富了学科研究方法。

微观方面,"细胞生物学""分子生物学""量子生物学"获得发展,分子生物学为其中典型代表。进入21世纪,人类基因组研究的重点正在由"结构"向功能转移,基因组功能研究进入"后基因组"研究时代,功能基因组学、蛋白质组学、生物信息学成为新的研究方向和领域。

【测试训练题】

一、选择题

1. 由《灵枢》和《素问》两部分构成的我国现存最早的一部重要医学著作是( )。
A.《黄帝内经》   B.《尔雅》   C.《本草经》   D.《救荒本草》

2. 由明代医药学家李时珍编修,被誉为"东方药学巨典"的是( )。
A.《本草经》   B.《救荒本草》   C.《本草图经》   D.《本草纲目》

3.《农政全书》是明代科学家( )撰写的一部农业百科全书。
A. 宋应星   B. 沈括   C. 徐光启   D. 贾思勰

4. 以下说法不正确的是( )。
A. 巴斯德用曲颈瓶实验有效推翻了自然发生学说
B. 科赫是第一个发现传染病由病原体细菌感染造成的
C. 亚里士多德为病原体细菌编制名录

D. 列文虎克发明自磨显微镜并对细菌形态进行描述

5. 初次证明基因在染色体上的科学家是(　　　)。

A. 孟德尔　　　　　　　B. 摩尔根　　　　　　C. 艾弗里　　　　　　D. 萨顿

6. 一般而言,用肺呼吸的动物指(　　　)。

A. 除鱼类之外的脊椎动物　　　　　　B. 除鱼类、两栖类之外的脊椎动物

C. 脊椎动物　　　　　　　　　　　　D. 脊椎动物和高等无脊椎动物

7. 脊椎动物的脑结构中,统称为脑干的是(　　　)。

A. 中脑、脑桥、延髓　　　　　　　　B. 脑桥、延髓

C. 小脑、中脑　　　　　　　　　　　D. 中脑、脑桥、小脑

8. RNA 的组成成分是(　　　)。

A. 脱氧核糖、核酸和磷酸　　　　　　B. 脱氧核糖、碱基和磷酸

C. 核糖、碱基和磷酸　　　　　　　　D. 核糖、核酸和磷酸

9. 在能量转换方面具有重要作用的细胞器是(　　　)。

A.线粒体和溶酶体　　　　　　　　　B. 叶绿体和线粒体

C.高尔基体和内质网　　　　　　　　D. 叶绿体和过氧化物酶体

二、填空题

1. 533 至 544 年中国北魏农学家贾思勰著＿＿＿＿＿＿＿,全面地总结了秦汉以来中国黄河中下游的农业生产经验,其中含有丰富的生物学知识。

2. 1543 年比利时医学家维萨里所著＿＿＿＿＿＿＿出版,首次否定加伦关于血液通过心脏中膈细孔而运行的论点,并做了其他修正,创立近代人体解剖学。

3. 奥地利遗传学家孟德尔,通过长达八年的＿＿＿＿＿＿＿,发现了遗传规律。

4. 神经组织是由神经细胞和＿＿＿＿＿＿＿细胞组成的。

5. 达尔文于 1859 年出版了震动当时学术界的＿＿＿＿＿＿＿。书中从变异性、遗传性、生存竞争和适应性等方面论述了生物界的进化现象,提出了以自然选择、适者生存为基础的＿＿＿＿＿＿＿。

三、判断题

1. 人类基因组计划的内容是检测人类的 23 对同源染色体中的 23 条染色体。　(　　　)

2. 19 世纪自然科学的三大发现是:遗传定律、细胞学说和能量转化与守恒定律。

(　　　)

第八章　天文学常识

天文学是一门古老的学科，是研究天体的分布、运动、位置、状态、结构、组成、性质、起源和演化的一门科学，属于自然科学六大基础学科之一。天文学应用非常广泛，历法编制、天文导航、预报太阳活动等需要用到天文学方面的知识。学习天文学知识，对探索宇宙，了解我们生活的空间，以及形成正确的世界观都具有重要意义。

第一节　天文学基本知识

一、宇宙和天体

（一）宇宙

宇宙指广袤空间和其中存在的各种天体以及弥漫物质的总称，即所有空间、时间、物质按照一定的序列、层次和结构构成的物质世界的总称。《尸子》中有"天地四方曰宇，往古来今曰宙"，在汉语中，宇表示无限空间，宙表示无限时间，两者联用表示所有的空间和时间。最新研究认为宇宙的直径为 1560 亿光年，甚至更大。目前可观测的宇宙年龄大约为 138.2 亿年。光年是长度单位，用于衡量天体间的时空距离，指光在宇宙真空中沿直线传播一年时间的距离，1 光年＝9.46×10^{12} 千米。

（二）天体

宇宙中物质存在的形式是天体，恒星和星云是宇宙中的基本天体，行星、彗星、流星等都是天体。各种天体因互相吸引和绕转，形成各种天体系统，星系就是其中之一。

恒星是一种由炽热气体组成能够发光发热的巨大球体，宇宙中存在着大量的恒星，太阳是距地球最近的恒星。行星是自身不发光，环绕恒星运动的天体，行星的显著特点是质量大到通过自身引力使它成为球体，且能够在运行中清除其轨道周围的物体，如水星、金星、地球等。卫星是自身不发光，围绕一颗行星按照闭合轨道做周期性运动的天体，卫星有天然卫星和人造卫星，月球是人们观察到的最明显的天然卫星；人造卫星有气象卫星、通信卫星等。我国于 1970 年 4 月 24 日成功发射了第一颗人造卫星，即"东方红一号"卫星。彗星是进入太阳系内亮度和形状会随日距变化而变化的绕日运动的天体，具有呈云雾状的独特外貌，彗星一般由彗核、彗发、彗尾三部分构成，质量小，没有固定的体积。哈雷彗星是人类首颗有记录的周期性彗星，即每 76 年左右绕太阳一周。

（三）天体系统

天体系统，又称星系，是由无数的恒星系（包括恒星自体）、尘埃（星云）等组成的运行系统，如银河系、河外星系等。1924年，现代星系宇宙的奠基人，美国天文学家哈勃利用望远镜观测仙女座大星云，仙女座大星云远远超出了银河系的范围，之后哈勃又测定出了三角座星系，基于观察和测量，他证明了河外星系的存在。天体系统具有层次性，从最低层次到最高层次分别是地月系和其他行星系、太阳系和其他恒星系、银河系和河外星系、总星系。

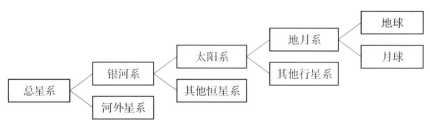

图3　天体系统层次图

地月系位于太阳系，是地球与月球构成的一个天体系统，地球是中心天体，月球与地球共同围绕公共质心做周期性绕转运动，运动周期是27.3天。

总星系是目前人类能够观测到的最大宇宙范围，是所有星系合在一起构成的最大天体系统，包括银河系和河外星系。河外星系是与银河系类似的天体系统，距离远超出银河系范围，因而称为"河外星系"，如仙女座大星云。银河系是太阳系所在的恒星系统，包括太阳系和银河系其他恒星。银河系自内向外分别由银核、银盘、银晕组成，银核是银河系中心较为凸出的部分，呈很亮的球状，由高密度的恒星和星际物质组成；银盘是银核外由恒星和星际物质组成的扁平星系盘，是银河系的主体；银盘以轴对称形式分布于银心周围，银河系中可以探测的物质，九成都在银盘范围之内；银晕是在银河系主体盘外围由稀薄的星际物质和某些类型的少量恒星所组成的范围很大的球状区域。太阳系位于银河系边缘，是由太阳及围绕太阳运转的众多天体组成，包括太阳和太阳系的八大行星、小行星、彗星、流星及星际物质等。

二、太阳和太阳系

（一）太阳

太阳是一颗能够自身发热发光的巨大恒星，是太阳系的中心天体，占太阳系总体质量的99.9%。太阳直径相当于地球直径的109倍，体积大约是地球的130万倍，质量大约是地球的330000倍。太阳的主要化学成分是氢和氦，并以核聚变方式向太空释放光和热。太阳年龄大约是45.7亿年。太阳是银河系中一颗普通的恒星，离太阳最近的恒星为比邻星，距太阳4.2光年。太阳既绕银河系中心公转，也围绕自己的轴心自西向东自转。太阳结构从内部向外，依次是核心区、辐射区、对流层、光球层、色球层、日冕层，从核心区至光球层之下为太阳内部，光球层至日冕层为太阳大气层。核心区是太阳发射巨大能量的真正源头,为我们提供了光和热。对流层处于辐射区外侧区域,存在热的物质向外运动,冷的物质沉入内部的剧烈热冷物质对流现象。光球层处在对流层外面,是一层不透明的气体薄层,它确定了太阳清晰的边界。

太阳是一颗磁力活跃的恒星,它形成的磁场会对周围产生很多影响,称为太阳活动。太阳活动包括太阳黑子、耀斑、日珥和太阳风。太阳黑子是太阳表面温度相对较低而显得黑的区域;耀斑又称为色球爆发,是在色球层突然出现且迅速发展的闪耀亮点;日珥是太阳表面喷射出的红色火焰,长度从几万公里到数十万公里不等;太阳风是从太阳发出的以极高速度运动的等离子体流。太阳活动会对地球的磁场和电离层产生干扰,从而影响地球气候、生物、通信等。

（二）太阳系

太阳系是以太阳为中心,由太阳及围绕太阳运转的行星、卫星、彗星、流星等形成的天体集合体。太阳系包括太阳、水星、金星、地球、火星、土星、木星、天王星、海王星8大行星,若干卫星,几十万个小行星,矮行星和少量彗星及星际物质等,直径为60个天文单位。天文单位是天文学中计量天体之间距离的一种单位,其数值为地球和太阳之间的平均距离。1个天文单位约为$1.5×10^8$千米。

太阳系八大行星距太阳由近及远,依次为水星、金星、地球、火星、木星、土星、天王星和海王星,离太阳较近的水星、金星、地球及火星又称为类地行星,木星与土星称为近日行星,天王星与海王星称为远日行星。

水星距离太阳最近,是太阳系八大行星中体积和质量最小的,自西向东逆时针运转,主要由金属和硅酸盐材料组成,密度较高,表面类似月球,满布大大小小的环形山,表面温度变化较大。

金星是太阳系中离地球最近的行星,中国古代称之为太白金星,有时黎明时出现于东方天空,被称为"启明星";有时黄昏后出现在西方天空,被称为"长庚星"。金星质量和体积分别是地球的82%和85.6%,在八大行星中自转最慢。金星与水星运转方向相反,自东向西运转,因此,在金星上看太阳是西升东落。金星表面火山密布,被很厚的云层和大气层包围,形成了一个密闭的温室,使金星表面温度很高。

火星质量和体积分别只有地球的11%和15%,赤道长度相当于地球半径的一半,自西向东逆时针运转。火星地表因被赤铁矿（氧化铁）覆盖,呈现橘黄色,有时被称为"红色行星",西方则称之为战神。由于火星在一些方面具有与地球类似的特征,所以火星被推测是太阳系除地球外最有可能存在生命的星球。

木星是太阳系中最大的行星,质量是地球的318倍,占所有太阳系行星质量的70%,体积是地球的1321倍,在八大行星中排名第一;自西向东运转,是太阳系中自转最快的行星,号称"灵活的胖子";木星有着众多的卫星。

土星质量和体积都在太阳系八大行星中排名第二,质量是地球的95倍,体积是地球的745倍,自转很快,仅次于木星,是一个气态巨星;土星上有四季变化,且有着众多的卫星。

天王星是八大行星中距离太阳第七远的行星,质量是地球的14.63倍,体积是地球的65.2倍;与金星运转方向相同,自东向西运转,是太阳系温度最低的行星,也有多颗天然卫星。

海王星是八大行星中距离太阳最远的行星,质量是地球的 17 倍,体积是地球的 57 倍,自西向东运转,由于大气中的甲烷吸收了日光中的红光,使整个行星呈现蓝色,有多颗天然卫星。

小行星带是介于火星和木星轨道之间,由比八大行星更小的一群行星组成的行星密集区域。小行星带中最大的是谷神星,除了谷神星和几颗较大行星外,其他行星质量和体积都很小。

(三)地球与月球

地球是人类居住的星球,居于金星和火星之间,距离太阳 $1.5×10^8$ 千米,平均半径为 6371 千米,自西向东运转,公转周期为 365.24 天(一年),自转周期 0.99 天(一天)。地球从内到外划分为地核、地幔、地壳、软流层、岩石圈、生物圈、水圈、大气圈等圈层。地球是宇宙中仅有的已知生命存在的天体,是包括人类在内上百万种生物的家园。

月球是地球唯一的一颗天然卫星,地月平均距离为 384400 千米,月球赤道直径是地球的 1/4;质量是地球的 1/80;月球表面积是地球表面积的 1/14,大约相当于中国陆地面积的 4 倍;自西向东逆时针方向自转,自转周期与公转周期相同,都是 27.3 天。月球大约形成于 46 亿年前,和地球一样都是一些恒星碎片汇集而成。月球本身并不发光,只反射太阳光。月球表面布满了星罗棋布的环形山(撞击坑),除环形山外,月球表面还有纵横的山脉、深谷。撞击坑,又称陨石坑,是行星、卫星、小行星或其他天体表面被陨石撞击而形成的环形凹坑。月球上没有大气,受月面构造影响,月球表面昼夜温差很大,白天在阳光垂直照射下,月球表面有些地方温度可达 127 ℃,夜晚表面温度可降低到零下 183 ℃。

人类很早就开始了对月球的探测,早在公元前 180 年,小亚细亚人伊巴谷通过简单仪器计算并记录地月距离数据是 37 万千米,同时发现了岁差现象。1959 年,苏联无人登陆器"月球 3 号"拍摄了第一张月球背面照片。1969 年 7 月 19 日,美国"阿波罗 11 号"载人航天器登陆月球,美国宇航员尼尔·阿姆斯特朗登陆月球表面,成为踏足月球第一人。2007 年 10 月 24 日,中国发射了首颗绕月人造卫星"嫦娥 1 号"卫星,探测并绘制了月球表面的三维图;2018 年 12 月 8 日中国"嫦娥 4 号"成功着陆月球背面,传回了世界第一张近距离拍摄的月球背面影像图,揭开了月球背面神秘的面纱。

三、天文现象

(一)同步自转

同步自转指一个天体围绕另一天体公转的同时也在自转,其自转周期与公转周期相同,方向也基本一致的现象,又称潮汐锁定。月球以椭圆形轨道绕地球运转,绕转周期为 27.3 天。月球同时也自转,平均周期也是 27.3 天,这种情况即为"同步自转"。也就是说月球总是把同一面对着地球,因此,我们总是看到月球的正面而看不到背面。

(二)月相变化

月相变化是月球绕地球运转时,在一个月中,月亮形状出现有规律的变化现象。月球是一个不发光球体,地球上人们能够看到夜晚的月亮,是因为月球在运转过程中受到太阳的照射,反射了太阳光。当月球绕地球运动过程中,太阳、地球、月球三者的相对位置在一个月中有规律地变动,从而使得月亮形状也在不断地发生变化,这就是月亮位相的变化,称为"月相"。苏轼词有"人有悲欢离合,月有阴晴圆缺",反映的正是"月相变化"。

(三)日食与月食

日食是指月球运动到太阳和地球中间,如果三者正好处在一条直线时,月球就会挡住太阳射向地球的光,月球身后的黑影正好落到地球上,使地球上看不到太阳的现象。日食分为日偏食、日全食、日环食、全环食。

月食是一种特殊的天文现象,是指当月球运行至地球的阴影部分,此时太阳、地球、月球恰好在同一条直线上,地球会遮挡住太阳光,使太阳光照射不到月球,月球无法反射太阳光,观察者看不到月球或只看到月球一部分的现象。月食有月偏食、月全食。

(四)凌日

凌日也是一种天文现象。水星和金星距离太阳比地球近,它们在围绕太阳运转时,有时会处在太阳与地球之间,这时从地球上看太阳,能够看到一小黑圆点在日面缓慢移动,即为凌日现象。

第二节　中国天文学史

中国是世界上天文学发展最早的国家之一。在几千年的发展中,积累了大量宝贵的天文学知识,在战国、秦汉时期就已经形成了以历法和天象观测为主体的天学体系。二十四史中也有专门的记载天文知识的著述,如《历志》《律历志》《天文志》等,是我国传统文化宝库中的重要组成部分。就发展历史来看,中国天文学经历了古代天文学、近代天文学、现代天文学发展阶段。

一、中国古代天文学

天文学是我国古代最发达的四大自然科学之一,其他为农学、医学和数学。古代天文学经历了萌芽、形成、发展、鼎盛、停滞五个时期。

(一)远古至西周的天文学

从远古到西周末是我国天文学的萌芽时期。据《史记》记载,传说中的黄帝时代就已有了专门测定日影的人员,并在测量的基础上编制了当时世界上比较先进的历法。在《尚书·尧典》中有"期三百有六旬有六日,以闰月定四时成岁"的记载,是一年有 366 天的一种"阴阳历"。书中有年、月、日、旬、四季、闰月的概念和以星象定季节的描述。夏代人们发现北斗七星斗柄的指向可用来判断季节,并根据斗柄旋转确定了一年十二月。《夏小正》相传是记载夏朝的历法,按月记载中星、斗柄指向、气候变化。商朝很重视天文历法,专门设有管理天文历法的官员,甲骨卜辞中有不少干支记日材料,将一年分为春、秋两季,平年十二个月,闰年十三个月,月有大小之分,大月 30 天,小月 29 天,季节和月份有大体固定的关系,还有日食、月食和观察新星的记录。商朝的历法为"阴阳合历",把闰月放在岁末,称为"十三月"。

西周时期设专门人员管理计时仪器和进行天象观测。铸在铜器上的金文中,已经有了诸如月相、日食、流星等的记载。此时人们已经能够用二十八星宿和十二干来划分天区;用圭、表测日影,测定夏至、冬至和一年二十四节气,用以指导农业生产。西周末期,中国天文学已经初具规模。

(二)春秋至秦汉的天文学

从春秋到秦汉时期是我国天文学的形成阶段。《春秋》是我国第一部编年体史书,相传由孔子编写,记录了从鲁隐公元年(公元前 722)到鲁哀公十四年(公元前 481)共 242 年的大事。书中将一年分为春、夏、秋、冬四季,记录了 37 次日食,现已证明其中 32 次是可靠的;记有"鲁文公十四年(公元前 613)秋七月,有星孛于北斗",这可能是世界上关于哈雷彗星的最早记录。据考古资料显示,二十八宿体系在春秋时期已大体形成。战国时期,楚国天文学家甘德和魏国天文学家石申各自著有《天文星占》和《天文》,后人将这两部著作合为一部,取名《甘石星经》。《甘石星经》是世界上最早的天文学著作,书中记录了我国最早的恒星变化位置图表,包括二十八星宿、中官与外官;金、木、水、火、土五大行星及其出没规律;记载了八百颗恒星名字,测定了一百二十颗恒星方位。这是我国乃至世界上最早的恒星表,比希腊天文学家伊巴谷测量编写的恒星表大约早 200 年。

秦汉时期,天文学有了新的发展和飞跃。汉武帝时,颁布了新历《太初历》,是中国古代第一部比较完整的历法。该历法规定一回归年为一年,一朔望月为一月,将原来以十月为岁首改为以正月为岁首,开始采用有利于农时的二十四节气,调整了太阳周天与阴历纪月不相合的矛盾,出现了大量的天象记录,如《汉书·五行志》详细记载了发生于公元前 89 年的日食,精确记录了公元前 28 年 3 月太阳黑子出现的位置、时间,这是世界上公认最早的有关太阳黑子的正式记录,比欧洲早 800 多年。1973 年在湖南长沙三号汉墓出土的帛书《五星占》,记载了金星、木星和土星在 70 年间的位置,绘制了观测到的彗头、彗核和彗尾,而彗头和彗尾还有不同的类型。汉时涌现出了众多成就卓著的天文学家,如张衡、刘洪等。张衡(78—139),中国古代最杰出的科学家之一,创制了世界上最早自动运转的天文演示仪器——水运浑象;写成天文学巨著《灵宪》,全面阐述了天地生成、宇宙演化、天地结构、日月五星运行规律、月食成因及陨星、彗星等天文学方面知识,记录了 2500 余颗恒星。刘洪(129—210),东汉时期我国杰出的天文学家,创制《乾象历》,最早把月亮视运动不均匀性引进历法,首次给出黄道与白道交角值;改进了回归年和朔望月数值;用月亮的实际运动修正平朔和平望,从而更准确地推算日月食。这一时期出现了一批重要的天文学典籍,除《史记》《汉书》中有关天文历法的章节外,还有《周髀算经》。《周髀算经》是中国第一本天文学著作,约成书于公元前 1 世纪,主要阐明了当时关于天体的学说——盖天说和四分历法。

盖天说、浑天说和宣夜说是我国古代关于宇宙的三种学说。盖天说产生于战国前,是中国最古老的天文学说,见于《周髀算经》,早期观点认为"天圆地方",后演变成天地均圆,认为日月星辰的出没与距离远近有关,距离远了就看不见,距离近了就看得见。浑天说是汉代时流行起来的关于宇宙的学说,以张衡为代表,认为地球不是孤零零地悬在空中,而是浮在水上,后来发展为地球浮在气中,因此能回旋浮动;还认为全天恒星都分布于一个"天球"上,日月五星则附于"天球"上运行,"天球"不是宇宙的界限,"天球"之外还有别的世界,这与现代天文学天球概念十分接近。宣夜说与盖天说和浑天说观点均不同,其思想可追溯到战国时期道家提出的元气学说,把宇宙万事万物的本原归结为"气"。宣夜说认为构成宇宙的是无边无际的气体,日月星辰自然浮生在气体中,日月星辰也是由气组成。宣夜说是中国古代一种朴素的无限宇宙观。

到两汉时期为止,中国先民对天文的理解与观测已经取得了重大成就,中国独特的天文学体系已渐渐成型。

（三）三国至北宋初的天文学

从三国时期到北宋初是我国天文学的发展时期。三国时魏国人杨伟创制《景初历》（237 年），发现黄白道交点每年有移动，并创立日月推算方法。吴国人陈卓对战国秦汉时的甘、石、巫三家星官（相当于星座）进行总括，形成一个包含 283 星官、1464 恒星的体系，并绘制成全天星图。陈卓星官体系沿用一千多年，直到明末才有新的发展。吴国人葛衡在浑象的基础上发明浑天象。两晋时期，后秦人姜岌编制《三纪甲子元历》（384 年），首创用月食来求太阳位置的方法，从而提高了观测的准确性。虞喜（281—356），东晋天文学家，发现岁差，并定出较为精确的岁差值。祖冲之（429—500），南北朝时期杰出的数学家、天文学家，对木、水、火、金、土等五大行星在天空运行的轨道和运行一周所需的时间，进行了观测和推算，给出了更精确的五星会合周期。张子信（550—577），北齐天文学家，发现太阳和行星运动不均匀，月亮视差对日食的影响，同时提出了相应的计算方法。张子信的这些发现导致隋唐时期天文学的飞跃发展。

隋统一全国后，改用张胄玄《大业历》（597 年），该历法利用等差级数求和的办法，编制成行星位置表，使得对行星运行的计算更精确。李淳风（602—670），唐代天文学家，于贞观七年（633 年）制成铜铸浑天黄道仪，将古代的两重浑仪改为三重，把中国观测用的浑仪发展到极为复杂的程度，并在隋代天文学家刘焯的《皇极历》基础上制成《麟德历》，于唐高宗麟德二年（665 年）颁行。《麟德历》改进了推算定朔的方法，废止 19 年 7 闰的"闰周定闰"。僧一行（673—727），本名张遂，唐代杰出天文学家，以刘焯《皇极历》为基础，进一步发展了《皇极历》，编制了《大衍历》。《大衍历》发展了前人岁差概念，创造性地提出了计算食分的方法，是当时世界上较为先进的历法。僧一行通过长期天文观测，发现了星体运动规律，在历史上第一次提出了月亮比太阳离地球近的科学论点;与梁令瓒等人在继承张衡"水运浑象"理论基础上，设计制造了"水运浑天仪"，并于开元十一年（723 年），用铜铸造成黄道游仪，利用这架仪器，观测了 150 多颗恒星的位置;首次在世界上用科学方法实测了地球子午线长度，在科学发展史上具有划时代的意义。

在宇宙观上，柳宗元把宇宙无限论推向新的高峰，认为宇宙既没有边界，也没有中心，深刻地揭示了宇宙无限性，并指出在无限的宇宙中，矛盾变化是无穷的。可见，这一时期的天文学呈现出了新的发展。

（四）北宋初至明末的天文学

从北宋初年到明朝末年是我国天文学发展的鼎盛时期。这一时期，天文学的各方面都取得了重要成就。北宋在近 100 年的时间（1010—1106）先后进行过五次恒星位置测量，其中第四次测量（元丰年间，即 1078—1085）的观测结果被绘成星图，刻在石碑上保存下来，这就是著名的苏州石刻天文图，同时这一测量结果也以星图的形式保存在苏颂著的《新仪象法要》中。《新仪象法要》是宋朝天文学家苏颂为元祐七年（1092 年）制造的水运仪象台撰写的说明书，书中不但叙述了 150 多种机械零件，还附有 60 多幅星图。苏颂主持创制的水运仪象台是 11 世纪末中国杰出的天文仪器，也是世界上最古老的天文钟。苏颂还与韩公廉制造了一架水运浑天象，是中国历史上第一架有明确记载的假天仪。

浑仪是测量天体方位的仪器，经过历代的发展演变，到北宋时结构十分复杂，使用很不方便。北宋科学家沈括改进浑仪，使其更加便于观测极星，既方便使用，又提高了观测精度；漏壶是古代测定时刻的仪器，沈括对漏壶也进行了改进；他还制造了测日影的圭表，主张采用三个候影表来观测影差，以克服观测过程中的误差，并据此制成了新式圭表，提高了北宋圭表测影的技术水平。在历法方面，他大胆革新，提出了《十二气历》，不以月亮的朔望定月，而参照节气定月；一年分为 12 个月，每年的第一天定为立春，与天体运行实际相符合。900 年后世界上才出现了与之运用同原理的《萧伯纳历》。

元朝时期，统治者极为重视天文历法，在原宋、金司天监人才基础上，组建了一支强大的天文学队伍，在王恂、郭守敬等主持下，从事制造仪器、进行测量和编制新历，并在极短时间内取得了极大成就，将中国古代天文学推向新的高峰。郭守敬（1231—1316），元朝著名的天文学家、数学家、水利工程专家，在天文学方面的突出成就主要体现在：一是首先创制了大量新的天文仪器，如简仪、仰仪、高表、景符、正方案和玲珑仪等。简仪是对浑仪的革新简化，是中国天文仪器制造史上的一大飞跃，这项先进技术在当时领先欧洲 300 多年。郭守敬等还创制了不少新仪器，其中最突出的一项是水力推动机械报时器。二是在全国设立观测所，开展了一次规模空前的天文观测工作，测定了夏至日的表影长度和昼、夜时间的长度，为修订历法提供了很多精确的数据，历史上把这项活动称为"四海测验"。三是对一系列天文数据进行核对检测，如对二十八宿距度的测量，其平均误差不到 5 分，提高了这些天文数据的精度。四是在大量观测和研究基础上，编成《授时历》（1280 年），将我国天文历法提高到了新水平，即确定一回归年为 365.2425 日，与地球绕太阳公转一周的实际时间，仅差 25.92 秒。《授时历》从元代一直用到明亡（1644 年）。

（五）明末至第一次鸦片战争前的天文学

从明末到第一次鸦片战争是我国古代天文学发展的停滞时期。从明初到明万历年间的二百年中，中国古代天文学有了一些新的进展，如对阿拉伯天文书籍进行了翻译，郑和在远洋航行中利用"牵星术"定位定向发展了航海天文，对奇异天象的观测等，但却很少有新的发明创造。明末，随着欧洲传教士来到中国，他们对欧洲天文学知识的介绍受到当时一些学者的重视，中国古代天文学几近停滞，天文学出现中西合璧。

这一时期,中国学者与欧洲传教士合作对欧洲天文学著作进行了翻译和介绍,这些著作有《浑盖通宪图说》(1607 年),是第一部介绍西方星盘的中文著作;《简平仪说》(1611年)是一部天文仪器方面的著作;《表度说》(1614 年)是一部介绍西方天文历算的著作;《天问略》(1615 年)首次对伽利略天文观测的新成果及托勒密地心体系进行了介绍;《远镜说》(1626 年)是首部介绍望远镜的著作。

崇祯年间,徐光启等人经过五年努力编写完成《崇祯历书》,是第一部中国比较全面介绍西方天文学的书籍,书中大量引进了哥白尼《天体运行论》,明确引入了"地球"和经纬度等概念,在计算方法上介绍了球面和平面三角学,在坐标系方面介绍了黄道坐标系。1644年清军入关后,传教士汤若望将《崇祯历书》删改压缩,并更名为《西洋新法历书》,进呈清政府。清政府依据"西洋新法"编写了民用历书《时宪历》。

到清朝康熙年间,比利时传教士南怀仁负责制造了六件大型第谷式古典仪器(现存北京古观象台),并编写了《灵台仪象志》介绍说明仪器。康熙六十一年,在对《西洋新法历书》修改基础上编成《历象考成》一书。乾隆七年(1742 年)又编成《历象考成后编》,第一次应用了开普勒行星运动第一、第二定律;乾隆十七年(1752 年),编成《仪象考成》,在星表中收列 3083 颗星。道光年间,中国天文工作者对《仪象考成》星表重新进行了测量,于道光二十四年(1844 年)编成《仪象考成续编》,收列 3240 颗星。

康熙和乾隆时期,不仅编写了有关天文学著作,还组织过两次大规模的测量工作,在全国 630 多个地方对经纬度进行了测量,建立了以北京为中心的经纬网;决定以工部营造尺为标准,定 1800 尺为 1 里,200 里合地球经线 1 度,这种将长度单位与地经线 1 度的弧联系起来的方法,在世界上属于创举,比法国制宪会议关于以地球经圈的四千万分之一弧长为 1 米的决定早 80 年。清代还有一批民间天文学家,如薛凤祚、王锡阐、梅文鼎在中西天文学融合上也做出了应有的贡献。王锡阐与薛凤祚被誉为"南王北薛"。薛凤祚(1600—1680)在翻译西方天文学著作基础上著有《历学会通》。王锡阐(1628—1682)著有《晓庵新法》和《五星行度解》,前一书中提出金星凌日的计算方法,并改进了日月食的计算方法;后一书中推导出一组计算行星位置的公式,计算结果准确度较前书更高。梅文鼎(1633—1721),著《交食》《七政》《五星管见》等书,在普及天文知识方面做出了贡献,其中《历学疑问》,论述了中西历法异同,并将许多西方天文知识纳入中国古代学术体系。

二、中国近代天文学

从第一次鸦片战争到新中国成立前为近代天文学发展阶段。清末,随着西方科学开始在中国生根,天文学进入了近代发展阶段。1543 年哥白尼《天体运行论》一书出版,标志着近代天文学的开端。1744 年哥白尼学说被法国传教士蒋友仁(1715—1774)传入中国。1760 年蒋友仁著《坤舆全图》,并将此书敬献给乾隆皇帝,在地图四周的说明文字中,他肯定了哥白尼学说是唯一正确的理论,并介绍了开普勒定律和地球为椭球体的事实。《坤舆全图》是近代以来世界地图史上第一份比较完整的世界地图,也是中国古代中文版世界地图的集大成者,包括地圆说、五大洲观念、经纬度概念和测量方法、气候带的划分方法以及地理大发现的新成果等,在地图学史上有着里程碑意义。1859 年李善兰与英国传教士伟烈亚力合译英国天文学家约翰·赫歇耳的《谈天》,原名《天文学纲要》,书中第一次介绍哥白尼地动说，并对太阳系的结构和运动进行了比较详细的叙述。之后，中国天文学发展几近停滞，天文学研究也无新的进展。

1873年法国在上海建立徐家汇天文台，1900年在佘山建立了另一个天文台。1894年日本帝国主义侵入台湾，在台北建立测候所。1900年德国在青岛设立气象天测所。这些机构都是列强侵华的工具，主要是为他们的军舰在中国沿海活动提供情报。1900年八国联军侵入北京以后，中国仅有的少量天文设备也被法、德洗劫一空。

1911年辛亥革命以后，中国于1912年起采用世界通用公历，但用"中华民国"纪年。同年北洋政府将钦天监更名为中央观象台。1919年五四运动以后，随着科学与民主思潮的发展，中国天文学会、天文观测机构及天文学教育相继开始发展。1922年10月中国天文学会在北京正式成立，并在北京中央观象台召开成立大会。1924年中国天文学会创办《中国天文学会会报》，1930年改名为《宇宙》。1924年中国政府接管了原由德国建立、后被日本占领的青岛气象天测所，改名为青岛观象台。1926年广州中山大学数学系扩充为数天系，于1929年建立天文台，1947年成立天文系。1928年中央研究院在南京成立天文研究所，1934年建成南京紫金山天文台，这是我国自主建立的第一个现代天文学研究机构，被誉为"中国现代天文学的摇篮"。该台建成后，原在北京的中央观象台即改为天文陈列馆。抗日战争开始后，紫金山天文台于1938年迁往昆明，在凤凰山建立观测站，但八年抗日战争期间，我国天文机构均遭到严重破坏。

伴随近代天文学的缓慢发展，一些学者在天文学方面的开创工作，为我国天文学发展奠定了基础。高鲁（1877—1947），中国现代天文学奠基人之一，1912年任中央观象台台长；1913年创办《气象月刊》，普及气象学和天文学知识，1915年该刊更名为《观象丛报》，1930年更名为《宇宙》；1922年发起并成立中国天文学会，任首任会长；1927年筹划建立南京紫金山天文台，参与组织1936年和1941年两次日全食观测；著有《日晷通论》《星象统笺》《中央观象台过去与未来》等。朱文鑫（1883—1939），中国现代天文学家，著有《天文考古学》《史记天官书恒星图考》《历代日食考》《历法通志》《天文学小史》《十七史天文诸志之研究》等书籍，应用现代天文知识对中国古代天文学进行了系统的研究。李珩（1898—1989），中国现代天文事业的奠基人之一，曾主编《宇宙》《天文学报》，著有《造文变星统计研究》《红巨星的模型》《五个银河星团的照相研究》《天文简史》《宇宙体系论》《理论力学纲要》和《人造卫星》等。张钰哲（1902—1986），中国近代天文学的奠基人，"中华"小行星的发现者；1928年通过观测发现了第1125号小行星，该颗小行星定名为"中华"（China）；1949年9月积极参与南京紫金山天文台重建；1950年被任命为中国科学院紫金山天文台台长，长期致力于小行星和彗星的观测和轨道计算工作，和助手们先后发现1000多颗新的小行星和以"紫金山"命名的三颗新彗星，为中国天文事业做出了重大贡献。

三、中国现代天文学

新中国成立以后，百废待兴，中国天文学也得以快步发展。1949年9月27日中国科学院成立，任命郭沫若为第一任中国科学院院长。1950年中国科学院接管了原有的各天文机构，并对天文机构进行了调整和充实，将佘山观象台和徐家汇天文台先划归紫金山天文台领导，后合为独立的上海天文台，将昆明凤凰山观测站划归紫金山天文台领导。1958

年在北京建立了以天体物理研究为主的综合性天文台——北京天文台。1966年起建立了以时间频率及其应用研究为主的陕西天文台。1975年起把昆明凤凰山观测站扩建成大型综合性的云南天文台。

70年来，一座又一座天文台站在全国各地建立，并取得了丰硕的研究成果。例如位于北京密云水库北岸的密云观测站，曾建成由28面直径为9米的抛物面天线组成的米波综合孔径射电望远镜，是我国射电天文的主要观测基地。1989年建成的"2.16米"望远镜，是我国自行研制的第一台两米级光学望远镜，填补了我国毫米波与甚长基线干涉测量（VLBI）的空白。2007年中国南极第24次科考中，我国天文学家成功地在冰穹A安装了包括中国小型光学望远镜阵（CSTAR）在内的天文观测和台址测量仪器，这为我国在暗物质、暗能量及系外行星探测等前沿科学领域的研究步入世界先进水平提供了难得的契机。2009年建成郭守敬望远镜（大天区面积多目标光纤光谱天文望远镜），是世界上口径最大的、光谱观测获取率最高的望远镜。2016年建成500米口径球面射电望远镜，即中国"天眼"，是世界上已经建成的最大最灵敏的射电望远镜。

1957年，中国科学院成立中国自然科学史研究室，内设天文史组，专门研究中国天文学遗产，1957年建成北京天文馆，在普及天文知识方面起着重要作用。为了繁荣和推进天文科学发展，中国天文学会于1953年开始出版《天文学报》，北京天文馆于1958年创刊《天文爱好者》月刊，大力传播天文科学知识。

天文教育方面，1952年广州中山大学天文系和济南齐鲁大学天算系天文部分集中南京，成立南京大学天文系；1960年北京师范大学设天文系，同年北京大学地球物理系设天体物理专业；1978年中国科技大学设立天文系；2012年厦门大学设立天文系。另外还有超过20所大学开设了天文学课程或进行天文学研究。

伴随天文台及天文教育的发展，中国天文学科各领域也获得了较大发展，射电天文学、理论天体物理学、高能天体物理学以及空间天文学等学科相继建立，填补了天文年历编算、天文仪器制造等空白。天文学的研究范围也进一步扩大，涵盖了从太阳系到银河系的所有领域，并取得了一批重要研究成果。例如，景益鹏研究团队提出的暗物质晕三轴椭球模型，对暗物质晕的形状做了空前高精度的研究；紫金山天文台常进研究团队利用先进薄电离量能器观测高能电子，发现宇宙线电子谱能量远远超过1000亿电子伏特；国家天文台赵刚团队在恒星化学元素丰度研究上取得了一系列新进展；南京大学戴子高团队对伽马射线暴的研究提出了新方向；国家天文台韩金林团队推演出银河系旋臂结构，同时还发现了银河系的星系盘和晕的磁场结构。南京大学郑兴武团队运用甚长基线干涉测量及微波激射源，首次对银河系中的一些远距离激射源进行了视差测量，并推导出它们的具体距离，精度高达0.05毫角秒；此外，国家天文台汪景琇团队首次识别了大规模日冕物质抛射源区。此外，在天体力学和天体测量学领域，也产生了一些重要成果。随着空间技术不断发展，航天事业成为国家高科技发展的战略制高点之一。航天事业的发展为天文学提供了新的历史机遇，天文学也为服务国家重大战略需求做出了重要贡献。其中，一些研究成果已直接服务于国防、通讯、导航、测地、预报自然灾害等领域，为国民经济建设和社会发展起到了积极的推动作用。

第三节　外国天文学史

远古时候，人们为了指示方向、确定时间和季节，在观察太阳、月亮和星星在天空的位置中，发现了它们随时间变化的规律，并在此基础上编制历法，用于指导生活和农牧业生产活动，天文学因人类生产生活需要而产生和发展。纵观世界天文学发展，大体经历了古代天文学、近代天文学和现代天文学三个发展阶段。

一、外国古代天文学

从远古到16世纪哥白尼《天体运行论》发表为古代天文学阶段。古代天文起源于古埃及、古巴比伦、古印度及继承者古希腊、罗马。

（一）古埃及、古巴比伦和古印度天文学

天文学起源于古埃及、古巴比伦和古印度。大约在公元前3000多年前的古埃及，人们通过观察发现，每当天狼星和太阳一起升起时，尼罗河的汛期就会到来。正是由于计算尼罗河泛滥周期的需要，便产生了古埃及的天文学和太阳历。太阳历是以地球绕太阳公转的运动周期为基础而制定的历法。古埃及人把尼罗河开始泛滥这一天定为一年的开始，并规定一年为12个月，每月30天，年终再加5日，即一年为365日，这就是世界上第一个太阳历。

在古巴比伦地区，苏美尔人发明了太阴历，以月亮盈亏周期来安排历法，即把月球环绕地球一周的时间定为一个月，这个周期大约为29.5天。他们把一个月定为29天或30天，大小相间；一年定为12个月，每隔几年再加上一个闰月。苏美尔人制定的太阴历和中国农历一样。古巴比伦人改进并统一历法，制定出了黄道十二宫。亚速人关注金、木、水、火、土星辰，加上太阳和月亮，订出了7天为一"星期"的制度，又把一天分为12小时，每小时60分，每分60秒。古巴比伦人发现五大行星在近日点运动比远日点快，并且计算出五大行星运行周期，以此预测日食和月食。古巴比伦文化后传入希腊，为希腊文化发展奠定了基础。

在古印度，人类已掌握了一些天文学知识，如将一年定为360天，一年分为12个月等。

（二）古希腊、古罗马天文学

古希腊文化和古罗马文化是欧洲文明的两大源流。古希腊、古罗马时期是外国天文学体系形成时期，又被称为古典天文学时代。公元前6世纪，天文学从美索不达米亚平原传入希腊，得到快速发展。在毕达哥拉斯学派研究的基础之上，柏拉图的学生欧多克索斯（公元前408—前347）提出五大行星的运动是漂移的，建立了一个以地球为中心的同心球模型，最早提出"地心说"。阿利斯塔克（公元前315—前230），古希腊第一个著名天文学家，认为地球每天在自己的轴上自转，每年沿圆周轨道绕日一周，太阳和恒星都是不动的，太阳是宇宙的中心，行星和地球都以太阳为中心沿圆周运转。他是历史上最早提出"日心说"的人，也是最早用数学精密地测定太阳、月球和地球距离及大小近似比值的人。

喜帕恰斯（约公元前 190—前 125），又名伊巴古，古希腊最伟大的天文学家，他通过观测和计算，测量出地球绕太阳一周所花的时间约比 365.25 天少 1/300 天；算出月球绕地球一周的时间为 29.53058 天，与现在数值十分接近；发现白道拱点和黄白交点的运动，求得月地距离为地球直径的 30 又 1/6 倍；编制了几个世纪内太阳和月亮的运动表，并用来推算日食和月食；发现黄道和赤道交点缓慢移动，即岁差，并定出岁差值为每年 45 秒或 46 秒。他发现一颗"新"星，由此推动他编制出一份包括 850 颗恒星位置、亮度的星表，是第一个提出星等概念区分星星亮度的人；也是第一个发现巨蟹座的 M44 蜂巢星团和发现地球轨道不均匀，夏至离太阳较远，冬至离太阳较近及发现了托勒密定理的人。

托勒密（约 90—168），古希腊数学家、天文学家、地理学家和占星家，"地心说"的集大成者。他根据喜帕恰斯研究成果写成《天文学大成》，是一部西方古典天文学百科全书。书中系统地总结前人成就，提出了地心说，即托勒密体系，认为地球位于整个宇宙中心，静止不动，日、月、行星和恒星围绕着它运行，所有的运动都是匀速圆周运动。地心说是世界上第一个行星体系模型，承认地球是"球形"的，并把行星从恒星中分离开来，致力于探索和揭示行星的运动规律，在当时无疑具有进步意义。地心说在表象上解释了日月星辰东升西落、周而复始的现象，也符合神创造人类、地球居于宇宙中心的宗教教义，因而在欧洲流传时间长达 1300 多年，直至 1543 年哥白尼《天体运行论》的发表，提出了日心体系。日心说否定了地球是宇宙的中心，确立太阳为行星系统的中心。

二、外国近代天文学

从 1543 年哥白尼发表《天体运行论》，提出系统的日心说到 19 世纪中叶后的第二次工业革命为近代天文学发展阶段。这一阶段，天文学的发展又可划分为前期和后期。

（一）近代前期的天文学

哥白尼（1473—1543），波兰天文学家、数学家。他经过长期的观察和计算完成《天体运行论》，并于 1543 年出版，书中提出了"日心说"，否定了"地心说"，引起了人类宇宙观的重大变革，是天文学上的一次革命。《天体运行论》系统阐述了太阳位于宇宙的中心，地球和其他行星都围绕太阳运行；地球是一个普通的行星，它一方面像陀螺一样自转，一方面又和其他行星一样围绕太阳转动。《天体运行论》出版后的半个多世纪里，很少受到人们的关注。哥白尼死后，布鲁诺和伽利略对他的太阳中心说进行了捍卫和发展。

布鲁诺（1548—1600），意大利思想家、哲学家和文学家，著《论无限宇宙和世界》。该书以对话的形式，从哥白尼的太阳中心说出发，全面批判了地心说（宇宙有限论），并结合当时天文学最新成果，将太阳中心说发展并提高到宇宙无中心说（无限宇宙论）。即认为宇宙是统一的、物质的、无限的和永恒的，在太阳系以外还有无以计数的天体世界，根本就不存在固定的中心，也不存在界限；人类所看到的只是无限宇宙中极为渺小的一部分，地球只不过是绕太阳运转的一颗行星，太阳也只是宇宙中无数恒星中的一颗。他不仅提出了宇宙无限说，还提出天地同质说，认为物质是一切自然现象的统一基础。由于布鲁诺广泛宣传哥白尼日心说并提出"宇宙无限说"，这些都与教会、经院哲学、神学等观点相悖，引起了罗马教廷的恐惧和仇恨，1592 年被捕入狱，1600 年被罗马宗教裁判所判为"异端"，烧死在罗马鲜花广场。在施行火刑时,他庄严地宣布"黑暗即将过去,黎明即将来临,真理终将战胜邪恶",并高呼"火不能征服我,未来的世界会了解我,会知道我的价值"。布鲁诺成为捍卫真理的殉道者,被誉为是反教会、反经院哲学的无畏战士。

伽利略(1564—1642),意大利物理学家、数学家、天文学家及哲学家。他利用自制望远镜观测天文,发现月球表面凹凸不平、木星有四个卫星,还发现太阳黑子和太阳自转、金星和木星的盈亏现象以及银河由无数恒星组成等,用观测到的天文成果有力地支持了哥白尼的日心说,彻底否定了统治千余年的亚里士多德的宇宙论和托勒密的"地心说",日心说才开始引起人们的关注。

第谷(1546—1601),丹麦天文学家和占星学家,近代天文学奠基人,对天文现象的精确观测为天文学发展做出了突出贡献。1563年他观测、记录了木星合土星,发现当时使用的星历表不够精确,制作出更精确可靠的天文表。1572年他观察到仙后座有一颗新的明亮恒星,经过数月的详细观察、记录和研究,得到丰富的数据。这个超新星被后人称为"第谷超新星"。1576年在丹麦国王腓特烈三世资助下,他在汶岛建立了世界上最早的大型天文台,经过多年工作,取得了一系列重要成果,包括测定了770多颗恒星的准确位置,编制了新的星表,发现了黄赤交角的变化、月球运动的二均差,重新测定了岁差常数,创制了大量先进天文仪器。1577年他通过对第二颗彗星的认真观察和测量,证实了这颗彗星穿行了几颗行星轨道,这一重要结论对于帮助人们正确认识天文现象,产生了重要影响。虽然第谷在天文观测方面做出了突出贡献,但他不接受任何地动的思想,认为所有行星都绕太阳运行,太阳则率领众行星绕地球运动,他的宇宙观属于地球中心说。

开普勒(1571—1630),德国天文学家、数学家与占星家,1596年出版了第一本重要著作《宇宙的神秘》,在书中明确主张哥白尼日心说。作为第谷的接班人,开普勒认真研究了第谷留下的对行星进行仔细观察的大量记录,在1602年出版了第谷的《新天文学》,1603年印行了第谷的《释彗星》。1604年他在巨蛇星座附近发现了一颗新星(后测知为银河系内一颗超新星),并把观测结果写入他在1607年出版的《巨蛇座底部的新星》一书中,打破了星座无变化的传统说法。1609年开普勒出版了《新天文学》(又名《论火星的运动》),在书中提出了两个行星运动定律:行星运动第一定律认为每个行星都在一个椭圆形的轨道上绕太阳运转,而太阳位于这个椭圆轨道的一个焦点上;行星运动第二定律认为行星离太阳越近则运行就越快,行星的速度以这样的方式变化,在相等时间内,太阳和运动着的行星的连线所扫过的面积都是相等的(面积定律)。经过长期测算,他创立了行星运动第三定律(谐和定律),即行星绕太阳公转运动的周期的平方与椭圆运动轨道的半长轴的立方成正比,并将这一结果表述在1619年出版的《宇宙谐和论》中。开普勒定律对行星绕太阳运动做了一个基本完整、正确的描述,解决了天文学的一个基本问题。晚年,开普勒根据他的行星运动定律和第谷的观测资料编制成《鲁道夫星表》,表中列出了1005颗恒星的位置,其精确程度是空前的,直到十八世纪中叶仍被视为天文学上的标准星表。1629年他出版了《1631年的稀奇天象》一书,预报了1631年11月7日水星凌日现象。

(二)近代后期的天文学

进入18世纪,随着天文望远镜的改进,天文观测和天体理论都取得了一些新的成果。

中小学教师文化素养

哈雷(1656—1742),英国天文学家、地理学家、数学家、气象学家和物理学家,第二任格林尼治天文台台长。1676年完成了载有341颗恒星精确位置的南天星表,记录到一次水星凌日。1705年哈雷出版了《彗星天文学论说》,书中阐述了1337至1698年出现的24颗彗星的运行轨道,并指出在1531年、1607年和1682年出现的彗星可能是同一颗彗星的三次回归,并预言它将于1758年重新出现,这个预言后来被证实,这颗彗星也被命名为哈雷彗星。他还发现了月亮运动的长期加速现象,为精密研究地月系的运动做了重要贡献。

布拉德雷(1693—1762),英国天文学家,发现了星光的光行差并用它测定光速,为地球运动提供了有力的证据。1728年后他经过长期观测,发现了地轴的章动。他在晚年编制了一份庞大的星表,被誉为十八世纪最精密的星表,对近代研究恒星具有重大价值。

赫歇尔(1738—1822),英国天文学家,恒星天文学的创始人,被誉为"恒星天文学之父"。1781年他用自制的望远镜发现了天王星,1787年发现天王星的两颗卫星——天卫三、天卫四,1789年发现土星的两颗卫星——土卫一、土卫二。他利用统计方法研究了恒星的空间分布和运动,提出了银河系结构模型,确认了银河系由大量恒星构成,形状如扁平状圆盘。通过长期对星团、星云和双星的观测,发现了1500多块星云,汇编成3部星云和星团表,发现了双星、三合星和聚星848个,还发现了太阳的空间运动,打破了太阳及恒星静止不动的观念。

18世纪下半叶,随着天文观测的广泛深入,天文学已从对天体现象研究扩展到对天体起源和演化的研究。康德(1724—1804),德国古典哲学创始人,著名哲学家,1755年发表《自然通史和天体论》一书,首先提出太阳系起源星云说,指出太阳系是由一团星云演变来的,但康德的星云说没有引起人们的注意,直到拉普拉斯星云说发表。拉普拉斯(1749—1827),法国著名的天文学家和数学家,天体力学的集大成者,著《宇宙体系论》《天体力学》。在《宇宙体系论》中提出了太阳系生于星云的假说,并从数学、力学角度进行了科学论证。人们把这一假说称为"康德-拉普拉斯星云假说"。《天体力学》,以严格的数学描述,对太阳系天体摄动、太阳系的普遍稳定性和太阳系稳定性的动力学等问题进行了研究和阐述。

随着对太阳光谱的观测研究、对太阳构成物质的推测及分光学、光度学、照相术等物理方法在天体观测研究中的广泛应用,在19世纪中叶,天体物理学成为天文学的一个独立分支学科。

三、外国现代天文学

天体物理学的产生是天文学的一次重大飞跃,使天文学家可以进一步深入地研究天体的物理性质、化学组成、运动状态和演化规律,深化了天文学研究。进入20世纪后,天体物理学开始用于行星的观测,对火星大气成分和木星表面大气成分的研究,天文学家开始建立行星表面构造理论。汤博(1906—1997),美国天文学家,他根据其他天文学家的预测,在1930年发现了冥王星。

19世纪60年代,安吉洛·西奇(1818—1878),意大利天文学家,通过对天文资料的研究和比较,发展出有系统的恒星分类。到20世纪初,各种各样的恒星分类体系达到20多种。安妮·坎农(1863—1941),美国女天文学家,1900年代她以恒星的颜色为依据,根据恒星的表面温度从高到低的顺序,将早期建立的光谱分类法改造为 O,B,A,F,G,K,M,R,N,S 等类型分类法,称为"哈佛分类法",广泛用于天文学研究。赫茨普龙(1873—1967),丹麦天文学家,1911 年创制表示恒星光谱型与光度关系的颜色星等图。罗索(1877—1957)美国天文学家、现代天体物理学和恒星天文学的奠基人之一,1913 年发展了恒星的亮度和光谱型关系图。恒星的亮度和光谱型关系图的创制是研究恒星演化的重要工具,为纪念两位天文学家的贡献,该图也被称为"赫罗图"。1931 年美国无线电工程师杨斯基发现了宇宙背景辐射,通过观测天体的无线电辐射来研究天文现象的无线电天文学开始产生,促进了天文研究在方法上的革命性创新。哈勃(1889—1953),美国天文学家,河外天文学的奠基人和提供宇宙膨胀实例证据的第一人,1924 年他发现仙女座大星云的 12 颗造父变星,推算出它们位于银河系,确定了仙女座星系是银河外星系,开辟了河外星系的研究;1926 年根据河外星系形状,提出河外星系形态分类法,称为"哈勃分类";1929 年在他人研究基础上,结合自己的观测资料,提出星系距离越远,红移越大,被称为"哈勃定律"。哈勃对河外星系与恒星系统的研究,开创了星系天文学,建立了大尺度宇宙的新概念;对星系的红移-距离关系的研究,促使现代宇宙学的诞生。

20 世纪 50 年代,射电望远镜开始应用于天文观测。20 世纪 60 年代,类星体、脉冲星、宇宙背景辐射和星际有机分子云接连被发现,成为"天文学四大发现"。与此同时,随着太空探测仪器的发射,人类对太空的探测突破了地球束缚,从观测太空转变为太空考察和实验,促进了空间天文学的发展,太空考察和实地实测都取得了划时代成就。1969 年至 1972 年,12 人登上了月球进行探测;1974 年至 1975 年,就近观察了水星,揭示了水星满布环形山的面貌;1975 年以来,空间探测器多次穿越金星浓密大气,完成多项实测;1976 年,无人实验室在火星表面两处着陆,就地考察;1972 年至 1977 年发射的 4 架探测太阳系外围空间的探测器,都已先后飞掠木星,发现了木星的几颗新卫星和木星的光环。

最近十几年来天文学上接连发现的新现象,给物理学科,包括天体物理学和其他物理学科分支以一连串的冲击。比如红外源、分子源、天体微波激射源的发现对恒星形成的研究提供了重要的线索;脉冲星、X 射线源、γ 射线源的测定,则推动了恒星各阶段演化的研究;星际分子的发现,吸引了生物学界和化学界的注意;类星体、射电星系和星系核活动等高能现象的发现,对已知的物理学规律提出了尖锐的挑战。对太阳内部核变、太阳表面层脉动、日冕上出现的冕洞等的研究,都为物理学和太阳物理学研究提出了新的课题。人造卫星上天,日地空间物理学新结果的取得,宇宙飞船远访行星以及在月球、火星、金星上的着陆考察,使太阳系构成和演化的研究展现出崭新的局面。

【测试训练题】

一、选择题

1. 在星系间起主导作用的力是(   )。

A. 引力　　　　　　　B. 磁力　　　　　　　C. 电场力　　　　　　　D. 洛伦兹力

2. 潮汐形成的原因是(   )。

A. 主要是月球和太阳的引力　　　　　　B. 主要是月球和火星的引力

C. 主要是太阳和水星的引力　　　　　　D. 主要是月球和火星的引力

3. 太阳系中体积最大的行星是(　　　)。

　　A. 地球　　　　　　　B. 木星　　　　　　　C. 火星　　　　　　　D. 水星

4. 太阳的主要物质成分是(　　　)。

　　A. 氢　　　　　　　　B. 氦　　　　　　　　C. 氢、氧　　　　　　D. 氢、氦

5. 小行星带处在(　　　)两个行星轨道中间。

　　A. 火星、水星　　　　B. 金星、木星　　　　C. 火星、木星　　　　D. 水星、星

6. 冥王星属于(　　　)类行星?

　　A. 恒星　　　　　　　B. 中子星　　　　　　C. 矮行星　　　　　　D. 白矮星

7. 月球无大气层的主要原因是(　　　)。

　　A. 质量和体积太小　　　　　　　　　　　　B. 温度过高,使大气蒸发

　　C. 距离太阳太近　　　　　　　　　　　　　D. 无水

8. 第一个进入太空的宇航员是(　　　)。

　　A. 阿姆斯特朗　　　　B. 加加林　　　　　　C. 查理·杜克　　　　D. 杨利伟

9. 发明望远镜的科学家是(　　　)。

　　A. 伽利略　　　　　　B. 牛顿　　　　　　　C. 爱迪生　　　　　　D. 哥白尼

10. 中国航天的创始人是(　　　)。

　　A. 李四光　　　　　　B. 钱学森　　　　　　C. 詹天佑　　　　　　D. 杨振宁

11.《天体运行论》一书是哪个科学家的伟大著作(　　　)。

　　A. 布鲁诺　　　　　　B. 哥白尼　　　　　　C. 伽利略　　　　　　D. 牛顿

12. 现在通用的历法的前身是儒略历,它起源于(　　　)。

　　A. 古巴比伦　　　　　B. 古代中国　　　　　C. 古罗马　　　　　　D. 古埃及

13. 我国古代历法中著名的大衍历是由一名僧人制定的,他是(　　　)。

　　A. 一行　　　　　　　B. 法海　　　　　　　C. 果航　　　　　　　D. 沈括

二、填空题

1. 目前太阳系有＿＿＿＿＿＿＿大行星。

2. 天文学上常用的距离单位是＿＿＿＿＿＿＿。

3. 月球地貌最显著的特征是＿＿＿＿＿＿＿。

4. 最早用望远镜发现了木星的 4 颗卫星的科学家是＿＿＿＿＿＿＿。

5. 除太阳以外,离我们最近的恒星是＿＿＿＿＿＿＿。

6. 太阳系中离太阳最远的行星是＿＿＿＿＿＿＿。

三、辨析题

1. 2008 年 10 月 24 日,中国发射了首颗绕月人造卫星——"嫦娥 1 号"卫星,探测并绘制了月球表面的三维图。

2.《坤舆全图》是近代以来世界地图史上第一份比较完整的世界地图,也是中国古代中文版世界地图的集大成者。

3. 意大利天文学家、数学家与占星家哥白尼,1596 年出版了他的第一本重要著作《宇宙的神秘》,在书中明确主张日心说。

第九章 地理学常识

地理学是一门古老的学科,是研究人类赖以生存和发展的地理环境以及人类活动与地理环境之间关系的科学,兼具自然科学与人文科学的特性。地理学知识是个人文化素养的重要组成部分。人类生活离不开地理环境,学习地理学知识,掌握地理常识,有助于我们更好地认识环境,科学地改造环境,做到人类与环境的协调发展。

第一节 地理学基本知识

一、地球概况

(一)地球的大小和形状

地球呈两极稍扁赤道略鼓的不规则椭圆形球体,平均半径约 6371 千米,赤道周长大约为 4 万千米;地球表面积为 5.1×10^8 平方千米,其中陆地面积占 29%,海洋面积占 71%,是一个海洋覆盖的蓝色星球。

(二)地球结构

地球结构可分为外部圈层和内部圈层,外部圈层可进一步划分为大气圈、水圈、生物圈三个基本圈层;内部圈层可进一步划分为地核、地幔、地壳三个基本圈层。大气圈是地球最外部的气体圈层,主要成分为氮、氧、氩、二氧化碳和微量气体。受地心引力作用,几乎全部气体集中在离地面 100 公里的高度范围;水圈包括海洋、江河、湖泊、沼泽、冰川和地下水等,是一个连续但不很规则的圈层,大气圈和水圈共同组成地表的流体系统。生物圈是地球上最大的生态系统,包括大气圈的底部、水圈大部、岩石圈表面,为海平面上下垂直约 10 公里范围。地壳是地球固体圈层的最外层;地幔介于地壳与地核之间,又称中间层,厚度约 2880 公里,质量为地球质量的 68.1%;地核为地球核心部分,厚度约为 3473 公里,质量占地球总质量的 31.5%。

(三)地球运动

地球存在绕地轴自转和绕太阳公转两种运动,自转和公转方向一致,都是自西向东逆时针方向运转。地球自转一周 360°,周期为 24 小时,每小时转动 15°。地球自转产生了昼夜更替现象,向着太阳的半球是白天,背着太阳的半球是黑夜。地球上不同经度的地方地地球在绕地轴自转的同时,也在绕太阳公转,公转与自转同时进行。地球绕太阳公转形成的轨道为椭圆形轨道,太阳位于椭圆的一个焦点上。地球在绕太阳公转中,形成了近日点和远日点,近日点一般在一年的 1 月初,远日点一般在一年的 7 月初。地球绕太阳一周为公转周期,所需时间为 365.5 天。地球绕太阳公转形成的轨道面称为黄道面,与地球自转轨道面(赤道面)的交角为 $23°26'$,称为黄赤交角。

地球公转形成了春、夏、秋、冬四季的交替。每年 3 月 21 日前后,太阳会直射赤道,这一天是北半球的春分日,昼夜长短平分;每年 6 月 22 日前后,地球接近远日点,太阳直射北回归线,这一天是北半球夏至日,北半球得到的热量最多,白昼最长;每年 9 月 23 日前后,太阳再次直射赤道,南北半球得到的太阳热量相等,这一天是北半球秋分日,昼夜平分;每年 12 月 22 日前后,地球位于近日点,此时太阳直射南回归线,这一天是北半球冬至日,此时南半球获得的热量最多,北半球白昼时间最短。地球像这样以一年为周期绕太阳不停运转,从而产生了四季的交替变化。

(四)地球仪

地球仪是仿造地球形状,按照一定的比例缩小制作的地球模型。世界最早的地球仪是 1492 年由德国航海家、地理学家贝海姆发明制作的。中国地球仪制作始于元代,由西域天文学家扎马鲁丁为元朝廷督造。地球仪上连接南北两极,指示南北方向,形状呈半圆圈、长度相等的线称为经线,所有经线在南北极汇合。国际上规定,把通过英国首都伦敦格林尼治天文台原址的一条经线定为 0°经线,也叫本初子午线,东经 180°和西经 180°重合在一条经线上,就是 180°经线。不同的经线具有不同的地方时,偏东的地方时要比偏西的地方时早。在地球仪上与赤道平行的线称为纬线,所有的纬线都相互平行,并与经线垂直。纬线指示东西方向,并自成纬线圈,纬线圈的大小不等,赤道为最大的纬线圈,从赤道向两极纬线圈逐渐缩小,到南、北两极缩小为点。赤道为 0°纬线,是所有纬线中最长的一条,也是南北纬分界线,向南的叫南纬,向北的叫北纬。其中北纬 $23°26'$纬线为北回归线,南纬 $23°26'$纬线为南回归线;北纬 $66°34'$纬线称北极圈,南纬 $66°34'$纬线称南极圈。

为区分地球上的每一个地区,人们给经线标注了度数,就是经度。经度实际是两条经线所在平面之间的夹角。从 0°经线算起,向东、向西各分作 180°,向东的属于东经,习惯用 "E"表示,向西的属于西经,习惯用"W"表示。赤道上的经度,每两度相距大约为 111 千米。地球转动一周 24 小时,正好 360°,每小时 15°。为了克服时间上的混乱,1884 年在华盛顿召开的一次国际经度会议上,规定将全球划分为 24 个时区,东、西各 12 个时区,每个时区横跨经度 15 度,时间正好是 1 小时。每个时区中央经线上的时间是这个时区内统一采用的时间,称为区时。相邻两个时区的时间相差 1 小时。为了避免欧洲和非洲的一些国家被本初子午线分割在东西两个半球,所以国际上,常用西经 20°及东经 160°作为东半球及西半球的分界线。同样在时区的使用中,为了方便各地区的使用,时区并不严格按照自然地理划分,而是常将一个国家或地区按照一个时区划分,如我国差不多跨越 5 个时区,但了使用方便,在实际中,只以北京所在的东八时区为准,即北京时间。地球上一地点到球心的连线与赤道平面的夹角(或称线面角)称为纬度。纬度由赤道向南、北两极递增,赤道以北的纬度叫北纬,用"N"表示;赤道以南的纬度叫南纬,用"S"表示,最大的纬度在南极和北极,为90度。以赤道为界,地球平均分为南、北两个半球,赤道以北是北半球,赤道以南是南半球。根据纬度数值大小,将纬度在0至30度之间的地区称为低纬度地区;纬度在30至60度之间的地区称为中纬度地区;纬度在60至90度之间的地区称为高纬度地区。地球仪上经线和纬线相互交织,构成经纬网。经纬网常常被用来确定地球表面上各地点、各地区和各种地理位置,在军事、航空、航海等方面很有用处。

二、地理概况

(一)陆地和海洋分布

地球表面由陆地和海洋两部分构成,海洋占全球面积的71%,陆地占全球面积的29%。陆地是人类和陆生动植物栖息的场所;海洋为水生动植物的"乐园",被誉为"生命的摇篮"。世界海陆分布不均匀,从南北半球来看,陆地集中在北半球,海洋集中在南半球;从东西半球来看,陆地集中在东半球,海洋集中在西半球。

1. 陆地分布

陆地包括大陆和岛屿,全球有六块大陆,分别是亚欧大陆、非洲大陆、北美洲大陆、南美洲大陆、澳大利亚大陆和南极洲大陆。大陆与其周围的岛屿总称为大洲,世界有亚洲、欧洲、北美洲、南美洲、非洲、大洋洲、南极洲七大洲。大洲面积由大到小依次为亚洲(4400万平方公里)、非洲(3000万平方公里)、北美洲(2400万平方公里)、南美洲(1800万平方公里)、南极洲(1400万平方公里)、欧洲(1000万平方公里)、大洋洲(900万平方公里)。亚洲与欧洲的分界线为乌拉尔山—乌拉尔河—里海—大高加索山脉—黑海—土耳其海峡—地中海;亚洲与非洲分界线为苏伊士运河—红海—曼德海峡;亚洲与北美洲的分界线为白令海峡;欧洲与北美洲的分界线为丹麦海峡;欧洲与非洲的分界线为地中海—直布罗陀海峡;南美洲和北美洲的分界线为巴拿马运河;南美洲与南极洲的分界线为德雷克海峡。

岛屿指四周被海水包围的小块陆地,岛屿总面积为980万平方千米,约占陆地总面积的7%。世界上主要的岛屿有格陵兰岛、马达加斯加岛、马来群岛等,其中格陵兰岛为世界上最大岛屿,面积217万平方公里,位于大西洋北部。半岛为三面临水,一面与陆地相连的地貌状态,世界主要半岛有阿拉伯半岛、印度半岛、中南半岛、斯堪的纳维亚半岛、索马里半岛、伊比利亚半岛、佛罗里达半岛等,其中世界上最大的半岛为阿拉伯半岛。

2. 海洋分布

海洋是地球表面被陆地分隔为彼此相通的广大水域的总称。海洋的中心部分称作洋,是海洋的主体,海洋边缘部分称作海,是大洋的附属部分,海与洋彼此沟通组成统一的水体。海水约占地球总水量的97%,人类能够饮用的水只占2%。

世界有四大洋,按照面积由大到小依次是太平洋、大西洋、印度洋和北冰洋。太平洋是世界上面积最大的海洋,被亚洲、南北美洲、南极洲、大洋洲环绕,南北最大宽度达15500千米,东西最大宽度约19900千米,面积约占世界海洋总面积的一半以上,水体最深处为马里亚纳海沟,深达1.1万公里,是世界最深的地方。大西洋是世界上面积第二大的海洋,位于欧洲、非洲大陆与南、北美洲之间,呈"S"形,面积占地球表面积的近20%。印度洋是世界第三大海洋,位于亚洲、大洋洲、南极洲和非洲之间,面积约占世界海洋总面积的20%。北冰洋是世界上最小最浅以及最冷的大洋,大致以北极圈为中心,位于地球的最北端,被亚欧大陆和北美大陆环抱,面积是太平洋的1/14,约占世界海洋总面积的4.1%。北冰洋平均水温－1℃,海岸线曲折,2/3以上海面全年被厚一米半到四米的巨大冰块覆盖。

内海为深入大陆内部,只有狭窄水道与海洋相通的海,主要有地中海、阿拉伯海、南海、红海、北海、波罗的海、黑海、加勒比海等。陆间海是介于两个或两个以上大陆之间的海,主要有地中海和加勒比海。位于两个大陆或大陆与邻近沿岸岛屿、岛屿与岛屿之间的狭窄水道称为海峡,世界主要海峡有马六甲海峡、直布罗陀海峡、霍尔木兹海峡、土耳其海峡、麦哲伦海峡、莫桑比克海峡、台湾海峡、白令海峡等。海湾是指陆地深入海洋,三面环陆,一面为海的陆地,世界上主要海湾有孟加拉湾、墨西哥湾、几内亚湾、波斯湾等。

(二)陆地和海洋地形

地球表面受内外力作用,形成山地、高原、盆地、平原等各种形态,总称为地形。

1. 陆地地形

陆地地形主要有平原、丘陵、山地、高原、盆地、沙漠等。陆地上海拔较低、地势起伏较小,相对高度一般不超过55米,坡度在5°的广阔而平坦的地区为平原,世界最大的平原为亚马孙平原。陆地上海拔在250米以上、550米以下,相对高度一般不超过200米,由连绵不断的低矮山丘组成的地形为丘陵,世界上最大的丘陵为哈萨克丘陵。陆地上海拔在500米以上,相对高差在200米以上,起伏较大的地形为山地,其特点是起伏大,坡度陡,沟谷深,多呈脉状分布。山地按照成因和形状分为褶皱山、断层山、侵蚀山等。褶皱山是地壳中的岩层受到水平方向力的挤压,向上弯曲拱起而形成的;断层山是岩层受到垂直方向上的力断裂,然后再被抬升而形成的;侵蚀山是地壳上升地区,地面经外力侵蚀分割而形成的山地。山地是大陆基本地形,陆地上分布着许多的大山,世界上巨大年轻的山系有阿尔卑斯-喜马拉雅山系、科迪勒拉山系(落基山、安第斯山);古老山脉有斯堪的纳维亚山脉、大分水岭、阿巴拉契亚山等。高原为海拔高度一般在1000米以上,面积广大,表面宽广平坦,地势起伏不大的地形,世界上最高的高原是我国的青藏高原,世界上最大的高原是巴西高原。盆地为中部低平,四周高,形似盆状的地形,世界海拔最高的盆地是我国的柴达木盆地。沙漠为地表完全被沙所覆盖,植被和雨水非常稀少的沙质荒漠化土地,世界上最大的沙漠是北非的撒哈拉沙漠。

2. 海洋地形

海洋底部地形如同陆地一样,高低起伏、复杂多样。海底地形可分为大陆边缘、大洋中脊、大洋盆地或洋盆。大陆与大洋盆地的边界地带为大陆边缘,是大陆的构造部分,由大陆架、大陆坡、大陆基、海沟和岛弧组成。大陆架是环绕大陆的浅海地带,海水深度一般不超过200米,地形较平坦。大陆架上资源丰富,海洋鱼产量占世界渔业的90%,海底还有石油、煤、铁等矿藏。大洋中脊又称中央海岭，贯穿于世界四大洋，为海底山脉，地形崎岖不平，少数山峰露出海面形成岛屿。大洋盆地是海洋的主体，大洋盆地地形凹凸不平，有海底高地、海岭、海峰、海山及深海平原等，其中标志性地形是深海平原。地形对人类农业生产、城市建设、旅游等都会产生重要影响。

3. 海陆变迁

海陆变迁是由海洋变为陆地或由陆地变为海洋的过程。地球在 46 亿年的发展演变中，经历了一系列持续的海陆变迁，形成了现在的海洋和陆地分布格局，海陆变迁仍在持续地进行中。地震、火山、地壳岩层变化、温度、水和风作用、地球转动、天体引力等都可能引起海陆变迁。

地壳运动和海陆分布形成了不同的学说，其中著名的学说有大陆漂移说和板块构成说。1912 年，德国科学家魏格纳提出了大陆漂移学说，认为地球上所有大陆曾经是统一的巨大陆块，称为泛大陆或联合古陆，中生代开始分裂并漂移，逐渐到达现在的位置。大陆漂移学说的主要依据是大西洋两岸海岸线和地理构造与古生物群落的相似性。板块构造学说是在大陆漂移学说和海底扩张学说基础上提出的，认为地球的岩石圈不是整体一块，而是被海岭、海沟、造山带、地缝合线等构造分割成许多构造单元，这些构造单元叫作板块。根据地质构造，全球的岩石圈分六大板块，即亚欧板块、非洲板块、美洲板块、太平洋板块、印度洋板块和南极洲板块，其中太平洋板块几乎完全是海洋，其余五大板块都包括大块陆地和大面积海洋。板块处于不断运动之中，板块内部比较稳定，而板块交界处地壳活跃，多火山、地震。地球表面的基本面貌是由板块相对移动而发生彼此碰撞和张裂而形成的。在板块张裂的地区，常形成裂谷和海洋，如东非大裂谷、大西洋就是这样形成的。在板块相撞挤压的地区，常形成山脉，喜马拉雅山就是印度洋板块与亚欧板块碰撞过程中产生的。

（三）温度带和气候概况

1. 温度带

地球的自转轴倾斜造成太阳照射的角度不同、日照时间长短不同、地面获得的热量不同，形成了不同的温度带。温度带是依据正午太阳高度和昼夜长短两个因素来划分的，即有无太阳直射光线和有无极昼极夜现象，地球上各地区划分为热带、南温带、北温带、南寒带、北寒带五带。

热带地处赤道两侧，介于南北回归线之间，太阳高度终年很大，一年有两次太阳直射机会；全年高温，温度变幅很小；季节只有相对的热季、凉季或雨季、干季之分。温带介于南、北回归线和南、北极圈之间，有南、北温度带之分，温带总面积占全球总面积的 52%；一年之中太阳高度有一次由大到小的变化，气温也随之出现一次由高到低的变化，太阳高度随纬度增高逐渐减小；四季分明，昼夜长短变化显著，温度变化明显。寒带介于南、北极圈至南、北极间，有南、北寒带之分，面积占全球总面积的 8.2%，太阳高度终年很低，地面获得的热量很少，表面温度很低，极昼和极夜现象随纬度的增高愈加显著，一年之中只有冬、夏之分。

2. 气候类型

气候体现为一个地区大气多年的平均状况,具有一定的稳定性。光照、气温和降水是衡量气候的主要方面,其中降水多寡是判断气候的主要因素。受太阳照射、大气环流、海陆位置、地形地势和洋流等因素综合影响,形成了不同的气候类型。根据全年气温和降水情况,世界气候可划分为热带气候、温带气候、亚寒带气候、极地气候、高原山地气候。

热带气候包括热带雨林气候、热带草原气候、热带季风气候和热带沙漠气候。热带雨林气候受赤道低压带影响,全年多雨,年降水量在 2000 毫米以上;月平均气温在 25—28 ℃,无季节变化;植物常年生长,植被茂密;主要分布于南美洲的亚马逊平原,非洲刚果盆地和几内亚湾沿岸,亚洲东部岛屿等赤道两侧地区。热带草原气候受赤道低压带和信风带南北移动、交替影响,全年高温;年降水量一般在 700 到 1000 毫米,有明显的干湿季变化;主要分布于中美、南美和非洲赤道多雨气候区两侧。热带季风气候受海陆热力差异和气压带风带季节性移动影响,全年气温较高,年平均气温在 20 ℃以上;年降水量一般在 1500 到 2000 毫米以上,有明显的干湿季变化;主要分布于我国东南部的雷州半岛、海南岛,以及中南半岛、印度半岛的大部分地区。热带沙漠气候常年受副热带高压和信风的影响,气温高、降水极少,年降雨量不足 200 毫米;全年炎热干燥,有世界"热极"之称;主要分布于非洲北部、西亚和澳大利亚中西部等回归线附近的大陆西岸地区。

温带气候包括亚热带季风气候、地中海气候、温带季风气候、温带海洋性气候和温带大陆性气候。亚热带季风气候受热带海洋气团和极地大陆气团交替控制,夏季高温多雨,冬季温和少雨,年降水量一般在 1000 到 1500 毫米;冬季温暖,夏季炎热,气温季节变化显著;植被以亚热带常绿阔叶林为主;主要分布在中国东部秦岭、淮河以南,日本南部,朝鲜半岛南部等热带季风气候以北的地区。地中海气候受气压带季节移动影响,夏季炎热干燥,冬季温和多雨;年降水量在 300 到 1000 毫米之间,主要集中在冬季;植被以亚热带常绿硬叶林为主;主要分布于纬度 30°—40°之间的大陆西海岸,包括地中海沿岸、美国加利福尼亚州沿海、南美智利中部沿海、南非的南端和澳大利亚的南端。温带季风气候受高纬内陆偏北风和极地海洋气团影响,夏季高温多雨,冬季寒冷干燥;年降水量在 1000 毫米左右,多集中于夏季,全年四季分明;植被以温带落叶阔叶林为主;主要分布于中国华北和东北、日本北部以及俄罗斯远东地区。温带海洋气候全年受中纬西风影响,气候湿润,冬季温和、夏季凉爽;全年都有降水,秋冬较多,年降水量在 1000 毫米以上;主要分布于南、北纬 40°至 60°地区的大陆西岸,如西北欧、加拿大太平洋沿岸、智利南部、澳大利亚东南部、新西兰等。温带大陆性气候终年受极地大陆气团影响,冬寒夏热,气温年较差和日较差都较大;降水量少,植被从温带荒漠到温带草原,过渡到亚寒带针叶林;主要分布于北纬 40°至 65°之间的亚洲内陆与大陆东岸,如中国西北、蒙古国、西伯利亚大部分地区、阿拉斯加、加拿大和美国东北部等。

亚寒带气候指亚寒带针叶林气候。亚寒带针叶林气候受极地海洋气团和极地大陆气团影响,冬季漫长而严寒,夏季短暂而温暖,气温年较差特别大;年降水量一般在 300 到 600 毫米,以夏雨为主,蒸发微弱,湿度相对较高,以带状分布于北纬 50°至 65°之间的地区。

极地气候包括极地苔原气候和极地冰原气候。极地苔原气候受冰洋气团和极地大陆气团影响,冬长而严寒,夏短而低温;降水稀少且集中在最热的月份;自然植被以苔原植物为主;主要分布在亚欧大陆和北美大陆北冰洋沿岸。极地冰原气候全年严寒,各月温度都在 0 ℃以下,降水极少,大部分不足 100 毫米,地面多被巨厚冰雪覆盖,又多凛冽风暴,植物难以生长;主要分布在极地及其附近地区的格陵兰、北冰洋岛屿和南极大陆,是冰洋气团和南极气团的发源地。

高原山地气候受海拔高度和山脉地形等影响,气温随高度增高而降低,气候垂直变化显著;全年低温,气温年较差小,日较差大;植被受海拔和纬度影响而呈现出多样性;主要分布在喜马拉雅山、青藏高原、南美洲安第斯山等高大山地和高原地区。

三、中国地理概况

中国位于地球东西半球的东半球,南北半球的北半球;处于亚洲东部、太平洋西岸,东部濒临世界上最大的海洋——太平洋,有众多的岛屿和港湾,西部与许多国家接壤,是一个海陆兼备的国家。

(一)疆域和行政区划

我国领土辽阔,陆地总面积约 960 万平方公里,仅次于俄罗斯、加拿大,居世界第三位。最东端在黑龙江和乌苏里江的主航道中心线相交处($135°5'E$),最西端在帕米尔高原,中、塔、吉三国交汇处附近($73°33'E$),东西跨越经度 60 多度,相距约 5000 公里,相差 5 个时区;最南端在南海曾母暗沙附近($3°51'N$),最北端在漠河以北黑龙江主航道的中心线上($53°33'N$),南北跨越纬度近 50 度,相距约 5500 公里,大部分在温带。陆上疆界漫长,达 2 万多公里,与 14 个国家接壤。东邻朝鲜,北接蒙古,东北西北与俄罗斯相连,西部同哈萨克斯坦、吉尔吉斯斯坦、塔吉克斯坦、阿富汗、巴基斯坦接壤,西南同印度、尼泊尔、不丹接界,南接越南、老挝、缅甸。大陆海岸线长达 1.8 万多公里,是世界上海岸线最长的国家,自北向南濒临的近海有渤海、黄海、东海和南海,海域面积 300 万平方公里。沿海分布有台湾岛、海南岛、舟山群岛、南海诸岛等 6000 多个大大小小的岛屿。与我国隔海相望的邻国有韩国、日本、菲律宾、马来西亚、文莱和印度尼西亚六个国家。

我国现行行政区划为省(自治区、直辖市)、县(自治县、市)、镇(乡)三级,目前我国共有 34 个省级行政单位,包括 23 个省、5 个自治区、4 个直辖市和香港、澳门两个特别行政区,台湾是我国领土神圣不可分割的一部分。

(二)人口与民族

我国是世界上人口最多的国家,据第七次人口普查报告显示,截至 2021 年,我国总人口大约为 14.43 亿,约占世界人口的 1/5。人口分布以"黑河—腾冲一线"(胡焕庸线)为人口地理分界线,东南人口多,分布密集,西北人口少,分布稀疏。从人口具体分布来看:东部地区人口多,西部地区人口少;沿海、沿河、沿湖地区人口多,干旱荒漠地区人口少;平原、盆地人口多,山地、高原人口少;经济和交通运输发达地区人口多,偏僻的农村、牧区人口少;城镇密集、工业发达的地区人口多,偏僻农业、牧业地区人口少;汉族地区人口多,大部分少数民族地区人口少。

我国是一个团结统一的多民族国家,有汉、壮、蒙古、回、藏、维吾尔、苗等56个民族成员,其中汉族人口众多,约占全国总人口的91.11%,其他民族人口较少,占总人口的8.89%,被称为少数民族。少数民族中人口最多的为壮族,其他人口较多的还有满、回、苗、维吾尔、彝、土家、蒙古、藏族等。我国民族分布总的特点是大杂居、小聚居。

(三)地形及分布

我国地形复杂多样,平原、高原、山地、丘陵、盆地五种地形齐备,山区面积广大,约占全国面积的2/3。地势西高东低,呈三阶梯状分布。西南部平均海拔在4000米以上,为第一阶梯,主要由青藏高原,柴达木盆地构成。大兴安岭—太行山—巫山—云贵高原东一线以西与第一阶梯之间为第二级阶梯,主要由海拔在1000米到2000米之间的塔里木盆地、准噶尔盆地、内蒙古高原、黄土高原、四川盆地和云贵高原等构成。该线以东到海平面以上的陆面为第三级阶梯,海拔多在500米以下,主要有东北平原、华北平原和长江中下游平原等。我国地势西高东低,呈阶梯状分布,有利于海上湿润气流向我国内陆推进,为我国广大地区带来了较为丰富的降水;使大江大河自西向东流,形成"一江春水向东流",并产生巨大水能。

我国山脉众多,山脉主要有东西走向的天山、阴山、昆仑山、秦岭、南岭,南北走向的贺兰山、六盘山、横断山区,东北西南走向的大兴安岭、太行山、巫山、雪峰山、长白山、武夷山,西北东南走向的阿尔泰山、祁连山,弧形走向的喜马拉雅山脉。喜马拉雅山脉是世界上最高的山脉,主峰珠穆朗玛峰海拔8848米,为世界最高山峰,位于中国与尼泊尔交界处。

青藏高原、内蒙古高原、黄土高原、云贵高原是我国四大高原。青藏高原位于我国西南部,平均海拔在4000米以上,是世界上最高的高原,被称为"世界屋脊",终年积雪,冰川纵横;内蒙古高原位于我国北部,海拔1000米左右,是我国第二大高原,地势平坦开阔,西北部多荒漠、戈壁,东部和中部多肥美草原;黄土高原位于我国中部偏北,海拔在1000~2000米,地面覆盖着疏松的黄土层,是世界上黄土分布最广阔、最深厚的地区,水土流失严重,地貌千沟万壑;云贵高原位于我国西南部,岩溶地形广布,山岭起伏,崎岖不平。

塔里木盆地、准噶尔盆地、柴达木盆地和四川盆地是我国四大盆地。塔里木盆地位于新疆南部,呈环状分布,是我国最大的内陆盆地,中部的塔克拉玛干沙漠是我国最大的沙漠;准噶尔盆地位于新疆的北部,是我国第二大的内陆盆地和纬度位置最高的盆地;柴达木盆地位于青海省西北部,大部分为戈壁、沙漠,东部多沼泽、盐湖,盐产与矿产极为丰富,被誉为"聚宝盆",是我国地势最高的高原盆地;四川盆地位于四川东部,广布紫色砂页岩,有"红色盆地"和"紫色盆地"之称,是我国地势最低的大盆地,著名的成都平原就位于盆地西部,农业发达,物产丰富,被誉为"天府之国"。

东北平原、华北平原、长江中下游平原是我国著名的三大平原。东北平原位于我国东北部,地跨黑龙江、吉林、辽宁和内蒙古四个省区,地表以肥沃的黑土著称,海拔多在200米以下,是我国面积最大的平原;华北平原位于我国东部,北抵燕山南麓,南达大别山北侧，西倚太行山—伏牛山，东临渤海和黄海，地势平坦，河湖众多，是我国第二大平原；长江中下游平原位于长江中下游沿岸，地跨中国鄂、湘、赣、皖、苏、浙、沪 7 省市，地势低平，河网密布，素有"水乡泽国"之称。丘陵主要有辽东丘陵、山东丘陵和东南丘陵。

（四）气候

我国属季风性气候区，受纬度带和季风影响，冬季气温普遍偏低，南北温差大，温差超过 50 ℃；夏季全国大部分地区普遍高温，南北温差不大，温差在 12 ℃左右。依据活动积温，我国从北到南可以划分为寒温带（高原气温区）、中温带、暖温带、亚热带和热带五个温度带。另外，青藏高原为高原气候区。不同温度带对我们的生产和生活影响很大。

受季风活动影响，我国降水空间分布呈现出由东南沿海向西北内陆逐渐递减的特征。东南部受季风影响降水多、湿润，西北内陆地区降水稀少、干燥。在季风影响下，我国降水呈现出季节、地区差异，全国大多数地方降水集中在每年 5 月到 10 月的夏秋季节，降水量一般会达到全年的 80%，冬季降水较少，降水季节分配不均；就南北方来看，南方雨季开始时间早、降水多、雨季长，北方雨季开始时间晚、降水少、雨季短，降水地区分布极不均匀。我国降水量最多的地方是台湾的火烧寮，最少的地方是吐鲁番盆地中的托克逊。根据降水量与蒸发量对比关系，我国从东南沿海到西北内陆可分为湿润、半湿润、半干旱和干旱四类干湿地区。干湿地区影响地面植被，湿润地区，降水丰富，森林繁茂；干旱地区，降水稀少，草木短小。干湿地区农业类型不同，农作物不同，人们的饮食习惯和身体状况也不同。

我国的气候类型由东南向西北，主要有亚热带季风气候、温带季风气候、温带大陆性气候和青藏高原地区的高原高山气候。季风气候和大陆性气候是我国气候的主要特征。季风气候的特征是大部分地区冬夏风向更替明显，夏季吹偏南风，温暖湿润，冬季吹偏北风，寒冷干燥。季风与非季风区的界线为：大兴安岭—阴山—贺兰山—巴颜喀拉山—冈底斯山一线。该线以东地区为季风区，主要受夏季风影响，气候温暖湿润；该线以西为非季风区，不受夏季风影响，降水较少。影响我国气候的主要因素有位置、地形和季风。

（五）河流与湖泊

1. 河流

我国河流数量众多、水量丰沛、水系多样、资源丰富，以外流河为主，外流区域面积广大，占全国总面积的 2/3。我国内外流区域北段大致沿着大兴安岭—阴山—贺兰山—祁连山（东端）一线，南段沿巴颜喀拉山—冈底斯山一线，该线以东以南为外流区域，以西以北为内流区域。外流区域主要河流有流入太平洋的长江、黄河、珠江、松花江、海河、辽河、澜沧江（境外称湄公河），流入印度洋的雅鲁藏布江（在印度境内称布拉马普特拉河）、怒江，流入北冰洋的额尔齐斯河。内流区域的主要河流有塔里木河，最终流入沙漠或内陆湖泊。我国外流河水文特征受季风气候影响明显，夏季风盛行时，水量大，水位上涨，形成汛期，无结冰期；冬季风盛行时，水量小，水位下降，形成枯水期，以秦岭—淮河一线为界，该线以北的河流有结冰期。与外流河相比，内流河水源主要来自高山冰雪融水，河流的水文特征与季节密切相关,夏季冰雪大量融化,成为丰水期,冬季为枯水期,有河流会出现断流。

长江、黄河是我国最重要的河流。长江发源于青藏高原的唐古拉山主峰格拉丹东西南侧,全长 6300 公里,是我国第一大河,世界第三大河,干流先后流经青、藏、川、云、渝、鄂、湘、赣、皖、苏、沪共 11 省区,注入东海。从格拉丹东雪峰至湖北宜昌为长江上游,峡谷多、水流急、落差大、水力资源丰富,著名的长江三峡、瞿塘峡、巫峡、西陵峡就在上游;从宜昌到江西湖口为中游,支流多,河道弯曲,湖泊多,称为"九曲回肠";从湖口以下到长江口为下游,支流少,江阔水深,为我国东西航运大动脉。长江最长的支流是汉江,流域内面积最大的湖泊是鄱阳湖,最大的内河港口是南京港。长江是我国年径流量最大的河流,也是我国流域面积最大的河流,自古以来就有"黄金水道"的美誉。新中国建立后在长江干流和支流上相继建起了许多水电站,葛洲坝水利枢纽是长江上第一个大型水利枢纽;长江三峡水利枢纽工程具有防洪、发电、航运、灌溉、水产养殖、供水、旅游等综合利用效益,其中防洪是该工程建设的首要目标。

黄河发源于青藏高原巴颜喀拉山北麓,全长约 5464 公里,是我国第二大河,也是世界著名大河之一,干流先后流经青、川、甘、陕、豫、鲁等 9 省区,注入渤海。从巴颜喀拉山的北麓至内蒙古河口镇为上游,上游青海段,河水清澈,水流缓慢;青海省东部的甘肃段,峡谷多,水变浑,水量增大;青铜峡以东的定蒙段,水流平稳,水量变少。从河口镇到河南孟津为中游,支流多,水深流急,含沙量大。孟津以下为下游,流经平原,河宽水缓,泥沙沉积成为"地上河"。黄河水从低纬度流向高纬度,高纬度河段秋冬季节封冻早,冬春季节解冻迟,容易形成冰坝,阻塞低纬度的河道来水,导致河水泛滥的现象,称为凌汛。

京杭运河北起北京,南到杭州,是世界开凿最早、最长的人工运河,全长 1800 公里,流经京、津、冀、鲁、苏、浙,贯通海河、黄河、淮河、长江、钱塘江五大水系,年运输量在内河航运中仅次于长江,对中国南北地区之间的经济、文化发展与交流,特别是对沿线地区工农业经济的发展起了巨大作用。

2. 湖泊

我国湖泊众多,但分布不均,主要分为青藏高原和东部平原两大湖区。淡水湖主要有江西的鄱阳湖、湖南的洞庭湖、江苏的太湖和洪泽湖、安徽的巢湖,其中鄱阳湖是最大的淡水湖泊。咸水湖主要有青海的青海湖,是我国面积最大的湖泊;位于西藏中部的纳木错,是我国第二大咸水湖,也是我国海拔最高的湖泊。

四、地理学学科思想

领会学科思想是掌握学科知识的关键。地理学学科思想是在地理学科分析、处理、解决问题活动中形成和运用的理念。地理学学科思想包括人地关系思想、尺度思想、整体思想。

(一)人地关系思想

人地关系指人类社会、人类活动与地理环境之间的相互关系,是自有人类以来就存在的客观关系。人与地在特定的地域中相互联系、相互作用而形成了具有一定结构的动态系统,即地域系统。人类社会和地理环境是构成这一地域系统的两个子系统,地理环境为人类的发展提供了必要条件并影响着人类活动,人类活动在一定程度上又改变、改造着地理环境。坚持人地和谐发展是正确处理人地关系的基本思想,这既要求人们看到人类在改变、改造自然环境方面的能力,同时要认识到自然环境对人类活动产生的直接和间接影响,在利用、改造自然时必须遵守自然规律,做到人与自然和谐发展。

(二)尺度思想

尺度思想(空间尺度、时间尺度、时空尺度)是地理学核心思想之一,指地理空间尺度有大有小,并有一定的等级,分析和解决地理问题,要对尺度进行选择。大小尺度之间存在相互依存,深入了解地理过程和现象,要在大小空间尺度之间进行相互转换。不同空间尺度分析地理问题,得出的结论的概括性和普适性不同。地理空间是物质、能量、信息的数量及行为在地理范畴中的广延性存在形式,即形态、结构、过程、关系、功能的分布方式和分布格局同时在时间上的延续。尺度思想告诉我们,分析、研究地理现象和问题,要注意地理空间的差别性,根据问题选择尺度。

(三)整体性思想

整体性思想是地理学科核心思想之一,指地理环境各要素之间具有内在的联系性,彼此通过物质迁移和能量交换形成一个相互渗透、相互制约和相互联系的整体。地理各要素之间的有机、复杂的相互作用和联系使得地理环境整体产生了一些单个要素或某几个要素所不具备的新功能。整体性思想告诉我们,分析、研究地理现象和问题,要注意各要素之间的内在联系和相互作用,既要看到单个要素的存在,更要看到各要素构成有机整体后的功能。

第二节　中国地理学史

中国是世界上地理学发展最早的国家之一。古人常将"天文"与"地理"并论,所谓"仰观天文,俯察地理",认为天文和地理就是有关自然界的全部知识,因而非常注意对地理现象的观察和地理知识的积累。在几千年的发展中,中国积累了丰富的地理知识,产生了大量的地理文献和著述,为现代地理学的发展奠定了基础。纵观我国地理学发展历史,大体经历古代地理学、近代地理学和现代地理学三个发展阶段。

一、中国古代地理学

中国古代地理学萌芽很早,在秦汉以前,就已经取得了很多方面的成就。就发展来看,中国古代地理学经历先秦时期的萌芽、秦汉南北朝时期的建立、隋唐宋元时期的发展和明清时期的鼎盛。

（一）先秦时期的地理学

从远古到秦汉以前，称为先秦，是我国古代地理学的萌芽时期。先秦时期，我国地理学就已经取得了多方面的成就。《周易·系辞》记载"仰以观于天文，俯以察于地理，是故知幽明之故"，可见"地理"一词在我国出现很早。《山海经》《尚书·禹贡》是世界上较为古老的地理学著作。《山海经》包括《山经》和《海经》，成书时间不详，是一部具有非凡文献价值的地理著作，书中大量而有序地记载了当时中国自然地理要素及人文地理内容，如山系、水文、动物、植物、矿藏、文化风俗等，是世界上最早记载矿产分布的著作。《尚书》是我国第一部上古历史文件和部分追述古代事迹著作的汇编，大约成书于春秋末战国初期。在《尚书·尧典》中已有了关于东、南、西、北四个方位的记述。《尚书·禹贡》是中国第一篇区域地理著作，全书由"九州""导山""导水""水功""五服"五部分组成，以山脉、河流等自然地理实体为标志，将全国划分为 9 个区（即"九州"），并对每区（州）的疆域、山脉、河流、植被、土壤、物产、贡赋、少数民族、交通等自然和人文地理现象做了简要描述。

除上述两部专门论述地理的著述外，在《尔雅·释地》《诗经》《周礼》《管子·地员》（地图篇、地员篇、度地篇）《孙子兵法》《吕氏春秋》等早期著作中还有不少地理方面的内容。如《诗经》中已记有山、阜、丘、陵、穴、谷、岵、冈、原、隰等十多种陆地地貌类型，以及洲、沚、滨、澳、渚、汸、浦等十多种流水地貌类型。《周礼》记有掌管各种地图的职官，专用地图名称，以及某些地图的内容。《管子》中"地图篇""地员篇""度地篇"关于地图、土壤、生物、水文等地理因素的论述，称得上是对土壤、生物空间地理规律的最早认识。《吕氏春秋·有始览》中记有大量的地理学方面知识，如"凡四海之内，东西二万八千里，南北二万六千里。水道八千里，受水者亦八千里。通谷六，名川六百，陆注三千，小水万数"等。这一时期，地图也出现了。由《管子·地图》知春秋战国时期地图已达到一定水平，已按比例缩尺绘制地图。

（二）秦汉至南北朝时期的地理学

秦汉至南北朝时期是我国古代地理学（传统地理学）的建立时期。这一时期对地理的认识大大拓展，出现了很多地理方面的著作，《汉书·地理志》等的出现标志着中国古代地理学的形成。

西汉时，张骞"凿空"西域，对当时人们认识西域地理、扩大地理视野起到了很大的作用。《史记》记述有丰富的地理知识，其中《河渠书》《货殖列传》《大宛列传》等都是优秀的地理篇章。《禹贡》和《山经》虽都是地理著作，但都未以"地理"命名。东汉时期班固著《汉书·地理志》，才有了第一篇以"地理"命名的篇章，它的出现标志中国古代地理学开始形成。

《汉书·地理志》是中国第一部疆域地理志，由三部分组成，第一部分记述了黄帝之后至汉初疆域变迁；第二部分以疆域政区为主体，记述了郡县山川、湖沼、水利、物产、民俗以及户口沿革等，是全书的主体；第三部分记述了秦汉以来中国与东南亚一些国家和地区的关系和海上交通情况。该书首创了政区地理志模式，注重地理沿革的做法，开创了沿革地理的先河，为后世沿革地理著作树立了楷模。《后汉书·郡国志》是继《汉书·地理志》

后的又一部有关地理沿革的著述。

中国古代地图学是建立在平面制图基础上的,春秋战国时期,地图绘制已达到一定水平,经秦汉至魏晋,地图学理论已取得很大成就。裴秀(224—271),魏晋地图学家,著《禹贡地域图》,书中根据前人的实践经验总结,第一次明确提出了中国古代地图绘制理论"制图六体",即绘制地图时必须遵守的六项原则,包括分率(比例尺)、准望(方向)、道里(距离)、高下(起伏地势)、方邪(倾斜角度)和迂直(河流、道路曲直),这六项原则是中国最早的制图理论,直到清初都为中国制图学者所遵循。

《水经》是我国第一部记述水系的专著,著者和成书年代说法不一,记述了137条全国主要河流的水道情况。郦道元(约446—527),北魏时期的地理学家,他在查阅大量书籍、地图、文物资料和实地考察基础上,撰写成的《水经注》是一部包括自然地理、人文地理、历史沿革地理等内容的综合性地理著作。书中以水为纲,记述了河流水道共计1252条,对每条河流的源流、脉络、流经地区地理情况及其历史事迹都做了详细的叙述。

西汉司马迁的《史记·大宛列传》和东汉班固的《汉书·西域传》是最早记载中亚和西南亚的地理专篇,对西域各国的人口、兵力、风俗、物产、城镇交通、水文、气候以及相互间的距离等都有所介绍。法显(334—420),东晋时期的著名高僧和佛经翻译家,于隆安三年(399年)从长安出发,西行越葱岭,周游印度,后取道海路经师子国(今斯里兰卡)、苏门答腊回国,以自己亲身经历写成《佛国记》(又称《法显传》),以简洁的文字记述了中亚和印度等地的地理、风俗历史、佛教等情况,是中国古代关于中亚、印度、南亚的第一部旅行记。《华阳国志》是由东晋史学家常璩(291—361)撰写的一部专门记述古代中国西南地区地方历史、地理、人物等的地方志著作。

(三)隋唐至宋元时期的地理学

隋唐至宋元时期是我国古代地理学的发展时期。这一时期,中国古代地理学在地理理论、地理著作及地图绘制等方面都得到了进一步发展。

颜真卿(709—784),唐代书法家,以实际观察到的实物为证据,论证了海陆变迁,是我国历史上第一位以观察事实论证海陆变迁科学思想的人。僧一行(683—727),唐代著名天文学家,最早对子午线进行了实测。

在地理著作方面,隋炀帝大业初年,崔绩(550—618)等人撰写的《区宇图志》,是一部综合地图、地志的内容和体例的地理总志,是我国第一部官修地方志。唐魏王李泰主编的《括地志》,以州为单位,分述了各县沿革、地望、得名、山川、城池、古迹、神话传说、重大历史事件。唐代地理学家李吉甫(758—814)所著的《元和郡县图志》,是一部全国地理总志,叙述全国政区的建置沿革、山川险易、人口物产等,是中国现存最早的一部全国地理总志。北宋地理学家乐史(930—1007)所著的《太平寰宇记》,是继《元和郡县图志》后又一部内容丰富的地理总志,该书对全国各州县的山川形胜、历史沿革、风俗、物产、人物等进行了详细记载,对当时土产和唐宋两代户籍、人口发展做了详细记述,对后世研究地区经济发展和人口分布提供了宝贵资料,奠定了中国古代传统地理志写作的基本体例规范。北宋地理学家欧阳忞编撰的《舆地广记》,记述了从远古至宋郡县建制沿革变化。南宋王象之(1163—1230)编纂的《舆地纪胜》,对各种方志、图经中的山川、景物、碑刻、诗咏等进行编纂。《元丰九域志》是北宋时期王存(1023—1101)等共同修撰,该书摆脱了地理志传统写作体例,另辟蹊径,着力于当时山川、镇戍、户口等项。

这一时期出现了专门的沿革地理志。主要有唐朝地理学家贾耽(730—805)的《古今郡国县道四夷述》,这是一部总地理志性质的著述。贾耽是继裴秀之后中国地理地图史上一位划时代的人物,绘成了闻名遐迩的《海内华夷图》。这是以统一比例尺绘制的巨幅唐代中国全图,图中除绘有国内及毗邻边疆地区山川、政区外,对域外许多国家和地区的名称、方位、山川等内容也有适量记载。图中内容翔实可信,地名采用古今墨朱并用,开我国以两种颜色标注地名之先河,对后世地图绘制产生了深远影响。此外,北宋吴澥所著《历代疆域志》,杨湜的《春秋地谱》,南宋郑樵《通志》中的"地理略"和"都邑略",南宋王应麟(1223—1296)编纂的《通鉴·地理考》《通鉴·地理通释》都是沿革地理专著。

地图绘制方面有唐代贾耽的《海内华夷图》,宋代沈括的《天下州郡图》,南宋黄裳(1044—1130)的《地理图》,南宋绍兴六年(1136)在石版两面所刻的《华夷图》和《禹迹图》。此外,元代地理学家朱思本在实地考察和广泛吸收有关地理学方面的研究成果,采用"计里画方"绘图方法绘制了《舆地图》。"计里画方",是中国古代按比例尺绘制地图的一种方法。这种方法是先在图上布满方格,方格中边长代表实地里数,相当于现代地形图上的方里网格;然后按方格绘制地图内容,以确保地图的准确性。

这一时期也出现了一些记录边疆和域外地理的著作,地理学理论也有一些发展。如唐代高僧玄奘(602—664)著的《大唐西域记》,对当时中亚和南亚的100多个国家和地区的自然地理及人文地理等进行了记述。南宋赵汝适(1170—1231)著的《诸蕃志》,记载了东自日本、西至东非索马里、北非摩洛哥及地中海东岸诸国的风土物产及自中国沿海至海外各国的航线里程及所达航期。元代著名的契丹族政治家、天文学家和旅行家耶律楚材(1190—1244)著《西游录》,记述有关中亚的人文、地理情况。元代刘郁(又名常德)写成《西使记》,记述了西域风土人情地理。元代周达观(1270—1350)的《真腊风土记》,以及汪大渊(1311—1350)的《岛夷志略》,对东南亚、南亚、西南亚等诸岛地理风土人情进行了记述。

（四）明清时期的地理学

明清时期是我国古代地理学发展的鼎盛时期。从明永乐三年(1405)至宣德八年(1433),中国明朝航海家郑和(1371—1433)等人七次出使西洋,到达37个国家,足迹遍及爪哇到非洲东海岸和阿拉伯半岛间的广大地域。郑和等人出使西洋,大大拓展了中国人民对"西洋"的认识,并与助手撰写了几种记录航海见闻的地理著作,即《郑和航海图》、马欢的《瀛涯胜览》、费信的《星槎胜览》和巩珍的《西洋番国志》等。《郑和航海图》共24页,全图以南京为起点,以忽鲁谟斯(霍尔木兹海峡)为最远点,采用一字展开式绘制而成,所绘沿途亚非两洲地名约500个,其中域外地名就有300多个。《瀛涯胜览》《星槎胜览》和《西洋番国志》都以郑和船队经历的国家和地区分篇,记述各国(地区)的政治、经济、军事、文化、历史、地理等情况,涉及内容有各国(地区)之间的海程距离、辖境、地形、气候、物产、种族、刑法、宗教、商业、市镇等,内容极为丰富。郑和下西洋是古代中国人在西洋活动范围最大、记录最翔实的一次,也是第一次,是世界地理发现史上的一次壮举。

明中叶以后，中国地理学在"经世致用"思想指引下，向实地考察、研究自然规律新方向发展。徐霞客（1587—1641），明末杰出的旅行家和地理学家，以毕生精力进行旅游和地理考察，足迹遍及江苏、河北、陕西、江西、广东、湖南、广西、云南等19个省市，以日记形式记录每天地理、人文见闻，写成《徐霞客游记》，对喀斯特地貌类型、分布、区域差异和河源、火山、温泉及气候与植被、地形关系进行了考察和记录，开辟了地理学上系统观察自然、描述自然的新方向。顾炎武（1613—1682），明末清初杰出的思想家，与黄宗羲、王夫之并称为明末清初"三大儒"，著有《肇域志》《天下郡国利病书》等地理学著作。在地图绘制方面，明代杰出的地理制图学家罗洪先（1504—1564），以计里画方之法，创立二十四种图例符号，各图均附表解，绘成《广舆图》，极大地丰富了中国古代地图学。

进入清朝，我国传统地理学有了长足发展，对历史地理资料的发掘整理，出现了对疆域、政区、水道研究等多方面著作。如清代官修的地理总志《大清一统志》；刘献廷（1648—1695）著《广阳杂记》，提出地理学必须注意对自然地理规律的探讨；顾祖禹（1631—1692）著《读史方舆纪要》，对"人地相关"提出了见解，强调人在自然中的作用。明末清初地理学家孙兰著有《柳庭舆地隅说》《大地山河图说》《古今外国地名考》等，强调对自然地理、人文地理规律的研究，这些都代表了当时进步的地理学思想。其他地理学著作还有李贤（1408—1467）纂修的《大明一统志》，为明代官修地理总志；陈芳绩的《历代舆地沿革表》；张燮（1574—1640）的《东西洋考》；潘季驯（1521—1595）的《河防一览》等。

此外，明清时期，西方不少传教士来到中国，随之将先进的地理知识也传入中国。利玛窦（1552—1610），意大利传教士，明万历年（1582）来中国，他编绘出《坤舆万国全图》和《两仪玄览图》等，将西方的地圆说、地图投影和测量经纬度的方法以及关于五大洲的知识传入中国。《坤舆万国全图》改变了当时通行的将欧洲居于地图中央的格局，而是将亚洲东部居于世界地图中央，此举开创了中国绘制世界地图的模式。《两仪玄览图》为第三版中文世界地图。比利时传教士南怀仁（1623—1688）于康熙甲寅年（1674）绘制成《坤舆全图》，是中国古代中文版世界地图的集大成者，是近代以来世界地图史上第一份比较完整的世界地图。康熙四十七年（1708），任命欧洲人士雷孝思、马国贤、白晋及中国学者何国栋等人测绘完成《皇舆全览图》，是一幅绘有经纬网的全国地图。乾隆年间（1760—1770），法国传教士蒋友仁等编绘成《乾隆内府舆图》，是乾隆年间在康熙《皇舆全览图》基础上修订补充而成的全国地图。

二、近代地理学

从1840年第一次鸦片战争至新中国成立是中国近代地理学的形成和发展时期。

1840年第一次鸦片战争之后，中国学习西方先进科学技术的呼声日益高涨。清朝爱国将领林则徐（1785—1850），组织人员翻译英国人慕瑞的《世界地理大全》并编成《四洲志》，书中简要叙述了世界四大洲（亚洲、欧洲、非洲、美洲）30多个国家的地理、历史和政治状况，是近代中国第一部相对完整、比较系统的世界地理志书。魏源（1794—1856），清中期著名思想家、文学家和地理学家，以《四洲志》为基础，增补成《海国图志》，详细叙述了世界各地和各国历史政治、风土人情，主张学习西方国家科学技术，提出"师夷长技以制夷"的中心思想。徐继畬（1795—1873），中国近代开眼看世界的伟大先驱之一，近代著名地理学家,著《瀛环志略》,是一部世界史地志。书中详细介绍了亚洲、欧洲、非洲和美洲及其域内近 80 个国家的疆域四界、地理风貌、建置沿革、种族人口、风俗人情、宗教信仰、经济状况和政治制度等,尤其注重对各国经济、政治演化及现状的考察。1896 年,邹代钧(1854—1908),中国近代地理学的倡导者和奠基人之一,在武昌成立中国最早的"舆地学会",译绘中外地图七百多幅,推动了中国近代地图学的发展。杨守敬(1839—1915),清末民初杰出的历史地理学家,著《水经注疏》,编绘《历代舆地沿革图》《历代舆地沿革险要图》《水经注图》,使中国沿革地理学达到高峰。

这一时期,地理教育也有了发展。1897 年,上海南洋公学留学生班最早开设地理课程。1902 年和 1903 年,清政府两次颁布的学堂章程中都规定了地理课程的正规学习。张相文(1866—1933),革新中国地理学的先驱,1901 年出版《初等地理教科书》《中等本国地理教科书》,为中国最早地理教本;1908 年出版《地文学》,为中国最早的自然地理学著作;1909 年,发起成立中国最早的地理学术团体——中国地学会;1910 年创办《地学杂志》,为中国最早的地理刊物。张相文为培养地理人才和促进中国近代地理学的兴起做出了重要贡献。1921 年东南大学、1928 年北平师范大学、1929 年清华大学和中山大学、1931 年金陵女子文理学院等高等学校先后创设地理系或地学系,开始培养地理学专业人才。1934 年,竺可桢、丁文江、翁文灏、胡焕庸、张其昀、黄国璋等人在南京发起成立中国地理学会,创办《地理学报》;同年,顾颉刚和谭其骧发起建立禹贡学会,创办《禹贡》半月刊;1941 年,中国地理研究所建立,创办《地理》刊物,在四川和陕西等地组织了多次综合性区域地理调查,逐渐积累了资料并建立了地理专业研究队伍。

这一时期,著名地理学家有竺可桢(1890—1974),中国地理学和气象学的奠基者,著《远东台风的新分类》《中国气候区域论》《东南季风与中国之雨量》等,主持成立中国科学院地理研究所、海洋研究所、水土保持研究所等,对中国气候形成、特点、区划及变迁等都有深入研究。翁文灏(1889—1971),中国早期最著名的地质学家,对中国地质学教育、矿产开探、地震研究等多方面有杰出贡献。谭其骧(1911—1992),中国历史地理学科主要奠基人和开拓者,著《长水集》《长水集续编》,对中国历代疆域、政区、民族迁移和文化区域做了大量研究。胡焕庸(1901—1998),中国现代人文地理学和自然地理学的重要奠基人,引进西方近代地理学理论和方法,从人地关系角度研究了我国人口问题和农业问题,提出中国人口地域分布以黑河—腾冲线为界划分为东南与西北两大基本差异区,这条线也被称为"胡焕庸线"。曾世英(1899—1994),中国地图学家,与翁文灏等人一起编制了中国最早的现代地图集《中华民国新地图》,该图集首次采用地形分层设色法,最早展现了中国地势三大台阶的科学概念,创立了中国地图集结构的新体例。

近代,许多世界地理学大师对中国境内进行了考察。李希霍芬(1833—1905),德国地理学家、地质学家,近代中国地学研究先行者之一,1868 年到 1872 年间,七次深入中国内陆考察,足迹踏遍大半个中国,完成《中国——亲身旅行的成果和以之为根据的研究》,最早提出中国黄土的"风成论"。斯文·赫定(1865—1952),瑞典地理学家、探险家,八次深入中国内陆考察,足迹遍布西北各省和西藏,对中国西北地区地质、古生物、气象、地理进行了考察,撰写了许多有关中国地理学方面的著作,发现了楼兰古城遗址,论证了塔里木河改道,提出罗布泊是一个游移湖,考察了丝绸之路的线路。罗士培(1880—1947),英国地理学家,中国地理研究专家,1912 年开始到中国考察,完成《中国手册》,成为西方人研究中国的权威性著作。

三、现代地理学

第二次世界大战之后,科学技术发展和战后重建等社会经济发展需要,促进了地理学技术和方法的革新,地理学进入现代地理学发展阶段。1949 年新中国成立后,社会安定、经济复兴,为地理学发展创造了良好条件。1953 年,中国科学院地理研究所建立,成为中国地理学研究中心。1958 年之后,中国科学院在南京、长春、广州、新疆、成都等地相继成立地理研究所,在兰州成立冰川冻土研究所和沙漠研究所。

伴随地理研究所的建立,大学地理教育和地理学术期刊也获得较快发展。截至 20 世纪 80 年代,全国各高等学校相继设立地理系 40 多个,培养了数万名大学毕业生,并陆续创办《地理学报》《地理研究》《地理科学》《热带地理》《历史地理》《经济地理》《冰川冻土》《中国沙漠》《地理研究报告》《人文地理》等学术性期刊 30 多种。

与此同时,开展了一系列大规模的地理考察,先后对华南、黄河中下游、西北、西南、青藏高原、黑龙江、黄淮海平原、新疆、全国海岸带等进行了较大规模的调查和考察,完成了《新疆综合考察报告》《青藏高原科学考察丛书》《南海海区综合调查研究报告》等。1957 年开展了"中国自然区划"专项工作,分别对中国境内地貌、气候、水文、潜水、土壤、植被、动物和昆虫八大要素进行区划,陆续编写出一整套中国自然区划和《中国综合自然区划》,开展了农业区划,形成了中国农业区划体系,完成了《中国综合农业区划》成果。1977 年国务院批准成立中国地名委员会,1980 至 1985 年,中国地名委员会组织对全国地名进行普查,并编辑出版了一批地名图、录、典、志等图书资料,为地名学的进一步发展创造了条件。20 世纪 60 年代至 70 年代,地质工作者对青藏高原隆升进行了深入研究;1972 年竺可桢完成《中国近五千年来气候变迁的初步研究》;1975 年对珠穆朗玛峰高度进行了精确测定;1984 年南极考察队登上南极,1985 年中国在南极乔治王岛建立第一个科学考察站——长城站,随后的 30 多年间,相继建立了中山站、昆仑站、泰山站。1992 年经过对青藏高原西北部多年的考察,确认中昆仑山南—北羌塘高原为亚洲寒冷干旱的核心。1994 年经过长期测量计算,首次确认雅鲁藏布大峡谷为世界第一大峡谷。

新中国成立后,中国地理学在多方面取得了丰硕成果。一是开展了全国自然区划和全国农业区划工作,形成《中国综合自然区划》《中国综合农业区划》等成果;二是开辟了自然地理研究的新领域,建立了地貌学、气候学、水文地理学、冰川学、冻土学、土壤地理学、植物地理学等,开展了沙漠研究、沼泽研究、河口海岸地貌研究、物候研究,解决了沙漠防治、盐碱地改良、沼泽利用、农业气候研究等一系列涉及国计民生的重大课题;三是深入开展了经济地理理论和实践的研究,取得了一些成果;四是积极复兴人文地理学研究,特别是对城市地理、人口地理、旅游地理等进行了大量调查和研究工作;五是建立了历史地理学,系统开展了中国地理学史研究;六是地图学成果显著,出现了系列地图、动态地图、遥感数字制图及计算机辅助地图制图和地理信息系统等新形式和新方法。

第三节　外国地理学史

外国地理学作为一门学科,虽然发轫于古希腊,但在之前的古埃及、古巴比伦,已经有了相关地理方面的论述。就其历史发展来看,外国地理学经历了古代地理学、近代地理学和现代地理学三个发展阶段。

一、外国古代地理学

古代地理学指从上古时期至公元 18 世纪末。这一时期,地理学发展以地理描述和现象记录为主,地理学还未从其他学科中分化出来,未形成独立的学科体系。古代地理学又可细分为上古、中古、近古三个时期。

(一)上古时期的地理学

上古时期的地理学指公元前 10 世纪前后至公元 3 世纪地理学的发展。这一时期,地理思想和著作主要出现在古埃及、古巴比伦、中国、印度、古希腊和稍后的罗马帝国等古代文明中,其中以中国、古希腊和古罗马最为重要。

古希腊和罗马地理学继承了古埃及地理学运用数学探讨地理现象的传统,成为西方地理学发展的源头。古希腊地理学最早的记述见于《荷马史诗》。这一时期,对地理学做出贡献的人物有希罗多德(约公元前 480—前 425),古希腊历史学家,著《历史》,最早探索了历史上的人地关系和区域界线;柏拉图(公元前 428—前 348)提出了"地球是圆的"概念,创立了"地球中心说";埃拉托色尼(约公元前 273—前 192),被西方地理学家推崇为"地理学之父",是西方第一个使用"地理学"一词的人,著《地球大小的修正》和《地理学概论》,创立了精确测算地球圆周的科学方法,区分了欧洲、亚洲和利比亚(以后的非洲)3 个地区,以及一个热带、两个温带和两个寒带等地带,并首次根据经纬网绘制了世界地图;斯特拉波(公元前 64—公元 23),古罗马地理学家,著《地理学》,较详细地记载了当时以地中海为中心的罗马帝国地理情况;托勒密,著《地理学指南》,内容包括地图投影、各地经纬度表和绘有经纬度的世界地图,提出了"地心说",这一学说统治西方人思想达一千多年。

(二)中古时期的地理学

中古时期的地理学指从公元 4 世纪到 14 世纪地理学的发展。这一时期,中国和阿拉伯地理知识和地理思想有了长足发展,而欧洲地理知识和地理思想则出现停滞。

1. 阿拉伯地理学

7 世纪阿拉伯帝国兴起,其版图横跨欧亚非三大洲,阿拉伯帝国的兴起促进了东西方文化交流。8 至 9 世纪阿拉伯人主要以翻译和整理古希腊罗马的地理著作为主;9 至 10 世纪,阿拉伯人在继承古希腊罗马地理学基础上,写了大量的地理著作,如阿拉伯数学家、天文学家、地理学家花拉子米的《世界的形象》,阿拉伯地理学家伊本库达特拔的《道路与国家志》(约 846),阿拉伯地理学家、历史学家雅库比的《列国志》(891—892)和阿拉伯旅行家、地理学家、历史学家马苏第的《黄金草原和宝石宝藏》等。11 至 14 世纪出现了一些系统地总结前期地理成果的著作,如阿拉伯著名地理学家伊德里西著的《云游者的娱乐》(又名《罗吉尔之书》),是一部内容丰富的世界地理志;921 年阿拉伯地理学家巴尔基收集了阿拉伯旅游者有关气候方面的观察资料,编成第一本《世界气候图集》。此外,阿拉伯地理学家马克迪西提出把世界划分成 14 个气候区;波斯著名科学家、史学家、哲学家比鲁尼著《印度志》,书中阐述溪流中圆石的成因;阿维森纳提出褶皱抬升山岳的运动和侵蚀切割地形的均变过程。

2. 欧洲地理学

4 世纪欧洲进入基督教占统治地位的"黑暗时代",地理学发展停滞。欧洲人除对欧洲内陆、北海、波罗的海沿岸等地方有广泛认识外,对其他地区所知甚少。9 到 10 世纪,居住于斯堪的纳维亚半岛上的维京漂渡大西洋发现了冰岛、格陵兰岛,1000 年时又登上纽芬兰岛和北美大陆东北岸,成为欧洲最早发现新大陆者,一定程度拓展了欧洲人对北欧及北海等地的认识。1096 至 1270 年间,欧洲基督教组织了八次十字军东征,十字军东征带回了大量有关异国自然风光和风俗人情的信息,开阔了欧洲人视野,丰富了地理知识。13 世纪意大利人马可·波罗(1254—1323)东游中国,由其沿途见闻形成的《马可波罗游记》在欧洲人中产生了极大影响,使欧洲人的地理思想有了新的变化。

(三)近古时期的地理学

15 至 18 世纪是古代地理学向近代地理学的转变时期,这一时期的重大事件是中国郑和"七下西洋"和西方的"地理大发现"。

15 至 17 世纪正值欧洲资本主义兴起时期,为寻找通往亚洲和印度洋的航路,欧洲掀起了探险热、殖民地热。大规模探险首先发端于葡萄牙王子亨利,1418 年亨利王子在葡萄牙的萨格里什创设了世界第一个地理研究院,并网罗许多地理学家、制图学家、天文学家等一起研究地理学,规划海上探险。1418 年之后,亨利王子多次派人沿非洲西海岸线航行,1441 年亨利王子的航队向南航行,找到了黄金,俘获了奴隶,这一举动开启了欧洲热衷航海冒险的时代。1487 至 1488 年葡萄牙人迪亚士沿非洲西海岸航行到达非洲南端好望角;1497 至 1498 年葡萄牙人达伽马开辟了从大西洋绕非洲大陆南端到印度洋的航线;1492 至 1502 年意大利人哥伦布先后四次横渡大西洋,发现了美洲新大陆;1519 年至1522 年西班牙人麦哲伦等第一次完成环球航行,证明了地球是圆的。

地理大发现对地理学产生了巨大影响:一是证明了"地圆说",纠正了过去人们关于海陆分布的错误认识。二是成功地在远程航行中运用了罗盘,并精密地测定了经度,技术的改进和数据的积累导致了地图学的革新。1569 年荷兰地图学家墨卡托(1512—1594)绘成一幅适用于航海的等距圆柱投影世界全图,成为第一个将整个地球表面描绘在平面上的人。三是出现了一些学术价值较高的地理著作,如德国地理学家明斯特尔(1489—1552)出版的《宇宙志》,书中介绍了已知世界的各个地区,还附有许多地图,被认为是地理大发现的早期代表性作品。德国地理学家瓦伦纽斯(1622—1650)著《普通地理学》,首创地理学分类,将地理学区分为普通地理学和特殊地理学。这些研究成果促进了地理学从个别的零碎地理现象的解释向地理科学发展的转变。

二、外国近代地理学

从 19 世纪初到 20 世纪 50 年代是外国近代地理学阶段。这一时期,伴随对地球表面各种地理现象及其关系的解释性描述,地理学概念体系渐趋完善,学科日益分化并成为一门独立的科学,德国地理学成为这一时期地理学发展的主流。

(一)近代地理学的产生

从 19 世纪初至 19 世纪后期是近代地理学的产生阶段。这一阶段对地理学发展产生重大影响的学者是洪堡和李特尔。

洪堡(1769—1859),德国著名地理学家、博物学家,近代地理学的开拓者和奠基人,19 世纪科学界中最杰出的人物之一。他将一生贡献于考察自然界,足迹遍布欧洲和南北美洲,著有《宇宙》《中部非洲》和《新大陆热带地区旅行记》等,研究涉及自然地理、地质学、地磁学、气候学、生物地理学等多方面。在地理学方面的贡献主要体现在:一是总结出自然地理学和方志学研究的一般原理,揭示了地理学的研究对象是各种自然现象的一般规律和内在联系;二是探讨了地形、气候与植物的关系,创立了植物地理学;三是注意到了海陆分布所造成的等温线与纬度差异,制成了世界第一幅平均等温线图,创立了大陆性的概念,绘制了洋流图,首次发现了秘鲁寒流,观察和记述了西伯利亚的永久冻土现象;四是纠正了当时流行的错误成岩理论,认识了地磁强度从极地向赤道递减的规律;五是正确论述了自然界各种事物间的相互关系,认为地球是统一整体,人类是自然的一部分。

李特尔(1779—1859),德国地理学家,近代地理学的创建人之一,德国第一个地理学讲座教授和柏林地理学会创建人,著有《地学通论》(又名《地球科学与自然和人类历史》)。其在地理学方面的贡献在:一是确立了地理学的概念和体系,指出地理学研究对象不是整个宇宙也不是地球的全部,而是地球表面;二是最早阐述了人地关系和地理学的综合性、统一性,并奠定了人文地理学的基础。

19 世纪,地理探测开始从海洋转向两极和大陆内部。早在 17 世纪,为寻找欧洲通往美洲的航线,1607 年英国探险家哈德逊曾航行到达北纬 80°23′;1788 年库克曾经过白令海峡进入北纬 70°44′;1820 年俄国人别林斯高晋首先发现南极大陆。19 世纪 40 年代,法、英、美等国家探险队纷纷来到南极,英国人罗斯探险队成功穿越浮冰群,发现罗斯冰架。从 19 世纪 20 年代开始,法国、德国、英国、巴西、墨西哥、俄国和美国等国相继成立了地理学会,1845 年英国伦敦地理学会对世界大洋进行了科学划分和命名,定名为太平洋、大西洋、印度洋、北冰洋、南大洋五大洋。

(二)近代地理学的发展

19 世纪后期至 20 世纪 50 年代是近代地理学发展时期。1871 年第一次国际地理学会在比利时安特卫普召开。1874 年德国首先在大学设立地理系,标志着地理学作为一个有较完整体系、独立研究对象的学科确立起来了之后,西方各国大学大量设立地理系。19

世纪后半期,地理学进一步分化,气象学、海洋学、土壤学等分支学科开始独立发展,近代地理学进入发展时期。

继洪堡、李特尔之后,出现了很多地理学家和地理学思想理论流派。李希霍芬(1833—1905),德国地理学家、地质学家,将地球表面分为4个圈(岩石圈、大气圈、水圈和生物圈),认为地理学是研究地球表面及其有成因联系的事物和现象的科学。他多次到中国考察,撰写《中国》,提出黄土风成假说,并首次系统地论述了地表形成过程,对地表形成过程进行了分类,研究了土壤形成因素及其类型。

彭克(1858—1945),德国地理学家、地质学家,是近代地理学史上对自然地理进行系统研究的人,首创"地表形态学",创立了气候地貌学、第四纪冰川地层学,著《地球表面形态学》,对地表形态起源、形成过程以及各区域相似形态地理位置等进行了深入研究。

柯本(1846—1940),德国气象学家和植物地理学家,创立用温度和雨量年度变化对气候进行分类,是近代地理学最权威的气候分类之一,著《世界气候》《气候学大全》。

拉采尔(1844—1904),德国人文地理学家,近代人文地理学奠基人之一,著有《人类地理学》《政治地理学》《民族学》《德国:乡土地理导论》《地球与生命:比较地理学》等,其主要学术思想是地理达尔文主义,认为人是地理环境的产物,同时认为环境控制是有限的,把位置、空间和界限作为支配人类分布和迁移的三组地理因素,在此基础上提出"国家有机体说"和"生存空间说"。

赫特纳(1859—1941),德国地理学家,近代地理学区域学派奠基人,强调地理学的区域特性,是20世纪前半期德国近代地理学的代表人物。所著的《地理学:它的历史、性质和方法》,记述了地理学的历史、性质、任务、研究方法、概念和思想的构成、地图和图片、文字表达以及地理学教育,系统地阐明了他的地理学思想。

施吕特尔(1872—1952),德国人文地理学家,景观学说的提出者之一,最早把"景观"作为地理学科学术语,认为地理学的研究对象是景观,即视觉和感觉到的形象,创立了"文化景观形态学"。文化景观就是地表人类创造物(聚落、城市、生产用地、道路、水渠、寺院、文化设施等)构成的景观。韦贝尔(1888—1951),景观学派的代表人之一,他从生态学观点出发,把景观学引入经济地理领域,提出"生态学的经济地理"学说,试图像研究生物群落内部生理机能之间的关系那样,研究经济景观内部的机能。特罗尔(1899—1937),德国地理学家,景观生态学的创始人,著有《生态学的景观研究和比较高山研究》等,提出了"景观生态学"思想,认为景观生态学就是研究景观诸因素相互关系和作用的科学。同时还指出气候是大的景观单元指标,土壤是小的景观单元指标。

从近代德国地理学发展看,地理学研究是从形态—分类—比较—因果关系形式逐渐向整体—机能—过程—系统分析形式的演变。景观学派反映了现代地理学诞生前德国近代地理学发展的新趋向。

道库恰耶夫(1846—1903),俄国自然地理学家、土壤学家,是世界最优秀的地理学家之一,著有《俄国黑钙土》《关于自然地带学说》等。他最早提出土壤是在母质、气候、生物、地形、时间五个因素共同作用下的产物,是历史发展的自然综合体;创立成土因素学说;提出土壤剖面研究法和土壤制图方法,以及土壤地带性学说和自然地带学说,是土壤发生学派的主要创始人。

巴朗斯基(1881—1963),苏联最有影响的地理学家,苏联经济地理学区域学派的奠基人之一,著有《苏联经济地理、国家计划委员会洲区概况》《苏联经济地理》。他强调经济地理与自然地理的结合,重视自然条件的研究,提出"地域生产综合体"思想,重视区划和综合分析,强调区域观点在经济地理中的运用。

近代地理学在发展过程中形成了三种传统和三个学派。

一是生态传统与环境学派。环境决定论的代表是德国拉采尔、美国地理学家森普尔(1863—1932)和亨廷顿(1876—1947),拉采尔阐述了地理环境对人类分布和迁徙的作用;森普尔于20世纪初系统地阐述了环境对人类的支配作用;亨廷顿著《文明与气候》和《人文地理学》,详述了气候决定论。20世纪初,随着对环境决定论的怀疑和否定,人地相关的可能论和生态调节论应运而生。人地相关的可能论的代表人物是法国地理学家维达尔·白兰士(1845—1918)及其学生法国人文地理学家白吕纳(1869—1930),维达尔致力于人文地理学和区域地理学研究,认为地理学的任务是阐述自然和人文条件在空间上的相互关系;白吕纳认为环境虽足以影响人类活动,但人对人地关系的形成具有选择的可能和自由。生态调节论的代表人物为美国地理学家巴罗斯(1877—1960),认为地理学应该成为人类生态学的科学,应致力于人类对自然环境适应的研究。

二是描述传统与区域学派。地理学最古老的传统是对地表各种现象分布进行记载和描述,这就需要把地球表面按等级序列分成区域。近代区域地理学派代表人物有德国的赫特纳和美国地理学家哈特向(1899—1992)。赫特纳提出地理学的核心应是区域研究;继承者哈特向认为地理学研究地球表面的地域分异特征,部门地理学是起点,区域地理学是终结。

三是综合传统与景观学派。为深化对地表现象的研究和弥补环境学派与区域学派的不足,景观学派应运而生。景观学代表人物是德国地理学家施吕特尔、帕萨尔格。施吕特尔首提景观学说,认为地理学的中心是对可见景观的研究;帕萨尔格则认定景观是一种地域类型,即地表相关要素的集合体,其界限确定最为重要,划分的最好标志是植被。美国地理学家索尔(1889—1975)主张通过实际观察地面来研究地理特征,把景观看作地表的基本单位,重视不同文化对景观的影响,认为景观由两部分叠加构成:自然景观,即一地区在人进入前的原始景观;文化景观,即被人所改造过的景观。

此外,近代地理学在发展中还取得许多重大成果。如美国海洋学创始人莫里(1806—1873)于1855年提出第一个大气环流模式,发表了近代海洋学的第一部著作《海洋自然地理学》;俄国土壤学家道库恰耶夫于19世纪后期提出土壤地带性学说和自然地带说;美国地理学之父戴维斯(1850—1934)于19世纪末提出侵蚀轮回学说;德国柯本于20世纪上半叶提出气候分类法和大陆气候模式;英国地理学家与地缘政治家麦金德(1861—1947),认为地理学是探讨人类与自然环境相互作用的科学,提出"大陆腹地说",首创"大陆心脏"这一概念,首次以全球战略观念分析世界政治力量;英国地理学家赫伯森(1865—1915),首次依据地形、气候和植被的组合将世界划分成6大自然区域和12个副区,主张地理学着重于综合研究地球表面各种现象的空间联系;德国经济地理学家克里斯塔勒(1893—1969)于20世纪30年代提出中心地学说。

三、外国现代地理学

20世纪60年代以来的地理学被称为外国现代地理学。20世纪50年代,科学技术突飞猛进、社会快速发展,带来了人口、资源、环境与发展等一系列问题,也对地理学提出了新的要求。同时,系统论、控制论和信息论等综合科学方法论迅速兴起,电子计算机的广泛应用,地理学也伴随科学技术的进步而发展,并进入现代化阶段。其标志是地理计量方法、理论地理学的诞生和计算机地图制图、地理信息系统的出现。

现代地理学的发展包括20世纪60年代的计量运动、20世纪70年代的行为研究、20世纪80年代的综合趋势等。

20世纪50年代后,系统论、控制论和信息论等综合科学方法论的兴起,电子计算机和遥感技术的应用,导致地理学研究方法革新,西方地理学出现了应用数学统计、数学程序和数学模型等数学工具分析地理各要素以获得有关地理现象的科学结论的方法,和从一般实验到模拟实验、从人工制图向自动化制图过渡等的研究领域,地理学研究由定性向定量化发展,地理数量方法和地理信息系统等研究领域应运而生。以理论化和数量化研究地理学的有3个代表学派:一是以美国华盛顿大学的加里森和厄尔曼为代表的华盛顿大学派,加里森是第一个把地理学的理论和方法建立在定量基础上的倡导者和实践者,著有《计量地理学》;二是以英国剑桥大学乔利、哈格特和哈维为代表的剑桥大学派;三是以瑞典隆德大学哈格斯特朗为首的隆德学派。哈格斯特朗为瑞典地理学家,从20世纪40年代开始空间扩散探讨,20世纪60年代后又开展了时空地理学工作,被公认为当今最著名的理论和数量地理学者。

20世纪60年代,行为科学出现后波及地理学,形成行为地理学。行为地理学是研究人类不同类群(集团、阶层等)在不同地理环境下的行为类型、决策行为及其形成因素(包括地理因素、心理因素)的科学。行为地理学是在行为科学、哲学、人类学等多学科基础上发展起来的应用地理学的一个分支。最早开展系统研究的是美国地理学家索尔,他在《历史地理绪言》中提出行为地理学与感应地理学相关研究的问题。第二次世界大战后,行为与感应地理学日益发展,1947年美国地理学家赖特探讨了行为地理研究的目的;1969年美国学者奥尔逊和哈维相继撰文,论述了行为学地理学概念及理论和应用问题。20世纪70年代感应与行为地理学迅速发展,道温斯提出"行为革命"的口号。行为地理学的初期研究主要集中在认知、偏好、选择等方面,尝试建立基于个人决策过程来理解空间现象的模型。20世纪80年代行为地理学一度衰退,至20世纪80年代中后期,受相对主义、多元主义、后现代主义思潮的影响,行为地理学研究开始向空间行为分析以外的领域拓展和渗透,与人文地理学其他分支(如文化地理学和景观生态学)产生了关联,其结果是出现了生态地理学等新视角,并开始关注社会现实问题。

20世纪80年代,由于世界范围内人口、资源、环境和开发等问题日趋严重,有关科学均介入了对上述问题的研究,从实践中产生了对城市、区域和环境的综合研究。地理学在理论、模式和决策方面的研究均有了较大进展,并形成了理论地理学、元地理学、应用地理学等一系列的新分支学科。理论地理学为地理学的基本理论,包括人与环境、区位论和区域研究3个组成部分,对其他分支领域具有指导作用;元地理学是关于地理学理论的理论,体现了哲学对地理学的透视;应用地理学是在基础地理资料支持下,运用地理学的理论、原则和方法研究各种与人类社会经济发展有关的实际问题,提出解决问题的方法和途径的地理学分支学科。早在近代地理学发展后期,应用地理学就开始形成,进入现代地理学阶段,应用地理学进一步成熟,呈现出众多的新方向;与此同时,计算机技术、遥感技术、卫星资料、地理模拟、数理统计、地理数据库、地图专家系统等新方法和新技术广泛应用于地理学,为地理学研究提供了新方法和技术。

总之,随着社会经济发展和科学技术进步,地理学发展也呈现出以下特征。一是学科内部向整体综合研究发展,即运用综合集成的方法研究和解决社会面临的实际问题;二是从静态、类型和结构的研究向对地理现象动态过程分析和动态规律研究发展;三是地理信息技术的应用,促进了地理学研究理论和方法的巨大变化,大大开拓了地理学研究领域,地理信息技术研究成为新领域;四是相关学科的相互渗透与融合趋势更加明显,地理学科与其他学科相互交叉渗透,形成了许多新的边缘学科;五是地理学研究在空间尺度上重视多层面研究,空间尺度向宏观和微观发展。

【测试训练题】

一、选择题

1. 被誉为"聚宝盆",是我国地势最高的盆地的是( )。

A. 柴达木盆地　　　B. 四川盆地　　　C. 准噶尔盆　　　D. 塔里木盆地

2. 我国自古以来就有"黄金水道"美誉之称的河流是( )。

A. 珠江　　　B. 黄河　　　C. 大运河　　　D. 长江

3. 我国面积最大的淡水湖是( )。

A. 洞庭湖　　　B. 青海湖　　　C. 鄱阳湖　　　D. 太湖

4. 中国第一篇区域地理著作是( )。

A.《尚书·禹贡》　　　B.《汉书·地理志》

C.《尔雅·释地》　　　D.《管子·地员》

5. 我国第一部官修综合地图、地志内容和体例的地理总志是( )。

A.《区宇图志》　　　B.《元和郡县图志》

C.《舆地广记》　　　D.《太平寰宇记》

6. 大陆漂移学说的提出者是( )。

A. 李特尔　　　B. 洪堡　　　C. 魏格纳　　　D. 李希霍芬

7. 创立二十四种图例符号,以计里画方之法绘成《广舆图》的我国古代地理学家是( )。

A. 朱思本　　　B. 罗洪先　　　C. 孙兰　　　D. 顾炎武

8. 近代对自然地理学发展做出了突出贡献,被称为19世纪最杰出的德国地理学家是( )。

A. 洪堡　　　B. 拉采尔　　　C. 李希霍芬　　　D. 托勒密

9. 最早把"景观"作为地理学科学术语,创立了"文化景观形态学"的学者是( )。

A. 赫特纳　　　B. 施吕特尔　　　C. 巴朗斯基　　　D. 亨廷顿

10. 提出"大陆腹地说",首创"大陆心脏"这一概念,认为地理学是探讨人类与自然环境相互作用的地理学家是(   )。

A. 赫伯森　　　　　B. 加里森　　　　　C. 麦金德　　　　　D. 哈格斯特朗

二、填空题

1. 地球表面积为_____平方千米,其中陆地面积占_____,海洋面积占_____。

2. 地球自转产生了_____现象,地球公转形成了_____。

3. 世界上最大的半岛为_____。

4. 我国陆上疆界长达_____多公里,大陆海岸线长达_____多公里。

5. 我国地形复杂多样,山区面积广大,约占全国面积的_____。

6.《山海经》包括_____和_____,是我国乃至世界上较为古老的地理学著作。

7. 绘出《坤舆万国全图》和《两仪玄览图》,将西方的地圆说、地图投影和测量经纬度的方法以及关于五大洲的知识传入中国的学者是_____。

8. _____被西方地理学家推崇为"地理学之父",是西方第一个使用"地理学"一词的人。

9. 革新中国地理学的先驱_____于1901年出版《初等地理教科书》《中等本国地理教科书》,为中国最早地理教本。

10. 提出"国家有机体说"和"生存空间说"的地理学家是_____。

三、辨析题

1. 海陆变迁是由海洋变为陆地或由陆地变为海洋的过程,地震、火山、地壳岩层变化、温度、水和风作用、地球转动、天体引力等都可引起海陆变迁。

2. 气候形成受太阳照射、大气环流、海陆位置、地形地势和洋流等多因素综合影响,其中光照、降水、海陆位置是衡量气候的主要方面。

3.《水经注》是我国第一部记述水系的专著。

4. 近代,最先发现南极大陆的英国探险家是罗斯。

第三篇

艺术素养

艺术素养是教师文化素养的重要组成部分，是支撑教师做好教育工作，获得教育智慧的重要支柱。教师艺术素养是在长期的艺术文化熏陶下形成的感受美、欣赏美、创造美的能力。艺术知识与技能、艺术思想与情感、艺术方法与表达共同构成了一个人的艺术素养，其中艺术思想与情感在人们感受美、欣赏美和创造美中发挥着重要作用。

艺术素养的形成依赖于艺术知识的掌握与技能的形成。艺术知识涉及音乐、舞蹈、绘画、雕塑、建筑、文学、戏剧、影视等多方面。本篇将围绕教师艺术素养的形成，结合现代中小学教师应具备的艺术知识，从音乐、舞蹈、书法、绘画、建筑、雕塑、戏剧、电影方面组织内容，为教师了解相关艺术知识，提升艺术修养提供帮助。

第十章 音乐与舞蹈常识

音乐和舞蹈都是通过艺术化手段,塑造艺术形象,表达人们思想情感,以满足人们的精神和审美需要,达到相互沟通和理解。了解和掌握音乐、舞蹈知识,不仅有助于提升我们感受美、欣赏美、创造美的能力,还能够起到净化心灵,陶冶情操,促进身心健康发展的作用。

第一节 音乐常识

音乐是通过有组织的乐音在时间上的流动来创造艺术形象,传达思想感情,表现生活感受的一种表现性艺术。轻松悠闲的音乐能够缓解人的紧张情绪,起到愉悦心情的作用。掌握音乐知识,了解音乐发展历史,是形成音乐素养的基础。

一、音乐基本知识

(一)音乐的类型

音乐种类繁多,一般分为声乐和器乐两大类。

1. 声乐

声乐是以人声歌唱为主的音乐。按照分声体系和歌唱特点可分女声、男声、童声三种。女声又可分为女高音、女中音和女低音三个声部。女高音按音色、音区等特点分为花腔女高音、抒情女高音和戏剧女高音三类;花腔女高音音量精巧灵活,音域变化不大,擅长演唱轻快的高音;抒情女高音音色甜美柔和,声音宽广;戏剧女高音声音坚实有力,情趣变化多样。女中音表现为音色深厚丰满,色彩较暗,擅长演唱亲切抒情的旋律。女低音表现为高音区弱,声音发干,音色宽厚结实,给人以稳健的感觉。与女声对应,男声也有高中低三个声部,男高音按音色特点又可分为抒情男高音和戏剧男高音两类;抒情男高音音色明亮柔和,擅于演唱歌唱性曲调;戏剧男高音音色明亮辉煌,雄壮有力,擅于表现强烈的感情。男中音音色宽厚低沉,音质粗壮明亮。男低音的音色深沉坚定,唱高音时声音不灵活。童声按照发展阶段可分为稚声期、童声期和变声期三个时期。儿童在 5 至 6 岁为稚声期,此阶段儿童声音细小、音色稚嫩、清脆,但音准极不稳定;6 至 12 岁为童声期,此阶段儿童声带发育已开始具有弹性,音域逐渐增宽,音量逐渐增大,音色的可塑性增强,对音准的掌握也比较灵敏;13 至 15 岁为变声期,此阶段儿童声带变化较大,女孩声带较短、较薄,音调较细润;男孩声带较长、较厚,音调较雄浑而粗犷。

我国传统戏曲声乐的分声体系与上述不同,将声乐分为生、旦、净、丑四大声腔,各流派音质特点各异。生:扮演男性角色,包括老生、小生、武生等。老生用真声(称为"本嗓",也叫"大嗓")演唱,各流派差异不明显;小生用假声(称为"假嗓",也叫"小嗓")演唱,声音清脆,刚健文雅。旦:扮演女性角色,包括青衣(正旦)、花旦、武旦、老旦等。青衣、花衫(花旦和青衫的结合)、花旦、武旦用假声演唱,青衣和花衫唱腔婉转细腻,花旦柔和圆润、流利感人;老旦、彩旦("彩旦",扮演女性丑角)用真声(大嗓)演唱,高腔强调苍劲挺拔,低腔强调委婉沉着,彩旦则嬉笑怒骂,逗乐搞笑。净:俗称花脸、花面,扮演男性角色,包括正净、副净、武净等。净也用大嗓演唱,声音粗犷豪壮,有如洪钟巨震。丑:扮演插科打诨、比较滑稽的角色,又叫小花脸、三花脸,包括文丑、武丑;以念白的口齿清晰流利为主,不重唱工。

2. 器乐

器乐是以乐器发声进行演奏的音乐。器乐按乐器种类可分弦乐、管乐、弹拨乐和打击乐四大类;按演奏方式可分独奏、重奏、齐奏、伴奏、合奏等;按体裁形式可分序曲、组曲、夜曲、进行曲、叙事曲、舞曲、随想曲、交响曲等。在我国,从周代起就根据乐器材料不同,将乐器分为金、石、丝、竹、匏、土、革、木八类,即"八音分类法",是我国最早的乐器分类方法。钟、铃等属金类,钟在古代不仅是乐器,还是地位和权力象征的礼器;各种磬都属石类;埙属土类;鼓、鼗等属革类;琴、瑟、筑、琵琶、胡琴、箜篌等属丝类;木类已经很少见了,有各种木鼓、柷等;匏类的匏是葫芦类植物的果实,用匏做的乐器主要是笙、竽;竹类是用竹子制作的吹奏乐器,如笛、箫、篪、管子等。这里根据乐器形制,将乐器简单划分为民族乐器和西洋乐器两种。

民族乐器,即中国传统民族乐器,较流行的有琴、筝、箫、笛、二胡、琵琶、丝竹、鼓等,代表着中国民族传统音乐文化。我国民族器乐的种类繁多,根据乐器的形制和性能特点可划分为四类:一是吹管乐器,主要有笛、管、箫、唢呐、笙、芦笙、海笛等,一般声音较为响亮,色彩鲜明,大多能演奏流畅的旋律,在合奏形式中占有重要的地位。二是拉弦乐器,主要有二胡、板胡、马头琴(蒙古族)等,音色一般比较柔和优美,大多擅长演奏歌唱性旋律,应用范围十分广泛,拉弦乐器在我国各民族又各具风采。三是弹弦乐器,主要有古琴、筝、琵琶、柳琴、月琴、三弦等,大都擅长演奏活泼跳跃的旋律,并有较强的节奏表现力。四是打击乐器,种类繁多,因材质和形状不同而各有千秋,大致分为两类,即有固定音高的编钟、云锣、编磬等,能演奏一定的旋律;无固定音高的各类鼓、锣、钹、板梆等。每一种民族乐器,都具有其浓郁的民族特色,印证了我国各民族丰富的想象和多彩的生活,这些乐器向人们展示了中华民族的智慧和创造力。

西洋乐器主要是指 18 世纪以来,欧洲国家已经定型的管弦乐器、弹弦乐器和键盘乐器。常用的西洋乐器有:木管乐器、铜管乐器、弓弦乐器、键盘乐器、打击乐器等。木管乐器起源很早,主要有长、短笛,单、双簧管,萨克斯,排箫和低音管等,是西洋乐器中音色最为丰富的一族,常被用来表现大自然和乡村生活情景;铜管乐器主要有大、小、长、圆号等,音色特点是雄壮、辉煌、热烈;弓弦乐器主要有大、中、小提琴、低音提琴等,共同特征是音色柔美、动听;键盘乐器主要有管风琴、手风琴、电子琴等,特点是音域宽广,具有可以同时发出多个乐音的能力;打击乐器是乐器家族中历史最悠久的一族,主要有定音鼓、大鼓、小军鼓、钹、架子鼓、三角铁、钢片琴、木琴、排钟等,重在渲染乐曲气氛。

西洋乐器的演奏形式有独奏、伴奏、重奏、齐奏、合奏等。独奏是由一人采用一种乐器进行独立演奏的形式,如手风琴独奏、钢琴独奏等,独奏时也可有其他乐器伴奏。伴奏是伴随其他乐器或声乐的演唱演奏,目的是使演奏和演唱的表现力更丰富、更强烈。重奏是两个或两个以上的人各按所担任的声部,同时用不同乐器或同一种乐器演奏同一乐曲的演奏形式,按照声部和人数的多少,又可分为二重奏、三重奏、四重奏、五重奏等。齐奏是用三个以上同种类的乐器同时演唱同一首歌曲的形式,如小提琴齐奏、民乐齐奏等。合奏是一种多声部乐曲的演奏形式,有管乐合奏、弦乐合奏、弹拨乐合奏、打击乐合奏,民族管弦乐合奏、西洋管弦乐队合奏、铜管乐队合奏等。

(二)音乐的要素和语言

1. 音乐的要素

音乐的基本要素是指构成音乐的各种元素,包括音的高低、长短、强弱和音色,这些基本要素相互结合,构成音乐的节奏、曲调、和声、调式等常用形式要素,其中最基本的形式要素是节奏和旋律。

音乐的节奏表现为音乐轻重缓急的变化和重复,是音乐的基础。节奏包括节拍和速度。节拍是音乐中的强、弱拍周期性有规律地重复运动。我国戏曲里称节拍为"板、眼","板"相当于强拍,"眼"相当于弱拍,所谓"一板一眼",即一强一弱。节奏不仅限于声音层面,景物的运动和情感的运动也会形成节奏。音乐节奏有长音与短音交互形成的节奏,有强音与弱音反复形成的节拍。正规节奏有强拍,有弱拍;不正规节奏会有变强拍为弱拍,变弱拍为强拍等现象。速度是指节拍的速率,大致可分为慢、快、适中三种。速度是音乐节奏的重要内容,节奏的快慢,在表达情感方面有很大不同,如同样是三拍,用快速会给人活泼明快的感觉,用慢速则获得优雅、闲适的效果。通常快节奏比较令人兴奋,慢节奏使人心态平和、情绪稳定。

音乐的旋律亦称曲调,是音乐的首要要素,即由各种高低、长短、强弱的乐音按一定的调式和节奏组织起来的音的进行序列。旋律是音乐的灵魂和基础,音乐的内容、风格以及民族特征等首先都由旋律表现出来。旋律的进行必须包含音的高低、长短、快慢、强弱等变化,要始终通顺流畅、优美动听。其中,各音的时值和强弱不同形成节奏,各音的高低不同形成旋律线,表现一定的音乐意义和音乐的内容、风格与体裁。

2. 音乐的语言

音乐艺术用音乐语言塑造形象,音乐美的欣赏必须懂得音乐语言。音乐的艺术语言和表现手段主要有旋律、节奏、和声、调式、复调、曲式和调性等。旋律是音乐最主要的表现手段,它把高低、长短不同的乐音按照一定的节奏、节拍以至调式、调性关系等组织起来,塑造音乐形象,表现特定的内在情感。因此,人们常把旋律称为音乐的灵魂。节奏是音乐最基本的表现手段,是音响长短、强弱等有规律的组合。它是旋律的骨干,也是乐曲结构的主要因素,使乐曲体现出情感的波动起伏,增强了音乐的表现力。和声是音乐最基本的表现手段之一,指多声部音乐按照一定关系构成重叠复合的音响现象,使音乐具有结构感、色彩感和立体感。有人说,节奏体现出音乐的"时间感",和声则体现出音乐的"空间感"。调式也是音乐的重要表现手段,是乐曲的基础,调式的表现力很丰富,每种不同的调式都有自己特殊的表现力,如中国各民族传统音乐,各有其律制和旋律型,因此在调式的概念和结构等方面都各有其特点。其他音乐语言和表现手段,也是通过有规律的变化和组合,共同将音乐在时间中展开并塑造音乐形象。

二、中国音乐史

中国音乐历史悠久,起源可以追溯到上古先民时期出现的歌舞乐三位一体的原始乐舞,经历了古代、近代和现代发展阶段。

(一)古代音乐

从远古到 1840 年中国进入半封建半殖民地社会之前的音乐,通称中国古代音乐。古代音乐从远古时期起,经历了远古、夏商、周、秦汉、三国两晋南北朝、隋唐、宋元、明清等时期的发展。

1. 远古时期的音乐

远古音乐文化具有歌、舞、乐互相结合的特点。据《吕氏春秋·古乐篇》记载,葛天氏有乐舞,共八曲,黄帝氏乐舞为《云门》,这些乐舞内容反映了先民们对农业、畜牧业、天地自然规律的认识和图腾崇拜。2011 年在河南舞阳贾湖遗址出土的七孔骨笛,距今 7800 到 9000 年,是中国最早的乐器实物,也是世界上最早的吹奏乐器。

2. 夏商时期的音乐

夏代代表性乐舞是《大夏》,以歌颂夏禹治水业绩为内容;商代代表性乐舞《大濩》,以歌颂商汤灭夏,开创商朝功绩为内容。商代另一个重要乐舞是在"桑林之社"中用的《桑林》。"桑林"是商代一种大型的国家祭祀活动,"桑林乐舞"即祭祀所用乐舞。夏代已经有用鳄鱼皮蒙制的鼍鼓,商代已经发现木腔蟒皮鼓、双鸟饕餮纹铜鼓及制作精良的石磬和青铜编钟、编铙等乐器。据乐器陶埙演变推测,新石器时代晚期,我国民族音乐的五声音阶已经出现,七声至少在商时就已经出现。

3. 两周时期的音乐

周朝包括西周和东周两个时期。西周在宫廷建立了完备的礼乐制度,对各种礼仪中音乐的应用都按不同的等级做出严格的规定。周代的代表性乐舞有《大武》和《三象》,都是以歌颂周王朝统治者的功德为内容,为巩固周王朝统治服务。"六代乐舞",即黄帝的《云门》、尧的《咸池》、舜的《韶》、禹的《大夏》、商的《大濩》、周的《大武》是对周以前历代史诗性质的典章乐舞的总结。周代有采风制度,即收集民歌以观风俗、察民情,据此保留了大量民歌。春秋时期,孔子删定形成了我国第一部诗歌总集——《诗经》,收有诗歌305 篇。

周代时期民间音乐生活十分活跃,相传伯牙抚琴觅知音子期的故事即始于此时。伯牙为战国时期的音乐家,据传做琴曲《高山流水》和《水仙操》;秦青据传为战国时的秦国人,善歌,以教歌为业,歌唱能够"声振林木,响遏飞云";韩娥为春秋早期韩国善于歌唱的民间歌女,其歌有"余音绕梁,三日不绝"之记载。

周代乐器近70种,已经出现按乐器的制作材料划分为金、石、土、革、丝、木、匏、竹8类的"八音"乐器分类法。其中尤以青铜铸造的钟、铙、镛、铎及石制的磬等金石乐器为重,象征着统治阶级的权力和等级地位。周代音乐文化高度发达的重要事实依据是1978年湖北随县出土的战国曾侯乙墓葬中的古乐器,共八种124件,各类乐器几乎应有尽有。其中最为重要的是64件编钟乐器,分上、中、下三层编列,总重量达五千余公斤,总音域可达五个八度。曾侯乙墓钟、磬乐器上刻有铭文,内容为各诸侯国之间的乐律理论,反映着周代乐律学的高度成就。

古代五音十二律在周代已经确立。五音,即宫、商、角、徵、羽五声音阶;十二律是古代的定音方法,即用三分损益法,将一个八度分为十二个不完全相同的半音的一种律制。"三分损益法"见《管子·地员篇》,是中国古代发明制定音律时所用的生律方法。这一时期也出现了一些显示先秦音乐思想光辉成就的论著,如墨子的《非乐》、荀子的《乐论》和《礼记·乐记》等。

4. 秦汉时期的音乐

进入秦汉,随着中央集权统治的加强,音乐思想趋于一统,以《礼记·乐记》为代表的儒家音乐思想备受尊崇。秦汉时已出现乐府,乐府继承了周代采风制度,搜集、整理改编民间音乐,集中了大量乐工在宴享、郊祀、朝贺等场合演奏。其用作演唱的歌词,称为乐府诗。秦汉时宫廷音乐丰富多彩,包括鼓吹乐、相和歌、歌舞百戏以及乐器演奏等多种样式和体裁,最主要的是鼓吹乐和相和歌。鼓吹乐是以不同编制的吹管乐器和打击乐器构成多种鼓吹形式,主要用于朝会、行进及军中演奏,带有仪仗性质。相和歌是汉代最主要的歌曲形式,用于娱乐和欣赏,从最初的清唱发展到具有曲体结构和丝、竹乐器伴奏的"相和大曲",对隋唐时的歌舞大曲有着重要影响。歌舞百戏是融合歌舞、杂技、角抵(相扑)的表演形式。鼓吹乐与相和歌的形成和发展,促进了铙、鼓、箫(排箫)、篪、笙、竽、琴、瑟等乐器的广泛应用,同时也出现了笳、角、笛(竖吹)、筝、筑、琵琶、箜篌等新乐器。这些新乐器大都有较强的音乐表现力,特别是琵琶等弹弦乐器的出现,体现了乐器在发展上的重大进展。

5. 三国两晋南北朝时期的音乐

三国、两晋、南北朝时期,以歌舞为中心的俗乐获得进一步发展并达到高峰,占据主导地位的音乐为清商乐。清商乐是汉相和歌与南方地区汉族民歌"吴声""西曲"相结合的产物,曲风温婉秀美、纤柔绮丽。这一时期中国传统音乐文化的代表性乐器——古琴趋于成熟,东汉时已经出现古琴专著《琴操》。嵇康(224—263),三国时期著名的琴家,著有音乐理论《琴赋》《声无哀乐论》,主张声音的本质是"和",并做《长清》《短清》《长侧》《短侧》琴曲四首,被称作"嵇氏四弄",与"蔡氏五弄"合称"九弄"。蔡邕(133—192),东汉音乐家,创作了著名的"蔡氏五弄",包括《游春》《渌水》《幽居》《坐愁》《秋思》。此时,诸如《广陵散》《荆轲刺秦王》《猗兰操》《酒狂》等著名曲目也相继问世。南北朝末年,开始盛行一种有故事情节和角色扮演,兼有伴唱和管弦伴奏的歌舞戏,即戏曲的雏形。

6. 隋唐时期的音乐

隋唐时期国家统一,政治稳定,经济兴旺,音乐艺术在兼收并蓄基础上达到全面发展的高峰。隋唐代表性音乐为"燕乐","燕乐"是以歌舞为主要形式的各种俗乐的总称,从隋初的七部乐到唐初的十部乐,包括燕乐、清商乐、西凉乐、高昌乐、龟兹乐、疏勒乐、安国乐、天竺乐和高丽乐等,还有未入十部的百济、突厥、新罗、倭国、南诏、鲜卑、吐谷浑等的音乐艺术。燕乐包括各种声乐、器乐、舞蹈、散乐百戏等多种体裁和样式,但其主体是歌舞音乐,尤以歌舞大曲独树一帜。《霓裳羽衣舞》为著名皇帝音乐家唐玄宗所作,是唐代歌舞的集大成之作。隋唐燕乐大曲的高度艺术成就,标志着歌舞音乐发展的一个高峰。

隋唐时期乐器也有了很大发展,为适应歌舞表演,从边疆和国外传入的曲颈琵琶、五弦琵琶、锣、钹、腰鼓、羯鼓等都成为燕乐中的常用乐器,尤其是琵琶、鼓等弹弦乐器和击打乐器有了显著发展,其中尤以琵琶在歌舞大曲中占有突出地位,许多著名的音乐家都是优秀的琵琶演奏家。总之,燕乐与乐器在发展中相互促进,为器乐曲目的丰富创造了有利条件。

唐代音乐教育机构有很大发展,政府设立了庞大的音乐机构,如大乐署、鼓吹署、教坊和梨园等,以管理和负责各类音乐人员的训练与考绩。在乐学理论方面,郑译(540—591),北周及隋之际的音乐理论家,撰《乐府声调》,提出"律有七音,音立一调,故成七调,十二律和八十四调",即八十四调理论。随燕乐兴起,燕乐二十八调也应运而生,该理论一方面继承了汉族前代传统宫调观念,另一方面又吸收了西域传入的龟兹等乐调观念,对后世词曲、戏曲、说唱、器乐等具有影响。唐朝记谱法有很大改革,出现工尺谱。工尺谱属于文字谱的一种,即用工、尺等字记写唱名,是中国特有的记谱法之一。曹柔,盛唐时期琴家,首创古琴减字谱,又称指法谱,是古代古琴常用的一种以记写指位与左右手演奏技法为特征的记谱法。

7. 宋元时期的音乐

宋元时期,都市商品经济繁荣,市民阶层壮大,以说唱、戏曲为主的多种民间音乐形式得到迅速发展。鼓子词、诸宫调、杂剧、陶真、涯词、词话、院本表演百花齐放。鼓子词和诸宫调是宋元时期主要的说唱音乐。鼓子词是用同一曲调反复演唱,并夹有说白,说唱时以鼓合之;诸宫调以说唱为主,以琵琶等乐器伴奏,表演时采取歌、白相间方式,是在变文、教坊大曲和杂曲基础上发展而来的一种大型说唱音乐,因集若干套不同宫调的曲子而得名。

曲子最初是流行于乡间的民歌,宋以后成为一种广泛流行的歌曲形式,北曲、南戏是在曲子基础上发展起来的戏剧音乐形式。北曲是流行于北方的戏曲声腔,源于唐宋大曲、诸宫调、宋词、鼓子词以及北方各民族音乐,音乐多是利用曲子和歌舞大曲的曲调,并形成了一定的格式。北曲有戏曲(或称剧曲)与散曲两种,主要特点是字多腔少,字密而少拖腔,曲调高亢昂扬,慷慨朴实。著名的北曲代表人物有"元曲四大家",即关汉卿、马致远、郑光祖、白朴。南戏是兴起于南方的戏曲声腔,以宾白和曲牌联套相结合,综合了当时众多的艺术形式,故有"百戏之祖"之誉,特点是用五声音阶,字少调缓,风格细腻柔婉。北曲和南戏在交流中,互相吸收,成为多种器乐形式曲调的主要来源。

宋元时期乐器和器乐都有了重要发展。唐代奚琴发展成为稽琴,并常用于独奏与合奏;胡琴逐渐成为一种普遍流行的乐器,并被广泛地用于戏曲、说唱的伴奏和各种合奏之中。宋代城市娱乐场所,丝竹、管乐合奏及鼓、笛、拍板等乐器常作为戏曲、说唱艺术的伴奏乐器被广泛使用,琴、琵琶独奏与创作在这一时期也有了显著发展,在汴梁、江南、江西等出现不同琴派和一批优秀的琴家及优秀作品。姜夔(1154—1221),南宋文学家、音乐家,撰有曲谱《白石道人歌曲》,被视作"音乐史上的稀世珍宝",代表曲目有《扬州慢》《杏花天影》等。郭沔(1190—1260),南宋杰出的古琴演奏家、作曲家、教育家,"浙派古琴"创始人,编有《琴操谱》《调谱》,琴曲《潇湘水云》抒发了对故国的眷恋之情,为"中国十大古琴曲"之一。

宋元时期,音乐理论也有一定发展。陈旸(1064—1128),北宋音乐理论家,古代八大音乐名人之一,于1103年著成《乐书》,是最早的一部音乐百科全书,也是研究我国古代音乐的重要文献。蔡元定(1135—1198),南宋著名理学家、律吕学家,朱熹理学的主要创建者之一,被誉为"朱门领袖""闽学干城",著《律吕新书》,提出十八律。燕南芝庵,金元之际戏曲家,其著《唱论》是我国古典戏曲音乐论著,也是中国现存最早的声乐论著,书中总结了前人歌唱艺术的实践经验,是研究中国宋元声乐艺术的重要历史资料。周德清(1277—1365),元代文学家,编著《中原音韵》,是中国最早出现的一部曲韵著作,书中总结了音韵规律,对规范戏曲作曲、唱曲,促进戏曲用韵统一方面起到了重要作用。

8. 明清时期的音乐

明清时期,随着商品经济的进一步发展,众多城市及农村集镇兴起,各种民间音乐形式普遍得到发展,说唱音乐、歌舞音乐和器乐乐种异彩纷呈,收集编辑、刊刻小曲成风,音乐文化高度繁盛。

说唱音乐方面尤以南方的弹词、北方的鼓词、牌子曲、琴书、道情等最为重要。南方弹词以苏州弹词影响最大,出现了以陈遇乾为代表的苍凉雄劲的陈调;以马如飞为代表的爽直醋畅的马调;以俞秀山为代表的秀丽柔婉的俞调等流派。北方鼓词有山东大鼓,冀中木板大鼓、西河大鼓、京韵大鼓;牌子曲有单弦、河南大调曲子等;琴书类有山东琴书、四川扬琴等;道情类有浙江道情、陕西道情、湖北渔鼓等。

歌舞音乐方面以载歌载舞为主要形式的戏曲音乐发展达到高峰。明初,南方形成海盐、余姚、弋阳、昆山四大声腔,其中昆山腔经改革和南北曲汇流,形成了"百戏之祖"的昆曲。这一时期也出现了一些对昆曲产生重大影响的戏曲家,如梁辰鱼(1521—1594),明代戏曲家,创作了以昆曲演唱的《浣纱记》,对昆曲的发展与传播起到了较大影响;汤显祖(1550—1616),明代戏曲家,代表作《牡丹亭》(又名《还魂记》);洪昇(1645—1704),清代戏曲家,代表作《长生殿》;孔尚任(1648—1718),清初戏曲家,代表作《桃花扇》,与洪升并称"南洪北孔"。明清时期,随着多民族统一国家的巩固,汉族的各种秧歌,维吾尔族的木卡姆,藏族的囊玛,壮族的铜鼓舞,傣族的孔雀舞,苗族的芦笙舞等各民族歌舞音乐都有较大发展。北方形成了多种戏曲声腔,其中影响最大的有"梆子腔"和"皮黄腔"。梆子腔以陕西西秦腔为代表,流行于黄河以北多省;皮黄腔是"西皮""二黄"两腔的合称,源于安徽、湖北一带,晚清时,两腔在演出中逐渐结合,由此产生了以皮黄腔为主要声腔的新剧种——京剧。

器乐和乐曲方面,出现多种器乐合奏,鼓吹乐、丝竹乐在各地普遍流行,如北京"管乐"、西安"鼓乐"、江南一带的"十番锣鼓"等。出现了许多琴曲名作,如明代的《平沙落雁》、清代的《流水》《阳关三叠》和《胡笳十八拍》;琵琶曲有元末明初的《海青拿天鹅》《十面埋伏》。随着琵琶、三弦等乐器在戏曲、说唱音乐中的广泛运用,产生了一批技艺高巧的乐器演奏名手,如明代北京"都城八绝"中的"琵琶绝"李近楼、"三弦绝"蒋鸣岐、"吹箫绝"王国用和"八角鼓绝"刘雄等。

明清时期,琴谱整理、刊印成绩显著,陆续出现不少琴谱。明太祖之子朱权(1378—1448)编纂的《神奇秘谱》,为古琴谱集,是现存最早的中国琴曲专集;《太和正音谱》是北曲曲谱专著,是现存最早的杂剧曲谱;《琵琶谱》为清代琵琶演奏家华秋萍(1787—1859)编辑,是我国第一部正式出版的琵琶谱集。在音乐理论方面,朱载堉(1536—1610),明代杰出乐律学家,著《乐律全书》,书中首创了举世公认的十二平均律(新法密率),解决了千百年来十二平均律不能周而复始的难题,将我国古代律学推到了一个全新的高度。

(二)近代音乐

中国近代音乐指 1840 年至 1949 年一百多年间音乐的发展。这一时期,伴随西洋音乐的传入,中国传统音乐与西洋音乐交织,音乐文化呈现出一些新的特点。

传统音乐方面,尤以戏曲中的京剧和说唱音乐发展最为突出,产生了众多流派。梅兰芳(1894—1961),中国表演艺术家,"梅派"京剧艺术创始人,编演进步新戏《洛神》《天女散花》《宇宙锋》《霸王别姬》《贵妃醉酒》和《抗金兵》;周信芳(1895—1975),中国表演艺术家,"麒派"京剧艺术创始人,编演进步新戏《四进士》;程砚秋(1904—1958),中国表演艺术家,"程派"京剧艺术创始人,编演京剧《荒山泪》《窦娥冤》等。说唱音乐方面,老曲种不断成熟,新曲种不断产生,京韵大鼓出现刘(鸿升)派、白(云鹏)派、张(小轩)派、少白(白凤鸣)派、骆(玉笙)派;河南坠子形成了乔(清秀)派、董(桂枝)派;苏州评弹形成夏(荷生)调、祁(连芳)调、蒋(月泉)调、杨(振雄)调等多种流派风格、异彩纷呈的局面。

器乐方面,琵琶、二胡、扬琴、三弦、笛、笙、箫以及鼓、板、木鱼、铃等乐曲在民间都有一定发展,出现了《春江花月夜》以及《欢乐歌》《行街》《三六》《慢三六》《中花六板》《慢六板》《云庆》《四合如意》八大名曲目。在广东则先后出现以琵琶主奏,辅以弦、琴、箫等"五架头"硬弓组合和高胡主奏的"三件头"软弓组合及一批名家曲目,如吕文成创编的《平湖秋月》《步步高》,严老烈的《旱天雷》《连环扣》,丘鹤俦的《娱乐升平》《狮子滚球》,何柳堂的《饿马摇铃》《赛龙夺锦》等。此外,一些民间艺人在民族器乐发展方面也做出了贡献,如民间音乐家华彦钧(阿炳)(1893—1950)的二胡曲《二泉映月》《听松》《寒春风曲》,琵琶曲《大浪淘沙》《昭君出塞》《龙船》;民间音乐家杨元亨(1894—1959)的管子曲《小二番》《放驴》等,堪称精品。

维新变法后,学堂乐歌兴起并成为新的歌唱文化。学堂乐歌是为新式学堂开设的音乐课或学堂唱歌而编创的歌曲,内容多以宣传反帝爱国,拥护共和,以及学习欧美科学文明为主,也有对少儿进行一般思想教育、知识教育的歌曲,在当时具有先进意义。乐歌基本是填词歌曲,多借用外来曲调填词,也有少数根据本国曲调填词和创编的曲调。乐歌给中国音乐带来一种新的集体歌唱形式,使西方音乐知识得以在中国传播,促进了学校音乐教育发展，造就了一批传播现代音乐文化的音乐家。沈心工（1870—1947），中国音乐教育家，学堂乐歌代表人物之一，代表性歌曲《男儿第一志气高》《黄河》，出版《学校唱歌集》；李叔同（弘一法师）（1880—1942），著名音乐家、美术教育家、书法家，中国话剧的开拓者之一，在中国传播西方音乐的先驱者，创作《送别歌》。

首先出现的革命音乐是反映太平天国革命的《洪秀全起义》，抗议沙俄入侵的《迫迁歌》；五四运动时期痛斥军阀卖国的城市小调《坚持到底》《苦百姓》；北伐战争时期反映工农革命的《工农兵联合起来》《国民革命歌》《五一劳动节》《农会歌》；红色革命根据地宣传革命的《当兵就要当红军》《十送郎当红军歌》《共产儿童团歌》《八月桂花遍地开》《三大纪律八项注意》；抗日战争时期，反映抗战的《救亡进行曲》《松花江上》《五月的鲜花》《大刀进行曲》《游击队歌》《到敌人后方去》《在太行山上》《开路先锋》《大路歌》《码头工人歌》《义勇军进行曲》《前进歌》等一大批抗日救亡及爱国歌曲。20 世纪 40 年代，创作产生了《生产大合唱》《黄河大合唱》《八路军大合唱》《淮海战役组歌》等合唱歌曲和《咱们工人有力量》《南泥湾》《八路军军歌》《八路军进行曲》《延安颂》《歌唱二小放牛郎》《没有共产党就没有新中国》等大批优秀革命歌曲，还有《花鼓》《陕北组曲》《森吉德玛》等器乐曲。秧歌是北方在重大节庆期间表演的民间歌舞形式，音乐大多采用当地民歌、戏曲、歌舞音乐。1942 年毛泽东《在延安文艺座谈会上的讲话》发表后，文艺工作者在传统秧歌基础上，加进新时代思想内容，成为新秧歌，产生了《兄妹开荒》《夫妻识字》《白毛女》等秧歌剧和许多优秀民歌。

近代专业音乐教育是伴随音乐社团而发展的。1919 年北京大学音乐研究会成立，创办《音乐杂志》，1922 年改为北京大学音乐传习所；同年，中华美育会在上海成立，出版会刊《美育》；1927 年，国乐改进社在北京成立，出版期刊《音乐杂志》，进行民族音乐收集、整理和研究。1920 年，北京女子高等师范学校和上海专科师范学校分别开设音乐科；1926年北京艺术专门学校设音乐系；1927 年国立音乐院在上海成立，是中国第一所独立的高等专业音乐学院，标志着中国专业音乐教育进入一个新的阶段，1929 年改为上海国立音乐专科学校。

这一时期，产生了一大批音乐家和作曲家。萧友梅（1884—1940），中国音乐家、教育家，现代专业音乐教育的开拓者与奠基人，被誉为"中国现代音乐之父"，编撰了一大批音乐教材、论著，并创作有多种体裁的音乐作品，其中著名红色歌曲有《国耻》《从军歌》。黄自（1904—1938），中国 20 世纪 30 年代重要作曲家、音乐教育家，中国早期音乐教育重要的奠基人之一，代表作品有最早的清唱剧《长恨歌》，我国第一部交响乐《怀旧》和抗日救亡合唱歌曲《抗敌歌》《旗正飘飘》，提出建立"民族化的新音乐"的口号。贺绿汀（1903—1999），中国杰出的人民音乐家，抗战期间，创作有《游击队歌》《全面抗战》《上战场》《保家乡》《中华儿女》《还我河山》等充满战斗热情的抗日战歌；解放战争期间，创作有《前进，人民的解放军》《新民主主义进行曲》《新中国的青年》等战歌；新中国成立后，创作了大合唱《十三陵水库》《上海第三次武装起义》《人民领袖万万岁》《军旗颂》等重要歌曲，著有《论音乐的创作》《民族音乐问题》，出版《贺绿汀歌曲选》等。聂耳（1912—1935），中国音乐家，是我国第一个准确刻画工人阶级形象的作曲家，主要作品有《开路先锋》《大路歌》《码头工人歌》，1935 年根据田汉歌词创作出《义勇军进行曲》。《义勇军进行曲》在 1949 年被选为中

中小学教师文化素养

华人民共和国代国歌,1982 年确定为中华人民共和国国歌。冼星海(1905—1945),中国人民音乐家,创作了著名抗日歌曲《救国军歌》《战歌》《在太行山上》《到敌人后方去》《游击军歌》,大型合唱曲《黄河大合唱》《生产大合唱》《九一八大合唱》,交响曲《民族解放》《神圣之战》和管弦乐组曲《满江红》《中国狂想曲》等。

(三)现代音乐

新中国成立后,在党的正确方针、政策指引下,中国音乐进入繁荣发展的新时期。

1949 年至 1956 年,音乐创作继承和发扬革命音乐传统,坚持以歌曲创作为中心,产生了一大批歌唱新中国、新生活的优秀作品,主要有歌曲《歌唱祖国》《中国人民志愿军战歌》《小鸽子》《中国少年儿童队队歌》《远方的客人请你留下来》、管弦乐《春节序曲》、歌剧《王贵与李香香》等。戏曲方面也涌现出评剧《刘巧儿》《志愿军的未婚妻》、吕剧《李二嫂改嫁》、黄梅戏《天仙配》、沪剧《罗汉钱》等一批优秀剧目。

1957 年至 1966 年,音乐创作在曲折中发展,但涌现出了一批优秀声乐、器乐作品,主要有歌曲《克拉玛依之歌》《草原之夜》《我们走在大路上》《边疆处处赛江南》《唱支山歌给党听》和毛主席诗词谱写而成的《蝶恋花·答李淑一》《西江月·井冈山》,管弦乐《十三陵水库落成典礼》,交响乐《抗日战争》《长征》《东方红交响诗》,小提琴演奏曲《梁祝》,舞剧《睡美人》,歌剧《刘三姐》《红珊瑚》,音乐舞蹈史诗《东方红》和长征组歌《红军不怕远征难》,民族乐队作品《初春》《海上锣鼓》《彝族舞曲》等。

改革开放以后,中国音乐发展呈现新的特点。一是电影歌曲表现突出,出现了《甜蜜的事业》中《我们的生活充满阳光》、《小花》中《妹妹找哥泪花流》等歌曲。二是民族抒情歌曲成为主流,产生了《在希望的田野上》《在那桃花盛开的地方》《我爱你,塞北的雪》《难忘今宵》《我的中国心》。三是台湾歌手邓丽君的《甜蜜蜜》《小城故事》等港台歌曲和《童年》《外婆的澎湖湾》《橄榄树》《蜗牛与黄鹂鸟》《乡间的小路》《踏浪》等台湾校园歌曲开始在大陆流行,极大地推动了内地流行音乐的发展。

流行音乐的崛起,催生了音乐的通俗化、民族化和新民乐、民歌的流行。20 世纪 80 年代后期,掀起"西北风"和"东北风",《黄土高坡》《我热恋的故乡》《信天游》《山沟沟》《篱笆墙的影子》《苦乐年华》等具有浓郁乡土气息的大陆原创歌曲发展到高峰。崔健的《一无所有》的流行,标志着摇滚乐在中国登场。随着"卡拉 OK"新娱乐方式的产生和费翔的《冬天里的一把火》《故乡的云》、童安格的《把根留住》、齐秦的《狼》《外面的世界》等歌曲的流行,使大陆的流行乐坛更加丰富多样。

进入 20 世纪 90 年代,反映农民工思乡情感的歌曲《小芳》《一封家书》《走四方》《九月九的酒》等流行乐坛。亚运会在北京的举办,诞生了《亚洲雄风》《不要说再见》《黑头发,飘起来》等亚运歌曲。《同桌的你》《睡在我上铺的兄弟》《青春》等校园民谣也相继产生。新世纪前后,中国流行音乐逐渐采用中国传统文化资源,掀起了"民族风",以中华民族传统音乐为基础,结合欧美流行音乐表现手法进行创作和改编的"新民乐"作品开始出现,流行乐坛掀起"新民歌"浪潮。近年来,随着网络的飞速发展,音乐元素及其形式更加多样化,先后出现了民族风混搭组合、网络流行音乐、大规模歌会等不同类型、风格音乐的流行。

三、外国音乐史

外国音乐最早起源于古代两河流域,发展经历了古代音乐、近代音乐和现代音乐三个阶段。

(一)古代音乐

古代音乐大致包括古希腊罗马音乐、中世纪音乐和文艺复兴时期音乐。

1. 古希腊罗马时期音乐

古代音乐起源于 4000 多年前的美索不达米亚平原。据古迹显示,那时已有了类似竖琴式的乐器和笛管等管弦乐器,在宫廷中已有了专业的歌手和较大型的乐队,后来这些早期的音乐文化逐渐流传到埃及、希腊、印度等地,并在各地形成了具有不同形式和民族色彩的音乐文化。

古希腊音乐文化是西方音乐之源,可追溯到公元前 12 世纪至公元前 8 世纪的《荷马史诗》。《荷马史诗》是由音乐与诗歌相结合形成的半叙事的音乐曲调,由职业演唱者以里拉琴、基萨拉等乐器伴奏演唱。公元前 8 世纪以后,古希腊音乐进入繁荣时期,出现了祭祀歌、饮酒歌、婚礼歌、情歌、庆贺歌、神灵赞美歌和英雄颂歌等多种体裁歌曲,常用乐器有里拉琴、阿夫洛斯管等。音乐理论方面,公元前 6 世纪,毕达哥拉斯用一种被称为弦琴的乐器解释了纯律理论,字母记谱法也已被古希腊人发明。

古罗马音乐文化吸收了古希腊和古代东方音乐文化,在军乐方面获得了很大发展。古罗马军乐乐团规模庞大,合唱与管弦乐队的人数可达数百人;器乐方面,除了古希腊的里拉琴、基萨拉琴继续沿用外,还出现了直管大号、圆号等较大型铜管乐器和水压风琴等新乐器。

2. 中世纪音乐

欧洲中世纪,教会居于统治地位,音乐主要为教会服务,教会音乐获得很大发展。早期的教会音乐受到古希腊、希伯来、叙利亚音乐的影响,赞美诗的歌唱方法运用较多。公元 6 世纪末,罗马教皇格里高利一世为了统一教会仪式中的音乐,收集、整理了教会在各种礼仪中的歌曲,编定了教仪歌集《格里高利圣咏》,成为中世纪的主体音乐。公元 11 世纪后,伴随西欧城市的兴起、大教堂学校的发展和大学的产生,西欧形成了哥特式文化,并被广泛地运用在建筑、雕塑、绘画、音乐等各个艺术领域,艺术特点是夸张、不对称、奇特、多装饰。

哥特音乐发展经历了巴黎圣母院乐派、古艺术乐派和新艺术乐派三个时期。巴黎圣母院乐派(1160—1250),是以巴黎一些大教堂为中心,采用迪斯康特与康都克特手法创作复调音乐,代表人物有雷翁南、佩罗坦。古艺术乐派(1250—1300),以经文歌作为重要的形式,歌曲体裁从宗教到世俗的农事生活,内容十分广泛,演唱时大多由中世纪的双簧管、小型鼓、小提琴、竖琴、竖笛等伴奏。新艺术乐派(1300—1420),音乐在经文歌基础上采用了固定歌调和其他声部用同一节奏型反复,以加强乐曲结构的统一性,代表人物有马绍。马绍(1300—1377)法国作曲家,"新艺术"乐派代表性人物,在音乐创编方面,将宗教复调技巧用于世俗体裁创作,探索新的音乐表现方法,创作的四声部弥撒曲《圣母弥撒曲》是西方音乐史上第一部完整的大型复调音乐。

大约9世纪,一种简单的符号谱——"纽姆谱"普遍被使用。11世纪,意大利音乐理论家圭多达莱佐在前人基础上总结出四线谱,使音高记谱更准确,为五线谱的形成做出了重大贡献。

中世纪乐器更加多样,主要有里拉琴、索尔特里琴、琉特琴等拨弦乐器,提琴、轮擦提琴等弓弦乐器,竖笛、横笛、双簧管、风笛、小号、圆号等吹管乐器,大型管风琴、便携式管风琴、桌式管风琴等键盘乐器和鼓、钹、响板等打击乐器。

3. 文艺复兴时期的音乐

文艺复兴时期,以无伴奏的多声部合唱音乐为主要风格,代表乐派有勃艮第乐派和佛兰德乐派。勃艮第乐派代表人物主要有法国作曲家迪费(1397—1474)和班舒瓦(1400—1460);佛兰德乐派是继勃艮第乐派后的一个重要音乐流派,代表性人物有法国作曲家奥克冈(约1410—1497)和若斯坎(约1532—1594)。音乐以声乐体裁为主,主要有经文歌、弥撒曲、圣母赞歌、拉丁文歌曲等。这一时期,世俗音乐获得了很好的发展,尤以法国尚松(歌曲)和意大利牧歌为典范。

(二)近代音乐

近代音乐指17世纪初至19世纪末的音乐,这一时期的音乐发展经历了巴洛克音乐、古典主义音乐和浪漫主义音乐三个时期。

1. 巴洛克音乐

巴洛克音乐通常指从1600年到1750年间的欧洲音乐。巴洛克代表了欧洲一种典型的艺术风格,以浪漫主义精神为出发点,赋予了艺术更为生动、热情、奔放、自由、豪华、浮夸、追求新奇等非理性特征。巴洛克时期的音乐以德国、法国和意大利为代表,音乐艺术达到前所未有的发展。声乐方面,复调音乐达到高峰,主调音乐正在兴起,歌剧、清唱剧和康塔塔等声乐体裁成为主要风格;器乐方面,以提琴作为主导乐器,主要体裁有奏鸣曲、协奏曲、组曲、赋格曲、罗曼尼斯卡等。巴洛克音乐特点是加入大量装饰性的音符,节奏强烈、短促而律动,旋律精致。这一时期代表人物有蒙特威尔第、吕利、普赛尔、维瓦尔第、巴赫、亨德尔等。

蒙特威尔第(1567—1643),意大利作曲家,意大利牧歌的奠基人,作品主要有牧歌集、宗教歌曲和歌剧《奥菲欧》《波佩亚的加冕》等。他的音乐充分利用音乐和戏剧的表现手法,对歌剧发展起到了重要作用。吕利(1632—1687),法籍意大利作曲家,代表作有《阿尔西斯特》《爱神与酒神的节日》等,创造出"抒情悲剧"的法国歌剧形式。普赛尔(1659—1695),英国作曲家,作品主要有《狄朵与伊尼阿斯》《亚瑟王》的配乐、宫廷颂歌和宗教歌曲、民俗歌曲等。维瓦尔第(1678—1741),意大利著名的作曲家、小提琴家,一生创作近500首协奏曲和70多首奏鸣曲,小提琴协奏曲《四季》是其最著名作品。巴赫(1685—1750),德国杰出的作曲家、管风琴、小提琴、大键琴演奏家,音乐作品体裁丰富,声乐作品以宗教音乐为主,器乐作品涵盖了独奏曲、协奏曲、管弦乐合奏曲、重奏曲等各类体裁,代表作有《勃兰登堡协奏曲》《约翰受难曲》《十二平均律钢琴曲集》《马太受难曲》《b 小调弥撒曲》等,他的作品对欧洲近代音乐发展产生了积极影响,故被称为"西方音乐之父"。亨德尔(1685—1759),英籍德国作曲家,音乐作品数量庞杂,体裁多样,包括歌剧、清唱剧、康塔塔和大量宗教音乐作品及各类器乐组合的协奏曲、奏鸣曲、管弦乐曲等,代表作品有清唱剧《弥赛亚》、管弦乐《水上音乐》、歌剧《罗德琳达》。

2. 古典主义音乐

古典主义音乐指 18 世纪中叶至 19 世纪初期流行于欧洲的乐派。18 世纪下半叶,在欧洲兴起了一场反对宗教神权和封建专制,提倡"自由""平等""理性"的思想启蒙运动。受启蒙运动影响,这一时期的音乐创作也呈现出"古典"特色。"古典"原指古希腊和古罗马时期形成的风格和典范,在艺术创作方面,以追求理性美为基本原则,使艺术作品呈现出严谨、典雅、端庄的风格。古典主义音乐形成于维也纳,亦称"维也纳古典乐派",以海顿、莫扎特和贝多芬为代表,此三人也被称为"维也纳三杰"。音乐总的特征是以主调风格为主,语言精练、朴素、亲切,形式结构明晰、匀称。这一时期,还出现了歌剧与对白穿插进行、曲调动听的喜歌剧和多乐章的交响曲、独奏协奏曲、弦乐四重奏、多乐章奏鸣曲等体裁。乐器方面钢琴逐渐取代了大键琴,乐队日益成形,音乐曲调、节奏与民间音调联系更为紧密,表演更加大众化和平民化。

海顿(1732—1809),奥地利作曲家,维也纳古典乐派奠基人,一生共创作了 100 多首交响曲、80 余首弦乐四重奏、30 余部歌剧;音乐风格热情、典雅,充满了欢乐、幸福、和平的气氛;代表性作品有交响曲《第 45 交响曲(告别)》《第 94 交响曲(惊愕)》《第 100 交响曲(军队)》,清唱剧《创世纪》《四季》,弦乐四重奏"云雀"四重奏《"皇帝"四重奏》等。因其在交响曲和四重奏领域贡献突出,被誉为"交响曲之父"和"弦乐四重奏之父"。莫扎特(1756—1791),奥地利作曲家,维也纳古典乐派的杰出代表,一生共创作 22 部歌剧、41 部交响乐、42 部协奏曲、一部安魂曲以及奏鸣曲、室内乐、宗教音乐等多种体裁作品;代表性作品有交响曲《降 E 大调第三十九交响曲》《g 小调第四十交响曲》《C 大调第四十一交响曲》,歌剧《费加罗的婚礼》《唐璜》《魔笛》,奏鸣曲《A 大调钢琴奏鸣曲》《c 小调奏鸣曲》《g 小调弦乐小夜曲》和宗教音乐《安魂曲》。贝多芬(1770—1827),德国著名音乐家,维也纳古典乐派代表人物之一,其音乐作品对世界音乐发展产生了深远影响,被尊称为"乐圣",一生共创作 100 多部作品,涉及各种体裁,作品构思宽广、形象宏伟、感情深邃、对比鲜明,具有强烈鲜明的个性,强调"音乐应当使人类的精神爆发出火花";代表性作品有交响曲《第三交响曲(英雄)》《第五交响曲(命运)》《第六交响曲(田园)》,奏鸣曲《第十四钢琴奏鸣曲(月光)》《第二十一钢琴奏鸣曲(黎明)》,协奏曲《第五钢琴协奏曲(降 E 大调)》《D 大调小提琴协奏曲》及序曲《哀格蒙特》。

3. 浪漫主义音乐

浪漫主义音乐指 19 世纪 20 年代至 19 世纪末兴起于西方的乐派。浪漫主义音乐富于想象力,追求个性与主观情感的充分表达,自由、强烈、奔放是其显著风格。声乐方面,出现了大量的艺术歌曲,并将诸多的声乐小品串联起来形成套曲。器乐方面,主要以钢琴小品居多,有即兴曲、夜曲、练习曲、叙事曲、幻想曲、前奏曲、无词曲以及玛祖卡、圆舞曲、波尔卡等各种舞曲。早期浪漫主义代表性人物有舒伯特、柏辽兹,中期浪漫主义代表人物有门德尔松、肖邦、威尔第、李斯特、柴可夫斯基,晚期浪漫主义代表人有马勒、施特劳斯等。

舒伯特(1797—1828),奥地利作曲家,浪漫主义音乐奠基人,被称为"歌曲之王",一生创作了 600 多首歌曲,18 部歌剧、歌唱剧和配剧音乐,9 部交响曲,10 余首弦乐四重奏,22 首钢琴奏鸣曲以及其他作品;代表作有歌曲《魔王》《野玫瑰》《普罗米修斯》,声乐套曲《美丽的磨坊少女》《冬之旅》《天鹅之歌》,交响曲《第四交响曲》《第五交响曲》《第九交响曲(伟大交响曲)》,弦乐四重奏《死与少女》,钢琴五重奏《鳟鱼》,钢琴曲《流浪者幻想曲》及配剧音乐《罗莎蒙德》等。柏辽兹(1803—1869),法国作曲家,法国浪漫主义音乐主要代表人物之一,力图用音乐语言表达文学中的具体形象,对标题交响乐做出了突出贡献,是浪漫主义时期标题交响乐的创造者;代表作有交响曲《幻想》《葬礼与凯旋》《罗密欧与朱丽叶》、歌剧《浮士德的天谴》《特洛伊人》、合唱曲《庄严弥撒》等。

门德尔松(1809—1847),德国作曲家,德国浪漫主义乐派最具代表性的人物之一,创作中把浪漫主义与古典主义的特点交织在一起,使音乐作品既含有古典主义的逻辑性,又带有浪漫主义的幻想性;作品涵盖交响曲、协奏曲、管弦乐、清唱剧、室内乐、钢琴独奏等体裁,代表作有《苏格兰交响曲》《意大利交响曲》、序曲《仲夏夜之梦》及《葬礼进行曲》《钢琴协奏曲》等。肖邦(1810—1849),波兰作曲家、钢琴家,19 世纪最具影响力的钢琴作曲家之一,作品以波兰民间歌舞为基础,体裁多样、内容丰富、感情朴实,多以钢琴曲为主,被誉为"浪漫主义钢琴诗人";代表作有《降 E 大调华丽大圆舞曲》《降 E 大调夜曲》《c 小调革命练习曲》《钢琴协奏曲》等。威尔第(1813—1901),意大利伟大的歌剧作曲家,以《伦巴底人》《厄尔南尼》《阿尔济拉》《列尼亚诺战役》等歌剧作品和革命歌曲鼓舞人民起来斗争,有"歌剧之王"之称;代表作有歌剧《弄臣》《茶花女》《奥赛罗》《西西里晚祷》《假面舞会》、声乐曲《安魂曲》《四首宗教歌曲》等。

李斯特(1811—1886),匈牙利著名作曲家、钢琴家、指挥家,伟大的浪漫主义大师,在钢琴上创造了管弦乐效果,并创建了背谱演奏法,因其在钢琴上的巨大贡献,被誉为"钢琴之王";代表性作品有交响曲《浮士德》《但丁》、钢琴曲《十九首匈牙利狂想曲》等。柴可夫斯基(1840—1893),俄罗斯浪漫主义作曲家,民族乐派代表人物,音乐作品涉及所有音乐体裁和形式;代表性作品有交响曲《g 小调第一交响曲(冬之梦)》《b 小调第六交响曲(悲怆交响曲)》、芭蕾舞剧《天鹅湖》《睡美人》《胡桃夹子》、歌剧《叶甫盖尼·奥涅金》《黑桃皇后》、管弦乐作品《罗密欧与朱丽叶幻想序曲》《弦乐小夜曲》、协奏曲《降 b 小调第一钢琴协奏曲》及钢琴曲《四季》等。

马勒(1860—1911),奥地利杰出的作曲家、指挥家,在音乐构思上,力求发展维也纳古典交响乐传统,在交响曲中加入人声,大大丰富了交响曲的表现力,对 20 世纪音乐的发展起到了重要的作用;代表性作品有交响乐《巨人》《复活》《大地之歌》、声乐套曲《旅行者之歌》《亡儿之歌》等。理查·施特劳斯(1864—1949),德国作曲家,浪漫主义晚期的伟大音乐大师,创作了大量的交响诗和标题音乐;代表性作品有交响诗《唐·璜》《堂吉诃德》《英雄生涯》《家庭交响曲》、歌剧《莎乐美》《埃列克特拉》《玫瑰骑士》和管弦乐作品《钢琴和乐队》《小提琴协奏曲》等。

4. 民族主义乐派

民族主义乐派是兴起于 19 世纪后半叶的一个西方乐派,该乐派强调采用本民族的民间歌谣和舞蹈节奏,以本民族的历史和生活中的故事作为音乐作品的创作题材进行创作。1860 年后,出现了一批民族音乐家,代表人物有斯美塔那、沃德夏克、格里格、格林卡等。

斯美塔那(1824—1884),捷克作曲家、钢琴家、指挥家,捷克民族歌剧的开路先锋和民族乐派的创始人;著名作品有由六部独立交响诗组成的交响诗套曲《我的祖国》和弦乐四重奏《我的生活》。德沃夏克(1841—1904),捷克作曲家、民族乐派的主要代表人物,主要作品有交响曲《第九交响曲》《狂欢节序曲》《奥赛罗序曲》、歌剧《水仙女》《阿米达》、交响诗《金纺车》《野鸽》等。格里格(1843—1907),挪威作曲家,挪威民族乐派代表人物,在创作中,借鉴欧洲各国音乐传统,吸收浪漫主义音乐发展成果,创作出具有挪威民族特色和浓厚乡土气息的音乐;主要作品有歌曲《来自祖国》、钢琴曲《祖国之歌》、合唱曲《水手之歌》《乡土在望》等。格林卡(1804—1857),俄罗斯作曲家,俄罗斯民族乐派代表人物,创作中将俄罗斯民族音乐与西方音乐交融,为俄罗斯的音乐创作开辟了新路,被视为"俄罗斯古典音乐之父",主要作品有交响曲《卡玛林斯卡亚》、歌剧序曲《伊凡·苏萨宁》《鲁斯兰与柳德米拉》等。

(三)现代音乐

20 世纪以后,西方社会思潮出现反传统倾向,表现在音乐创作上,即用非传统技法、功能和声体系作为音乐理论创作音乐作品。现代音乐发展经历前后两个阶段,前期以印象主义、表现主义和新古典主义为代表,后期出现了先锋乐派和形形色色的各种乐派。

1. 印象主义音乐

印象主义音乐是 19 世纪末期出现的一个音乐流派,是音乐发展进入现代阶段的开端。印象主义音乐在形式、织体、表现手法、基本美学观点上都与之前的音乐有很大差别,音乐作品通过渲染出一种神秘朦胧、若隐若现的气氛和色调,着意表现其感观世界的瞬间印象。代表人物有德彪西和拉威尔。德彪西(1862—1918),法国作曲家,欧洲近代印象主义音乐鼻祖,音乐作品的特点是和声细腻、繁复,配器新奇而富有色彩,旋律冷漠而飘忽,具有如梦如幻的感觉,主要作品有歌剧《佩利亚斯与梅丽桑德》、管弦乐《牧神午后》《春天》《大海》《意象集》等。拉威尔(1875—1937),法国杰出作曲家,印象主义音乐代表人物,主要作品有钢琴曲《镜子》《加斯帕尔之夜》《库普兰之墓》和舞剧《达夫妮与克罗伊》等。

2. 表现主义音乐

表现主义音乐流行于 20 世纪二三十年代,以其极大的主观性,着眼于人类精神与体验的直接表现,强调音乐要表现人类的思想本质和心灵世界。在音乐创作上,以无调性为其基本成分,无视传统、规则,力求以简洁、单纯、明快、热烈方式把内心的体验表达出来。代表人物有勋伯格。勋伯格(1874—1951),奥地利作曲家、音乐教育家和音乐理论家,表现主义音乐的代表人物,发明十二音体系,代表作有《乐队变奏曲》《小提琴协奏曲》《钢琴协奏曲》《华沙幸存者》和歌剧《摩西与亚伦》。

3. 新古典主义音乐

新古典主义音乐兴起于 20 世纪 20 年代，流行于两次世界大战期间，主张采取"中立"或"艺术至上"的立场，强调在音乐创作上应该回到"古典"中去。提倡清新规范的曲式结构，反对自由散漫的结构；提倡复兴浪漫主义之前的音乐体裁形式，反对标题音乐；提倡室内小型化乐队编制，反对大型乐队编制。代表人物为斯特拉文斯基。斯特拉文斯基（1882—1971），美籍俄国作曲家、指挥家，主要作品有舞剧音乐《火鸟》《彼得鲁什卡》《春之祭》《婚礼》《阿波罗》、歌剧《俄狄浦斯王》《浪子的历程》《诗篇交响曲》《三乐章交响曲》和钢琴曲《俄罗斯圣歌》等。

除以上音乐流派外，在 20 世纪后期还出现了微分音音乐、噪音音乐、序列音乐、偶然音乐、电子音乐、爵士音乐等形形色色的音乐形式。

第二节　舞蹈常识

舞蹈是以经过提炼加工的人体动作作为主要表现手段，运用舞蹈语言、节奏、表情和构图等多种基本要素，塑造出直观性和动态性的舞蹈形象，表达人们的思想感情的一种艺术样式。舞蹈具有认知、审美、愉悦等多方面功能，掌握一些舞蹈知识对陶冶性情、涵养心性具有重要的意义。

一、舞蹈基本知识

（一）舞蹈的要素

舞蹈动作、舞蹈节奏和舞蹈表情是舞蹈的三个基本要素。舞蹈动作是舞蹈的基本表现手段，是传情达意的舞蹈语言；舞蹈的内容、情节、情绪都通过美化的动作得以展现。舞蹈节奏是舞蹈速度、力度、气度的具体体现；舞蹈的各种动态、情感、意念、气质、神态等全都是在节奏的律动中得到完美体现；节奏是舞蹈律动的基础，没有节奏，就没有舞蹈。舞蹈表情是舞蹈内在情感的身体体现，即运用表演者的五官以及肢体来表现人的各种思想情感；舞蹈表情是舞蹈形象中的重要构成因素之一，是舞蹈的核心和灵魂。舞蹈动作、舞蹈节奏和舞蹈表情三个要素既相对独立，又紧密相连；动作是舞蹈的基本手段，节奏是舞蹈的律动基础，表情是舞蹈的基本核心，三者有机完美地结合于一体形成舞蹈。

（二）舞蹈的类型

舞蹈的类型多种多样，可从不同角度进行划分。

按照舞蹈的表现特征可划分为抒情性舞蹈和叙事性舞蹈。抒情性舞蹈以鲜明、生动的舞蹈语言表现某种情绪，直接抒发舞蹈的思想感情；叙事性舞蹈则以情节、事件的发展来反映生活、塑造人物、表现人物的思想感情和作品的主题。

按照舞蹈的功能和作用可划分为生活舞蹈和艺术舞蹈。生活舞蹈包括习俗舞蹈、宗教祭祀舞蹈、社交舞蹈、自娱舞蹈、体育舞蹈、教育舞蹈。其中,习俗舞蹈是各民族节日中跳的群众性舞蹈;宗教祭祀舞蹈是为了表现宗教信仰、宣传宗教思想、进行宗教活动时的舞蹈;社交舞蹈是人们进行社会交往、增进友谊、联络感情的舞蹈活动;自娱舞蹈是以抒发和宣泄自己内在情感冲动,从而获得审美愉悦,充分满足自娱自乐的舞蹈活动;体育舞蹈是以艺术审美的方式锻炼身体的舞蹈;教育舞蹈是幼儿园、学校等对学生进行舞蹈审美教育活动的舞蹈。艺术舞蹈是由专业或业余舞蹈家,通过对社会生活的观察、体验、分析、集中、概括和想象,进行艺术的创造,从而创作出主题思想鲜明、情感丰富、形式完整,具有典型化的艺术形象,由少数人在舞台或广场表演给广大群众观赏的舞蹈作品。主要包括古典舞、民间舞、民族舞、芭蕾舞、现代舞。其中,古典舞蹈是在民族民间舞蹈基础上,经过历代专业工作者提炼、整理、加工创造,并经过较长期艺术实践的检验流传下来的,被认为是具有一定典范意义和古典风格特征的舞蹈。民间舞蹈是由广大人民群众在长期历史进程中集体创造,不断积累、发展而形成的,并在群众中广泛流传的一种舞蹈形式。它直接反映人民群众的思想感情、理想和愿望。由于各个国家、民族、地区人民的生活劳动方式、历史文化心态、风俗习惯,以及自然环境的差异,因而形成了不同民族风格和地方特色的舞蹈。芭蕾舞是西方一种经过宫廷职业舞蹈家提炼加工、高度程式化的剧场舞蹈。芭蕾舞是融舞蹈动作、哑剧手势、面部表情、戏剧服装、音乐伴奏、文学台本、舞台灯光和布景等多种成分于一体的综合性舞剧形式,在西方剧场舞蹈中占有重要地位。现代舞是一种与古典芭蕾相对立的舞蹈派别,是以合乎自然运动法则的舞蹈动作,自由地抒发人的真实情感,强调舞蹈艺术要反映现代社会生活的舞蹈类型。

舞蹈按照表现形式还可划分为独舞、双人舞、三人舞、群舞、组舞、歌舞、歌舞剧、舞剧等。

二、中国舞蹈史

舞蹈作为原始人类交流思想和感情的工具,早在上古时期就已经产生,是人类最古老的艺术形式之一。中国舞蹈发展经历了古代、近代、现代三个发展阶段。

(一)古代舞蹈

中国舞蹈文化源远流长,在原始社会就已经形成,在两周时期达到成熟,经汉至唐达到鼎盛,宋以后逐渐转型,明清时期融入戏曲,成为戏曲舞蹈的组成部分。

1. 上古时期的舞蹈

大约在距今 6000 年左右的新石器时代,原始舞蹈就已经产生。据传说"帝俊有子八人,始为歌舞",表明原始舞蹈已经产生。原始舞蹈与生产劳动、图腾崇拜、宗教信仰紧密相连,一般都是集体的群众性活动,动作比较简单,多模拟鸟兽动作,舞蹈与音乐高度融合,载歌载舞。有以反映原始人类生产劳动、图腾崇拜、宗教信仰、战争等为内容的图腾舞蹈、巫术舞蹈、祭祀舞蹈;反映战争胜利的武舞;颂扬英雄,庆祝丰收的乐舞等。

2. 夏商至春秋战国时期的舞蹈

夏商时期,随着阶级的出现,舞蹈艺术分化并朝着不同方向发展。原始时期的舞蹈一部分发展成为专供统治阶级享用的仪式或表演舞蹈，舞蹈向表演艺术化发展；另一部分继续在下层民众之间流行，成为以自娱为主的群众性舞蹈。殷商时期，事无巨细都要占卜问卦，宗教祭祀舞蹈、巫舞兴盛，有祭祀商汤的《大濩》、祭祀诸神的《隶舞》《羽舞》。

西周重视礼乐制度，整理前代遗存的乐舞，形成六代舞，用于祭祀。六代舞，分"文舞"和"武舞"两类，也称六大舞，包括黄帝的《云门》、唐尧的《大咸》、虞舜的《大韶》、夏禹的《大夏》、商汤的《大濩》及周武王的《大武》。周代设立"大司乐"，专门掌管音乐教育和执行礼乐职能，要求贵族子弟必须接受严格的六艺（礼、乐、射、御、书、数）教育，学习音乐、朗诵诗和六小舞。六小舞是西周统治集团用于教育贵族子弟的舞蹈教材，包括《帗舞》《羽舞》《皇舞》《旄舞》《干舞》和《人舞》。西周推出的六大舞和六小舞，开创了中国雅乐舞之先河，确立了"诗、乐、舞"三位一体的格局。

春秋战国时期，礼崩乐坏，巫舞及民俗祭祀舞蹈兴盛。巫产生于原始社会，是掌管祭祀占卜、求神驱疫、以舞娱神的人，可以说是最早的专业舞蹈者。春秋战国时，祭祀性巫舞开始在民间盛行，《九歌》是屈原根据楚国民间祭祀乐歌加工创作的以娱神为目的的祭歌，已经出现了"人物""情节"、乐队等大型表演情况。民间舞蹈的兴盛促进了表演性舞蹈的发展，产生了具有较高舞蹈技术的专业舞者（女乐）。

3. 秦汉时期的舞蹈

秦汉时期，巫风仍然很盛行，各地都有流传的巫舞，汉高祖常以巫祭祀天地山川，并下令全国立灵星祠，祭祀灵星。灵星是天田星，主农事。祭祀时跳灵星舞，舞蹈动作多为种田的劳动过程。秦汉时民间俗舞有了显著发展，秦时已出现"乐府"，高祖刘邦喜好民间歌舞，并把俗乐舞用于宫廷祭祀。汉武帝时扩大了"乐府"机构，大力采集民间乐舞。"角抵"是古代角力技艺歌舞之戏。秦始皇时即把民间角抵戏引入宫廷，汉武帝时，其规模逐渐扩大，东汉时内容更加丰富，包括杂技、武术、滑稽表演、音乐演奏、歌唱、舞蹈等集各种技艺的综合性表演，因而"角抵"又称"百戏"。汉代舞蹈种类多样，有以手、袖为内容的对舞、巾舞、长袖舞，有手执武器的棍舞、剑舞、刀舞，有手执乐器的铎舞、盘鼓舞、建鼓舞、磬舞，有载歌载舞的"相和大曲"及少数民族舞蹈"巴俞舞"等。"盘鼓舞"是汉代最具代表性的舞蹈，舞蹈着踏盘、踏鼓而舞，既有高难度动作，又有柔美舞蹈韵律，需要高超的舞蹈技艺。"相和大曲"是在雅乐与俗乐交融并存、共同发展中形成的一种集歌、乐、舞三者为一体的，有一定结构的叙事性艺术形式，标志着中国歌舞艺术进入了一个新的发展阶段。雅乐是古代宫廷音乐，即专门在各种祭祀活动或宫廷中表演的礼仪乐舞。"巴俞舞"是根据巴渝地区少数民族舞蹈素材创编的，用以鼓舞士气的舞蹈形式，西汉时正式成为乐舞。

汉代时已经出现了描述舞蹈及其美学思想的论述。《淮南子》又称《淮南鸿烈》，强调重视人的内心情感，表现内心活动，体现了汉代人对艺术生命追求的精神。《舞赋》为东汉辞赋家傅毅所做，描述了汉代极为盛行的"盘鼓舞"，提出了"容以表志，舞以明诗"的思想观念。此外，张衡的《西凉赋》《南都赋》、杨雄的《蜀都赋》等都描写了汉代的舞蹈场面。

4. 魏晋南北朝的舞蹈

随着丝绸之路的开通，汉族乐舞与西域等少数民族乐舞文化的交流，大大推动了舞蹈的发展。进入魏晋南北朝时期,随着民族的融合发展,舞蹈类型更加丰富多彩。"清商乐"是魏晋南北朝中原传统俗乐舞的总称,简称"清商"。清商乐有歌曲、舞曲、乐曲,是统治阶级专门享乐的女乐歌舞。汉时已有"清商"之名,曹魏时期,设有女乐专属机构清商署。西晋永嘉之乱后,"清商乐"中一部分与"龟兹乐"相结合形成"西凉乐";一部分随东晋政权南迁传至江南,促进了"吴歌""西曲"发展,形成了南朝新声。"清商乐"包括"相和歌""相和大曲""吴歌""西曲""杂舞"等。"吴歌""西曲"是流行于太湖、荆湘地区的民间歌舞。"杂舞"有白伫舞、拂舞、杯盘舞等。白伫舞原是三国吴地民间杂舞,因舞者穿用白伫制成的长袖舞衣而得名,后入宫廷成为女乐歌舞,并成为魏晋南北朝时期重要的舞蹈形式,唐代列入"清商乐";拂舞为江南吴地民间歌舞,因舞者执"拂子"而舞得名;杯盘舞由舞者两手执杯盘而舞得名,是杂技与舞蹈的结合。

5. 隋唐时期的舞蹈

隋唐时期是我国舞蹈史上发展的黄金时代,各种乐舞都获得了较大发展。隋文帝时期,汇辑当时流行各地的汉族传统舞、少数民族舞及外国传入的各类乐舞共计七部,称"七部伎",后增加疏勒乐和康国乐成"九部伎"。唐代继承了隋朝舞蹈文化成果,从九部伎、十部乐发展到坐部伎、立部伎,形成了燕乐、健舞、软舞、大曲、歌舞戏、百戏等各类乐舞艺术。"九部伎"包括传统清商乐、西凉乐、龟兹乐、天竺乐、康国乐、疏勒乐、安国乐、高丽乐、礼毕。唐初改为"十部乐",增加了燕乐、高昌乐,其中燕乐的发展反映了唐代乐舞文化的高峰。

燕乐,又称宴乐,是隋唐至宋代在宫廷中饮宴时表演的具有很强艺术性的歌舞音乐。隋唐燕乐继承了乐府音乐的成就,是汉族俗乐与外国传入音乐相融合而形成的宫廷新音乐。燕乐是集歌唱、器乐和舞蹈等综合性的大规模音乐,其中歌舞音乐在隋唐燕乐中占有最重要地位,包括《破阵乐》《庆善乐》《景云乐》《承天乐》等乐舞。清商乐是江南地区的民间乐舞,保存了汉魏以来的传统旧乐。西凉乐是中原乐舞与龟兹乐的结合;龟兹乐、疏勒乐、高昌乐、天竺乐、高丽乐、安国乐、康国乐等是由新疆、印度、朝鲜、中亚和今俄罗斯萨尔玛罕传入的乐舞。

唐玄宗时将十部乐改为"坐部伎"和"立部伎"两部,坐部伎在室内坐奏,人数较少,乐器声音较清细,乐师需要有较高的技艺,主要作品有《燕乐》《长寿乐》《天授乐》《鸟歌万岁乐》《龙池乐》《小破阵乐》六部;立部伎在室外立奏,人数较多,乐器声音较大,是大型乐舞,主要有《安乐》《太平乐》《破阵乐》《庆善乐》《大定乐》《上元乐》《圣寿乐》《光圣乐》等。燕乐代表了唐代乐舞艺术的高峰,最突出最辉煌成就是大曲,唐玄宗创作的《霓裳羽衣》就是最有名的一首大曲。健舞和软舞是小型娱乐性舞蹈,代表了唐代舞蹈艺术风格,健舞动作矫捷雄健、节奏明快、刚劲有力,以《剑器》《柘枝》《胡旋》《胡腾》为代表;软舞优美柔软、节奏舒缓,以《绿腰》《凉州》《春莺啭》《鸟夜啼》为代表。其他舞蹈有歌舞戏《踏瑶娘》,已经有了后代戏曲的原型。唐代建立了大规模的乐舞机构,包括太常寺、教坊、梨园、宜春院等,集中了大量技艺高超的乐舞伎人,进行舞蹈技巧的培养和训练。

唐代创造了记录图画和文字,即舞谱,从唐太宗绘制的《秦王破阵图》开始。到后来的《敦煌舞谱》,舞谱的发展已经很成熟。舞谱对舞蹈的传承、发展发挥了重要作用。

6. 宋元时期的舞蹈

宋代舞蹈主要有宫廷乐舞、民间队舞和百戏中的舞蹈三大类。宋代雅乐舞主要有《大善乐舞》《大顺乐舞》《大庆乐舞》《天盛乐舞》《大熙乐舞》等。宋代队舞是对唐代燕乐的继承与发展,是把大曲、诗歌朗诵、舞蹈结合起来的一种舞蹈形式,队舞兼具礼仪、典礼和欣赏娱乐多种功能。宋代宫廷队舞有小儿队和女弟子队,小儿队包括柘枝、剑器、婆罗门、醉胡腾、诨臣万岁乐、儿童感圣乐、儿童解红、射雕回鹘等;女弟子队包括菩萨蛮、感化乐、抛球乐、佳人剪牡丹、拂霓裳、采莲等。各队都有特定的服饰、乐曲、歌、舞、道白,表现不同的内容。宋代虽继承了唐代乐舞,但在舞蹈结构、成员及演出规则等方面已经有很大不同。

宋代民间舞蹈十分兴盛,每逢新年、元宵灯节、清明节,都有民间社火表演,旱船、舞狮等表演在宋代已经极为兴盛。宋代百戏表演也十分流行,已经出现了"勾栏""瓦肆"等专门表演各种技艺的固定场所,各种表演有杂剧、杂技、讲史、说书、傀儡戏、诸宫调、舞旋、花鼓、舞剑等。这些表演既有鼓乐伴奏、化妆,又具有一定的情节,已经初具戏曲雏形,如宋代的《绿腰》《崔护六么》《莺莺六么》《熙州》《迓鼓儿熙州》《二郎熙州》《霸王剑器》等舞蹈都已经有了较强的戏剧性。

元代舞蹈主要有宗教舞蹈和戏曲舞蹈。元代以信仰萨满教(巫教)和嘛教(佛教)为主,宫廷队舞在继承宋代队舞基础上,又结合了蒙古族的宗教与习俗,具有浓郁的宗教色彩。元代宫廷队舞主要有"乐音王队""寿星队""礼乐队""说法队",此外还有"宝盖舞""日月扇舞""幢舞""伞盖舞""金翅鹏舞"等,都是具有宗教色彩的舞蹈。最著名的赞佛舞蹈《十六天魔舞》,只在宫廷演出,严禁民间演出。戏曲舞蹈是存在于元杂剧中的舞蹈,元杂剧是一种综合了歌舞和故事情节的表演艺术,歌舞基础是汉族传统的乐舞,舞蹈化动作被称为"科",主要包括表情、舞蹈和武功。其中舞蹈是插入性的,有些与剧情无关,有些与剧情有关;武功中也有如器械舞、对打、翻跟斗、踏跷等许多舞蹈因素。元代民间舞蹈异彩纷呈,高跷、旱船、舞狮、舞龙、各种鼓舞、秧歌等民间歌舞活动具有群众性,还具有地方风情和特色,如"安代舞"就是流传于内蒙古东部半农半牧区的民间集体舞蹈。

7. 明清时期的舞蹈

明清舞蹈主要有宫廷舞蹈、戏曲舞蹈和民间舞蹈。宫廷舞蹈包括雅乐舞和各种民族舞蹈、民间百戏及杂剧等各类表演,雅乐舞沿袭前代旧制,分文舞和武舞,并设有各种祭祝乐舞。明朝洪武年间(1382年)重定宴乐九奏乐章,确立各类宴用乐舞,即"万国来朝队舞""缨鞭得胜队舞""九夷进宝队舞""寿星队舞""赞圣喜队舞""百花朝圣队舞""百戏莲花盆队舞""胜鼓采莲队舞"等。清代礼仪宴乐舞蹈具有鲜明的民族特色,主要有庆贺宴飨的"庆隆舞",宴请宗室的"世德舞",庆祝战争胜利、凯旋的"德胜舞"等。明清戏曲成为普通百姓的重要文化生活,戏曲舞蹈吸收和保留了大量古典舞、民间舞的传统,使戏曲与舞蹈有机融合,并形成程式化的动作和表演方式。民间歌舞成为劳动人民生活中必不可少的组成部分,广泛流行。明代的社火、清代的走会是集音乐、舞蹈、杂技、武术等形成的综合性表演艺术,表演中秧歌、跑旱船、跑竹马、大头和尚、狮子舞、龙舞、霸王鞭、高跷等舞蹈占有重要地位。这一时期,少数民族地区也保存了许多相当古老的传统舞蹈,如新疆维吾尔族大型歌舞曲《十二木卡姆》,傣族孔雀舞,壮族铜鼓舞,苗族芦笙舞、铜鼓舞、调年舞、傩舞等,云南纳西族的东巴舞,瑶族长鼓舞,藏族锅庄,满族的莽式,太平鼓舞等,都是群众性的、自娱自乐的表演。

(二)近代舞蹈

近代舞蹈指 1840 年第一次鸦片战争后至 1949 年新中国成立前舞蹈的发展。中国近代舞蹈是在中国社会急剧变化情况下发展的,一方面,舞蹈发展受到了破坏与阻碍;另一方面,由于国门大开,西方舞蹈的传入,给中华舞蹈的发展带来了转变与生机。

1. 民族民间舞蹈发展

民族民间舞蹈与各族人民风俗习惯、宗教信仰、生产劳动、社会生活紧密结合,进入明清时期就已经是民间节庆期间的重要文化事项。进入近代,民族民间舞蹈继续在民间流传,异彩纷呈,成为中华民族文化宝库的重要组成部分。龙是不同氏族图腾象征的集合体,记录了中国远古时代多种氏族融合、统一的历程。象征华夏民族精神的龙舞不仅在中国大地各民族地区广为流传,在世界各地的华人或华裔聚居地,也流传广泛。狮舞也是历史悠久、流传广泛的各民族民间舞蹈。早在公元 3 世纪的三国时期,已有狮舞流传。千百年来,民间年节,舞狮祝愿吉祥幸福的风俗盛行不衰,至清末已发展成为舞蹈与杂技结合的传统优秀表演节目。古人用以驱鬼逐疫的面具舞,即傩舞,也是各民族民间流传甚广的舞蹈之一,经过数千年漫长的岁月而得以保留,并在清代发展演变成为戴着面具表演的傩戏。"旱船""竹马""耍大头""花鼓""舞剑""秧歌"及藏族"锅庄舞"、苗族"芦笙舞"、瑶族"长鼓舞"、傣族"孔雀舞"、维吾尔族"赛乃姆"等民间传统舞蹈已经成为节庆期间极为重要的文化剧目。民间舞蹈不仅是各民族群众性的自娱自乐,更在中国近代革命史中,发挥过极其特殊的作用。太平军利用民间歌舞活动,练兵习武,宣传鼓动,攻打敌人;抗战时期,延安秧歌运动,在鼓舞民众、激励人们爱国热情、提高民族自尊心和自信心方面发挥了重要作用。

2. 戏曲舞蹈发展

明清时期,舞蹈衰落,戏曲兴盛。戏曲是在继承和吸收前代表演艺术精华基础上,形成的一种新的表演艺术形式,舞蹈是其构成因素之一。戏曲舞蹈一方面继承了前代舞蹈传统,另一方面又广泛吸收民族民间舞蹈,蕴含着丰富的传统舞蹈因素及民间舞蹈成分。这一时期,戏曲舞蹈发展的主要特点是戏曲艺术家们强化提高戏曲中的舞蹈成分,使之更具舞蹈的美感。近代在戏曲舞蹈发展方面做出贡献的人物有梅兰芳、欧阳予倩、程砚秋、杨小楼等。梅兰芳在表演中广泛吸收中国传统舞蹈动作和成分,在《嫦娥奔月》中首创美丽的花镰舞,在《天女散花》《洛神》《霸王别姬》等戏曲中运用传统长绸舞、拂尘舞、剑舞创编舞蹈动作,通过优美复杂高难度的舞蹈动作,表现剧情、刻画人物内心感情。欧阳予倩(1889—1962),中国剧作家、编导,在 20 世纪 20 年代与梅兰芳齐名,有"南欧北梅"之称。欧阳予倩在戏曲表演中,创作了许多优美、技艺高超的舞蹈身段及舞段,如《杨贵妃》中长绸舞,《百花献寿》中的绸舞,以抒发人物不同的情感。京剧大师程砚秋创编了勾、挑、撑、冲、拨、扬、掸、甩、打、抖等多种舞水袖的技法,运用于不同故事情节中的人物,以表达人物不同的情感。京剧表演艺术家荀慧生和尚小云等著名旦角演员,都在表演中广采博取,吸收其他表演艺术的舞蹈动作,表现戏曲人物及情感,他们的共同特点是加强和提高了戏曲表演中的舞蹈成分。杨小楼(1878—1938),京剧武生表演家,杨派艺术创始人,被誉为一代"武生宗师",在戏曲武打中,设计了精巧细致和技艺高超的战舞动作,提高了戏曲中武打技巧的艺术性与舞蹈性。

3. 欧美舞蹈的传入

近代最早将欧美舞蹈文化引入中国的是清末宫廷舞蹈家裕容龄。裕容龄(1889—1973),中国舞蹈家,是近现代舞蹈史上第一个学习欧美和日本舞蹈的中国人,1903回国后,成为清宫廷女官,开始了作为宫廷舞蹈家的生涯。在清宫廷中,她接触了中国传统舞蹈,并吸收民间舞蹈成分,创编了"扇子舞""荷花仙子舞""观音舞""菩萨舞""如意舞"等具有中国风格的舞蹈作品。此外,这一时期,留洋学生、外国舞蹈团、马戏团频繁在中国演出,也促进了欧美舞蹈文化在中国的传播。1886年,最早的西方马戏团进入中国,在上海演出,演出的内容包括马戏杂技及舞蹈等内容。20世纪20年代,西方舞蹈团在中国的演出活动达到高峰,内容涉及芭蕾舞、现代舞和外国民间舞蹈等。1926年莫斯科邓肯舞蹈团来中国演出,演出的舞蹈有《青春》《国民革命歌》《少年共产国际歌》等具有时代气息与革命内容的歌舞,这些演出对后来苏区舞蹈的发展产生了一定的影响。

4. 舞蹈教育的发展

五四运动之后,学校教育在课程设置上主要向欧美国家及日本学习,舞蹈作为美育内容列入学校课程,内容主要为外国传入的交谊舞和"土风舞"。30年代,先后出现了《学校舞蹈教材》《舞蹈新教本》《舞蹈教材》等,为学堂舞蹈课的实施和传播提供了方便。这一时期,对中国歌舞教育产生重大影响的人物是黎锦晖。黎锦晖(1891—1967),中国近代歌舞之父,儿童歌舞音乐作家,创编了大量的儿童歌舞剧,著名的有《麻雀与小孩》《葡萄仙子》《月明之夜》《小小画家》等。他重视民族音乐教育,尝试用传统曲调配文言歌词以培养学生对民族音乐的兴趣与爱好,并于1927年创办了中华歌舞专门学校,致力于学堂儿童歌舞教育,是中国最早建立的一所专门训练歌舞人才的教育机构。舞蹈课程主要内容有三类:第一类为艺术舞蹈,有古典舞、现代舞、土风舞等;第二类为形意舞,用舞蹈手段将各种自然事物拟人化后予以表现;第三类是歌舞剧,主要培养演员集歌、舞、剧为一体的能力。1928年组建中华歌舞团,1929年组织明月歌舞团,并到全国各地巡回演出。

5. 新舞蹈艺术的发展

新舞蹈艺术是20世纪30年代,在左翼文化运动影响下的产物。新舞蹈艺术具有革命性和进步意义,开创这一事业的先驱是吴晓邦。吴晓邦(1906—1995),20世纪中国新舞蹈艺术的先驱,1932年在上海创办晓邦舞蹈学校,1935年又创办了晓邦舞蹈研究所,开始新舞蹈艺术的创作和教学活动。抗日战争爆发后,创编舞蹈《义勇军进行曲》《游击队歌》,以质朴、炽烈的情感和舞蹈形象抒发了同名歌曲反映出来的抗战激情。1938年至1945年,先后创作了《饥火》《思凡》《丑表功》《罂粟花》《虎爷》《宝塔牌楼》等新舞蹈剧,通过艺术形象揭露社会黑暗,反映共同抗日的愿望。1943年在广东省曲江地区省立艺术专科学校开设舞蹈系,是中国最早的正规专业舞蹈教育机构。1948年与他人合作创编了《进军舞》,表现了人民解放军胜利进军的英雄气概。戴爱莲(1916—2006),归国华侨,中国当代舞蹈艺术先驱者和奠基人之一、著名舞蹈艺术家、舞蹈教育家，被誉为"中国舞蹈之母"。1937年抗日战争爆发之后，自编自演《警醒》《前进》等舞蹈，歌颂中国人民抗战精神。1941年归国后以抗日救国为题材，创作《游击队的故事》《卖》《空袭》《东江》等舞蹈，对宣传抗日起到积极作用。她还从事各民族民间舞蹈的采集、整理、演出和研究工作，创作《人之鼓》《哑子背疯》《嘉戎酒会》《巴安弦子》等民族歌舞，在推动民族民间舞蹈普及方面发挥了重要作用。

第一次国内革命战争之后，带有鲜明进步意义的革命舞蹈活动在各革命根据地开展起来，这些革命歌舞被称为"苏区歌舞"或"红色歌舞"。苏区歌舞在井冈山革命根据地获得崭新发展，为加强宣传，红军文艺工作者创编了融歌、舞、诗、剧于一体的通俗艺术形式活报；豫东南苏区根据当地民歌改编创作了《八月桂花遍地开》；赣东北农剧团配合红军运动，创作《送郎当红军》《武装上前线》等歌舞。1931年在瑞金中央革命根据地成立红军学校，并建立俱乐部，俱乐部每周举行革命戏剧演出。1932年苏区成立第一个剧团——"八一"剧团，并在此基础上成立工农剧社总社，举行歌舞表演，主要歌舞有《海军舞》《团结舞》《农民舞》《军事演习舞》等和李伯钊创编的《国际歌舞》等。抗日战争时期，为配合形势，各宣传队编演了《东渡黄河舞》《抗日舞》等歌舞。1938年延安相继成立许多歌剧团，歌剧团进行了巡回演出。1942年，毛主席发表《在延安文艺座谈会上的讲话》，及时匡正了边区文艺运动方向。之后《兄妹开荒》等一些秧歌剧相继问世，掀起了群众性的秧歌运动，各地结合斗争实际，创编了大量的秧歌剧及歌剧，对革命斗争起到了鼓舞士气、提高斗志的积极作用。李伯钊（1911—1985），中国戏剧家，中国人民军队和革命根据地戏剧艺术的开拓者之一，创作话剧《母亲》《老三》《金花》《北上》和歌剧《长征》等，与石联星、刘月华被群众誉为"三大赤色跳舞明星"。

（三）现代舞蹈

1949年新中国成立后，中国舞蹈事业与其他艺术一样步入了崭新的发展阶段。

1949年7月，中华全国文学艺术工作者代表大会在北京召开，大会期间，举办了"边疆民间舞蹈介绍大会"的演出，表演了"瑶人之舞""蒙古舞""羌人巫舞""新年拜""春耕舞"等民族民间舞蹈，通过演出介绍了我国边疆民族舞蹈文化，大会期间还成立了中华全国文学艺术界联合会和中华全国舞蹈工作者协会。1949年文学艺术联合创编了大歌舞《人民胜利万岁》。1952年文化部发出《关于整顿和加强全国剧团工作指示》，提出加强国营剧团成为专业化剧团，逐步建设剧场艺术的指示。之后，中央歌舞团（1952）、中央民族歌舞团（1954）、中央实验歌剧院舞剧团（1956）及北京舞蹈学校实验芭蕾舞剧团（1959）相继建立。1957年天马舞蹈艺术工作室建立，以创作和演出中国现代舞为主要任务；1962年东方歌舞团建立，主要任务是向各国介绍中国民族民间歌舞艺术和向国内介绍世界各国民族民间歌舞艺术。1951年由吴晓邦为班主任的舞蹈运动干部培训班（简称"舞运班"）在北京成立，主要任务是培养新舞蹈运动的干部，为中国舞蹈事业发展培养了骨干力量。1953年第一届全国民间音乐舞蹈会在北京举行，演出民间音乐舞蹈节目90多个，主要有"狮子舞""花鼓灯""单鼓舞""芦笙舞"等；1957年第二届全国民间音乐舞蹈会在北京举行，演出民间音乐舞蹈节目290多个；1955年还举行了全国群众业余音乐舞蹈观摩演出会,演出节目近 300 个,主要有"拍手舞""铃鼓舞""纺织工人舞""大秧歌"等;1957 年在北京举行了全国专业团体音乐舞蹈会,演出的节目有"孔雀舞""三月三""扇舞""剑舞"等。此外,文艺工作者还发展创新了民族民间舞蹈,创编了《红绸舞》《荷花舞》《宝莲灯》《刘海砍樵》《小刀会》等优秀歌舞和民族芭蕾舞《红色娘子军》《白毛女》等。

"文化大革命"时期,只有样板戏《红色娘子军》《白毛女》得以广泛流传,其他民族民间舞蹈遭到封修。进入 20 世纪 80 年代,在"文化寻根"思潮影响下,舞蹈创作从对民间乡土习俗的表达转向对传统文化、民族情怀与现实价值的追求,产生了反映传统乐舞文化的《丝路花雨》《编钟乐舞》《汉风》《文成公主》《铜雀伎》、体现民族情怀的《黄河一方土》《黄河女儿情》《黄河水长流》、歌颂烈士的《割不断的琴弦》《刑场上的婚礼》和现实题材舞蹈作品《再见吧!妈妈》《踏着硝烟的男儿女儿》等。随着改革开放的全面推进,现实题材舞蹈呈现出形式多样且边界廓清的发展态势,产生了反映当代现实生活并具有较强时代气息的《天边的红云》、富有生活气息的《咱爸咱妈》《父亲》、革命历史题材的《铁道游击队》《南京1937》《延安记忆》和表现地域风情的《风中少林》《沉沉的厝里情》等舞蹈。

这一时期,舞蹈创作也对国家重大事件进行回应,创编了多部大型舞剧。如 1984 年庆祝新中国成立 35 周年的大型音乐舞蹈史诗《中国革命之歌》,2009 年庆祝新中国成立60 周年的《复兴之路》,2014 年国家公祭日公演的舞剧《金陵十三钗》,以及当前围绕"一带一路"主题的《敦煌》《丝海寻梦》《南海丝路》等,庆祝改革开放 40 年的《春天的故事》,歌颂"中国梦"的《沙湾往事》《丝路上的中国梦——永远的麦西热甫》等多部时代作品。

三、外国舞蹈史

外国舞蹈发展历史可追溯到远古时代,经历了古代、近代和现代时期,并以传统舞蹈文化形成了印度舞蹈文化圈、阿拉伯舞蹈文化圈、欧洲舞蹈文化圈、拉丁美洲舞蹈文化圈和非洲舞蹈文化圈等。

(一)古代舞蹈

1. 史前舞蹈

史前时期舞蹈主要指原始社会时期的舞蹈。原始社会是舞蹈的萌芽时期,随着原始人类信仰的出现而形成,常与歌、乐合为一体,舞蹈内容以反映原始人类种植、祈祷、狩猎、崇拜和歌颂首领功德的宗教舞蹈、狩猎舞蹈、图腾舞蹈为主。其中巫舞是原始社会普遍存在的文化现象,巫舞既是巫术礼仪,又是歌舞活动,巫舞的出现是人类从原始狩猎动作开始走向舞蹈艺术发展的里程碑。

2. 上古舞蹈

上古舞蹈主要包括古埃及、古希腊、古罗马、古印度舞蹈。

古埃及舞蹈大约可追溯到公元前 2600 年前,当时埃及音乐舞蹈就已经很发达,舞蹈表演在贵族和民间已经很盛行。贵族舞蹈多是礼仪性舞蹈,民间舞蹈则主要为庆祝丰收的宗教祭祀舞蹈、丧葬礼仪舞蹈和杂舞。宗教祭祀舞蹈动作比较庄严,是一种象征性的舞蹈,以对"太阳神"和"河神"的崇拜为主要内容;丧葬礼仪舞蹈多为女性表演,动作幅度不大，但比较舒展，表演时穿插有表述性歌词，具有道德教化作用；杂舞是带有杂技成分的舞蹈，表演时带有一定的跳跃、旋转等技巧。

古希腊的舞蹈最早可追溯到公元前 2000 年前的克里特岛兵器舞、圆圈舞、面具舞和杂舞。古希腊人继承和吸收了克里特岛和古埃及舞蹈艺术成分，形成了将古希腊神话与哲学思想相互交叉、叠合在一起的表演艺术，代表性舞蹈有荷马式舞蹈、斯巴达式舞蹈、雅典式舞蹈。荷马式舞蹈是诗、乐、舞三者结合在一起的表演形式；斯巴达式舞蹈是对人体进行战斗训练的武舞，是对克里特岛兵器舞蹈的直接继承；雅典舞蹈与斯巴达舞蹈风格完全不同，舞蹈分日神精神舞蹈和酒神精神舞蹈。日神精神舞蹈主要表现为神祇舞蹈，为集体性舞蹈，且多由女性表演；酒神精神舞蹈即酒神祭舞蹈，是一种民间宗教祭祀歌舞表演，是由多人组成合唱队既歌且舞的群体性舞蹈。

古罗马舞蹈起步较晚，大约在公元前 200 年左右，舞蹈才成为罗马人生活当中的重要内容。古罗马舞蹈大体包括早期宗教舞蹈、兵器舞蹈、社会普及舞蹈以及哑剧舞蹈（即拟剧舞蹈）等类型。早期宗教舞蹈和兵器舞蹈主要为男子群舞，有春耕播种舞蹈，有训练强健体魄和格斗的兵器舞蹈，舞蹈主要在祭祀畜牧神、农神活动时表演。古罗马专门用"萨里"称跳这种舞蹈的团体，这个用语既指舞蹈，又指舞蹈演员，还指清理田地和主持战斗训练的僧侣。社会普及舞蹈是在古罗马公共活动和私人生活中表演的舞蹈，种类较多，多为群众性的集体舞蹈。哑剧舞蹈，是古希腊戏剧与古罗马人审美情趣结合的产物，是演员用手势和身体动作姿态去表现一定故事情节的艺术，哑剧舞蹈没有台词，只有音乐伴奏和模仿不同人物的各种动作。

据考古发现，早在公元前 3000 年，舞蹈和音乐就已成为古印度人日常生活的一部分，公元前 1500 年就有关于舞蹈的记载。古印度舞蹈分为两类，即古典舞蹈和民间舞蹈。古典舞蹈主要在印度教神庙中表演，在中世纪时形成固定流派，主要包括婆罗多舞、卡塔卡利舞、曼妮普利舞和卡塔克舞等。古典舞蹈内容主要以歌颂湿婆、毗湿奴、克里希纳神和半人半神罗摩等为主，有一整套的姿势和感情表达程式。民间舞蹈大体划分为婚丧嫁娶、节日祭祀、庆贺丰收三种类型，反映了古印度人民追求幸福生活的愿望。《舞论》是印度古代戏剧理论著作，成书年代约在公元前后，书中主要论述了戏剧的理论和实践，兼及舞蹈、音乐、语法、修辞等。

（二）中古舞蹈

中古时期舞蹈主要有欧洲中世纪舞蹈、阿拉伯舞蹈、非洲舞蹈、拉丁美洲舞蹈等。

1. 欧洲中世纪舞蹈

欧洲中世纪舞蹈指从公元 5 世纪到 15 世纪文艺复兴前欧洲的舞蹈艺术。欧洲中世纪舞蹈沿着两条线索发展：一是宗教性舞蹈；一是民间舞蹈。受基督教文化影响，一切艺术都以服务宗教为目的，早期宗教舞蹈也被视作传播教义的手段。宗教舞蹈有死神之舞和天主教舞蹈，其中"死神之舞"是欧洲中世纪最具代表性的宗教祈祷式舞蹈。天主教舞蹈大约有四种：一是节日里的祭祀舞蹈；二是祭祀圣约翰的舞蹈；三是祷告上帝的圣歌队舞；四是洗礼之舞。民间舞蹈是广大民众在收获、节日集会等期间表演的歌舞活动，具有广泛的群众基础。民间舞蹈形式多样,尤以布朗里最为有名。布朗里是法国民间舞蹈,通常是人们手拉着手围成一个大圆圈边歌边舞,伴奏乐器为风笛,舞蹈欢快而淳朴。布朗里有简单式、复式、快乐式、模拟式等多种形式及其变体布朗舞。此外,还有圆圈舞、法兰多拉舞、沙扎卡特舞及巴斯当斯等多种民间舞蹈。巴斯当斯是欧洲中世纪早起宫廷舞蹈的总称,舞蹈庄重温雅,没有跳跃性动作。

2. 阿拉伯舞蹈

阿拉伯舞蹈是一种源于阿拉伯半岛,又在东西方文化交流中兼收并蓄,不断发展形成的具有独特风格的舞蹈艺术。阿拉伯舞蹈形式比较单一、薄弱,一直附属于阿拉伯音乐之中。阿拉伯舞蹈既有具体的内容,又有很大的即兴性。女子舞蹈中手臂、手腕、手指、肩膀、头和身体动作的表现力很强,且有鲜明的节奏感,多用手鼓伴奏;男子舞蹈中的狩猎舞、骑士舞、刀舞等也都有强烈的生活气息。肚皮舞是一种带有阿拉伯风情的舞蹈形式,起源于中东地区,最早作为一种宗教仪式,后逐渐发展为一种民间艺术,并最终成为广泛流行于中东地区各国的一种独特的娱乐和表演形式。肚皮舞为女性的舞蹈,特点是舞者随着变化万千的快速节奏摆动臀部和腹部,舞姿优美,变化多端,而且多彰显阿拉伯风情。

3. 非洲舞蹈

非洲舞蹈具有悠久的历史,可追溯到 6000 年前。非洲舞蹈种类繁多,其中之一为撒哈拉沙漠以南的黑人舞蹈。黑人舞蹈又可以分为传统仪式性舞蹈和民间娱乐性舞蹈。传统的仪式性舞蹈,包括各种宗教仪式和祭典仪式舞蹈,是在一定场合、一定时间,按照一定程式,并为某一具体宗教和祭祀目的而跳的舞蹈,舞蹈在动作、服饰、参加人员、伴奏的鼓点和歌词内容等许多方面都有严格的规定。这类舞蹈诸多,有敬神舞、驱邪舞、葬礼舞、求雨舞等,多起源于原始宗教和迷信,是非洲文化的主要遗产。民间自娱性舞蹈是人们通过有节奏的运动发泄情绪和进行娱乐的集体活动,每个部落都有自己的传统舞蹈。非洲舞蹈动作粗犷有力,旋律强烈感人,伴奏乐器是以鼓为主的打击乐器。加纳是位于非洲西部的一个古老国家,有着悠久的民族历史和灿烂的古代文化,民间传统舞蹈十分发达,素有"非洲舞蹈之乡"称号。

4. 拉丁美洲舞蹈

拉丁美洲舞蹈分为两个时期,哥伦布到达之前的舞蹈和到达之后的舞蹈。在哥伦布到达拉丁美洲之前,在拉丁美洲印第安人中就已经存在多种歌舞形式,主要有木鼓舞、祭神舞、帝王舞、战争舞等,伴奏的乐器有笛子和鼓等。印第安人的舞蹈起源于敬神或祭神舞蹈,大多有着浓厚的宗教色彩,舞蹈步伐庄重、稳健,以印第安传统乐器伴奏。农业、战斗、狩猎、节日等内容的舞蹈也极为丰富多彩,这些舞蹈一直保留了且歌且舞的传统及较为纯正的印第安质朴艺术风格,主要有南方娱乐性的集体舞"米多戴",秘鲁的"剪刀舞",流传于安第斯山区和阿根廷北部的活泼欢快的"瓦依诺"和"卡尔那瓦里托"等。哥伦布发现美洲之后,随着欧洲人和非洲黑人进入拉丁美洲,拉丁美洲文化融进了多种复杂文化成分,拉丁美洲舞蹈也呈现复杂多元化的文化特色。墨西哥、智利、阿根廷、乌拉圭、巴拉圭等国舞蹈深受西班牙民间舞蹈影响,舞蹈明朗、欢快、热烈,多用脚掌、脚跟、脚尖踏出动听的节奏,具有浓郁的生活气息。古巴、牙买加、多米尼加等岛国和巴西民间舞蹈具有明显的非洲黑人歌舞特色,舞蹈粗犷、豪放、炽热,娱乐性和即兴性很强。委内瑞拉、哥伦比亚、秘鲁、玻利维亚、厄瓜多尔等国民间舞蹈因受不同文化影响,分布和种类比较复杂,一些舞蹈中显示出印第安、欧洲和非洲多种文化的烙印。拉丁美洲最受欢迎的舞蹈有巴西桑巴、古巴伦巴、阿根廷探戈。

（三）近代舞蹈

文艺复兴思潮对欧洲舞蹈艺术产生了巨大影响,欧洲舞蹈艺术进入了一个崭新的发展阶段,即近代化阶段。这一时期,舞蹈艺术发展具体表现为宫廷礼仪舞和芭蕾舞的发展。

欧洲宫廷礼仪舞蹈源于捷克民间的波尔卡和奥地利民间的华尔兹,14世纪末,这些民间舞蹈进入宫廷并发展成为具有庄重、严肃特点的礼仪性舞会舞蹈和宫廷舞蹈,成为王宫贵族庆典、娱乐生活必不可少的内容,也是培养贵族子弟文化修养和礼仪风范的一种手段。16、17世纪宫廷舞蹈开始具有一些独特特征,舞蹈具有严格规定的舞步、举止、仪态和程序,讲究高贵的风度、优雅的手势,舞蹈时要保持正确的姿势,代表性舞蹈有孔雀舞、库朗特舞。17世纪中后期,舞蹈逐渐由庄严、华丽趋向尊贵、轻快、活泼的格调,代表性舞蹈有小步舞。18世纪初,由德国、奥地利民间舞演变而成的三步舞——维也纳华尔兹传入宫廷,其以轻快的节奏和旋律、急速优美的旋转受到人们的欢迎,从而确立了华尔兹在交谊舞中的重要地位。18世纪末,社交性的交谊舞从宫廷和贵族阶层逐渐走向商业化的公共舞厅,成为舞厅舞。19世纪宫廷舞继续保存了前代舞蹈,但在风格上有了很大变化,英国的布鲁斯(慢四步,Blues)、快步舞(快四步,Quick Step),美国的狐步舞(中四步,Foxtrot),波士顿华尔兹(慢三步,Slow Waltz)等舞种非常流行。代表性的舞蹈是华尔兹,华尔兹没有严格规定的动作,音乐旋律动听迷人,备受人们青睐,故称为"舞中皇后"。

芭蕾舞起源于文艺复兴时期的意大利,17世纪后半叶兴盛于法国,后来在不断革新中风靡世界。芭蕾一词,来源于意大利语Balletto,最后以法语Ballet确定并沿用至今。芭蕾最初是欧洲的一种群众自娱或广场表演舞蹈,后来传入法国,法国宫廷舞蹈大师在宫廷礼仪性舞蹈基础上将音乐、舞蹈、戏剧等融为一体,并于1581年创编出了世界上第一部芭蕾舞剧《皇后喜剧芭蕾》。1661年,法国国王路易十四下令在巴黎创办了世界第一所皇家舞蹈学校,确立了芭蕾的五个基本脚位和七个手位,使芭蕾舞有了一套完整的动作和体系。17世纪后半叶,芭蕾舞开始走出宫廷,登上舞台。1820年左右舞蹈家开创踮起脚尖舞蹈,1832年玛丽·塔里奥尼在《仙女》演出中第一次踮起脚尖跳舞,开创了芭蕾女演员足尖跳舞的历史,揭开了芭蕾新的一页。1841年有着"白色芭蕾"美誉的古典芭蕾舞剧《吉赛尔》在巴黎上演,标志着法国芭蕾发展到了巅峰时期。1738年,法国芭蕾大师让-巴蒂斯特·朗代把芭蕾带到俄罗斯,在圣彼得堡建立了第一所芭蕾学校,由此推动了俄罗斯芭蕾的兴起与繁荣。19世纪末,俄罗斯伟大作曲家柴可夫斯基创作的《天鹅湖》《睡美人》《胡桃夹子》等芭蕾舞剧在俄国相继上演,标志芭蕾舞艺术在俄国的兴盛。

（四）现代舞蹈

现代舞蹈是19世纪末和20世纪初在欧美兴起的一种舞蹈流派。伊莎多拉·邓肯(1877—1927),美国舞蹈家,现代舞创始人,主要作品有根据《马赛曲》、贝多芬《第七交响曲》、门德尔松《春》和柴可夫斯基的《斯拉夫进行曲》改编的舞蹈。她认为艺术的使命在于表现人类最崇高、最美好的理想，主张透过舞蹈充分自由表达思想与情感，以身体来协动心灵，创立了一种基于古希腊艺术的自由舞蹈，即现代舞。现代舞蹈经历了创立奠基时期、发展时期、新先锋时期以及后现代舞蹈剧场时期几个基本的发展阶段，并形成了诸多流派。

现代舞在创立时期带有浪漫主义和理想主义色彩，在艺术创作中，探求奔放的情感表露，带有较强的主观性。这个时期主要代表人物有美国舞蹈家邓肯、丹尼斯、肖恩、德国现代舞代表人魏格曼等，他们虽各有其美学主张与艺术实践方式，但总体上是以拉班所建立的系统理论为中心的表现主义流派。鲁道夫·拉班(1879—1958)，德国现代舞理论家、教育家，德国表现派舞蹈创始人之一，其最大贡献是发明了"拉班舞谱"和"人体动律学"。

发展时期的现代舞艺术，更加注重个人风格，并创作出个性化、系统性的动作体系和技术流派。其中最具代表性的流派有以美国葛兰姆的"收缩与延展"为动作原理的心理表现派，以美国韩芙丽的"跌落与复原"为动作原理的象征派和荷西·李蒙创立的"技巧体系"的人本主义舞蹈等，这些流派和技巧极大丰富了现代舞的内涵，使现代舞发展到了一个新的高度和阶段。

20世纪中后期，现代舞蹈进入新先锋时期。现代舞艺术受到后现代主义影响，在艺术观念上主张进一步解放身体，认为舞蹈艺术能够自我表达与检验，形式就是一切，动作本身即是目的。基于这样的主张，创造了一系列的编舞方法，出现了立体派、抽象派、动力派等流派，技巧方面则形成了自由形式。抽象派现代舞以抽象的语言去表现所谓纯粹的精神世界，追求新奇、怪诞，代表人物艾尔文·尼古拉斯。

源于欧洲的舞蹈剧场艺术主张返回舞蹈的戏剧传统和表现主义传统，不以技术完美为前提，注重舞蹈对人需要的关注。舞蹈剧场原指一种古典芭蕾与新舞蹈结合，能够完整表达剧情的舞蹈，代表人物是德国的皮娜·包希。现代芭蕾是介于现代舞和古典芭蕾之间的一种舞蹈形式，在观念上是现代舞，但技巧上是芭蕾，现代芭蕾最早的代表者是德国现代舞演员 K.约斯，他最早把古典芭蕾的基本技术和表现主义现代舞结合起来，在舞蹈动作设计上摒弃了传统的足尖舞和复合转身动作等程式，保留了芭蕾的基本步法和姿势，且大胆地创造和使用了富有戏剧表现力的手势。

【测试训练题】

一、选择题

1. 下列哪一项不是我国的十大名曲(   )。

A.《高山流水》   B.《梅花三弄》   C.《十面埋伏》   D.《公孙龙子》

2. 被誉为"音乐神童"的是(   )。

A. 巴赫   B. 海顿   C. 莫扎特   D. 贝多芬

3. 下列作家中，创作了《游击队之歌》的是(   )。

A. 聂耳   B. 冼星海   C. 田汉   D. 贺绿汀

4. 芭蕾史上第一部芭蕾舞剧是哪一部(   )。

A.《皇后的喜剧芭蕾》 B.《天鹅湖》   C.《悲惨世界》   D.《胡桃夹子》

5. 由劳动人民在长期历史进程中集体创造,不断积累、发展而形成的,并在广大群众中广泛流传的一种舞蹈形式就是( )。

A. 民间舞蹈　　　　B. 古典舞蹈　　　　C. 新创作舞蹈　　　　D. 现代舞蹈

6. 1942 年,毛主席发表《在延安文艺座谈会上的讲话》之后,一些秧歌剧相继问世,掀起了群众性的秧歌运动,代表性的秧歌剧是( )。

A.《兄妹开荒》　　　B.《北上》　　　C.《白毛女》　　　D.《长征》

二、填空题

1. 北宋音乐理论家陈旸于 1103 年著成的_____是中国古代最早的一部音乐百科全书。

2. _____是德国最伟大的音乐家,两耳失聪后仍坚持创作,被誉为"乐圣",代表作《英雄》《命运交响曲》《欢乐颂》。

3. "交响音乐之父"指的是奥地利著名作曲家_____,他还被称为"弦乐四重奏之父"。代表作《惊愕》。

4. 我国具有代表性的民间舞蹈,北方有"_____",南方有"采茶灯""花灯"等。

5. 京剧是以_____和_____为主要声腔。

6. 按舞蹈的风格特点分类,可分为_____、_____、_____、_____和当代舞等类别。

三、辨析题

1. 抗日战争爆发后,戴爱莲创编舞蹈《义勇军进行曲》和《游击队歌》,以质朴、炽烈的情感和舞蹈形象抒发了同名歌曲反映出来的抗战激情。

2. 代表唐代乐舞艺术最突出最辉煌的成就是大曲,唐玄宗创作的《霓裳羽衣》就是最有名的一首大曲。

3. 波兰作曲家、钢琴家李斯特是 19 世纪最具影响力和最受欢迎的钢琴作曲家之一,被誉为"浪漫主义钢琴诗人"。

4. 舞蹈伦巴没有严格规定的动作,音乐旋律动听迷人,备受人们青睐,故称为"舞中皇后"。

第十一章 书法与绘画常识

书法是在汉字长期书写过程中衍生的一门造型艺术,通过结构、布局,用笔、墨、点画运动来表达意蕴。绘画是运用笔法、形体、色彩,以点、线、面等造型为手段,在平面上描绘形象,表达思想感情的造型艺术。书画同源,书法展现抽象的事物,绘画则展现事物细节与具体形象,两者以不同形式表达创作主体的审美感受,对人性情的陶冶和心灵的美化具有重要意义。

第一节 书法常识

书法是我国传统艺术之一,也是中华民族文化宝贵遗产的重要组成部分。汉字是书法艺术造型的基础,汉字形体结构经历多次演变,形成各种书体,而书法就是在各种书体上形成的艺术。学习和了解书法知识,有助于丰富我们的传统文化知识,提高审美与艺术鉴赏能力。

一、书法基本知识

(一)汉字的形体结构

点画是构成汉字的基本零件,偏旁部件是点画的组合,是构成汉字的基本构件。汉字的形体结构由低到高可以分为笔形、笔画、部件、汉字四个层次,笔形是最低层次,汉字是最高层次。点画的写法和汉字书写的结构原则是汉字美的关键,也是书法的核心要素。汉字根据部件的多少可分为独体字和合体字,独体字只有一个部件(如一、乙),合体字有多个部件。根据部件与部件的方位关系,独体字结构又称为单一结构,合体字结构主要有左右结构(如好、话)、上下结构(如苗、志)、左中右结构(如溅、粥)、上中下结构(如裹、宴)、右上包围结构(如句、司)、左上包围结构(如房、眉)、左下包围结构(如连、超)、上三包围结构(如周、同)、下三包围结构(如函、凶)、左三包围结构(如医、匣)、全包围结构(如团、国)、镶嵌结构(如噩、巫)共 12 种。汉字总体为方块状结构,被称为"方块字",但由于点画伸缩舒展和轴线扭转变动,每个汉字也有其独特的形态。从汉字外形边沿结构看,有方形(如田、国)、长形(如月、目)、扁形(如工、曰)、梯形(如言、由)、偏斜形(如曳、夕)等。

(二)汉字字体的演变

汉字产生于原始社会末期,距今已有 5000 至 6000 年的历史。汉字字体的发展经历了古文字和今文字两大阶段。古文字阶段指汉隶书产生以前的文字,包括甲骨文、金文、大篆、小篆。隶书对古文字形体进行了重大变革,是汉字演变史上重要的转折点,是古文字与今文字的分界线。今文字阶段包括隶书、草书、行书、楷书等几个阶段。

1. 古文字

古文字包括甲骨文、金文、大篆、小篆。甲骨文指中国商朝晚期王室用于占卜记事而在龟甲或兽骨上镌刻的文字,是能见到的最早的成熟汉字,距今已有 3000 余年,已具备了书法的用笔、结字、章法三个基本要素。金文是殷商至周时期铸造在青铜器上的铭文。周朝把铜称作金,所以铜器上的铭文称作"金文",因这类铜器以钟鼎上的字数最多,故又称作"钟鼎文"。金文使用时间上自商代末期,下至秦灭六国,约 800 多年。大篆,广义上指小篆之前的文字,包括金文与籀文;狭义上指籀文、石鼓文,是西周晚期普遍采用的字体。籀文因其着录于字书《史籀篇》而得名;石鼓文由于刻于石鼓上而得名,是流传至今最早的刻石文字。大篆特点是线条均匀且简练,字形结构趋向整齐规范。小篆是在大篆籀文基础上,由秦朝丞相李斯负责简化,创制出便于书写的新字体,通行于秦代至西汉末年,后为隶书所取代。小篆字形统一,笔画粗细匀称,字体优美,因而为历代书法家青睐。汉字发展到小篆阶段,象形意味减弱,轮廓、笔画、结构逐渐开始定型,使文字更加符号化。小篆是第一个由国家规定的标准汉字形态,在中国汉字史上具有里程碑意义。

2. 今文字

今文字包括隶书、草书、行书、楷书。隶书是由篆书演变而成的一种字体。为了便于书写,隶书把篆书圆转笔画变为方折,在结构上以笔画替代象形,更加强调平衡对称,整齐一致。其特点是向背分明,波磔飞动,蚕头燕尾,体势开张,左右舒展,给人以飞动的感觉。隶书始创于秦朝,在东汉时期达到顶峰,对后世书法影响巨大,书法界有"汉隶唐楷"之称。草书形成于汉代,是在隶书基础上演变而来的字体。草书发展经历了早期草书、章草和今草三个阶段。早期草书为与隶书平行的书体。章草是盛行于汉魏之际的书体,在早期草书基础上发展而来,结构简约,上下字独立而不连写,保留有隶书笔法形迹。汉末章草逐渐上下字笔势牵连引带,线条流畅婉转而富有韵律感,形成了今草。今草书体自魏晋后盛行不衰,至唐代,今草书写更加放纵,笔势连绵回绕,字形变化无迹,称为"狂草"。楷书由隶书演变而来,始于汉末,盛行于魏晋南北朝,在唐代达到顶峰。楷书形体方正,笔画平整,省去隶书的波磔,用点画、钩戈、撇捺构成了长短正斜、俯仰照应的整体。楷书诞生后,汉字字形字体及笔画就稳定下来,成为中国的标准字体。楷书在发展过程中,书家辈出,风格多样,著名的有欧体、颜体、柳体、赵体等,各具神韵。行书是在楷书基础上发展起来的,介于楷书、草书之间的一种字体,借助楷、草体势运用笔法,形成了俯、仰、正、鼓各种生动姿态。行书大约出现于东汉末年,因其行云流水、书写快捷、飘逸易识的特有艺术表现力和宽广的实用性,自产生便深受书家喜爱而广泛传播,历经魏晋黄金期、唐代发展期,在宋代达到新的高峰。

(三)书法与文房四宝

文房四宝指笔、墨、纸、砚,是中国汉族传统文化中的文书工具。文房四宝对书法的发展具有积极的作用,不仅拓展了书法家的创作天地,丰富了书法家的表现手法,还促进书法艺术的普及与繁荣。

1. 笔

笔,传统上指毛笔,为文房四宝之首。相传毛笔为秦代大将蒙恬创造。毛笔是古人必备的文房用具,而且在表达中国书法、绘画特殊韵味上具有与众不同的魅力。毛笔依据制作材料不同分为羊毫笔、狼毫笔、紫毫笔、兼毫笔等。羊毫笔笔头由山羊毛制成,柔软,吸墨量大,适于写圆浑厚实的点画;狼毫笔笔头由黄鼠狼尾巴部分毛制成,笔力劲挺,宜书宜画;紫毫笔笔头由兔毛制成,因色泽紫黑光亮而得名,笔挺拔尖锐而锋利;兼毫笔笔头由羊、狼或羊、紫两种刚柔不同的动物毛制成,兼具羊毫和狼毫笔长处,刚柔适中。

2. 墨

墨为书法必备用品之一,是用煤烟或松烟等制成的黑色写字绘画用品。书画所使用的墨种类主要有松烟墨和油烟墨。松烟墨是用松树枝烧烟,再配以胶料、香料而成,墨色浓而无光,入水易化;油烟墨是用桐油烧烟,再加入胶料、麝香、冰片等制成,墨色乌黑有光泽,油烟墨以质细而轻,上砚无声者为佳。

3. 纸

纸为古代文房四宝之一。书法用纸有一定讲究,一般为毛边纸和宣纸。毛边纸是用竹纤维制成的淡黄纸,纸质细腻,薄而松软,呈淡黄色,托墨吸水性能好,适于写字。宣纸,因产于安徽宣城而得名,主要原料为青檀树皮,辅以沙田稻草,既坚韧又柔软,耐于保存,有"纸中寿千年"的美誉,宜于书画。

4. 砚台

砚台为古代文房四宝之一,毛笔书法的必备用具,多以石做成,由于质地坚实,能传之百代,历来受到文人雅士喜爱,并被历代文人作为珍玩藏品。砚的种类较多,因质地不同,有石砚、玉砚、陶瓷砚、金属砚、木质砚等,其中尤以石砚和陶砚最为重要。自唐代起,广东的端砚、安徽的歙砚、甘肃洮砚和河南的澄泥砚(属陶)被并称为"四大名砚"。

二、书法史

中国书法史和汉字发展史一致,至今已有五六千年的历史,从汉字创立到书法艺术,历经先秦、秦、汉、魏晋、南北朝、隋唐、宋元、明清、近代到现代的发展过程。

(一)古代书法

1. 先秦书法

先秦书法是为中国书法奠定基础的阶段。汉字是世界上使用时间最久的文字之一,目前发现的原始汉字资料,是在大约距今五六千年原始社会的陶器上刻画的符号,学界认为这可能是汉字的萌芽。学术界公认的我国最早的成熟的古汉字是公元前14至公元前11世纪商代中后期的甲骨文和金文。甲骨文字形数量大大增加,具有稳定的结构规律。目前出土的有字甲骨约15万片,单字就有5000多个,以河南安阳出土的《宰丰匕骨刻辞》

最为著名。金文(钟鼎文)兴起于周,成为周代书写正体。这些最早汉字已经具有了线条、结构、章法等书法形式美的众多因素,这就为书法艺术的开创奠定了基础。

2. 秦代书法

秦代是开创汉字书法先河的时期。秦统一六国后,推行"书同文"政策,统一后的文字为小篆,是在金文和石鼓文基础上删繁就简而来。《说文解字序》中有"秦书有八体:一曰大篆,二曰小篆,三曰刻符,四曰虫书,五曰摹印,六曰署书,七曰书,八曰隶书",基本概括了秦代字体的面貌。秦代著名书法家李斯作品《泰山石刻》,为小篆书法代表性作品,具极重要的书法艺术价值。隶书的出现是汉字书写的一大进步,是书法史上的一次革命。隶书在篆书基础上化繁为简,化圆为方,化弧为直,使汉字趋于方正;在笔法上突破了单一中锋运笔,为后世各种书体流派奠定了基础。秦代书法作品除石刻外,还有诏版、瓦当、货币等文字,风格各异。秦代书法开创了我国书法先河,在书法史上留下了辉煌灿烂的一页。

3. 汉代书法

汉代是中国汉字书法发展史上一个关键的时代。在西汉和东汉 400 余年间,汉字书体由籀篆体变隶体,再由隶体分变为章草、真书(楷书)、行书,是书法不断变革而趋于定型的关键时期。东汉末,我国汉字书体已基本齐备。汉代是隶书大盛行时期,隶书脱去篆体形迹,形成了以横平竖直、波磔方张的独立书体。汉代隶书主要保存形式有石刻与简牍,形体娴熟、流派纷呈、风格多样,代表性石刻有《张迁碑》《曹全碑》等大量碑文。汉朝日常书写材料主要有竹木简牍,还有布帛、纸,现存汉简较多,居延汉简、敦煌汉简、甘谷汉简、武威汉简为中国四大汉简。隶书在成熟发展中出现隶变,分变为章草、行书,真书也开始孕育。章草由隶书演变而来,起于西汉,成熟于东汉,特点是字字独立,笔画圆转如篆,点捺如隶。汉代书法不断变化发展,为晋代流畅的行草及笔势飞动的狂草开辟了道路。此外,金文、小篆因实用面较少而渐趋衰微,但在两汉玺印、瓦当上还使用。

4. 魏晋书法

魏晋是完成汉字书体演变的重要历史阶段,承汉之余绪,又极富创造活力,是书法史上的里程碑,奠定了中国书法艺术的发展方向。汉隶定型化了方块汉字的基本形态,在发展和成熟过程中分变形成草书,并孕育了真书(楷书)。这一时期,篆、隶、真、行、草诸体皆已定型和完善,并在书体演变过程中造就多位大书法家,他们在书法方面开创的风格,树立了真书、行书、草书美的典范,深刻地影响了中国书法史的发展。钟繇(151—230),三国时期曹魏著名书法家,是楷书(小楷)的创始人,被后世尊为"楷书鼻祖",他的书法博采众长、兼善各体、结构严谨、笔势自然,开创了由隶书到楷书的新貌;作品有《荐季直表》《宣示表》等。王羲之(303—361),东晋时期著名书法家,有"书圣"之称;他的书法兼善隶、草、楷、行各体,广采众长,精备诸体,摆脱了汉魏笔风,自成一家,代表作《兰亭序》,被誉为"天下第一行书"。王羲之之子王献之(344—386),亦为书法家,代表作品有《中秋帖》《鸭头丸帖》等。

5. 南北朝书法

南北朝书法承继东晋之风气,上至帝王,下至士庶都非常喜好。这一时期,大批民间书法家继承了前代书法的优良传统,创造了无愧于前人的优秀作品,为唐代书法百花竞放、群星争艳的局面创造了必要条件。南北朝书法尤以魏碑最胜。魏碑是对北魏文字刻石的通称,大体可分为碑刻、墓志、造像题记和摩崖刻石等。南北朝时期书法分为南北两派,北派书体继承中原古法,带有汉隶的遗型,笔法古拙劲正,风格质朴方严,如魏碑。南派书法承江南风气,较多疏放,以书牍见长,代表作品有石刻《郑文公碑》《石门铭》《张玄墓志铭》《刁遵墓志铭》等,代表性书法家有智永。智永,南朝至隋朝人,本名王法极,书圣王羲之七世孙,长于书法,创"永字八法",即以"永"字八笔顺序为例,阐述正楷笔势方法,确立楷书典范,书法真迹有《真草千字文》《楷书千字文》《归田赋》等。

6. 隋唐书法

隋唐书法达到新的高峰,书法理论日趋成熟,可谓"书至初唐而极盛"。唐代书法对前代书法既有继承又有革新,在真、行、草、篆、隶各书体中都产生了影响深远的书法家。初唐有虞世南、欧阳询、褚遂良、薛稷等,此后创造性的还有李邕、张旭、颜真卿、柳公权、释怀素、钟绍京、孙过庭等。

虞世南(558—638),南朝至隋唐时期书法家、文学家、诗人,书法继承王羲之、王献之传统,笔势圆融遒劲,外柔内刚,与欧阳询、褚遂良、薛稷并称"初唐四大家",代表作品有刻石楷书《孔子庙堂碑》、行书《汝南公主墓志铭》《摹兰亭序》等。欧阳询(557—641),唐朝书法家和书法理论家,创"欧阳询八诀"练习书法,撰《传授诀》《用笔论》《八诀》《三十六法》,具体地总结了书法用笔、结体、章法等书法形式技巧和美学要求,是中国书法理论的珍贵遗产,代表作品有楷书《九成宫醴泉铭》《皇甫诞碑》等。张旭(685—759),唐代书法家,擅长草书,其草书与李白诗歌、裴旻剑舞并称"三绝",书法功力深厚,以其豪放不羁的性情,开创了狂草风格的典范,代表作品《草书心经》。颜真卿(709—784),唐代著名书法家,擅长行书、楷书。楷书端庄雄伟,行书气势遒劲,创"颜体"楷书,对后世影响很大,与赵孟頫、柳公权、欧阳询并称为"楷书四大家"。作品以碑刻最多,有楷书《多宝塔感应碑》《麻姑仙坛记》《颜氏家庙碑》等,行书有《争座位稿》等。柳公权(778—865),唐朝著名书法家、诗人,以楷书著称,吸取颜真卿、欧阳询之长,自创独树一帜的"柳体",骨力劲健,较之颜体稍均匀瘦硬,故有"颜筋柳骨"之称,代表作品有碑刻《金刚经刻石》《玄秘塔碑》,行、草书《伏审帖》《十六日帖》等。此外唐太宗、唐玄宗都是杰出的书法家,唐太宗李世民(599—649)首创以行书入碑,堪称上古今帝王书法之冠,存世作品有《温泉铭》《晋祠铭》《屏风帖》等;唐玄宗李隆基(685—762),工于隶书、行书,传世碑刻有《纪泰山铭》《庆唐观纪圣铭》,楷书有《赐虞正道敕》,行书有《盖州刺史张敬忠敕书》等。

7. 宋元书法

唐代严谨书风经五代十国已告消歇,两宋时期,帖学大行,书法发展缓慢。宋初,太宗赵光义令翰林侍书王著征集先贤名家墨迹,集成《淳化阁帖》,成为法帖范本。《淳化阁帖》是中国第一部丛帖,被称为"古代法帖之祖",保留了大量重要书法作品,这些作品代表了中国先秦至隋唐1000多年书法的最高成就。北宋中期,以苏轼、黄庭坚、米芾、蔡襄"宋四家"为代表,形成了自己的风貌。苏轼擅长行书、楷书,他博采众书家所长,自成一家,形成深厚朴茂的风格,代表作品有《赤壁赋》《黄州寒食诗》和《祭黄几道文》等帖,其中,《黄州寒食诗帖》被称为"天下第三行书"。黄庭坚擅长行书、草书,楷书也自成一家,书法雄放瑰奇,体势纵横开阖,代表作品有行书《松风阁诗帖》《苏轼黄州寒食诗卷跋》,草书《花气熏人帖》等。米芾(1051—1107),北宋书画家,擅长篆、隶、楷、行、草等书体,以行书成就最大,长于临摹古人书法,书法作品具有痛快淋漓、欹纵变幻、雄健清新的特点,代表作品有《长至帖》《韩马帖》《新恩帖》等。蔡襄(1012—1067),北宋书法家,擅长正楷、行书和草书,书法浑厚端庄,淳淡婉美,自成一体,传世作品有《自书诗帖》《陶生帖》《郊燔帖》等,碑刻有《万安桥记》《昼锦堂记》及灵源洞楷书《忘归石》《国师岩》等。宋徽宗赵佶(1082—1135),书法采薛稷、黄庭坚等众家,融会贯通,以挺瘦秀润独树一帜,即"瘦金体",代表作品有《楷书千字文》《秾芳诗》。

元代书法总的情况是崇尚复古,承宗晋唐,少有创新。书法名家有赵孟頫、鲜于枢。赵孟頫(1254—1322),南宋晚期至元朝初期书法家、画家、诗人,善篆、隶、真、行、草书,尤以楷、行书著称于世,书法风格遒媚、秀逸,结体严整、笔法圆熟,创"赵体"书,"楷书四大家"之一,传世作品有《洛神赋》《道德经》《兰亭十一跋》《四体千字文》等。鲜于枢(1246—1302),元代著名书法家,擅长草书,其楷书雄逸健拔,圆润遒劲,行书结体谨严,真力饱满,潇洒自然,草书笔法纵肆,气魄恢宏,代表作品有《老子道德经卷上》《苏轼海棠诗卷》《韩愈进学解卷》《论草书帖》等。

8. 明代书法

明代皇帝皆喜爱书法,法帖传刻十分活跃,帖学盛行。著名的有拓《淳化阁帖》的《泉州帖》,书法家董其昌刻的《戏鸿堂帖》,文徵明刻的《停云馆帖》,华东沙刻的《真赏斋帖》,陈眉公刻的《晚香堂帖》等。其中《真赏斋帖》为明代法帖的代表,《停云馆帖》收有从晋至明历代名家的墨宝,为从帖之大成。明代书法尤以行楷居多,且楷书皆以纤巧秀丽为美,书法以竞相摹习为主,缺少重大的突破和创新,代表书家有董其昌、文徵明、祝允明、唐寅等。

董其昌(1555—1636),明朝后期书画家,书法综合了晋、唐、宋、元各家书风,自成一体,兼有"颜骨赵姿"之美,代表作品有《戏鸿堂帖》。文徵明(1470—1559),明代书法家、画家,其诗、文、书、画无一不精,人称"四绝",在书法上兼善诸体,尤以行书、小楷见长;书法温润秀劲,稳重老成,法度谨严而意态生动,传世作品《醉翁亭记》《滕王阁序》《赤壁赋》《渔父辞》等。祝允明(1461—1527),明代著名书法家,与唐伯虎、文徵明、徐祯卿并称"吴中四才子";主张书法应是"性(人的精神)"与"功(能力和功夫)"并重,两者缺一不可,必须兼备,代表作品有《闲居秋日》《致元和手札》《燕喜亭记》《乐志论》等。唐寅(1470—1524),即唐伯虎,明代画家、书法家,书法源自赵孟頫一体,风格丰润灵活,俊逸秀拔,代表作品有《落花诗册》。

9. 清代书法

清代是书法中兴时期,书法突破了宋、元、明以来帖学樊笼,开创了碑学,在篆书、隶书和北魏碑体书法方面成就突出。清代书法发展大致可分三段:早期延续明代帖学书风;中期帖学由盛转衰,碑学逐渐兴起;晚期碑学中兴。帖学是研究法帖源流优劣以及书迹真伪等的学问,也指崇尚魏晋以来法帖的书法学派,与"碑学"相对,清代贴学代表人物有并称为"翁、刘、梁、王"的翁方纲、刘墉、梁同书、王文治。碑学是研究考订碑刻源流、时代、体制、拓本真伪和文字内容等的学问,也指崇尚碑刻的书法流派。碑学随帖学衰微而兴起,至清末民初,达到了顶峰,产生了郑燮、邓石如、包世臣等大批碑学家。

刘墉(1719—1804),清朝政治家、书法家,书法造诣深厚,著名的帖学大家,世人称为"浓墨宰相",尤善小楷,书法用墨厚重,体丰骨劲,浑厚敦实,代表作品《石庵诗集》。翁方纲(1733—1818),清代书法家、文学家、金石学家,书法强调严守法度,以精工为尚,但其主要精力放在鉴赏、考证和题跋碑帖上,著有《两汉金石记》《粤东金石略》《焦山鼎铭考》等。郑燮(1693—1765),即郑板桥,清代书画家、文学家,为"扬州八怪"之一,创"六分半书",隶体掺杂行楷,人称"板桥体",在中国书法史上独树一帜。邓石如(1743—1805),清代篆刻家、书法家,邓派篆刻创始人,擅长四体书,以隶法作篆,篆书纵横捭阖,字体微方;隶书结体紧密,貌丰骨劲,大气磅礴;楷书斩钉截铁,结字紧密,得踔厉风发之势;行草笔法迟涩而飘逸,尤以篆隶最为出类拔萃,代表作品有《篆书文轴》《篆书中堂》《隶书四条屏》等。

（二）近代书法

近代书法是指 1840 年至 1949 年新中国成立时期的书法。近代时期"碑学"继续发展,出现了诸如吴昌硕、康有为等书法家,直至 1927 年,吴昌硕、康有为中国最后两位碑学巨匠与领军人物去世,"碑学"才逐渐开始衰落。随着"碑学"的逐渐衰落和新时期书法艺术的发展,帖学开始复苏,并得到一定的发展,沈尹默、白蕉等成为一代翘楚。"帖学"复苏打破了清朝近两个世纪"尊碑抑帖"陈规,促进碑帖的共同发展,对此后书法风格多样化也起到了推动作用。近代"碑、帖"两派发展的同时,书法得以进一步"泛化",深入社会各个阶层,民间书法崛起,促进了书法"多元化"的发展格局,书法教育也由过去师徒相授式渐渐向社会教育转变。

吴昌硕(1844—1927),晚清民国时期著名书画家、篆刻家,与厉良玉、赵之谦并称"新浙派"代表人物,与任伯年、蒲华、虚谷合称为"清末海派四大家",集诗、书、画、印为一身,融金、石、书、画为一炉,被誉为"石鼓篆书第一人"。以篆书、行草为主,融篆、隶为一体,形成了独特面貌,篆刻作品有《寿山老坑巧色雕狮钮》《湖州安吉县》《泰山残石楼》《西泠印社记》等。康有为(1858—1927),晚清时期重要的政治家、思想家、教育家,资产阶级改良主义的代表人物,于光绪十五年(1889)著《广艺舟双楫》,从理论上全面系统地总结了碑学,提出"尊碑"之说,大力推崇汉魏六朝碑学,对碑派书法的兴盛有着极其深远的影响。沈尹默(1883—1971),中国著名学者、书法家、教育家,以书法闻名,民国初年,与于右任有书坛"南沈北于"之称;20 世纪 40 年代与吴玉如有书坛"南沈北吴"之称,书法用笔挥洒自如,如行云流水,自然流畅。白蕉(1907—1969),中国书法家,与黄宾虹、高二适、李志敏合称"20 世纪文人书法四大家",善诗、书、画,尤以书法最高,代表作品有《兰题杂存长卷》《杂书题兰旧句》等。

（三）现代书法

1949 年新中国成立后,中国书法进入了新的发展阶段。新中国成立初期,百废待兴,书法作为艺术还没有受到足够重视,书坛也较为冷寂。书法主要作为文化形式,活跃于书法家和政治领袖等精英阶层。如沈尹默、白蕉、潘伯鹰等举办书法讲座,撰写书法入门文章;徐生翁、陶博吾进行书法创作;开国领袖毛泽东,文坛领袖郭沫若、茅盾等通过书法实践传承书法文化。

20 世纪 70 年代末,随着改革开放钟声敲响,书法艺术也进入了一个新的发展阶段。1981 年中国书法家协会成立,标志着书法作为一个门类被正式纳入中国文联系统,成为文化艺术格局中的重要成员。进入新时期,随着各种书法组织的陆续建立、书法教育的不断推进、书法报刊的相继出现,书法在广泛群众性基础上日趋专业化,出现了一批专门从事书法创作、书法研究、书法教育、书法编辑和书法管理的专业人才。特别是高等院校书法专业的设立和陆续增加,书法专业教育不断完善,培养了一大批书法专业人才。社会上还出现了职业书法家和大批的书法业余爱好者,彼此相互切磋交流,为书法的普及和提高发挥着重要作用。

第二节　绘画常识

绘画又称为视觉艺术,是通过线条、色彩、光线、构图等艺术手段,在平面上塑造出人们可以直接感受到的视觉形象,并以此来反映现实生活、表达人们思想感情的一种造型艺术。绘画具有陶冶情操,发展人们感知能力和形象思维能力,形成创新精神,促进个性形成和全面发展的价值。学习和掌握绘画知识有助于扩大知识面,开阔视野,丰富情感,提升感受美、欣赏美的能力。

一、绘画基本知识

(一)绘画类型

绘画有多种类型,按照体系划分为东方绘画和西方绘画;从使用材料工具和技法划分为中国画、油画、版画、水彩画、水粉画、素描等;从题材和表现对象划分为肖像画、风景画、风俗画、静物画、历史画、宗教画等;按照作品形式划分为壁画、年画、连环画、宣传画、广告画、装饰画等。绘画不仅种类和形式丰富多彩,且各个国家和民族的绘画存在巨大差异。

中国画简称"国画",基本都是用毛笔、墨及国画颜料,在不同材质的宣纸或绢上作画,绘画题材有山水画、花鸟画、人物画、动物画等类别之分。在绘画技法上又可分为工笔画和写意画两种,各有其特色。国画在世界绘画领域里自成一体,主要运用墨色、线条来表现物象的形体、质感,有很强的表现力,并与诗词赋、书法篆刻相结合,达到形神兼备、气韵俱佳的效果。

西方绘画常见的类型有蛋彩画、油画、水彩画、粉彩画、水粉画、壁画等。蛋彩画是一种古老的绘画技法,是用蛋黄或蛋清调和颜料绘画的方法,多画在表面敷有石膏的画板上,特点是色彩鲜明且保持长久,盛行于 14 至 16 世纪的欧洲文艺复兴时代,后为油画取代。油画是西方绘画的主要画种之一,是用快干性植物油调和颜料,在亚麻布、纸板或木板上进行绘制的画种,特点是色彩丰富,立体质感强。水彩画是用悬浮在水溶性媒介物中的颜料在莎草纸、牛皮纸、皮革、帆布等材质上绘画的一种方法,特点是视觉通透感强,水色自然天成,形成神奇美妙的艺术效果,通常分"干""湿"两种画法。粉彩画是用粉末状颜料和黏合剂混合后制成的固体颜料(如常见的蜡笔)作画的方法,特点是色彩变化丰富、表现力强。水粉画是用水调和粉质颜料绘画的一种方法,介于油画和水彩之间的一种画种,特点是色彩艳丽、明亮、柔润、浑厚,具有较强覆盖力,可塑性强。壁画主要指绘画在岩壁及建筑物墙壁、天花板上面的绘画,是人类历史上最早的绘画形式之一,特点是篇幅较巨大,具有强大视觉冲击力,且易长久保存。

(二)绘画艺术知识

绘画是以点、线、面、体积、色彩、明暗等形式语言塑造形象,表达思想感情的艺术。点表示位置,是形体塑造的标记,对于造型有着特定的数量意义。绘画需要找出物的基点与顶点、右点、左点、近点、远点,这些点规定着物体的整体范围和个面之间的大小比例关系。线是点移动的轨迹,连接着起点和终点,是形体塑造的中坚,有助于我们把握形体的动势和整体特征,形成物体的立体框架。面是无数点的组合或无数线排列后的效果,在视觉上形成了面,面运动产生了体。面有规则面和不规则面,在造型过程中,面可分为直面和曲面,同形态的面在视觉上有不同的作用和特征。

三度空间、量感、空间感、体积感是绘画的基础知识。三度空间指由长度(左右)、高度(上下)、深度(纵深)三个因素构成的立体空间;绘画中要真实地再现物象,就必须在平面上表现出三度空间的立体和纵深效果。量感是借助明暗、色彩、线条等造型因素,表达出物体的轻重、厚薄、大小、多少等感觉,如山石的凝重、风烟的轻逸等。空间感指在绘画中依照几何透视和空气透视的原理,描绘出物体之间的远近、层次、穿插等关系,使之在平面的绘画上传达出有深度的、立体的空间感觉。体积感指在绘画平面上所表现出的可视物体能够给人以一种占有三度空间的立体感觉。

构图、造型与色彩构成了绘画的三个重要方面。构图,中国绘画中称布局,是根据题材和主题思想要求,把要表现的形象适当地组织起来,构成一个协调完整的画面。构图讲究对称与均衡、比例与分割,其中对称与均衡是构图的基础,主要作用是使画面具有稳定性;比例是指物体间或物体各部分的大小、长短、高低、多少、窄宽、厚薄、面积等诸方面的比例;分割是对整体事物按照比例进行的拆分,不同比例关系形成不同的美感。造型是指以一定的物质材料和手段创造出艺术化形象,造型能力是绘画艺术的基础。色彩是各种物体不同程度地吸收和反射光量,作用于人大脑所显现出的一种复杂现象。由于物体质地不同和对各种色光的吸收和反射程度不同,使世间万物形成千变万化的色彩。

色相、色度、色性是色彩的三个要素,绘画要处理好色相、色度、色性三要素的关系。色相是色彩呈现出来的质的面貌,自然界中的色相是无限丰富的,如紫红、银灰、橙黄等;色度是颜色本身固有的明度,如七种基本色相中,紫色色度最深,黄色色度最明亮;色调亦称调子,是一幅画中画面色彩的总体倾向,即在一定色相和明度的光源色照射下,物体表面笼罩在一种统一的色彩倾向和色彩氛围之中,这种统一的氛围就是色调;色性是色彩给人带来的冷暖感觉和联想,色彩学上根据心理感受,把颜色分为暖色调如红、橙、黄;冷色调如青、蓝和中性色调如紫、绿、黑、灰、白。暖色给人以热烈、温暖、外张的感觉,冷色给人以寒冷、沉静、内缩的感觉。

二、中国绘画史

绘画是人类艺术中重要的一种形式,有着悠久的历史。最初的绘画画在陶器、地面和岩壁上,后来渐而发展到画在墙壁、绢和纸上。中国绘画可以上溯到原始社会的新石器时代,距今至少有七千余年的历史,经历了古代绘画、近代绘画、现代绘画三个阶段。

(一)古代绘画

1. 史前绘画

石器时代是中国绘画的萌芽时期,最早的绘画为岩画,即凿刻绘制在岩壁上的画。中国岩画数量巨大,分布广泛。在众多岩画中,内蒙古阴山岩画群是最早的岩画之一,大约出现在旧石器时代末期,也是世界上最大的岩画群之一,据推测,可能是原始先民因宗教或巫术而创作。新石器时代的绘画以岩画和彩陶为主,岩画内容更加丰富,包括狩猎、舞蹈、祭祀和战争等;构图趋于复杂,表现的内容也由单个物体发展为互相关联的具有动感的人。中国史前绘画艺术的最高成就集中体现在彩陶纹饰上,彩陶纹饰数量较多,类型丰富,既有写实的人和物,又有抽象的几何图案,大多充满了浓郁的原始巫术礼仪和宗教观念,比较著名的有《人面鱼纹彩陶盆》《三鱼纹彩陶盆》等。

2. 先秦绘画

先秦时期,特别是春秋战国时期,绘画已经成为一种比较成熟的艺术形式。绘画形式主要是帛画、壁画、青铜器、玉器、服饰等纹饰。商代用漆作为颜料,常用黑、红两种基本色作为绘画颜色,具有装饰作用。西周以后,开始有表现人物活动的记事性绘画,特别是春秋战国时期,绘画内容更加丰富,较多地反映社会生活,形象生动活泼,绘画技巧也有了很大飞跃。长沙出土的两幅战国中期的帛画《龙凤人物图》《人物御龙图》,反映了这一时期的绘画艺术。

3. 秦汉绘画

秦汉时期是中国统一多民族封建国家建立和巩固的时期,也是中国民族艺术风格确立与发展的极为重要的时期。秦汉统治者非常重视绘画的政治宣传和道德教化作用,宫殿衙署、学堂、宅院普遍绘制有壁画。这一时期绘画形式有宫殿壁画、建筑壁画、墓室壁画及各种画像石、画像砖,还有器物、布帛纹样等。绘画内容以瑞祥图像、动植物,标榜忠、孝、节、义历史故事和社会生活等为内容。

秦汉壁画被广泛应用于宫殿、墓室。陕西咸阳秦宫殿遗址出土的壁画遗迹,有台榭建筑、人物车骑,其中一处壁画表现的是一位宫女,形象直接彩绘在墙上,被认为是中国传统绘画中"没骨"法的最早范例。西汉壁画主要为标榜功臣而创作,汉宣帝在麒麟阁绘制11位功臣肖像壁画,开后世绘制功臣的先河。东汉时绘制在白马寺的《千乘万骑群象绕塔图》,开启了中国佛教寺庙壁画。汉墓发现的壁画较多,如陕西西安西汉墓壁画《天象图》、山西平陆枣园东汉墓壁画《山水图》等,分别描绘了天、地、阴、阳天象、神仙鸟兽、历史故事、车马仪仗等，表现了墓主生前生活和对死后升天行乐的祝愿。

画像砖与画像石是一种介于绘画和雕刻之间的特殊艺术形式。在厚葬之风盛行的秦汉，画像砖和画像石作为建筑构件或装饰，用于壁面、墓室、石阙等。秦代画像砖用模印和刻画两种方式制作，形状分大型空心砖和扁方砖。现藏于陕西博物馆的《侍卫、宴享、射猎纹画像空心砖》是秦代模印空心砖的代表，四川成都出土的《弋射收获画像砖》是东汉后期画像实心砖的代表，画面一次模印而成，构图完整。画像石萌发于西汉后期，东汉获得发展，西汉画像石以山东汶上"路公食堂画像"为代表，东汉前期以山东长清孝堂山画像石为代表，后期以山东嘉祥武氏祠画像石最为著名。画象石以平雕加阴线的技法雕成，多为历史故事、奇禽异兽，技法高超，画像善于抓取历史故事矛盾冲突的高超，运用必要的景物交代特定环境，如《荆轲刺秦王》，成都出土，现藏于重庆博物馆的《出行、宴乐画像石》为汉画像石的优秀代表作。

帛画是中国古代画种，是用笔墨和色彩在帛（即白色丝织品）上作画。帛画约兴起于战国时期，至西汉发展到高峰，其代表作品有马王堆汉墓帛画、山东临沂金雀山汉墓帛画等。长沙马王堆一号汉墓出土的Ｔ字形"非衣"帛画，是以灵魂为题意的帛画，具有浓厚的迷信色彩，揭示了当时的社会生活与社会风尚。该帛画上段绘日、月、升龙及人面蛇身的始祖神，象征天上境界；中段绘墓主人出行、宴飨等人间生活；下段绘神怪、龙蛇、大鱼、大龟等地下（阴间）的生物。主题思想是引魂升天，内容丰富，构图繁复而不紊乱；线条流畅，色彩富丽，为汉代绘画之精品。

4. 魏晋南北朝绘画

魏晋南北朝绘画继承秦汉遗风，得以蓬勃发展。卷轴画开始兴起，并发展成为中国绘画的主流方向。这一时期是中国古代绘画史上的一个重要转折时期，绘画艺术在绘画主题、体裁、技法及理论研究方面都有了较大发展，出现了许多专业画家，人物画样式成熟，更加注重传神；山水画也逐渐向独立画科发展，绘画理论开始发端，出现了一批绘画大家。曹不兴为三国时东吴著名画家，是历史上有记载的中国第一位画家，善画人物，创立佛画，被称为"佛画之祖"，有"落墨为蝇"的传奇故事，其佛画成就对后世影响很大。卫协为西晋画家，与西晋另一位画家张墨并称"画圣"，擅绘神仙、佛像及人物故事画，对六朝画风颇有影响。

顾恺之（348—409），东晋杰出画家、绘画理论家，擅长诗赋、书法，尤善绘画，精于人像、佛像、禽兽、山水等绘画，时人称之为"画绝""才绝"和"痴绝"，与曹不兴、陆探微、张僧繇合称"六朝四大家"。其代表作品有《女史箴图》《洛神赋图》等，堪称珍品；绘画理论上也有突出成就，著有《魏晋胜流画赞》《论画》《画云台山记》，提出了"传神写照""以形写神"和"迁想妙得"等观点，为中国传统绘画的发展奠定了基础。陆探微（不详—约485），南朝画家，擅画人物肖像、佛教图像，创造"秀骨清像"的造型风格。张僧繇，南北朝时期著名画家，擅画佛像、龙、鹰，多作卷轴画和壁画，"画龙点睛"故事即出自他的传说，主要作品有《二十八宿神形图》《梁武帝像》《汉武射蛟图》。张僧繇的绘画艺术对后世有着极大的影响，与顾恺之、陆探微、吴道子并称为"画家四祖"。

绘画理论著作的出现是绘画发展到一定阶段的必然要求，谢赫的《古画品录》中谈及的"六法论"成为此后画坛评论绘画的基本准则，中国画从此出现了高层次的美学追求。

5. 隋唐绘画

隋唐时期,国家统一,社会相对安定,经济繁荣,促进了文化繁荣与艺术的发展。人物、山水、花鸟及壁画艺术都达到了很高的成就。人物画在隋唐时期绘画中占主要地位,著名画家有阎立本、吴道子、张萱、周昉等。阎立本(601—673),初唐时期画家,善画台阁、车马、肖像,尤其是重大题材的历史人物画和风格画,代表作品《步辇图》《历代帝王像》。吴道子(680—759),唐代著名画家,后世尊称"画圣",擅佛道、神鬼、人物、山水、鸟兽、草木、楼阁等绘画,精于佛道人物,独创宗教图像样式,被称为"吴家样",与曹仲达的"曹衣出水"相区别,称"吴带当风",代表作品《送子天王图》《明皇受箓图》《十指钟馗图》等。张萱(713—741),唐代画家,擅长人物画,尤工仕女、婴儿画,代表作品《捣练图》《虢国夫人游春图卷》。周昉,唐代画家,擅画人物、佛像,是继吴道子之后的重要宗教画家,创佛教形象"水月观音",其佛教画成为长期流行的标准,被称为"周家样",传世作品《簪花仕女图》《挥扇仕女图》。

隋唐时期山水画取得独立地位,著名画家有展子虔、李思训、李昭道。展子虔(545—618),隋代画家,擅画佛道、人物、车舆、宫苑、楼阁、历史故事,尤长于山水,他的山水画有"远近山川,咫尺千里"之势,被称为"唐画之祖",代表作品《游春图》是中国山水画中独具风格的画体,也是中国存世最古老的山水画。李思训(651—716),唐朝书画家,擅长山水、楼阁、佛道、花木、鸟兽,尤以金碧山水著称,代表作品《江帆楼阁图》。李昭道(675—758),唐朝画家,李思训之子,擅长青绿山水,并创海景图,传世作品有《春山行旅图》。

隋唐时期花鸟画开始兴起,内容不仅有花卉、禽鸟,还包括畜兽、鱼藻、树木、竹石等,并产生了一大批著名的花鸟画家,主要有薛稷、刁光胤、韩滉、戴嵩、韩干等,花鸟画发展中甚至出现专门的马畜兽图。薛稷(649—713),唐代书画家,善于人物、佛像、树石、花鸟,精于画鹤,代表作品《啄苔鹤图》《顾步鹤图》。刁光胤(852—935),唐代画家,善画湖石、花竹、猫兔、鸟雀等,传世作品《写生花卉册》。韩滉(723—787),唐代画家,擅画田园风俗,尤以画牛马最佳,《五牛图》为其传世名画。韩干(706—783),唐代画家,以画马著称,与韩滉并称"牛马二韩",代表作品《牧马图》。戴嵩,唐代画家,善画水牛,与韩干并称"韩马戴牛",传世作品有《斗牛图》。

隋唐时期,壁画艺术达到极盛,宫殿、厅堂、寺观、石窟、墓室都有壁画装饰,壁画体裁广泛。唐代壁画继承汉魏的传统又有巨大发展,壁画题材由图绘人物及佛道故事扩大到表现山水、花竹、禽兽等方面,内容及技巧上均大大超过前代。绘画内容中还出现了大量的净土经变画。经变画,佛画种类之一,是用画像来解释某部佛经思想内容的绘画。

隋唐绘画的繁荣促进了绘画史论的发展,因此这一时期收藏著录及绘画史论的著述成就大大超过往代。其中比较著名的有唐代僧人彦悰所做的绘画专著《后画录》,书画家李嗣真撰的绘画评论著作《续画品录》、张怀瓘的《画断》和窦蒙的《画拾遗录》等。张彦远(815—907),唐晚期绘画理论家,著《历代名画记》,是中国现存最早的一部绘画通史巨著。

6. 五代两宋绘画

五代是唐代与宋代之间一个承前启后的时期,五代绘画具有明显的地域色彩和时代特征,以中原、南唐、西蜀的绘画最为显著。北方依托吴道子风范,发展了唐代山水画,出现了荆浩开创的北方山水画派；南唐随着画院的成立，无论山水、人物、花鸟绘画都有长足发展，出现了董源开创的江南山水画派，花鸟画也由宫廷喜好而发展起来；西蜀尤以宗教壁画兴盛。

这一时期，人物画画家主要有周文矩、顾闳中、王齐翰、胡瓌、胡虔、贯休。周文矩（917—975），五代南唐画家，善画佛道、人物，精于仕女，作品有《宫中图》《苏武李陵逢聚图》；顾闳中（910—980），五代南唐画家，善画人物，与周文矩齐名，唯一传世作品《韩熙载夜宴图》；王齐翰，五代南唐画家，擅长佛道人物画，作品有《罗汉图》《勘书图》；胡瓌与胡虔，契丹族，五代时期后唐父子画家，擅画北方游牧民族骑猎活动，作品有《射雕图》《盗马图》《放牧图》等；贯休（823—912），五代西蜀画僧，与南唐王齐翰以善画罗汉著称，作品有《十六罗汉图》。

五代山水画，形成了以荆浩、关仝为代表的北方画派和以董源、巨然为代表的南方画派，四人世称"四大山水画家"。荆浩（约850—911），五代后梁最具影响的山水画家，善画山水，作画"有笔有墨，水晕墨章"，著有山水画理论《笔法记》，提出山水画也必须"形神兼备""情景交融"，作品有《匡庐图》《雪景山水图》；关仝（907—960），五代后梁杰出画家，善画秋山、寒林、村居、野渡等景色，山水画被后世称为"关家山水"，作品有《关山行旅图》《山溪待渡图》；董源，五代南唐画家，南派山水画开山鼻祖，善用水墨绘烟云湿润的江南山水，作品有《夏景山口待渡图》《潇湘图》；巨然，五代画僧，为董源画风之嫡传，专画江南山水，作品有《秋山问道图》《山居图》。

五代花鸟画以黄筌和徐熙为代表形成两大派别。黄筌（约903—965），五代西蜀画院的宫廷画家，擅花鸟，所画禽鸟造型正确，骨肉兼备，形象丰满，成为皇家宫廷和画院点评花鸟画的标准；徐熙，五代南唐杰出画家，善画花竹林木、蝉蝶草虫，以"落墨为格，杂彩副之"的体貌，标新立异，辉映一方，当时有"黄家富贵，徐熙野逸"之称，黄徐为宋代工笔和写意花鸟的演变奠定了根基。

北宋继承了五代旧制，在宫廷设置了"翰林书画院"，并将"画学"列入科举考试，促进了宫廷绘画的发展。宋代绘画在内容、形式、技巧诸方面都出现了多方发展的局面。宋代山水画家辈出，风格多样，著名的山水画家有北宋的李成、范宽、王希孟、郭熙等。李成（919—967），宋初画家，与董源、范宽并称"北宋三大家"，山水画自成一家，以画"寒林平远"著称，作品有《读碑窠石图》《寒林平野图》等；范宽（950—1032），北宋画家，善画崇山峻岭，有"画山画骨更画魂"之誉，作品有《溪山行旅图》《雪景寒林图》等；王希孟（1096—1119），北宋晚期著名画家，唯一传世作品《千里江山图》；郭熙（1000—1090），北宋杰出画家、绘画理论家，擅长创作山水寒林之景，著有画论《林泉高致》，是中国第一部完整而系统地阐述山水画创作规律的著作，提出画山水有"远近浅深，四时朝暮，风雨明晦之不同"，作品有《早春图》《关山春雪图》《窠石平远图》等。

南宋山水画风由北宋的雄壮浑厚转向空灵雅秀，体现了一种简约的艺术特色，代表人物有李唐、刘松年、马远和夏圭，合称"南宋四家"。李唐（1066—1150），南宋画家，画风苍劲古朴，气势雄壮，开南宋水墨苍劲、浑厚之先河，作品有《万壑松风图》《采薇图》等；刘松年，南宋画家，作品有《四景山水》；马远（1140—1225），南宋绘画大师，擅画山水，喜作边角小景，世称"马一角"，作品有《踏歌图》《水图》《梅石溪凫图》等；夏圭，南宋绘画大师，水墨技法具有"淋漓苍劲,墨气袭人"的效果,构图常取半边,人称"夏半边",作品有《溪山清远图》《西湖柳艇图》。

两宋人物画继承了唐以来的传统而有创新,代表人物有武宗元、李公麟、梁楷。武宗元(980—1050),北宋画家,擅长宗教人物画,作品有《朝元仙仗图》;李公麟(1049—1106),北宋杰出画家,善用线描构图,被称作"白描大师",代表作《五马图》《维摩诘图》,标志着单线勾勒的技法在中国绘画艺术中的巨大成就;梁楷,南宋画家,以"减笔"之法著称,作品有《李白行吟图》《泼墨仙人图》。两宋时期最有建树的是广泛表现社会生活的风俗画,如《清明上河图》《货郎图》《耕织图》《大傩图》《冬至婴戏图》《观灯图》《文姬归汉图》《采薇图》《中兴四将图》等。《清明上河图》是北宋画家张择端(约1085—1145)所绘,以全景式构图,散点透视技法,展现了北宋都城汴梁汴河沿岸及东门角里市区清明时节的繁荣风貌,代表了宋代绘画最高成就,是中国十大传世名画之一,被称为"中国古代的现实主义杰作"。

7. 元代绘画

元代绘画崇尚古意简逸,追求笔情墨趣,以书法用笔入画,以诗、书、画三结合形式表现事物形神的文人画备受推崇,并成为画坛主流。元代文人画尤以山水花鸟画为盛,其创作思想、艺术追求、风格面貌对后世影响深远。

元代山水画主要代表人物有赵孟頫、高克恭、黄公望。赵孟頫博学多才,诗词书画皆有很深造诣,尤善书画,绘画体裁广泛,表现形式多样,倡导"书画同源",强调以书法用笔入画,存世作品较多,代表性作品《秋郊饮马图》;高克恭(1248—1310),元代画家,与赵孟頫并称"南赵北高",作品有《云横秀岭图》;黄公望山水画自成一家,代表作品《富春山居图》,是元代绘画的杰作,"中国十大传世名画"之一。元代花鸟画尤以墨笔花鸟和梅兰竹石题材为显著标志,代表人物有钱选、王渊、李衎、王冕等。钱选(1239—1299),宋末元初著名画家,工诗、善书画,以花鸟画成就最高,发展了文人画题写诗文的传统,作品有《八花图》《山居图》;王渊,元代画家,精于水墨花鸟画,堪称"元代绝艺花鸟画家",作品有《花竹禽鸟图》《竹石集禽图轴》;李衎(1245—1320),中国历史上最负盛名的画竹名家之一,善画墨竹,尤以双钩竹最佳,著有《竹谱详录》,对竹的"形色情状,生聚枯荣"做了仔细研究,作品有《四季平安图》《四清图》等;王冕(1310—1359),元末著名画家,以画梅著称,尤攻墨梅,画梅简练洒脱,别具一格,著《梅谱》,总结了画梅经验,作品有《南枝春早图》《墨梅图》。

8. 明代绘画

明代绘画艺术发展出现了以地区为中心的名家流派,各画科全面发展,尤以山水、花鸟绘画成就显著。明代绘画发展可分为早、中、晚三个时期。早期画坛主要以崇尚宋代院体画的宫廷绘画和浙派绘画为主;中期以苏州为中心形成了吴门画派,重振文人绘画;晚期画派众多,形成了"华亭派""苏松派""云间派"等,使文人画获得进一步发展和完善。

明早期宫廷绘画(院体派)达到兴盛,有以花鸟著称的林良、吕纪;山水、人物著称的吴伟、王谔。林良(1428—1494),明代院体花鸟画的代表人物,也是明代水墨写意画派的开创者,画风注重笔情墨趣,简逸悠淡,作品有《百鸟朝凤图》《灌木集禽图》;吕纪(1429—1505),明代画家,擅花鸟,设色明丽,气韵生动,作品有《新春双雉图》《桂花山禽图》;吴伟(1459—1508),明代著名画家,善画水墨写意,作品有《采芝图》《人物图》《雪渔图》;王谔

中小学教师文化素养

（1488—1505），明代画家，以画闻名东南，作品有《江阁远眺图》。浙派绘画是明代前期中国画坛的重要绘画流派，与院体画关系密切，代表人物有戴进、吴伟。戴进（1388—1462），明代画家，擅画山水、人物、花鸟，画风雄俊高爽，苍郁浑厚，自成一家，对当时绘画影响极大，因是浙江人，被称为"浙派绘画"开山鼻祖，作品有《春山积翠图》《风雨归舟图》等。

明中期绘画以沈周、文徵明、唐寅、仇英为代表的"吴门四家"最负盛名，继承宋元文人画的传统，成为画坛主流。沈周（1427—1509），明代杰出画家，擅画山水，兼工花鸟、人物，画法严谨细秀、用笔沉着劲炼，主要作品《东庄图》；文徵明（1470—1559），明代著名书法家、画家，书画造诣全面，与祝允明、唐寅、徐祯卿并称"吴中四才子"，善水墨青绿、工笔写意，尤以山水画为最，作品有《江南春图》；唐寅（1470—1524），明代画家、书法家，绘画造诣全面，融院体工笔与文人画笔墨于一体，独树一帜，主要作品有《骑驴思归图》《山路松声图》《秋风纨扇图》；仇英（1498—1552），明代绘画大师，博采众长，自成风格，善水墨、白描，将"人迹于山"的山水画形式推向顶峰，主要作品有《汉宫春晓图》《桃园仙境图》《赤壁图》。

明晚期文人画得到进一步发展，山水画尤以董其昌为代表的"华亭派"影响最大，徐渭的泼墨写意花鸟画的创立，成为花鸟画创作新的里程碑。董其昌（1555—1636），明代书画家，"华亭画派"杰出代表，擅山水画，笔致清秀中和，恬静疏旷，兼有"颜（真卿）骨赵（孟頫）姿"之美，主要作品《岩居图》；徐渭（1521—1593），明代书画家，多才多艺，在诗文、戏剧、书画等各方面都独树一帜，与解缙、杨慎并称"明代三才子"，绘画主观感情色彩强烈，笔墨挥洒放纵，是中国"泼墨大写意画派"创始人、"青藤画派"鼻祖，尤善花卉画，主要作品《墨葡萄图》《梅花蕉叶图》。

9. 清代绘画

清代绘画艺术继续了元、明以来趋势，画派纷呈，风格多样，其中文人画占据画坛主流，山水画创作以及水墨写意画盛行。清代早期，以"四王"为代表，注重画格，提倡摹古，江南则有以"四僧"和"金陵八家"为代表的创新派；中期，宫廷绘画获得很好的发展，以"扬州八怪"为代表的文人画出现；晚期，上海"海派"和广州"岭南派"逐渐成为影响最大的画派。

"四王"是清初绘画史上著名的绘画流派，"四王"即王时敏、王鉴、王翚、王原祁，画风崇尚摹古，山水画风对清代绘画具有极大影响。王时敏主要作品有《仿山樵山水图》《层峦叠嶂图》；王鉴主要作品有《虞山十景图》《梦境图》；王翚，被称为"清初画圣"，创立了画派"南宗笔墨、北宗丘壑"的新面貌，主要作品有《陡壑奔泉图》《溪山红树图》；王原祁著画论《雨窗漫笔》《麓台题画稿》，主要作品有《仿子久山水图》《南山积翠图》。"四僧"，即石涛、朱耷、弘仁、髡残，清初中国绘画史上名噪一时的绘画流派，擅长山水画，借画抒情，竭力创新，对后世画家有较大影响。石涛画风奇肆超逸，清初画坛革新派代表人物，强调"画家要面向现实，投身到大自然中去"，主要作品有《松鹤图》《十六阿罗应真图卷》《云山图》；朱耷笔墨以放任恣纵见长，主要作品有《水木清华图》《荷花水鸟图》；弘仁笔法清刚简逸，意趣高洁俊雅，著有《画偈》，主要作品有《西岩松雪图》《黄海松石图》；髡残笔法苍劲，章法严密，主要作品《层岩叠壑图》《苍翠凌天图》。"金陵八家"是清初南京地区的一个绘画流派，代表人物为龚贤、樊圻、高岑、邹喆、吴宏、叶欣、胡慥、谢荪八人，虽绘画题材、风格不全相同，但因同在一地区，故人称"金陵八家"。

清中期,皇室宫廷画受到重视,内容和形式更加多样,出现了一大批著名宫廷画家,康熙年间有焦秉贞、冷枚、崔口、唐岱等人,乾隆年间有丁观鹏、金廷标、姚文翰、徐注扬、汪承需、张宗苍等人,还有一批外国传教士画家,如郎世宁。绘画内容主要为帝后及皇家、大臣等上层人物肖像画、宫廷生活画,重大历史事件纪实画及宫廷装饰用的山水花鸟画等。此外,在南方出现了一些职业画家,活跃于扬州地区,形成了扬州画派,被称为"扬州八怪",他们以四君子花卉为题,抒发性情。"扬州八怪",即罗聘、李方膺、李鱓、金农、黄慎、郑燮、高翔和汪士慎八人,他们画风独特,立意别具一格,笔墨率性,有我行我素之感,对近现代的许多画家产生了重要影响。

明清时期,与民间美术关系密切的版画、年画发展迅猛,出现了徽派、殿派等版画,主要作品有徽派的《养正图解》和已知最早的明刻套色版画《萝轩变古笺谱》和《十竹斋画谱》、殿派的《耕织图》、分色水印木刻法印制的《芥子园画传》。著名的印制木板年画的作坊有天津杨柳青、苏州桃花坞、山东潍县杨家埠。

(二)近代绘画

1840 年鸦片战争后至 1911 年辛亥革命前是中国近代绘画阶段。鸦片战争之后,伴随政治的衰落,以怡情养性的士大夫画逐渐衰微,在上海、广州等通商口岸聚集了许多画家,进而在上海和广州地区形成了"海派"和"岭南派"。

海派,即"海上画派"群体,是中国绘画流派之一。"海派"绘画题材尤以花鸟为主,色彩鲜明,雅俗共赏,代表人物有赵之谦和"清末海派四杰"的虚谷、任伯年、吴昌硕和蒲华。赵之谦(1829—1884),"海上画派"的先驱人物,与任伯年(即任颐)、吴昌硕并称"清末三大画家",其以书、印入画开创"金石画风",对近代写意花卉的发展产生了巨大影响,主要作品《秋葵芭蕉图》《菊花图》;虚谷(1823—1896),精于花鸟和动物,有"晚清画苑第一家"之誉,主要作品《菊鹤图》《鱼戏图》;任伯年(1840—1895),精于肖像,主要作品有《三友图》《紫藤翠鸟图》;吴昌硕(1844—1927)以写意花卉著称,将书法篆刻融入绘画,形成具有金石味的独特画风,主要作品有《墨荷图》《桃实图》。

"岭南派"是继"海上画派"之后在广东崛起的一个画派,代表人物为高剑父、高奇峰、陈树人,合称"岭南三杰",简称"二高一陈"。该画派倡导艺术革命,主张建立现代国画,折中中西,融汇古今,以形神兼备、雅俗共赏为审美标准,注重兼工带写,彩墨并重的艺术手法,独树一帜,成为在国内外有影响的绘画流派。高剑父(1879—1951),岭南画派创始人之一,提倡革新中国画,主张折中中西、古今,画风苍劲奔放、充满激情,代表作品《鹰》。他致力于美术教育,在广州设立"春睡画院"。高奇峰(1889—1933),高剑父胞弟,与兄高剑父在上海创办审美书馆和具有强烈政治色彩的《真相画报》,其画风奇崛,雄健有力,代表作品有《海鹰》《虎啸》《山高水长》。陈树人(1884—1948),同为岭南画派创始人之一,画风清新、恬淡、空灵,独树一帜,代表作品《杨柳舞春风》。

(三)现代绘画

20 世纪初,一些具有新思想的留学生办新式美术教育,迈出了中国现代美术的第一步。1912 年,刘海粟等创办上海美术专科学校,是中国第一所新型美术学校,之后在北京、苏州、武昌、杭州等地相继出现了美术或以美术为主的艺术院系，一批著名的留学生和美术家如徐悲鸿、林风眠、丰子恺等都投身于美术教育，美术学校遂成为传播外国美术的窗口和新美术运动的策源地。抗日战争爆发后，爱国画家们纷纷组成宣传队、工作团，走向街头、农村、前线，以画笔唤起民众，揭露侵略者罪行。特殊的社会环境，使艺术创作呈现出新面貌，爱国主义和民族文化观念的高涨，促进了艺术家们对祖国传统艺术的再认识，传统绘画受到一些艺术家的重视。20世纪40年代，特别是毛泽东发表了《在延安文艺座谈会上的讲话》后，文化下乡、为工农兵服务成为各抗日根据地艺术活动的纲领，集战士、宣传员、画家为一身的艺术家们奔赴前线与基层，办小报、画连环画、刻木刻、印制年画，在促进绘画艺术大众化的同时，也涌现了古元、胡一川、华君武等一批卓有成就的画家，他们的绘画大多摆脱了对西方绘画的模仿，吸收了某些民间美术或传统美术的因素，以解放区的新生活为描绘对象，呈现出清新、明朗、质朴的特色。

1949年，新中国成立后，绘画艺术进入了一个新阶段。以描绘歌颂新社会的写实主义绘画成为新阶段绘画的基础。全国各地相继新建了一批美术院系，中国画呈现复兴之势。从20世纪50年代中后期至20世纪70年代后期的近20年间，绘画艺术在曲折中缓慢发展。1978年十一届三中全会以后，绘画艺术与其他艺术形式一样，得到恢复与发展。对西方近现代科学技术和文化艺术的引入和对传统文化的深刻性反思，构成了新时期美术思潮的崭新背景。绘画理论研究，中外绘画交流空前活跃。文化多元化，个体意识的觉醒，主体观念的抬头，催生了许多新的绘画类型与趋势，如抽象型、超写实型、色彩型、民间意趣型、无笔型、新文人写意型等。

进入20世纪，中国绘画在发展中也形成了不同的特色和流派，主要有以"古意"为宗旨，坚持中国传统的画派；有以主张延续明清以来传统，又提倡在古典绘画范畴内革新创造的革新画派；还有主张以传统中国画的材料工具和基本法则为基础，借鉴西画的造型方法和色彩处理的中西融合画派等。这一时期，伴随绘画思想的革新，涌现出徐悲鸿、刘海粟、齐白石、张大千、傅抱石、黄宾虹、关山月等一批著名的绘画大师。徐悲鸿（1895—1953），中国现代画家、美术教育家，主张写实和中西画法融合，强调作品的思想内涵。擅长素描、油画、中国画，创作题材广泛，人物、走兽、花鸟，无不落笔有神，栩栩如生，代表作品有《田横五百士》《愚公移山》《奔马图》《毛主席在人民中》等，尤以《奔马图》著称于世。刘海粟（1896—1994），中国现代杰出画家、美术教育家，1912年与乌始光、张聿光等创办上海国画美术院，首创男女同校，采用人体模特儿和旅行写生，擅长中国画、油画，注重主体对传统纯正语言的体验和把握，创作风格独特，代表作品《黄山云海奇观》《披狐皮的女孩》等。齐白石（1864—1957），近现代中国绘画大师，擅画花鸟、虫鱼、山水、人物，笔墨雄浑滋润，色彩浓艳明快，造型简练生动，意境淳厚朴实，形成独特的大写意国画风格，开"红花墨叶"一派，代表作品有《蛙声十里出山泉》《墨虾》等。张大千（1899—1983），中国泼墨画家，擅长山水、人物、花卉，代表作品有《泼彩朱荷屏风》《人物》《黄山图》等。傅抱石（1904—1965），中国现代画家，尤其擅长作泉瀑雨雾之景，代表作品有《夏山图》《潇潇暮雨》《大涤草堂图》《江山如此多娇》等。黄宾虹（1865—1955），中国近现代著名画家，擅画山水，为山水画一代宗师，代表作品有《富春江图》《松雪诗意图》等。关山月（1912—2000），中国现代画家，善山水花鸟，代表作有《俏不争春》和为人民大会堂与傅抱石合作的

《江山如此多娇》等。

三、外国绘画史

外国绘画发端于史前,经历了古代绘画、近代绘画和现代绘画阶段。

(一) 古代绘画

古代绘画包括史前绘画、古埃及绘画、古希腊与古罗马绘画、中世纪绘画、文艺复兴时期绘画。

1. 史前绘画

史前主要指文字记录产生之前的人类社会。人类最早的绘画作品产生于距今约3万到1万多年的旧石器时代晚期,主要为壁画和岩画。最著名的史前壁画是法国的拉斯科洞窟壁画和西班牙的阿尔塔米拉洞窟壁画,壁画描绘了大量的野牛、驯鹿、野马和山羊等原始动物,轮廓简练而粗壮、气势雄壮,充满粗犷的原始气息和野性的生命力,其中突出的是西班牙的阿尔塔米拉洞穴长达2米的壁画《受伤的野牛》。岩画以西班牙拉文特地区的岩画最为著名,绘画了运动的人和动物。

2. 古埃及绘画

埃及的绘画有三种样式,一种为"线刻",即刻画在石头上的人物或动物形象;另一种为象形文字,是用一个符号代表一件实物,每一个符号就是一幅独立的绘画;第三种为墓室壁画,是古埃及最主要的绘画形式。墓室壁画特点鲜明,横带状排列,疏密均匀、色彩丰富,人物依尊卑和远近不同来规定形象大小,象形文字和图像并用,代表作品如《梅杜姆的鹅》《三个乐女》等。

3. 古希腊与古罗马绘画

古希腊与古罗马是西方文明的两大源头,古希腊人喜欢在器皿上绘画,分为瓶画与壁画,其中瓶画在绘画艺术中占据重要地位,绘画根据出现先后大致分为几何形风格、东方风格、黑绘风格和红绘风格。几何形风格绘画的显著特点是采用几何直线,以象征性、形式化等手段,在陶瓷上画满各种简单有规则的几何图案;东方风格绘画受东方文化影响,采用流动曲线,以写实、故事性表现一种描写风格;黑绘风格绘画出现在公元前6世纪,陶罐主体人物和纹样涂成黑色,背景保持陶土褐色,使形象轮廓突出,代表作品《阿喀琉斯与埃阿斯掷骰子》;红绘风格晚于黑绘风格,陶罐人物、动物纹样采用红色,背景为黑色,主体形象饱满生动,如《战士的告别》。

古罗马绘画学习和吸收了古希腊绘画艺术,具有希腊绘画风格。庞贝古城壁画保留了古罗马时期的绘画艺术,大约有四种风格,第一种是镶嵌式壁画,如《伊苏斯之战》;第二种是透视式壁画,即应用透视法则在室内墙壁上画上建筑结构,造成视觉上空间扩大的感觉,如《密祭》;第三种是华丽式壁画,采用单色水平和垂直线条画出精致的建筑框,再在框中画出风景和人物;第四种是复杂式壁画,具有多种装饰类型,色彩鲜明、动态感强烈,充分体现了罗马绘画艺术。

4. 中世纪绘画

中世纪基督教占据统治地位,绘画也服务于宗教。中世纪绘画的发展经历了早期基督绘画、拜占庭绘画、罗马式绘画和哥特式绘画。绘画成就主要是地下墓室壁画、镶嵌壁画、彩色玻璃窗画和手抄本绘画。地下墓室壁画是早期基督教绘画的主要形式,壁画多取材于基督教的圣经,大半用象征性表现手法,缺乏运动感和生命感,风格上大致仍沿用罗马旧传统。镶嵌画是用彩色玻璃和石子镶嵌而成的壁画,是基督教教堂内部的主要装饰,在光照下,画面会产生炫目缥缈的感觉,增加宗教气氛,如意大利拉文纳的镶嵌画《查士丁尼皇帝和廷臣》和《皇后提奥多拉和女官》。彩色玻璃窗画是哥特式建筑的一大主要特征,是用小块彩色玻璃组成画面,玻璃片之间用铅条焊接,作为教堂内部装饰。镶嵌画和彩色玻璃窗画都以宗教题材为主,画面色彩绚烂,有极强的装饰性;在人物造型上呈现出共同的特征包括身形拉长、表情呆板、趋于平面、不注重真实空间的描绘,重在精神表现。手抄本绘画也是中世纪绘画的重要形式,多为书籍插图,内容主要以圣经、福音书、祈祷书和文典为主。

5. 文艺复兴时期绘画

"文艺复兴"是欧洲艺术和文学在古典规范影响下的一次复兴运动,文艺复兴思想对欧洲艺术发展产生了重要影响。文艺复兴运动兴起于意大利,早期文艺复兴的绘画大师们继承了古希腊古罗马艺术创作的审美标准,尊重自然、保持写实又不失理想化,把绘画作品当成真实生活的写照,将透视学和解剖学充分运用其中。这种实践,从佛罗伦萨开始,渐渐在意大利各地展开。14 至 15 世纪文艺复兴早起绘画的代表人物有乔托、马萨乔等。乔托(约 1266—1337),佛罗伦萨画派创始人,意大利文艺复兴艺术的伟大先驱者之一,被誉为"欧洲绘画之父",开创的人文主义思想和写实主义的表现方法为绘画的发展奠定了基础;其创作形式主要为壁画,内容大多是圣经题材,著名作品有《金门之会》《逃亡埃及》《犹大之吻》和《哀悼基督》。马萨乔(1401—1428),意大利文艺复兴绘画的奠基人、先驱者,被称为"现实主义开荒者",是第一个以科学的探究精神,将解剖学、透视学知识运用于绘画的画家,其绘画原则对欧洲现实主义画家产生了深远影响,著名作品有《出乐园》《纳税钱》。

15 世纪末到 16 世纪中叶,文艺复兴运动进入全盛时期,绘画方面出现了著名的"文艺复兴三杰"——达·芬奇、米开朗琪罗和拉斐尔,他们以超凡的技巧造诣,使理性与情感、现实与理想在绘画作品中得以完美统一,做到了形与空间的高度和谐,为再现性的绘画艺术确立了一种经典样式。达·芬奇(1452—1519),意大利文艺复兴时期画家、科学家、发明家,被后世誉为"文艺复兴时期最完美的代表",最大的成就是绘画,杰出作品《蒙娜丽莎》《最后的晚餐》是其艺术造诣的精湛体现。米开朗琪罗(1475—1564),意大利文艺复兴时期伟大的绘画家、雕塑家,代表作品有《创世纪》《最后的审判》等。拉斐尔(1483—1520),意大利画家、建筑师,其绘画以"秀美"著称,画作中的人物清秀、场景祥和,代表作品油画《西斯廷圣母》、壁画《雅典学院》。文艺复兴后期,以威尼斯画家乔尔乔内和提香为代表,他们吸收了文艺复兴鼎盛时期画家的精华,在色彩上大胆创新,形成了自己的风格与特点,称为威尼斯画派,对 17 至 18 世纪欧洲绘画有深远影响。提香(1490—1576),意大利文艺复兴后期的伟大画家,威尼斯画派的代表人,以色彩见长,擅长各种主题壁画,被誉为"西方油画之父",代表作品是《圣母升天图》《乌尔比诺公爵夫人》。

除了意大利外,尼德兰(包括现在的荷兰、比利时、卢森堡以及法国东北部地区)、德国、法国、西班牙等国在绘画方面也取得了突出成就。比如,尼德兰的绘画主要为祭坛画和独幅木版画,有杨·凡·埃克的《根特祭坛画》和彼得·勃鲁盖尔的农民风俗画《农民舞蹈》《农民婚礼》等,这些作品是尼德兰早期文艺复兴绘画作品中的杰作。

(二)近代绘画

近代绘画指 17 世纪初至 19 世纪末的绘画,这一时期的绘画经历了巴洛克绘画、洛可可绘画、新古典主义绘画、浪漫主义绘画、写实主义绘画和印象主义绘画。

1. 巴洛克绘画

"巴洛克"习惯指欧洲 1600 年至 1750 年这一时期的艺术风格。巴洛克绘画以宏伟壮观、充满动感、精湛的透视变奏以及戏剧性的构图来体现无限的空间,再加以理想光的对比,让画面产生统一协调如舞台布景的效果。巴洛克绘画代表人物包括比利时的鲁本斯、荷兰的伦勃朗、西班牙的委拉斯开兹等。鲁本斯(1577—1640),比利时画家,巴洛克画派早期代表人物,善于运用对比的色调、强烈的明暗和流动的线条来加强画面的运动感,代表作品《阿玛戎之战》《劫夺留西帕斯的女儿》;伦勃朗(1606—1669),荷兰最伟大的画家之一,擅长肖像画、风景画、风俗画、宗教画等,代表作品《木匠家庭》《夜巡》;委拉斯开兹(1599—1660),西班牙最伟大的画家,主张真实地描写现实,代表作品《教皇英诺森十世肖像》《纺织女》。

2. 洛可可绘画

洛可可原指一种混合贝壳小石子制成的室内装饰物,最早出现在法国上层社会,后逐渐遍及欧洲,成为 18 世纪欧洲的一种艺术风格。洛可可绘画追求轻盈纤细的秀雅美,在构图上有意强调不对称,工艺、结构和线条具有婉转、柔和等特点,主要描绘贵族男女闲适娱乐生活。洛可可绘画代表人物包括法国的华铎、夏丹、福拉哥纳尔,意大利的提埃波罗,英国的霍加斯、雷诺兹等。华铎(1684—1721),法国画家,代表作品《发舟西苔岛》《小丑吉尔》。夏丹(1699—1779),法国画家,擅长风俗画和静物画,代表作品《洗衣妇》《厨娘》《午餐前的祈祷》。弗拉戈纳尔(1732—1806),法国洛可可风格画家,其代表作品有《秋千》《读书女孩》《狄德罗》。提埃波罗(1696—1770),意大利画家,代表作品《基督受难》《叛逆天使的堕落》。霍加斯(1697—1764),英国著名画家、版画家、讽刺画家和欧洲连环漫画的先驱,也被称为"英国绘画之父",代表作品《时髦婚姻》《浪子回头》。雷诺兹(1723—1792),英国伟大的学院派肖像画家,代表作品《罗宾涅塔》《伊丽莎白·德尔美夫人和她的孩子》。

3. 新古典主义绘画

新古典主义绘画兴盛于 18 世纪中期,在 19 世纪上半期发展到顶峰。新古典主义绘画以文艺复兴时期的美学作为创作的指导思想,崇尚古风、理性和自然,代表人物有达维特、安格尔。达维特(1748—1825),法国大革命时期的杰出画家,新古典主义的代表人物,创作上以古代雕塑为范本,构图严谨、均衡,力图用古典的法则来"改造"实际生活中的物象,表现一种静穆而严峻的美,代表作品《荷拉斯兄弟的宣誓》《马拉之死》等;安格尔(1780—1867),法国新古典主义画家,以准确娴熟的写实技巧和典雅的画风著称,是一位杰出的肖像画家,代表作品《泉》《土耳其浴室》《瓦平松的浴女》。

4. 浪漫主义绘画

浪漫主义绘画兴盛于法国,在 19 世纪 20 至 30 年代风靡全欧洲。浪漫主义绘画以追求自由、平等、博爱和个性解放为思想基础,偏重于发挥艺术家自己的想象和创造,创作题材取自现实生活,代表人物有席里柯、德拉克洛瓦。席里柯(1781—1824),法国著名画家,浪漫主义绘画的先驱,善于以写实的手法表现人的内心情感,代表作品《梅杜萨之筏》。德拉克洛瓦(1798—1863),法国画家,浪漫主义绘画的典型代表,反对古典主义绘画呆板、平庸的画风,主张个性解放,重视情感表达,在创作上善于表现动荡活跃的场面,色彩鲜明、豪迈奔放,代表作品《希阿岛的屠杀》《自由领导人民》。

5. 现实主义绘画

现实主义又称为写实主义,是 19 世纪中后期出现的一个艺术派别。写实主义绘画以如实地再现和描述真实存在的事物为创作原则,被称为写实,代表人物有库尔贝、米勒。库尔贝(1819—1877),法国画家,写实主义绘画的代表,认为艺术必须描写看得见、摸得着的物体,代表作品有《奥尔南的葬礼》《画室》;米勒(1814—1875),法国现实主义画家,以表现农民题材而著称,创作的作品以描绘农民的劳动和生活为主,具有浓郁的农村生活气息,代表作品《播种者》《拾穗者》。

6. 印象主义绘画

印象主义是 19 世纪欧洲艺术由现实主义向现代主义过渡的一个阶段。印象主义绘画提倡户外写生和直接描绘在阳光下的物象,强调根据观察和直接感受表现微妙的色彩变化,代表人物有马奈、莫奈、塞尚、梵高等。马奈(1832—1883),法国印象主义绘画奠基人之一,是最早打破传统棕褐色调,使画面明亮、有外光新鲜感的画家,开创了印象主义画风,代表作品《吹短笛的男孩》《草地上的午餐》。莫奈(1840—1926),法国印象主义绘画代表人物和创始人之一,擅长用光线和色彩来表现瞬间印象,代表作品《印象·日出》《卢昂大教堂》。塞尚(1839—1906),法国印象主义画家,主张不要用线条、明暗,而是用色彩对比来表现物体,被誉为"现代艺术之父",代表作品《圣维克多山》《法黎耶肖像》。凡·高(1853—1890),荷兰后印象主义画家,世界最著名画家之一,绘画以粗拙、遒劲的笔触和高色调给人以视觉冲击,代表作品《星夜》《向日葵》。

(三)现代绘画

19 世纪末至 20 世纪初,是欧洲艺术极具变革的时代,为顺应社会潮流,绘画创作也在不断变化。进入 20 世纪,人们认为绘画最重要的是组织画面结构,表达内在情感,强调艺术的纯粹性及绘画语言自身的价值,以此出现了众多的绘画流派,主要有野兽主义、立体主义、表现主义、超现实主义、后现代主义、抽象表现主义等。

1. 野兽主义绘画

野兽主义绘画是 20 世纪初在法国流行的一个绘画流派,在创作上热衷于运用鲜艳、浓重的色彩,以直率、粗放的笔法,创造强烈的画面效果,充分表达对情感的追求,代表人物有马蒂斯、弗拉芒克、杜飞、罗奥。马蒂斯(1869—1954),法国画家,野兽派创始人和主要代表人物,与毕加索、达利一起被认为是 20 世纪最有代表性的三个画家,以使用鲜明、大胆的色彩而著名,代表作品《豪华、宁静、欢乐》《生活的欢乐》。弗拉克(1876—1958),法国画家,野兽派领袖之一,强调纯色彩和装饰性二维艺术形式,代表作品《塞纳河畔的采石场》《夏都的住宅》。杜飞(1877—1953),法国野兽派画家,善用细碎的线条和笔触,明亮、淡薄的颜色表现活泼、欢快的图像,代表作品《挂着旗子的街道,勒阿弗尔》《日出东方》。罗奥(1871—1958),法国野兽派画家,画风粗犷、厚重、深沉而神秘,代表作品《贫民区的基督》。

2. 立体主义绘画

立体主义绘画是 20 世纪初在法国流行的一个绘画流派,在创作上追求碎裂、解析、重新组合的形式,形成分离的画面,即以许多组合的碎片形态展现所要描绘的对象,代表人物毕加索。毕加索(1881—1973),西班牙画家,立体画派创始人,现代西方最有创造性和最具深远影响的艺术家之一,代表作品《斗牛士》《和平鸽》《亚威农少女》。

3. 表现主义绘画

表现主义绘画是 20 世纪初在德国等北欧国家流行的一个绘画流派,认为主观是唯一真实的,否定现实世界的客观性,因而在创作上强调表现艺术家的主观感情和自我感受,代表人物蒙克。蒙克(1863—1944),挪威画家,西方现代表现主义绘画的先驱,绘画带有强烈的主观性和悲伤压抑的情调,代表作品《呐喊》《卡尔约翰街的夜晚》。

4. 超现实主义绘画

超现实主义绘画是 20 世纪 20 至 30 年代流行于欧洲的一个绘画流派,以所谓的"超现实""超理智"的梦境、幻觉等作为艺术创作的源泉,力图把生与死、梦境与现实统一起来,具有神秘、恐怖、怪诞等特点,代表人物达利。达利(1904—1986),西班牙著名画家,超现实主义绘画运动中最具影响力的人物,创作中将对客观世界的描绘与任意夸张、变形、荒诞、怪异、省略和象征等手法结合,形成了自己独特的艺术风格,代表作品《记忆的永恒》《熔化的手表》。

【测试训练题】

一、选择题

1. 被称为"书圣"的我国著名书法家王羲之的代表作《兰亭序》的书体是(　　　)。

A. 隶书　　　　　　B. 楷书　　　　　　C. 行书　　　　　　D. 草书

2. 下列有关书法艺术的表述,正确的是(　　　)。

A. 唐代书法家张旭被称为"草圣"

B. 东晋王羲之的《兰亭序》被称为"天下第一草书"

C.《洛神赋卷》是唐代著名书法家欧阳询的代表作

中小学教师文化素养

D. "苏、黄、米、蔡"中的"蔡"指的是"蔡邕"

3.《洛神赋图》是下列哪位画家的作品（　　）。

A. 陆探微　　　　　　B. 顾恺之　　　　　　C. 张华　　　　　　D. 阎立本

4.《韩熙载夜宴图》的作者顾闳中为（　　）。

A. 南唐画家　　　　　　　　　　　B. 西蜀画家

C. 宋代画家　　　　　　　　　　　D. 唐代画家

5. 早期文艺复兴运动中最杰出的艺术家和科学家是（　　）。

A. 达·芬奇　　　　　　　　　　　B. 米开朗琪罗

C. 维萨留斯　　　　　　　　　　　D. 弗朗西斯培根

6.（　　）代表了宋代风俗画的高度水平，是全景式构图。

A.《晴峦萧寺图》　　　　　　　　　B.《清明上河图》

C.《千里江山图》　　　　　　　　　D.《秋郊饮马图》

7. 17 世纪，欧洲绘画的主要风格是（　　）。

A. 古典主义绘画　　　　　　　　　B. 浪漫主义绘画

C. 洛可可绘画　　　　　　　　　　D. 巴洛克绘画

8. 以下属于意大利文艺复兴后期的伟大画家，威尼斯画派的代表人，被誉为"西方油画之父"是（　　）。

A. 达·芬奇　　　　　　　　　　　B. 提香

C. 维萨留斯　　　　　　　　　　　D. 弗朗西斯·培根

9. 20 世纪立体主义绘画代表人物是（　　）。

A. 毕加索　　　　　　B. 达利　　　　　　C. 蒙克　　　　　　D. 塞尚

二、填空题

1._____是我们能见到的最早的成熟汉字。

2. 三国时期曹魏著名书法家_____是楷书（小楷）的创始人，被后世尊为"楷书鼻祖"。

3. 唐朝书法家和书法理论家_____创"八诀"练字习书法。

4.《历代帝王图》是唐代_____的作品。

5. 佛罗伦萨画派创始人，意大利文艺复兴艺术的伟大先驱者之一_____被誉为"欧洲绘画之父"。

三、辨析题

1. 董源作画"有笔有墨，水晕墨章"，著有山水画理论《笔法记》，是提出山水画必须"形神兼备""情景交融"的后梁画家。

2. 凡·高是世界最著名画家之一，绘画以粗拙、遒劲的笔触和高色调给人以视觉冲击，代表作品《日出》《向日葵》。

3. 野兽主义绘画是 20 世纪初在法国流行的一个绘画流派，在创作上热衷于运用鲜艳、浓重的色彩，以直率、粗放的笔法，创造强烈的画面效果，充分表达对情感的追求，代表人物为毕加索。

第十二章　建筑与雕塑常识

　　建筑和雕塑都是人类文化中重要的艺术表现形式,两者相辅相成,相互影响,在形式、空间、环境等方面具有共融共通性,二者表现出的复杂性和多元性在不同的历史时代彰显出不同的艺术特色。

第一节　建筑常识

　　建筑历史悠久,不同地域文化、历史时期和民族背景,其建筑不尽相同,彰显了一地区、民族工程与艺术的完美结合。通过学习了解建筑艺术的发展历程和建筑观念、流派、风格的嬗变,可以帮助人们提升审美情趣,体验建筑背后的精神和文化特质。

一、建筑基本知识

(一)建筑艺术的语言

　　语言是信息交流的基础,完全不懂艺术语言,也就无从谈起艺术欣赏。建筑作为一种造型艺术,具有自身所特有的艺术语言。立面、体形、体量、空间、群体组合是构成建筑艺术的基本语言。

　　1. 立面

　　立面指建筑与建筑的外部空间直接接触的界面,是构成建筑的基本要素。建筑立面的处理,要注意运用形式美法则,综合考虑对称、比例、对位、节奏、虚实、明暗、色彩、材料质感关系,结合建筑物的具体条件和性质,使建筑立面既呈现出丰富变化,又有高度和谐完美的造型,达到多样和谐的形式美。

　　2. 体形

　　体形指建筑物的外观形象,是建筑给人的第一印象。建筑物体形是建筑物功能要求、个性特征和建筑物结构、材料与施工技术、基地环境等元素遵循形式美法则下的多样化组合,突出反映了建筑物独特的个性色彩和特有的艺术魅力。体形的处理比面更重要,有些建筑完全依靠体形来显示建筑性格,如中国佛塔体形高耸,但层层屋檐形成许多水平线,轮廓饱满而富有张力;欧洲各种教堂,体形高耸,一味瘦高,突出升腾之势。

　　3. 体量

　　体量指建筑物在空间上的体积,包括建筑的长度、宽度、高度。建筑体量大小与建筑所处的空间环境有关,同样大小的空间,被大体量建筑围合和被小体量建筑围合,给人的感受不同。有些建筑需要依靠巨大的体量显示其艺术性格,如埃及金字塔;有些建筑物则需要较小体量来体现其精致、优美的气质,总之,建筑体量的大小要与周边建筑物和环境相协调。中国文化更重视现实人生,而非神性伟大,建筑体量一般不太大,比如园林建筑中的小别墅、小住宅等注重较小体量,体现更多的是亲切感。

4. 空间

建筑空间是为满足人们生产或生活需要,运用各种建筑主要要素与形式所构成的内部空间与外部空间的统称。它包括墙、地面、屋顶、门窗等围成建筑的内部空间,以及建筑物与周围环境中的树木、山峦、水面、街道、广场等形成的建筑外部空间。建筑空间有巨大情绪感染力,不同的空间特点,会产生不同的情绪效果。巧妙地处理空间的大小、方向、开敞、封闭、明亮、幽暗,会使建筑艺术显出温暖舒适的空间感受。室外空间亦如此,宽阔开朗的空间会让人觉得舒畅;而狭小、四周高墙合围的空间,则使人感觉压抑、烦闷。

5. 群体组合

建筑群体是由很多不同的单体建筑共同围合的建筑群体。建筑往往不是单独出现的,即便是单体建筑,也是由许多不同功能、特点的空间结合组成的。中国建筑尤其重视群体组合,如传统的四合院建筑,一般由正房、东西厢房和倒座房组成,从四面将庭院合围在中间。北京紫禁城是中国明清两代的皇家宫殿,建筑由统称三大殿(太和殿、中和殿、保和殿)的外朝和统称后三宫(乾清宫、交泰殿、坤宁宫)的内廷两大部分组成。一系列不同建筑组合成的建筑群体,具有单个建筑所不具有的美感和多重文化功用,比单体建筑给人的感受更加深刻。

(二)建筑艺术的特性

建筑是人类为自己创造的物质生活环境,即人类生活所必需的居住和活动场所,也是为满足人们生活、生产或从事其他活动而创造的空间环境。建筑艺术是一种立体的艺术形式,是通过建筑群体组织、建筑物的形体、平面布置、立面形式、内外空间组织、结构造型,亦即建筑的构图、比例、尺度、色彩、质感和空间感,以及建筑的装饰、绘画、雕刻、花纹、庭园、家具陈设等多方面的考虑和处理所形成的一种综合性艺术。不同的建筑反映出不同的文化内涵,建筑作为一种综合性的艺术形式,其艺术特征表现在三个方面。

1. 建筑具有物质和精神的双重属性

建筑的物质性表现为具有物质使用功能,精神性表现为具有审美价值。建筑既是物质的,也是精神的。从物质性上看,建筑能够提供居住、工作和社会交往功能;从精神性上看,建筑能给人以美的感受,用美的形象去感染人,这是建筑与其他艺术形式的显著区别。例如,罗马圣彼得教堂集中式平面和穹隆屋顶,单纯、简明的造型逻辑和昂扬、健康、饱满的气质,是文艺复兴兴盛时期建筑艺术的杰出代表;印度泰姬陵体现的是伊斯兰建筑的特点;北京宫殿群体组合以其严整规则的构图彰显了中国古代礼制等级观念、皇权至上的主导思想;中国南方园林所体现的是尊重自然、与自然亲近的观念。

2. 建筑精神属性具有层次性

不同的建筑,其精神属性层次不同。一般而言,建筑的精神属性具有三个层级,最低层次与物质功能紧密相关,体现为安全感和舒适感,如建筑设计既要考虑空间、体形、光线、尺度等关系符合物质功用要求,还要体现某种精神需要,才能使人感到愉悦;中间层次体现为美的形象,一般称之为美观,即通过对建筑进行比例、对称、尺度、色彩等手法处理,以造成建筑多样性的"形式美",达到"悦目";最高层次则要求创造出某种情绪氛围,表现出某种倾向性的情趣,富有表情和感染力,以陶冶和震撼人的心灵,重在"赏心"。

3. 建筑具有表现性特征

艺术作品依据内容特征,可划分为表现性艺术和再现性艺术。表现性艺术不是忠实地再现生活,而是运用艺术形式把主体的思想通过各种形式传达给受众,如建筑和音乐;再现性艺术是将原有的客观世界或社会生活以艺术化的形式再次呈现出来,如美术作品、戏剧、电影等。建筑属于表现性艺术,它不是对客观世界或社会生活的艺术化再现,而是通过物质的艺术化形式,创造某种情绪氛围,激发欣赏者相应的情感,所表现的情感具有抽象性,一件杰出的建筑艺术作品往往超出时代、民族、地域的局限而成为全人类的永恒的财富。

二、中国建筑史

中国地域辽阔,民族众多,东西南北地质、地貌、气候、水文差异大,各民族历史、文化、生活习惯各有不同,形成了各具特色的建筑风格。但大部分地区建筑以木构架为主,在组群布局、空间、结构、建筑材料及装饰艺术等方面有着共同的特点,形成了具有中国传统文化和民族特色的建筑形式,即中国建筑。中国建筑历史悠久,从发展历史看,经历了古代建筑、近代建筑和现代建筑三个阶段。

(一)中国古代建筑

古代建筑主要指从上古至 1840 年前的建筑。中国古建筑是中国传统文化和民族特色最精彩、最直观的传承载体和表现形式,经历了漫长的发展过程。

1. 史前建筑

我国建筑最早可追溯到距今六七千年前的氏族公社时期,代表性房屋遗址有两种,一种是长江流域多水地区由巢居发展而来的干栏式建筑;另一种是黄河流域由穴居发展而来的木骨泥墙建筑,浙江余姚河姆渡建筑遗址是我国已知最早的榫卯技术木结构建筑。

2. 夏商周时期建筑

夏商时期,城郭、宫殿建筑出现,建筑的主要形式是高台建筑。河南二里头遗址是夏末都城,二里头一号宫殿遗址具有夯土残台,台上中间有殿堂、周围有回廊环绕,是早期的庭院建筑;从其他夏商遗址,还发现了更为规整的庭院式建筑。这些实例表明,在夏商时期,中国庭院式建筑群组合已经开始走向定型。西周建筑较殷商更为发达和完善,开始用瓦盖屋顶,以版筑法为主,其屋顶如翼,木柱架构,庭院平整,已具一定的法则。代表性建筑遗址有陕西岐山凤雏村早周遗址,这是一座相当完整的四合院遗址,由二级院落组成,是我国已知最早、最严整的四合院实例;另一座是湖北蕲春的干栏式木构架建筑。春秋时期普遍使用瓦,且出现了板瓦、筒瓦等各种瓦,修建了大量高台宫室,建筑装饰与色彩更为华丽。战国时期,生产力的发展促进了城市建设,出现了邯郸、临淄等规模较大,布局相似的都城。这一时期,高台宫室建筑盛行,台上建筑由殿堂、过厅、居室、回廊等组成,高低错落,形成了一组复杂壮观的建筑群。

3. 秦汉时期建筑

秦代建筑宏大雄伟,典型建筑有阿房宫遗址、秦始皇陵、万里长城。阿房宫规模巨大,总面积达 15 平方公里,被誉为"天下第一宫"。秦始皇陵是中国历史上第一座规模庞大、设计完善的帝王陵寝。陵寝仿照秦国都城咸阳的布局建造,大体呈"回"字形,以封土为核心,有内外两重城垣,城垣四面设置高大的门阙。门阙和寝殿建筑群,以及多座陪葬墓、陪葬坑共同构成了完整的陵寝。陵墓建筑规模宏大,气势雄伟,结构殊特,设计处处体现了皇帝至高无上的权力和威严。春秋战国时期,燕赵为防御匈奴、东胡入侵,修筑烽火台,并用城墙连接起来,形成了最早的长城。秦统一六国后,为了防御匈奴,修筑长城。长城西起临洮(今甘肃岷县)、东至辽东(今辽宁省和吉林省东南部地区),达万余里。

两汉时期是我国古代建筑发展的第一个高潮,突出表现为木架建筑渐趋成熟,砖石建筑和拱券建筑有了很大发展。从汉代画像砖、画像石等资料看,后世常见的穿斗式、抬梁式木构架建筑都已经形成,多层楼木构架建筑已经较普遍,作为中国古代木构架建筑显著特点之一的斗拱在汉代也已经非常普遍。穿斗式、抬梁式都是中国传统建筑方式,穿斗式构架适用于室内空间尺度不大的建筑,抬梁式构架则更适用于古代宫殿、庙宇等室内较大空间的建筑。斗拱是位于立柱和横梁交接处,起承重、抗震、装饰及体现等级制度的木构架建筑的一种构件,是中国古代建筑特有的一种结构。随着木结构技术的进步,体现中国古代建筑特色的屋顶形式也更多样,悬山顶、庑殿顶、歇山顶等都已应用,尤以悬山顶、庑殿顶最为普遍。汉代砖瓦结构技术有了巨大进步,战国时出现了空心砖,汉代创造出了楔形砖和有榫砖;汉代瓦当装饰更加多样,流行卷云纹瓦当和吉祥文字瓦,还出现了青龙、白虎、朱雀、玄武四神瓦当。拱券位于桥梁、门窗等建筑物上部,筑成弧形的建筑结构。汉代石拱券墓和石梁板墓南北都很常见,且石材加工更加精致。

4. 魏晋南北朝时期建筑

魏晋南北朝时期的建筑主要是对汉代成就的继承和应用。随着佛教的传入,佛教建筑获得发展,突出的成就是佛寺、佛塔和石窟。北魏佛寺以永宁寺为最大,中间为塔,四面有门,塔后为佛殿。中国佛寺由印度经西域传入,初期与印度相仿,后逐渐中国化,不仅庭院式木构架应用到佛寺中,而且私家园林也成为佛寺的一部分。佛塔建筑种类甚多,有楼阁式、密檐式、瓶式等。东汉时,中国已有多层木架构楼阁,即中国式木塔。南北朝时,除木塔继续盛行外,还出现了砖塔、石塔。北魏所建造的河南登封嵩岳寺塔是我国现存最早的密檐式砖塔,此塔共十五层,全塔由基座、塔身、密檐和塔刹(塔的顶部)四部分构成,立面为十二边形,塔的外形呈抛物线状,塔壁有砖雕,是我国古代佛塔中的重要代表。石窟是在山崖上依山势开凿的寺庙建筑,汉代已经掌握了一定的开凿岩洞技术。随着佛教传入，南北朝时期，开凿石窟寺庙风气盛行，各地相继出现了许多石窟，其中著名的是甘肃敦煌莫高窟、麦积山石窟、山西大同云冈石窟和河南龙门石窟，被称为中国的四大石窟。秦汉时，自然山水式风景园林开始兴起，魏晋南北朝时期，自然山水式园林建筑非常兴盛，江南一带出现了许多山水式园林。

南北朝时期，北方游牧民族开始进入中原，游牧民族习惯与汉族传统结合，反映在建筑上主要体现为家具的变化，即在传统汉族席地而坐或低矮家具中，逐渐出现了方凳、圆凳、椅子等高坐具。在建筑材料方面，砖瓦的产量和质量有所提高，金属材料被用作装饰。在技术方面，木结构技术大大提高，出现了大量高层木塔。同时，砖结构被大规模地应用到地面建筑，河南登封嵩岳寺塔的建造标志着石结构技术的巨大进步。

5. 隋唐五代两宋时期建筑

隋唐至宋代是我国古代建筑的成熟时期，无论在城市建设、木架建筑、砖石建筑、建筑装饰、建筑设计和施工技术等方面都有了巨大发展。

隋唐时期建筑气派宏伟，方整规则；宫殿、坛庙等大组群序列恢宏舒展，空间尺度很大；建筑造型浑厚，轮廓参差，装饰华丽；佛寺、佛塔、石窟寺的规模、形式、色调异常丰富多彩，建筑规划、设计、施工和用料技术已经成熟。隋朝创建的大兴城和东都洛阳城是我国古代宏伟、严整的方格网道路系统城市规划的范例，大兴城还是我国古代规模最大的城市。隋朝著名建筑还有河北赵县安济桥（赵州桥），是世界上现存最早的敞肩拱桥，负责建造桥的匠人为李春。进入唐代，建筑技术更趋成熟，城市规划更加严整、宏大。长安城是中国古代规模最为宏伟壮观的都城，由宫城、皇城和外郭城三部分组成，城内街道纵横交错，有居民区、大型工商业区和芙蓉园等人工园林，总体规划整齐，布局严整，堪称中国古代都城的典范。大明宫为唐历代皇帝居住和处理朝政的地方，也是一座巨大宫殿，宫城为中轴对称格局，前部由丹凤门、含元殿、宣政殿、紫宸殿等组成前朝的南北中轴线，后部以太液池为中心组成内庭，分布着麟德殿、三清殿、大福殿、清思殿等数十座殿宇楼阁，宫殿楼阁建筑群组在处理上突出了主体建筑的空间组合。隋唐时期，砖石结构建筑进一步发展，砖石塔大量出现，有楼阁式、密檐式、单层塔等，如西安大雁塔就是楼阁式砖塔实例，小雁塔则为密檐式砖塔，单层塔多作为僧人墓塔，规模小，数量多。建筑技术和建筑材料都有了新的发展，木构架材料比例、结构、形式都趋于定型；构件的生产、装配已经标准化；砖石加工逐步精细，琉璃的烧制与使用更为进步和广泛。

五代建筑继承了唐代传统，少有创新，仅石塔和砖木混合结构的塔比唐朝有所发展，出现了杭州灵隐寺石塔和苏州虎丘云岩寺砖木混合结构塔。两宋手工业和商业发达，城市结构、布局有了新的变化，建筑水平也达到了新的高度。宋代都城与唐都城不同，已经完全是一座商业化城市，城市不再按里坊布局，出现沿街设点和按行业成街布局，邸店（旅店）、酒楼、作坊、戏院也都有了很大发展。木架建筑材料和构件有统一的规定和标准，政府还专门颁布了建筑预算的规定，即《营造法式》。《营造法式》是由北宋建筑学家李诫编写，官方颁布的一部建筑营造规范的著作，是我国古代最完整的建筑技术书籍。《营造法式》对北宋后期及南宋宫廷建筑产生了直接影响。宋代建筑装修和色彩更加豪华绚丽，大量使用格子门、格子窗，普遍采用木装修，木架部分采用各种华丽花纹，屋顶部分大量采用琉璃瓦。宋代砖石结构建筑主要是佛塔和桥,形式多样,玲珑华美,如山西应县佛宫寺木塔、浙江杭州六和塔、河南开封国寺塔等,这些建筑布局匠心,体现出不同的形象风格。山西应县佛宫寺木塔建于辽代,是现存最早最大的高层木结构塔;河南开封国寺塔是现存最早的琉璃塔;建于北宋的泉州洛阳桥(万安桥),是由 46 个桥墩构成的 47 孔桥;建于南宋的安平桥是中国古代仅存的最长的桥梁。

6. 元明清时期建筑

元明清建筑主要表现在都城与宫殿建筑、园林建筑、坛庙建筑等方面。京郊的园林、两朝的帝陵、江南的园林、遍及全国的佛教寺塔、道教宫观、民间住居、城垣建筑等,构成了元明清建筑史上的光辉华章。

元代统治者信奉佛教,佛教建筑兴盛,特别是藏传佛教建筑获得了较大发展,内地出现了大量藏传佛教寺院,如北京妙应寺白塔,是一座藏传喇嘛塔,此后藏传喇嘛塔成为我国佛塔的重要类型之一。元代木架建筑继承宋代,但许多构件被简化,如在寺庙建筑中,大胆抽取若干柱子,即"减柱法",取消室内斗拱,如山西洪洞广胜下寺和永济永乐宫,但建筑质量有所下降。

明代经济的发展,促进了明代建筑的发展,主要表现为:(1)砖已普遍用于民居砌墙,砖的使用为硬山顶建筑创造了条件,促进了砖的质量和加工技术的提升,出现了用砖包砌建筑和全部用砖砌成的建筑——无梁殿,如建于明前期的南京灵谷寺无梁殿、苏州开元寺无梁殿。(2)琉璃砖、琉璃瓦质量提高,应用更加广泛,如明代建成的南京报恩寺塔,外部全用表面有浮塑的带有榫卯的琉璃砖镶面,组成五彩缤纷的仿木建筑构件。(3)明代木架结构形成了与宋代不同的特色,即梁柱结构作用加强,斗拱结构作用减小,宫殿、庙宇用砖砌墙,梁头向外挑出以承担屋檐重量,建筑更加严谨稳重。建筑技术水平也有较大提高,出现了木工行业技术用书《鲁班营造法式》。(4)建筑群布局更加成熟。北京故宫是明清两代的皇宫,是我国现存最大最完整的古建筑群,布局是明代形成的,清代仅做重修与补充。故宫建筑严格对称布置,由"外朝"与"内廷"两大部分组成。午门至乾清门为外朝,以太和、中和、保和三大殿为中心,依次排列在同一个庞大的"工"字形三层台基上,文华、武英两组宫殿在其左右相对而立;乾清门以内为"内廷",建筑布局也是左右对称。太和殿俗称金銮殿,是故宫最高的一座建筑物,也是国内最高大、最壮丽的古代木结构建筑。乾清宫是明清两代皇帝在紫禁城中处理日常政事的地方,内廷还有供皇家游玩的御花园、慈宁花园、乾隆花园。故宫建筑布局、大小、色彩、台基等处处体现了封建社会"皇权"的至高无上,是封建专制制度的典型产物。(5)园林建筑兴盛。明代江南一带经济发达,出现了许多私家园林,园林风格也发生变化,亭阁、假山石等建筑物明显增多。(6)建筑如门、窗、天花板等装修、彩饰定型化,花纹、图案趋向程式化,门窗、彩饰定型化,有利于成批建造,便于施工。

清代建筑大体沿袭明代传统,但也有一些新的发展。一是园林建设达到高潮,主要为皇家园林和私家园林。皇家园林著名的有北京颐和园、承德避暑山庄等;私家园林以江南园林最为有名,上海的豫园、苏州的拙政园、狮子林、留园、怡园等可谓代表。明清时期,坛、庙建筑众多,有太庙、社稷坛、天坛、地坛、日坛、月坛等。天坛始建于明永乐十八年

（1420 年），为明、清两代帝王祭祀皇天、祈祷五谷丰登的场所，是中国保存下来的最大祭坛建筑群。天坛包括内坛和外坛，主要建筑物在内坛，布局严谨，建筑构造奇特；两坛均为北圆南方，象征"天圆地方"之说，坛内还有巧妙运用声学原理建造的回音壁、三音石、对话石等，充分显示出古代中国建筑工艺的发达水平。二是藏传佛教宫殿、寺庙建筑兴盛。西藏拉萨布达拉宫主要为清初所建，既是一座达赖喇嘛宫殿，又是一座巨大佛寺，其中宫殿、灵塔殿、佛殿、经堂、僧舍、庭院等一应俱全，建筑整体为石木结构，依山垒砌，群楼重叠，气势雄伟，体现了藏族工匠的非凡建筑才能。清代还在河北承德等地建立了许多的藏传佛教寺庙，这些建筑大体采用藏族、汉族建筑相结合的方式，打破了传统佛教单一化形式，创造出了丰富多彩的建筑形式。三是民居建筑百花齐放，形式多样，其中最有代表性的建筑为北京四合院、江南水乡民居、皖南民居、福建与广州一带的土楼、黄土高原的窑洞等。四是建筑设计、装修水平提高，施工技术有了新的创新。清代官式建筑在明代定型化基础上，用官方形式规定下来。清雍正时期，颁布《工程做法》，对建筑用工、用料、石、瓦、装修、装饰等都做了规定。清代宫廷建筑设计与预算，由专门机构"样式房""算房"进行。建筑技术方面，采用水湿压弯法制作弧形椽枋，采用对接与包镶法制作楼阁长柱。玻璃的引进，促进了门窗格式的变化。

（二）中国近代建筑

中国近代建筑指 1840 年鸦片战争到 1949 年新中国建立前为止，是承上启下、中西合璧、新旧交替的过渡时期。中国近代建筑包含新旧两大体系，旧建筑体系基本上是对原有传统建筑布局、技术体系和风貌的延续，但受新建筑体系的影响也出现一些变化；新建筑体系包括引进西方的和中国自身发展出来的新型建筑。从数量来看，广大的农村、集镇、中小城市以至大城市的旧城区仍然以旧体系的建筑为主，但在局部运用了近代的材料、结构和装饰。从发展趋势看，主流是新建筑体系。

从 1840 年到 1919 年是西方外来建筑传入时期和中国民族建筑形成时期。鸦片战争之后，帝国主义者在中国通商口岸租界区内大批建造领事馆、工部局、洋行、银行、住宅、饭店等新型建筑，这些建筑绝大多数是当时西方流行的砖木混合结构，外观多呈欧洲古典式。19 世纪末，帝国主义国家纷纷在中国设银行，办工厂，开矿山，争夺铁路修建权，融合中西的火车站、厂房、银行建筑等相继出现。20 世纪初，伴随中国民族资本的成长，引进西式建筑成为中国工商事业和城市生活的需要，中国近代建筑从类型到建筑材料都有了初步发展，砖石钢筋混凝土结构建筑有了较快发展。20 世纪 20 至 30 年代，在上海、天津、北京、南京等大城市和一些省会城市，相继建造了一批新型的行政、文化、居住等水平较高的建筑。随着近代建筑的发展，中国建筑师队伍和建筑教育也获得了发展，一些留学归国建筑师纷纷成立中国建筑师事务所，并在中等和高等学校设立建筑专业。1927 年中国建筑师学会和上海市建筑协会成立，1929 年中国营造学社成立，1932 年《中国建筑》和《建筑月刊》相继创刊，为中国建筑学发展奠定了基础。抗日战争爆发后至新中国建立，建筑处于停滞状态，建设活动很少。

中国近代不同地区，建筑技术具有一定差异。在广大农村、中小城镇仍然以木架结构为主，建筑材料主要为土木、砖石；在一些大城市，建筑技术则采用砖木混合结构、砖石钢筋混凝土混合结构、钢和钢筋混凝土框架结构。20 世纪初,砖石钢骨混凝土混合结构逐步兴起。之后,钢筋混凝土框架结构和钢框架结构也相继出现,如 1908 年建造的上海电话公司大楼和 1916 年建造的上海天祥洋行大楼,即采用这种框架;1931 年至 1934 年建造的上海国际饭店,采用钢框架结构,是中国近代最高的高层建筑,共 24 层,高 86 米。

中国近代建筑类型主要有居住建筑、工业建筑、公共建筑。居住建筑有独户型、联户型和多户型。独户型基本是西方流行的高级住宅,多为一、二层的砖石结构,内设和外观均仿照西式高级住宅建设。联户型和多户型包括里弄、大院和高层公寓,多为房地产商投资建造。里弄住宅最早出现在上海,布局紧凑;大院大小不等,多为砖石结构,由二、三层外廊式楼房合围而成;高层公寓处于大城市人口密集和交通方便地段,如上海百老汇大厦。工业建筑主要有沿用传统木构架的厂房,如 1865 年建造的上海江南制造局;砖木混合结构的厂房,如 1866 年建造的福州船政局;钢结构和钢筋混凝土结构的厂房,如 1904 年建造的青岛四方机车修理厂等。公共建筑主要有行政和会堂建筑、金融和交通建筑、文化教育建筑、商业服务建筑等。行政与会堂建筑在早期,布局和造型大多仿照西方同类建筑,如青岛提督公署;在后期,则为近代民族形式的建筑,如上海市政大楼、南京国民大会堂等。金融和交通建筑包括银行、邮电局、火车站、汽车站等。银行等多采用古典、折中式建筑,高耸宏大、富丽堂皇,如上海中国银行。火车站多移植国外建筑,如 1898 年建造的中东铁路哈尔滨站,为仿俄建筑;1912 年建造的济南火车站,则为仿德建筑。文化建筑包括学校、图书馆、博物馆、医院等各类建筑,国民党政府明文规定,博物馆、图书馆、纪念性建筑等采用"中国固有的形式",一批建筑师投入创作,创造出了如北京燕京大学、北京图书馆、南京中央博物馆等近代民族形式建筑。商业性建筑既有旧式的也有新式的,类型多样、风格各异。

(三)中国现代建筑

中国现代建筑是指 1949 年中华人民共和国建立以后的建筑。新中国建立后,为适应新形势需要,1952 年第一次全国建筑工程会议召开,并提出了建筑设计的总方针,其主要内容是适用、坚固、安全、经济,适当照顾美观。同年,中央人民政府建筑工程部成立,并先后在北京、上海、天津、南京等城市建立了国营建筑公司和建筑设计单位。建国初期,建筑方面主要进行了城市建设、行政用房建设,并兴建文化教育、生活福利建筑和大型公共建筑。北京西郊建筑群、武汉洪山礼堂、上海同济大学文远楼、北京和平宾馆均为这一时期建筑。

从 1953 年到 1957 年,即第一个五年计划时期,全国进行了大规模建设,完成了以 156 个项目为重点的建设,在建筑设计、施工和管理方面都积累了丰富的经验,取得了一定成就。如在建筑艺术风格方面,建筑师们探索了不同民族和地方色彩的建筑,开展了具有地方和民族特色的项目建设。从 1958 年到 1964 年,即"大跃进"时期,建筑界也掀起"大跃进",以"快速设计""快速施工"为核心,以"技术革新""技术革命"为手段,建设了一批建筑,这些建筑包括了北京国庆工程,即人民大会堂、中国历史博物馆和中国革命博物馆、北京火车站等"十大建筑"的建设。"文化大革命"时期,建筑领域受到严重破坏。

1977 年以后,社会主义建设进入了一个新时期,建筑也迎来新的发展,乡村、城市建设发生了翻天覆地的变化。农村中各种新的建筑不断出现,如少年宫、文化中心、集镇影院、新型工厂、体育建筑等,一些富裕农民建起"别墅式""园林式"和"庄园式"住宅。城市规划、布局更加科学,城市住宅设计更加多样化,出现大量高层住宅;行政和会堂建筑、金融和交通建筑、文化教育和商业服务建筑形式多样,风格各异。随着改革开放的深入推进,深圳、珠海等一座座现代化城市拔地而起。中国的建筑设计、施工、管理技术也都达到了较高水平,新型建筑设备、材料不断被研发并广泛应用于各类建筑,各地都出现了一批造型独特,风格各异的现代建筑。

从 20 世纪 50 年代开始,国家加强了对古建筑的保护和维修,"文化大革命"时期,古建筑遭到严重破坏。进入新时期以后,政府采取了一系列措施,保护文物古迹和古建筑,许多地方结合文化遗迹,恢复建立了一些仿古建筑,如北京古观象台、武汉黄鹤楼等。这些古建筑的保护、维修和仿古建筑建设,较好地保存中国传统建筑文化的同时,极大地丰富了城市面貌和人民文化生活。

三、外国建筑史

建筑是一部凝固的历史,是人类最早的艺术形式之一。外国建筑如同中国建筑一样,有着悠久的历史,经历了古代建筑、近代建筑和现代建筑发展阶段。

(一)外国古代建筑

外国古代建筑主要指奴隶社会至欧洲 18 世纪 60 年代以前的建筑,包括古埃及与古两河流域建筑、古希腊与古罗马建筑、中世纪建筑和文艺复兴时期建筑。

1. 古埃及与两河流域建筑

古埃及建筑以石头为主要建材,特点是体形庞大,分为 3 个主要时期:古王国时期建筑以举世闻名的金字塔为代表,采用几何形体、对称轴线和纵深空间布局及庞大规模体现建筑的雄伟、庄严;中王国时期建筑以石窟陵墓为代表,采用梁柱结构,营造较宽敞的内部空间;新王国时期建筑以神庙为代表,有柱廊和柱子围成的庭院,代表性建筑有卡纳克神庙、卢克索神庙。

古代两河流域建筑指公元前 3500 年至公元前 4 世纪在两河流域形成并发展起来的建筑。古代两河流域人民创造了以土为基础材料的结构体系和装饰方法;掌握了从夯土墙到制土坯砖、烧砖技术;创造了沥青黏合、石板贴面及彩色琉璃砖保护墙面材料;发展了券、拱和穹隆结构。建筑多为矩形,以平台为顶,代表性建筑实例有乌尔城山岳台、亚述帝国的萨贡王宫、后巴比伦王国的新巴比伦城及其城北的伊什达城门和"空中花园",其中萨贡王宫为两河流域下游的典型建筑形式。古代两河流域建筑对后来的拜占庭建筑和伊斯兰建筑影响较大。

2. 古希腊与古罗马建筑

古希腊建筑指公元前 8 世纪至公元前 2 世纪希腊地区的建筑艺术。古希腊文化是欧洲文化的源头,其建筑也是欧洲建筑的先驱。由于希腊多山,盛产大理石,早在公元前 6

世纪,希腊人就利用石材建造房屋,产生了柱廊和三角形山墙的建筑形式。柱子多用垂直线条装饰,且柱式已经定型,形成了多立克柱式、爱奥尼克柱式、科林斯式柱式和女郎雕像柱式;山墙多用水平线条装饰,上面加上雕塑形成三角形山花。古希腊建筑讲究严谨庄重,通过数与美学的研究使建筑形式具有完整严密的逻辑关系,做到了艺术和功能的统一谐调,代表性建筑有帕提农神庙、雅典卫城、麦迦洛波里斯剧场与会堂等。

古罗马建筑指公元前 8 世纪至公元 5 世纪罗马地区的建筑艺术。古罗马建筑是古罗马人对古希腊建筑成就的继承与发展。古罗马建筑的类型多样,有神庙宗教建筑,有剧场、角斗场、广场、会堂等公共建筑,有内庭式居住建筑等。古罗马建筑以砖石材料为主,形成了廊柱结构和梁柱体系,即使用柱子作为框架,起到承重作用,屋顶与房檐的重量通过梁架传递到立柱上,墙壁只起隔断的作用;柱式在继承古希腊柱式基础上,又创造出塔司干柱式和混合柱式。罗马建筑最辉煌的成就是创造了拱券结构。建筑的布局方法、空间组合、艺术形式、风格以及某些建筑的功能和规模等都同拱券结构有密切联系,建筑特点是实用、坚固、美观,而"穹拱"结构屋顶则是古罗马建筑与古希腊建筑的显著区别。建筑实例有罗马斗兽场、罗马广场、万神庙等。古罗马时期工程师、建筑师维特鲁威对当时建筑经验进行总结,并撰写成《建筑十书》。《建筑十书》是世界上遗留至今的第一部完整的建筑学著作,也是现在仅存的罗马技术论著,书中首次谈到把人体的自然比例应用于建筑丈量,并总结出了人体结构的比例规律。

3. 中世纪建筑

中世纪建筑包括拜占庭建筑、罗马式建筑和哥特式建筑。

拜占庭建筑指公元 4 世纪至 15 世纪,在拜占庭帝国形成和发展起来的独特的建筑风格。公元 395 年,罗马帝国分裂为东西罗马帝国,西罗马帝国首都仍为罗马,东罗马帝国首都为拜占庭,因此被称为拜占庭帝国。拜占庭建筑以古罗马建筑文化为基础,融合波斯、两河流域等东方文化形成了具有鲜明宗教色彩的拜占庭建筑风格。拜占庭建筑的特点是整体造型突出了中心,创造了将穹顶支撑于独立方柱上的结构方法和与之相呼应的集中式建筑形制;屋顶造型普遍为穹隆顶;色彩使用上,既注意变化,又注意统一,使建筑内部空间与外部立面显得灿烂夺目;柱头呈倒方锥形,刻有植物或动物图案。代表性建筑实例有君士坦丁堡的圣索菲亚大教堂、威尼斯的圣马可教堂。

罗马式建筑指公元 10 世纪至 12 世纪流行于欧洲基督教地区的一种建筑风格。罗马式建筑采用典型的罗马拱券结构,墙体巨大而厚实,墙面用连列小券,建筑一侧往往有一钟楼,中厅大小柱有韵律地交替布置,室内装饰主要使用雕塑和壁画。代表性建筑实例有意大利比萨主教堂建筑群、德国沃尔姆斯主教堂。

哥特式建筑指 11 世纪兴起于法国,13 至 15 世纪流行于欧洲的建筑风格,主要特征是高耸、阴森、诡异、神秘、恐怖等。哥特原为粗俗、野蛮的意思。法国人首先在罗马式拱券的基础上改用了矢状券的框架结构从而减小了侧推力,同时又在四周用独立的飞券来加强抵抗主拱的侧推力,从而形成了一种轻灵向上,玲珑通透的建筑风格,人们称之为哥特式建筑。哥特式建筑的显著特点是大量使用垂直线条和尖塔装饰,有强烈的上升趋势;大量采用彩色玻璃和高浮雕技术,使整个建筑显得轻巧玲珑,光彩夺目,产生升华神秘的美感。代表性建筑实例有法国巴黎圣母院、德国科隆大教堂、意大利米兰主教堂、英国索尔兹伯里主教堂。

4. 文艺复兴时期建筑

文艺复兴建筑是欧洲继哥特式建筑之后出现的一种建筑风格。文艺复兴建筑产生于15世纪的意大利，后传播到欧洲其他地区，形成了带有各自特点的文艺复兴建筑，其中意大利建筑在文艺复兴建筑中占有重要位置。文艺复兴建筑最明显的特征是扬弃了中世纪时期带有浓厚宗教神秘色彩的哥特式建筑风格，在宗教和世俗建筑上重新采用古希腊罗马时期的柱式构图要素。建筑师在建筑过程中，一方面采用古典柱式，一方面又灵活变通，大胆创新，将各个地区的建筑风格同古典柱式融合，充分应用力学上的成就、绘画中的透视规律、新的施工机具创造出了既体现统一的时代风格，又能够表现自己艺术个性的建筑形式。代表性建筑实例有意大利佛罗伦萨大教堂、佛罗伦萨劳伦齐阿纳图书馆、圣马可广场，法国达塞勒列杜府邸，英国的哈德威克府邸、阿许贝大厦。

文艺复兴时期，建筑师已经成为一种行业，这一时期产生了许多著名的建筑师，如伯鲁乃列斯基、阿尔伯蒂和帕拉第奥。伯鲁乃列斯基（1377—1446），意大利文艺复兴时期颇负盛名的建筑师与工程师，主要建筑设计作品有圣洛伦佐教堂和圣灵大教堂。阿尔伯蒂（1404—1472），意大利文艺复兴时期的建筑师、建筑理论家，著有《论建筑》，是当时第一部完整的建筑理论著作，书中提出应根据欧几里得的数学原理，在圆形、方形等基本集合体制上进行合乎比例的重新组合以寻找建筑中美的黄金分割，主要建筑设计作品有佛罗伦萨的鲁切拉宫。帕拉第奥（1508—1580），意大利文艺复兴时期建筑师，著有《建筑四书》，作品以宅邸和别墅为主，主要建筑设计作品为维琴察的圆厅别墅。

（二）外国近代建筑

17世纪至19世纪末是外国近代建筑发展阶段，这一时期，建筑艺术经历了一系列发展变化，形成了巴洛克建筑、洛可可建筑、新古典主义建筑、浪漫主义建筑、折中主义建筑等不同的风格和流派，掀起了新建筑运动。

1. 巴洛克建筑

巴洛克建筑是17世纪在意大利文艺复兴建筑基础上发展起来的一种建筑和装饰风格。巴洛克建筑以富丽堂皇而又新奇欢畅、强烈的世俗享乐风格为基调，大量采用贵重材料、精细加工、刻意装饰、非理性组合手法，以显示建筑的富丽与华贵，并形成反常与惊奇的感官效果。巴洛克建筑风格最显著的特征是标新立异，追求新奇，外形自由，造型繁复，富于变化，充满动感，喜好富丽装饰和雕刻，色彩强烈。代表性建筑实例有罗马的圣卡罗教堂、罗马的特列维喷泉、梵蒂冈的圣彼得大教堂广场。

2. 洛可可建筑

洛可可建筑18世纪出现于法国，后流行于法、德、奥地利等国，是在巴洛克建筑基础上发展起来的建筑风格。洛可可建筑主要表现在室内装饰风格上，特点是细腻、柔媚、纤巧，偏于繁复，喜欢使用曲线、圆形以及各种草叶、蚌壳、蔷薇、棕榈题材，多用白、粉、嫩绿、淡黄等娇嫩色彩,偏好瓷器古玩陈设等,力图使整个装饰显示出豪华高雅之趣。代表性建筑实例有法国卢浮宫东立面、凡尔赛宫等。

3. 新古典主义建筑

新古典主义建筑是 18 世纪 60 年代到 19 世纪末流行于欧美一些国家的建筑形式,特点是效仿古罗马广场、凯旋门和记功柱等纪念性建筑形成的建筑风格。代表性建筑实例有法国凯旋门、马德兰教堂,英国的爱丁堡中学、伦敦的大英博物馆,德国柏林的勃兰登堡门、柏林宫廷剧院及美国国会大厦等。

4. 浪漫主义建筑

浪漫主义是 18 世纪下半叶至 19 世纪上半叶流行于欧美的建筑形式。浪漫主义要求发扬个性自由,提倡自然天性,强调用中世纪手工业艺术的自然形式反对资本主义制度下用机器制造出来的工艺品,表现在建筑上为追求超凡脱俗的趣味和异国情调。代表性建筑实例有英国国会大厦、圣吉尔斯教堂。

5. 折中主义建筑

折中主义建筑是 19 世纪上半叶至 20 世纪初在欧美一些国家流行的一种建筑风格。折中主义任意模仿历史上各种建筑风格或自由组合各种建筑形式,建筑风格上不讲求固定的法式,只讲求比例均衡和纯形式美,在欧美各国影响较大。代表性建筑实例有法国巴黎歌剧院、巴黎的圣心教堂。

6. 新建筑运动

19 世纪下半叶至 20 世纪初,欧美资本主义工业迅速发展,新建筑材料、新结构和新技术不断涌现,为建筑发展开辟了广阔空间。一些对新事物敏感的建筑师开始探求新的建筑形式,他们将新建筑、新结构和新技术广泛应用于建筑,在建筑形式上掀起了创新运动,即"新建筑运动"。这一运动强调中世纪的手工业,采用当地的建筑方法,重视建筑功能、建筑建材与艺术的有机结合。代表人物有申克尔、森佩尔、拉布鲁斯特。申克尔(1781—1841),德国建筑师、城市规划师,德国古典主义代表人物,提出建筑艺术的时代性问题,代表作品柏林皇家美术馆。森佩尔(1803—1879),德国 19 世纪最重要的建筑师及理论家,新文艺复兴式建筑风格的主要实践者之一,出版《建筑四要素》《科学、工业与艺术》,提出建筑形式应与建筑手段相结合,新的建筑形式应当反映功能与材料和技术的特点,代表作品森佩尔歌剧院。拉布鲁斯特(1801—1875),法国 19 世纪最重要的建筑师之一,大胆应用新的建筑材料与结构,而且造型开始净化,为以后创造新建筑形式起到了一定的示范作用,代表作品圣吉纳维夫图书馆、巴黎国立图书馆。

(三)外国现代建筑

19 世纪末 20 世纪初,西方艺术发生深刻变化,出现了各种前卫和先锋的艺术流派,西方艺术进入现代艺术阶段。现代建筑指 20 世纪以来流行于西方的各种建筑形式。

19 世纪中叶,在新建筑运动推动下,新材料、新结构和新技术广泛应用于建筑,西方建筑由近代建筑向现代建筑发展。1851 年伦敦世界博览会的"水晶宫"展览馆,采用帕克斯顿的设计方案建造,使用玻璃铁架结构,只用铁、木和玻璃材料,没有任何多余的装饰,完全体现了工业生产的机械特色,开辟了建筑形式的新纪元,是第一座现代建筑。

20世纪20年代,现代建筑思潮开始形成与发展,并于20世纪中叶成为西方居于主导地位的一种建筑思潮。这种建筑思潮强调建筑要随时代而发展,建筑师要研究和解决建筑的实用功能和经济问题;主张积极采用新材料、新结构,摆脱传统建筑形式的束缚,大胆创造适应于工业化社会条件和要求的崭新建筑风格,因其具有鲜明的理性主义和激进主义色彩,又称为现代主义建筑。

现代主义建筑的代表人物有格罗皮乌斯、勒·柯布西耶、密斯·范德罗。格罗皮乌斯(1883—1969),德国建筑师和建筑教育家,现代主义建筑学派的倡导人和奠基人之一,代表作品包豪斯校舍、法古都斯工厂。包豪斯校舍采用自由、灵活的布局,充分发挥现代材料、现代结构的特点,为现代建筑史上的一个重要里程碑。勒·柯布西耶(1887—1965),法国建筑师,现代主义建筑的主要倡导者,被称为"现代建筑的旗手",是功能主义建筑的泰斗,被称为"功能主义之父",著有《走向新建筑》,主张创造表现新时代、新精神的新建筑,代表作品朗香教堂、萨伏伊别墅。朗香教堂对现代建筑的发展产生了重要影响,被誉为20世纪最为震撼、最具有表现力的建筑。密斯·范德罗(1886—1969),德国建筑师,现代主义建筑最重要的代表人物之一,主张建筑技术与艺术的统一,代表作品巴塞罗那国际博览会德国馆、西格拉姆大厦。

20世纪50到60年代,现代主义建筑成为世界许多地区占主导地位的建筑潮流。在现代主义建筑思潮推动下,建筑师在创作思想与手法上"标新立异",使建筑领域异彩纷呈,先后出现了"技术精美倾向""野性主义倾向""典雅主义倾向""高科技倾向"等不同建筑风格和"后现代主义""新现代主义""解构主义"等建筑流派。几何形体构成、象征性形象广泛应用于建筑,使建筑具有了与众不同的"个性",各国都不同程度地涌现出一批地标性建筑,如巴黎蓬皮杜文化艺术中心、纽约古根汉姆美术馆、澳大利亚悉尼歌剧院等。

第二节　雕塑常识

雕塑是造型艺术的一种,属于民族文化的有机组成部分,是用各种可雕、可刻或可塑材料创造出具有一定空间的可视、可触的艺术形象,借以反映社会生活、表达作者主体审美感受和审美理想的艺术形式。雕塑充满着生命的张力,饱含着形体之美、空间变化之美、思想蕴含之美,了解雕塑知识,有助于丰富我们的艺术文化知识,增强感受美、欣赏美的能力。

一、雕塑基本知识

(一) 雕塑的种类

雕塑作为一种古老的艺术,可从多角度进行分类,按照发展历史来划分有传统雕塑和现代雕塑。传统雕塑是用传统材料塑造的可视、可触的静态三维艺术形式;现代雕塑则是用新型材料,利用声、光、电等制作的反传统的多维艺术形式。按照雕塑使用材质来划分,有石雕、木雕、金属雕、骨雕、沙雕、冰雕、泥塑等。按照雕塑的形式来划分,有圆雕、浮雕和透雕。圆雕又称立体雕,是指非压缩的,可从多方位、多角度欣赏的雕塑;浮雕是用压缩的办法来处理对象,靠透视等因素来表现三维空间的半立体型雕塑,是雕塑与绘画结合的产物;透雕是介于圆雕和浮雕之间的一种雕塑,是在浮雕基础上镂空背景,使雕刻形象空灵突出,镂空雕有单面镂空雕与双面镂空雕。按照功能来划分,有纪念性雕塑、主题性雕塑、装饰性雕塑、功能性雕塑及陈列性雕塑。纪念性雕塑是用于纪念重要的人物和重大历史事件的雕塑;主题性雕塑是体现时代与环境主题的雕塑;装饰性雕塑是用于美化生活空间,营造优美环境的雕塑;功能性雕塑是将实用与功能结合形成的雕塑;陈列性雕塑是陈列于室内或室外,以供人观赏的雕塑。按照形态来划分,有具象雕塑、意象雕塑和抽象雕塑。具象雕塑就是用雕塑手法去表现现实生活中原形的人、物的雕塑形式,即模仿自然界中实物的雕塑形式;意象雕塑是对现实中的具体物象进行整体的分析,运用简化、归纳、省略等手法,表现近似于现实具体物象,又相异于具体物象的雕塑形式;抽象雕塑是不以描摹具体的形体为目的,而重在表现事物本质和精神,通过对自然对象进行提炼、概括和简化,应用形体符号或几何符号来表现艺术形象的雕塑。

(二)雕塑艺术的语言

雕塑是通过材质、肌理、颜色和造型、塑造手法等语言,在三维空间中形成形象、表现情感,达到交流思想感情目的的艺术。形体、空间、材质和色彩构成了雕塑艺术的语言。

1. 形体

形体指雕塑的形状和体积,是雕塑艺术最基本的语言。雕塑正是通过"形体"向欣赏者表达色感、触感、质感以及情感。形体有具象形体和抽象形体。具象形体,即人们可以直接感知的物象形体;抽象形体是通过对自然对象进行提炼、概括和简化,经过主体思维重构以表现事物本质和精神的主观化形体。雕塑作为立体造型艺术,给予欣赏者的感受首先来自它的形体,形体美是雕塑形式美的灵魂。雕塑形体要做到比例匀称、结构严谨,以形体展示形象的动势、情绪与生命力。

2. 空间

空间是物质存在的一种客观形式,由长度、宽度、高度和大小表现出来。雕塑是以物质形式在空间中存在的艺术。雕塑一旦置于环境中,就和周围环境形成了两种空间关系,即实空间和虚空间。实空间即雕塑本身占有的空间;虚空间即雕塑实体之外形成的空间。虚实空间相辅相成,相互结合形成了统一的整体,使雕塑表现更丰富、更完美,有利于创造具有漂浮性、多意性、模糊性的意念空间,同时赋予了雕塑灵动的特性,使观赏者达成某种视觉上和心理上的双重美感。

3. 材质

材质是指雕塑的材料和质感。不同的材质有不同的美感,独特的个性。如花岗岩坚硬、质朴,富有厚重感和质朴的原始美;金属硬度大,可塑性强、耐磨,色泽光亮,充满威严而神秘的美感。雕塑材质五花八门,有传统的石材、木材、铜铁等,还有现代塑料、纤维、橡胶等。雕塑艺术的魅力不仅仅在它的形式美,材质给人的美也极具魅力。雕塑艺术重在通过造型,表现一种观念,营造一种氛围。材料作为视觉语言,使用得是否恰当,关键在于能否有效表现情感主题,给人以强烈的感染力。

4. 色彩

色彩是雕塑艺术中的一种重要的造型语言。雕塑艺术的色彩通常有自然色彩和人为色彩。自然色彩是物体本身具有的色彩;人为色彩是通过对雕塑表面进行艺术化敷彩处理,使造型更加鲜明,以增添雕塑的感染力和表现力。雕塑作为立体造型艺术,其文化意蕴是通过其形体、空间、材质、色彩综合互动来表现的,合理地运用色彩,有助于丰富雕塑本身的表现力,增强感官的愉悦性。

二、中国雕塑史

中国雕塑是中华民族文化的重要组成部分,凝聚着中华民族的精神和传统,反映着自古至今中华各族人民的无限追求与执着信仰。中国雕塑历史悠久,经历了古代传统雕塑和近现代雕塑的发展时期。

(一)中国古代雕塑

中国古代雕塑是中国古代艺术的精华,在题材内容、形式风格、雕塑技法,以及所使用的材质上都具有鲜明浓郁的民族特色和时代特色。从雕塑题材看,主要有陵墓雕塑、宗教雕塑、民俗性及其他雕塑;从雕塑形式看,有圆雕、浮雕、透雕;从雕刻材料看,除青铜、石、砖、泥、陶等材料外,还有玉雕、牙雕、木雕、竹雕等。

1. 史前雕塑

中国迄今发现最古老的雕塑是距今 7000 年的一件小型人头陶像。这一时期,雕塑主要是人和各类动物形象,以陶塑居多,也有少量石、玉、牙、骨材质雕刻。雕塑大多附加在器物上,形象粗略、稚拙,具有极强装饰性。

2. 夏商周时期的雕塑

夏商周时期,雕塑以青铜礼器铸造为主,侧重以人、动物或神异动物外形为器形,著名的有《四羊方尊》《人面方鼎》《三星堆青铜面具》等。商代青铜礼器造型奇特,充满威严而神秘的美感,如《人面方鼎》上的浮雕人面、象尊。西周以后,雕塑风格趋于写实而富于理性,如鸭尊、驹尊。春秋战国时期,转向繁丽、华美,追求装饰性,如犀尊。夏商周时期除礼器外,还有一些人或动物形器物支架、底座等实用雕塑,人和动物造型巧妙,制作精细,如河南洛阳东周墓出土的各种动态人型器座、河北平山中山国墓出土的虎噬鹿器座。

3. 秦汉时期的雕塑

秦汉时期,雕塑艺术空前兴盛,主要体现在建筑装饰、陵墓装饰中,最具典型意义的是秦代兵马俑雕塑群和西汉霍去病墓大型动物石刻。秦代是中国封建社会上升期,反映在雕塑上,力求模仿生活真实,人物、战马都如同真实大小,形象逼真、体量巨大、数量众多,通过庞大组合,产生震撼人心的艺术感染力。汉代雕塑在继承秦代恢宏庄重的基础上,更突出了雄浑刚健的艺术个性。汉代雕塑作品品种和数量丰富,各种材质制作的动物俑和人物俑造型古朴、神态夸张,具有显著动势。西汉霍去病墓石刻是西汉留存至今的一组非常具有代表性的大型石雕作品。墓上散置的 16 件动物石刻,利用了石材的自然形态,略加雕琢,便生动地呈现出不同动物的神态,于浑厚中显示着雄强的力之美。《马踏匈奴》是整个群雕作品的主体,同时也是这些雕塑所讴歌的主题,雕塑的外轮廓准确有力,形象生动传神,具有丰富的表现力和高度的艺术概括力,是我国陵墓雕刻作品的典范。整体来说,秦朝雕塑注重写实逼真,汉代雕塑讲究写意生动。汉代雕塑对现实生活有了更进一步的反映,舂米、采芋、酿酒以及舞乐百戏等世俗生活成为雕塑的素材,尤其在汉代画像砖中大量存在这类浮雕,宴饮、驱车、习射等士大夫生活在砖石雕刻中也有表现。

4. 三国两晋南北朝时期的雕塑

三国两晋南北朝时期是中国雕塑兴旺繁荣的时期,随着佛教盛行,佛像雕塑成为这一时期雕塑的主流。敦煌石窟、云冈石窟、龙门石窟、麦积山石窟等中国四大石窟均开凿于这一时期。敦煌莫高窟位于今甘肃省敦煌市东南的鸣沙山麓,以精美的壁画和塑像闻名于世,始建于前秦建元二年(366),是融建筑、雕塑、壁画三者于一体的立体艺术,现存石窟700 余个,雕塑 3000 余身,主要为各种佛像。云冈石窟位于今山西大同市西的武周山,依山开凿,规模恢宏、气势雄浑,现存洞窟 53 个,造像 5 万余身,内容丰富多彩,被誉为中国古代雕刻艺术的宝库。云冈石窟开凿经历了早、中、晚三个时期,形象地记录了印度及中亚佛教艺术向中国佛教艺术发展的历史轨迹,反映出佛教造像在中国逐渐世俗化、民族化的过程。龙门石窟位于今河南洛阳市南,是世界上造像最多、规模最大的石刻艺术宝库,被联合国教科文组织评为"中国石刻艺术的最高峰",位居中国各大石窟之首,现存窟龛 2300 多个,造像 11 万余身。龙门石窟始凿于北魏孝文帝迁都洛阳前后,隋、唐、北宋都有建设,开凿年代跨度大,作品数量丰富,集中了大批佛教雕塑精品。麦积山石窟位于今甘肃省天水市东南,以其精美的泥塑艺术闻名中外,始建于后秦,现存窟龛 190多个,泥塑、造像 7800 余尊,被誉为"东方雕塑馆"。北魏时期造像在形式风格上多受印度或西域式样影响,庄严、浑朴,于静穆中显示着佛的伟力。南北朝时期佛教雕刻融合了汉族知识分子的审美时尚,形成了褒衣博带、秀骨清像的新风貌。这一时期,著名的佛教造像雕塑家有东晋的戴逵、戴颙父子,其以首创夹造像和善于权衡大型造像的比例关系而著称。戴逵(326—396),东晋美术家和雕塑家,中国历史上著名的雕塑家,在南京瓦棺寺做的五躯佛像和顾恺之的《维摩诘像》、狮子国(锡兰岛)的玉像,共称"瓦官寺三绝"。

南北朝时期另一类大型石雕是陵墓地面石刻群,存世的作品主要是分布于南京及其附近地区的南朝帝王陵墓的石雕群,其造型脱胎于汉代墓前大型石兽,而趋向于劲健、华丽,兽做行进姿态,颈部很长,头向后仰,其影像与弓屈的背部形成一个极富力度的 S 形曲线;身上有翼,并有流畅而华丽的线刻花纹。墓室中随葬俑数量增加,并形成固定组合,早期造型粗犷,之后趋向清瘦修长,晚期又转向丰圆,其审美趋向的变化,大体与石窟寺造像的变化相一致。

5. 隋唐时期的雕塑

隋唐时期是中国雕塑发展的鼎盛时期,宗教雕塑、陵墓雕塑和工艺雕塑等方面都进入了空前繁荣时期。首先表现在石窟雕塑上，如龙门石窟奉先寺石刻造像，雕刻手法流畅而娴熟，创造了完全民族化的造型风格，不仅体现着唐代博大、雄强的时代精神，同时也显示出唐人丰富的想象力和高超的雕刻技艺。唐代陵墓雕塑最具代表性的为唐太宗昭陵六骏，内容表现的是唐太宗生前征战疆场所骑过的六匹战马，造型优美，线条流畅，刀工精细、圆润，没有失实的夸张，没有虚化诡异的造型，是我国浮雕艺术史上具有代表性的作品。工艺雕塑在隋唐时期也达到新的艺术高度，制作材料有泥、木、瓷、石等多种材料，以黄、褐、蓝、绿等釉色烧制而成的三彩俑数量众多。唐俑从题材到面貌都有了大发展，更多地体现了社会生活习俗和风尚，出现大量侍女、舞乐、游骑俑，制作手法精致，以绿、黄、白三色彩釉为主，即人们熟知的"唐三彩"。隋唐时期产生了一批雕塑家，其中有著名雕塑家杨惠之。杨惠之，唐玄宗时期的雕塑家，有"塑圣"之称，擅塑罗汉像，首创将人物安排在山石背景中的样式——壁塑(亦称"影塑")，著有《塑决》，是我国重要的雕塑理论著作。

6. 五代宋辽时期的雕塑

五代是雕塑作品由晚唐向宋辽的过渡时期，保存下来的雕塑作品较少。宋代雕塑最大特点是世俗题材与写实风格的发展，这与理学的兴起以及人们普遍关心现实生活的文化环境相关。宋代雕塑的世俗题材与写实风格在宗教雕塑、墓室雕刻、工艺塑俑类作品中都有明显的表现，其中重庆大足石刻、山西晋祠圣母殿的侍女像、山东长清灵岩寺罗汉像、江苏直保圣寺彩塑都生动传神地表现了世人情态，有很强的写实性。大足石刻造像以鲜明的民族化和生活化特色，塑造了更具人性化的宗教形象，成为中国石窟艺术中一颗璀璨的明珠。辽、金两代在北方地区曾开凿石窟，并有不少寺庙造像遗存，如辽代大同下华严寺的菩萨造像体态优美，神情含蓄，衣饰华美，具有唐塑遗风。宋辽陵墓雕刻大体沿袭唐陵规范，但在内容上有较大差异，倾向于写实；规模与艺术水平也逊于唐代，但石刻内容、数量更加规范。

宋元时期小型雕塑逐步发展，往往与工艺品结合，具有实用价值，风格上较多装饰性特征，且有大量直接模拟现实，表现起居生活的日用器物的雕刻作品，其中比较有名的是宋代孩儿枕。

7. 元明清时期的雕塑

元明清时期中国雕塑走向衰落阶段，雕塑成就突出地表现在宫廷、皇家园林的环境雕塑方面。元代雕塑受印度、尼泊尔、西藏艺术影响，造型奇特，宗教雕塑主要为喇嘛教雕像，宫廷、园林建筑雕塑主要体现在宫殿建筑饰件上，具有富丽繁缛的特点。元代代表性作品是居庸关四天王大浮雕，威武雄壮，气势庞大，体现了蒙古帝国雄大富强的时代风貌。阿尼哥和其学生刘元是元代著名雕塑家。阿尼哥(1244—1306)，元朝建筑师、雕塑家，尼波罗国(今尼泊尔)人，精通绘画、雕像和铸造工艺，尤擅造像、泥塑，主持修建建筑十余座，塑造寺观之像不计其数。刘元(1240—1324)，元代雕塑家，造像艺法精妙绝伦，把密教雕塑技术和中国雕塑手法结合，使中国雕塑艺术得到了新的发展。

明清时期宗教观念进一步淡薄，宗教雕塑主要为寺庙彩塑和小型的木、石、金铜佛像。宫廷、园林建筑雕刻获得极大发展，精华主要荟萃于故宫建筑群和天坛、颐和园、圆明园等皇家坛庙、园林，如保和殿内的云龙石雕，浮雕着蟠龙、海水江涯与各种图案，布局宏伟，雕刻精谨,是明清石雕艺术的杰作。故宫内的鎏金铜龙、凤、麒麟、狮、象等动物雕塑,以不同材质和丰富多样的造型烘托和调节着宫殿群的气氛。明清陵墓雕刻主要有南京明孝陵石刻、北京明十三陵石刻群,内容和配置沿袭宋陵而有所发展。明清时期仪卫性雕塑数量很多,包括陵墓地宫内的门、壁和宫殿、坛庙前精细的浮雕佛像等各种图案,如天安门前明代的华表,以多种雕刻手法塑造,柱身缠以浮雕龙纹,柱头横贯透雕云朵,顶端为莲瓣石盘上的圆雕《坐吼》,下面围以龙纹栏板和饰有狮子的望柱,整个石华表浑厚挺拔。

工艺雕塑作为建筑装饰或室内陈设在明清时期达到全盛,无论是宫廷建筑,还是民间建筑中,装饰性雕塑几乎随处可见。玉、石、竹、木、陶瓷、金属、牙、骨等材料制作的工艺雕塑,构思奇巧,制作精细,成为这一时期雕塑的一个亮点。如苏州、无锡、天津的泥塑,广东石湾的陶塑、扬州、苏州的玉雕、浙、闽、粤一带的木雕等。它们大多取材于民间大众喜闻乐见的内容,包括现实生活、神话传说、文学历史、戏曲故事、吉祥图案等,风格质朴,或细腻、或写实、或写意,具有鲜明的地域特征,使人印象深刻。

(二)中国近现代雕塑

1. 1911 年至 1949 年前的雕塑

进入 20 世纪后,中国传统宗教雕塑已趋于衰落,民间小型雕塑虽很繁荣,但未能成为主流。五四运动前后,一批留学生先后赴欧美、日本学习雕塑,他们归国以后,举行雕塑作品展览并从事艺术教育,成为中国近现代雕塑艺术的开拓者。1920 年上海美术专科学校设立雕塑科,之后杭州艺术专科学校、北平艺术专科学校等相继设立雕塑系、科,开展雕塑教学。20 世纪 20 年代至 40 年代,比较大的创作有为纪念孙中山和其他民主革命家塑制的纪念像和设计抗日战争英雄纪念碑等,如 1925 年江小鹣创作的《孙中山立像》(建于上海市中心),1934 年刘开渠创作的《淞沪阵亡将士纪念碑》(建于杭州西湖)《无名英雄铜像》(建于四川成都);各种展览会上也出现了较多的肖像作品,较早的肖像作品有 1925 年李金发创作的《蔡元培像》,江小鹣创作的《马相伯像》等。

近代各类民间雕塑相当繁荣,出现一些杰出的民间艺术家。比较著名的有天津以张长林为代表的泥塑、江西南昌范振华的木雕人像、广东石湾刘传的人物陶塑、区乾的动物陶塑,福建泉州江加走的木偶头像,北京汤子博、郎绍安等人的面塑。

2. 1949 年至今的雕塑

1949 年新中国建立后,雕塑创作有了巨大发展。为缅怀革命先烈,各地先后建造了许多纪念碑,如 1949 年山东临沂建立的《革命烈士纪念塔》。大型雕塑有 1958 年建成的人民英雄纪念碑。人民英雄纪念碑按照民族形式设计,庄严宏伟,碑下层四面镶嵌着中国人民近百来革命斗争史迹的大型浮雕,分别是《虎门销烟》《金田起义》《武昌起义》《五四运动》《五卅运动》《南昌起义》《抗日游击战争》《胜利渡长江》,在《胜利渡长江》浮雕两侧,另有两幅以《支援前线》《欢迎中国人民解放军》为题的装饰性浮雕,整个纪念碑造型使人感到既有民族风格,又有鲜明的新时代精神。人民英雄纪念碑的落成是中国现代雕塑的起点和里程碑。融汇中、西方雕塑技法,体现新民族雕塑样式的雕塑有北京农业展览馆前的《人民公社》两座大型广场雕塑群像。20 世纪 50 年代起,美术院校普遍建立雕塑系,开展雕塑教学。20世纪50年代至60年代初,中央美术学院先后举办两届雕塑研究班,1956年还成立了中国雕塑工厂。20世纪60年代后,雕塑虽然转入低谷,但也创作出一些好作品,如四川美院创作的与真人等大,具有情节性的泥塑《收租院》。

改革开放后,随着城市建设和发展,中国雕塑和其他艺术一同进入了繁荣发展的新时期。1982年,中国美术家协会提出《关于在全国重点城市进行雕塑建设的建议》,经国家批准后成立了全国城市雕塑规划组和全国城市雕塑艺术委员会,领导全国城市雕塑创作活动。此后,全国各地兴造了很多纪念碑、园林环境雕塑、名人纪念像,对美化环境、改变城市景观和对人民进行爱国主义教育都起到了重要作用。与此同时,硬质材料的架上雕塑、小型雕塑也有很大发展。代表性的优秀作品有1982年建于广东珠海市海滨的《珠海渔女》,1984年建于重庆长江大桥桥头的组雕《春夏秋冬》,北京和平里的《和平鸽》,深圳市委大楼前的《孺子牛》等。

近现代也涌现出一大批雕塑家,有江小鹣、刘开渠、曾竹韶、王朝闻、傅天仇、司徒杰、卢鸿基等。江小鹣(1894—1939),中国近代雕塑艺术家,擅长人物肖像和纪念碑雕刻,造型严谨,手法洗练,1929年在上海完成《孙中山像》,代表作品有《谭延闿像》《陈嘉庚像》《画家陈师曾半身像》等。刘开渠(1904—1993),中国近现代雕塑艺术家,现代雕塑事业的奠基人,擅长纪念性雕塑,主张雕塑艺术在“创造一种新境界”的同时,应该起到“明劝诫、着升沉”的作用;其雕塑作品在西洋写实基础上,继承了中国传统雕塑表现方法,具有明显的绘画性和意象性,造型简练、准确、生动,代表作品有《淞沪抗日阵亡将士纪念碑》《胜利渡长江解放全中国》《支援前线》《欢迎解放军》等浮雕,其中《淞沪抗日阵亡将士纪念碑》是我国第一座表现抗日题材的纪念碑。曾竹韶(1908—2012),中国著名雕塑艺术家、新中国雕塑事业奠基者之一,擅长纪念性主题的人物雕像,代表作品有《陶铸全身坐像》《竺可桢半身像》《周恩来头像》等。王朝闻(1909—2004),中国著名雕塑艺术家、美学家,新中国马克思主义文艺理论和美学的开拓者与奠基人之一,雕塑作品有浮雕《毛泽东像》、圆雕《刘胡兰像》等。傅天仇(1920—1990),中国雕塑艺术家、美术教育家,主张继承中国古代雕塑现实主义传统和吸收外国雕塑技巧长处,实行中西艺术结合,代表作品有《武昌起义浮雕》《周恩来铜像》等。

三、外国雕塑史

外国雕塑发展可追溯到史前人类,经历了古代雕塑、近代雕塑和现代雕塑三个阶段。

(一)外国古代雕塑

外国古代雕塑指从史前到公元5世纪以前的雕塑艺术,包括史前雕塑(原始雕塑)、古埃及与两河流域雕塑、古希腊与古罗马雕塑、中世纪雕塑、文艺复兴时期雕塑。

1. 史前雕塑

西方最早的雕塑产生于2万多年前的旧石器时代晚期,考古发掘的欧洲原始雕塑作品主要有两种:一是存在于器具与洞窟艺术中,用石板、骨、角等材料刻成的“线刻”,大部分为野牛、野马、犀牛、熊、虎、驯鹿等野兽,也有少量人物;二是出现在器具上的浮雕、圆雕和透雕,使用的材料有晶体滑石、石灰岩、象牙和骨头等。以小型女性雕像最为著名,这些小型雕像作品有发现于奥地利的《威伦道夫的维纳斯》,这尊石雕是人类雕塑史上最早的人体圆雕杰作之一;浮雕作品有发现于法国的《持角的维纳斯》,表现了原始人类对种族繁衍的崇尚,被认为是原始艺术的开端。

2. 古埃及与两河流域雕塑

古埃及雕塑主要作为建筑附属物存在,其特点与绘画有着共同的程式,表现为直立姿势,双臂紧靠躯体,正面直对观众,表情庄严,以写实手法雕刻,有固定的色彩程式。雕塑作品的形式多样,有石板、木板浮雕,彩陶塑,石雕,人物肖像雕塑等,重要作品有《狮身人面像》,是埃及最大最古老的室外雕刻巨像之一,还有《纳美尔石板》《国王与王妃》《书吏凯伊》《村长像》《奈芙蒂蒂》等。古埃及雕塑对古希腊雕塑产生过重要影响。

两河流域雕塑最早出现于塔庙和纪念性建筑上,不同地区、不同时期的雕塑具有一些不同的特点。苏美尔人雕塑以男女雕像为主,注重精神表现,并形成了以乌尔为中心的南派和以阿施努那克为中心的北派。南派雕塑身体呈圆柱形,双手置于胸前,姿势虔诚,表情平安详静;北派雕塑比例有所拉长,五官夸张。巴比伦雕塑最著名的是《汉穆拉比法典》上的浮雕。亚述人雕塑尤以浮雕最具代表性,题材以狩猎、宫廷宴会、战绩功绩和祭祀活动为主,具有很强的现实性,代表作品有《护门神兽》。

3. 古希腊与古罗马雕塑

古希腊雕塑在西方雕塑中占有十分重要的地位。古希腊雕塑发展大致经历了古风、古典、希腊化三个时期,希腊神话是希腊雕塑的源泉,希腊人相信神与人具有同样的形体与性格,雕塑参照人的形象来塑造神的形象,主要成就表现在神庙建筑和神像雕塑方面,具有理想主义、简朴的特点,强调共性和典雅精致,重用外在形式来表现内在力量,体现了"美即和谐"这一在古希腊美学中占主导地位的思想。著名雕塑家及其作品有菲狄亚斯(公元前 5 世纪初—前 431),古希腊著名雕塑家,擅长神像雕塑,代表作品有《命运三女神》《宙斯》《帕提农的雅典娜》;波利克里托斯(生活于公元前 5 世纪后半期),古希腊雕塑家,最擅长表现青年运动员形象,代表作品有《持矛者》《束发运动员》;米隆(公元前 480—前 440),古希腊雕塑家,代表作品有《掷铁饼者》《米洛斯的维纳斯》等。

古罗马雕塑艺术承继古希腊优良传统,融入了本土埃特鲁丽亚雕塑艺术和铸铜、石雕技艺长处,是西方古代文明的重要组成部分,对西方现实主义雕塑发展做出了杰出贡献。雕塑艺术在古罗马社会生活中具有极高的地位,作品数量巨大,主要成就表现在建筑浮雕和人物肖像雕刻方面,有圆雕和浮雕,材质有石、陶和青铜等。古罗马雕塑更加世俗化,以写实见长,代表性雕塑作品有《卡拉卡拉像》《奥古斯都像》《断臂维纳斯》《君士坦丁头像》等肖像和《图拉真纪功柱》《君士坦丁凯旋门》等建筑浮雕。

4. 中世纪雕塑

中世纪雕塑如同欧洲其他艺术一样,以服务于基督教为主,带有明显的宗教色彩,发展经历了早期基督教雕塑、拜占庭雕塑、罗马式雕塑和哥特式雕塑。早期基督教雕塑继承了古罗马雕塑艺术,赋予了宗教题材,主要形式为石棺雕刻。拜占庭雕塑融东西方艺术,自成体系,雕塑主要存在于建筑和石棺雕刻中,建筑雕塑主要以花鸟树木装饰性纹样为主,多为浅浮雕和透雕。罗马式雕塑又被称为"石头圣经",是将圣经故事雕刻在教堂墙壁、柱子上,以寓意、象征手法形成一种超现实的神秘感和宗教感,为宣扬宗教教义服务。哥特式雕塑是存在于教堂装饰的石雕,以圣母、圣子和圣婴为题材,强调对信仰的传达,重在教化大众。

5. 文艺复兴时期雕塑

文艺复兴时期是继古希腊艺术之后,西方艺术的又一个高峰。文艺复兴时期的雕塑继承并发展了古希腊、古罗马雕塑艺术的传统,使雕塑艺术达到了高度繁荣。文艺复兴时期的雕塑逐渐脱离了建筑的束缚,发展成为一种独立的美术形式,雕塑家开始着手从人的尘世美与真的方面来表现人,创作了富有立体感和尘世坚定信念的雕塑。作品大部分为裸体人物,著名雕塑家及作品有吉贝尔蒂(约 1378—1455),意大利新雕塑艺术风格的奠基者,代表作品有青铜浮雕《天堂之门》;多纳泰罗(1386—1466),意大利雕塑家、画家,代表作品有《圣乔治像》;米开朗琪罗(1475—1564),文艺复兴时期意大利最伟大的雕塑家,代表作品有《大卫》《摩西像》《创世纪》《被缚的奴隶》等。

(二)外国近代雕塑

17 世纪至 19 世纪末是外国近代雕塑艺术发展阶段。这一阶段,外国雕塑艺术呈现出不同于文艺复兴时期的雕塑艺术,相继出现了巴洛克、洛可可、新古典主义、浪漫主义、现实主义等雕塑艺术,并成为这一时期最具代表性的雕塑风格。

1. 巴洛克雕塑

巴洛克雕塑艺术是 17 世纪风行于欧洲的一种雕塑艺术风格,巴洛克雕塑讲究均衡美和理性美,主要成就表现在教堂雕塑和肖像雕塑方面。雕塑设计上往往以四周的建筑为背景,创造出光影、空气、环境等与雕塑紧密相连的氛围;雕塑作品外形自由,动感强烈,极富感染力。著名雕塑家及其作品有贝尼尼(1598—1680),17 世纪意大利最伟大的艺术大师,巴洛克风格雕刻家兼建筑师,雕塑作品充满强烈运动感,给人以轻快、活泼和不安的感觉,代表作品有《被掳掠的普洛塞庇娜》《阿波罗和达芙妮》;阿尔加迪(1595—1654),17 世纪意大利最重要的巴洛克风格雕塑家,擅肖像胸像,代表作品有《教皇十一世墓》《天使》《圣保罗蒙难》等。

2. 洛可可雕塑

洛可可雕塑艺术是 18 世纪兴起于法国的雕塑艺术风格,洛可可雕塑造型纤巧,手法细腻,具有轻快、精致、细腻、繁复等特点,大量雕塑为装饰环境的小型雕刻作品。著名雕塑家有法尔科内(1716—1791),法国洛可可风格雕塑家,创作了大量具有洛可可艺术趣味,造型优美的神话雕像,代表作品有《缪斯》《浴女》《水泉女神》《彼得大帝骑马像》(又名《青铜骑士》);克洛迪昂(1738—1814),法国洛可可风格雕塑家,作品主要取材于古希腊神话,表现主题多是酒神狂欢、仙女和半人半兽,由于其作品所体现的独特性和多样性,在当时被誉为"代表洛可可风格的精髓",作品为众多大博物馆和艺术机构收藏。

3. 新古典主义雕塑

新古典主义是 18 世纪末至 19 世纪初风行于欧洲的一个艺术流派,该流派崇尚古风、

中小学教师文化素养

理性和自然,注重塑造完整形象,强调理性而忽略感性。著名雕塑家及其作品有乌东(1741—1828),法国新古典主义雕塑家,是法国古典主义向现实主义过渡时期具有承前启后作用的划时代雕塑大师,代表作品有《伏尔泰坐像》《戴安娜》《俄国女皇叶卡捷琳娜二世胸像》;卡诺瓦(1757—1822),意大利新古典主义雕塑家,他的作品标志着雕塑从戏剧化的巴洛克时代走向更为精细的新古典主义时代,代表作品有《帕修斯》(又名《手持美杜莎头颅的帕修斯》)《天使之吻》。

4. 浪漫主义雕塑

浪漫主义艺术是 19 世纪 20 至 40 年代风行于欧洲的一个艺术流派,该流派反对单纯的形式美和理性的束缚,强调主观情感和个性的抒发。著名雕塑家及其作品有吕德(1784—1855),法国浪漫主义雕塑家,与 19 世纪法国最杰出雕塑家乌东、罗丹等人齐名,代表作品有巴黎凯旋门上的群像浮雕《马赛曲》《拿破仑像》《圣女贞德像》;卡尔波(1827—1875),法国浪漫主义雕塑家、画家,代表作品有《乌谷利诺及其子孙》《舞蹈》《听海螺的渔童》。

5. 现实主义雕塑

现实主义又称为写实主义,是 19 世纪后半叶流行于欧洲的一个艺术流派,该流派反对理想化的想象,强调对自然或现实生活做出准确的描绘和体现。著名雕塑家及其作品有罗丹(1840—1917),法国现实主义雕塑家,与其学生马约尔和布德尔,被誉为欧洲雕塑的"三大支柱",他善用丰富多样的绘画性手法塑造出神态生动富有力量的艺术形象,对欧洲近代雕塑的发展有着较大影响,代表作品有《青铜时代》《思想者》《加莱义民》《雨果》《巴尔扎克》等;马约尔(1861—1944),法国现实主义雕塑家、画家,作品大部分是以女人人体作为主题,代表作品有《地中海》《河流》《空气》《骑自行车的人》;布德尔(1861—1929),现实主义雕塑家,代表作品有《阿维尔将军纪念碑》《拉弓的赫拉克勒斯》《1870 年战争纪念碑》《音乐》《舞蹈》。

(三)外国现代雕塑

20 世纪西方雕塑和其他艺术一样,经历了迅速的发展变化,许多传统观念、审美标准、技法和材料都不断改变,涌现出了现代派、野兽派、立体派、未来派、构成主义、达达主义、超现实主义等不同流派,并在拓展雕塑空间、扩充雕塑材料、创新雕塑语言等方面做出了卓有成效的改革与探索。

20 世纪最具影响力的西方雕塑家有布朗库西(1876—1957),法国雕塑家,现代雕塑的先驱,致力于造型的纯粹性,力图以单纯的造型体现事物的本质精神,代表作品有《吻》《空中之鸟》《波嘉尼小姐》《无尽之柱》等。《波嘉尼小姐》以其单纯卵形的艺术感染力,被称为"抽象雕塑的美丽教母"。摩尔(1898—1986),英国雕塑家,20 世纪世界最著名的雕塑家之一,以大型铸铜雕塑和大理石雕塑闻名于世,代表作品有《斜倚的女人体》《家族群像》《国王与王后》等;贾科梅蒂(1901—1966),瑞士雕塑家、画家,作品以"瘦削"闻名,同时弥漫着孤独、迷茫、痛苦、反思的气息,被誉为现代主义精神的化身,代表作品有《行走的人》《超现实表》《笼》等。

【测试训练题】

一、选择题

1. 我国古代由官方颁布的第一部建筑营造规范的著作是（   ）。

A.《营造法式》　　　　B.《鲁班营造法式》　　C.《工程做法》　　　　D.《木经》

2. 当今世界上现存最早的单孔敞肩石拱桥是（   ）。

A. 广济桥　　　　　　B. 安济桥　　　　　　C. 安平桥　　　　　　D. 万安桥

3. 被誉为"东方雕塑馆"的中国古代石窟是（   ）。

A. 敦煌石窟　　　　　B. 云冈石窟　　　　　C. 龙门石窟　　　　　D. 麦积山石窟

4. 擅塑罗汉像，首创将人物安排在山石背景中的样式，有"塑圣"之称的我国古代雕塑家是（   ）。

A. 杨惠之　　　　　　B. 刘元　　　　　　　C. 戴逵　　　　　　　D. 阿尼哥

5. 古希腊代表性建筑实例有（   ）。

A. 圣索菲亚大教堂　　B. 雅典卫城　　　　　C. 卢克索神庙　　　　D. 空中花园

6. 采用玻璃铁架结构，没有任何多余装饰，完全体现工业生产机械特色，开辟了建筑形式新纪元的现代建筑是（   ）。

A. 伦敦"水晶宫"展览馆　　　　　　　　B. 包豪斯校舍

C. 萨伏伊别墅　　　　　　　　　　　　D. 古根海姆美术馆

7. 西方史前雕塑作品中，最早的人体圆雕杰作是（   ）。

A.《威伦道夫的维纳斯》　　　　　　　　B.《持角的维纳斯》

C.《帕提农的雅典娜》　　　　　　　　　D.《掷铁饼者》

8. 文艺复兴时期最伟大的雕塑家是（   ）。

A. 米开朗琪罗　　　　B. 罗丹　　　　　　　C. 乌东　　　　　　　D. 贝尼尼

二、填空题

1. 中国传统民居建筑最主要的形式是_____。

2. 我国古代重要的雕塑理论著作是_____。

3. 反映中国人民近百来革命斗争史迹的大型浮雕是_____。

4. 雕塑了《思想者》的 19 世纪西方著名的现实主义雕塑家是_____。

三、辨析题

1. 哥特式建筑是 17 世纪至 18 世纪流行于欧洲的一种建筑艺术风格，主要特征是高耸、阴森、诡异、神秘、恐怖。

2. 斗拱是中国古代木构架建筑特有的一种结构，位于立柱和横梁交接处，起承重、抗震、装饰及体现等级制度的木构架建筑的一种构件。

中小学教师文化素养

第十三章　戏剧与电影常识

戏剧是集舞蹈、音乐、语言、动作等形式达到叙事目的的舞台表演艺术；电影是以现代科技为手段，以画面与声音为媒介，在运动着的时空里创造银幕形象，反映和表现现实生活和思想感情的一种艺术。两者都属于综合性的艺术形式，是当代艺术不可或缺的重要组成部分。学习和掌握戏剧与电影相关知识，有助于培养审美观念，提升艺术鉴赏能力。

第一节　戏剧常识

一、戏剧基本知识

（一）戏剧的类型

戏剧的种类很多，根据表演形式可分为话剧、歌剧、舞剧、戏曲等，话剧以对话为主，如《雷电颂》；歌剧以歌唱为主，如《白毛女》《图兰朵》；舞剧以舞蹈为主，如《丝路花雨》；戏曲是我国传统的戏剧形式，包括昆曲、京剧和各种地方戏，以歌唱、舞蹈为主要表演手段，如《窦娥冤》《霸王别姬》。根据剧情繁简和结构、戏剧可分为多幕剧和独幕剧，多幕剧指篇幅长，容量大，人物多，剧情复杂，宜于反映广阔的社会生活，可分为若干场景的戏剧，如《茶馆》；独幕剧指篇幅较短，情节单纯，结构紧凑，能够反映一个完整故事的戏剧，如《可笑的女才子》。根据题材所反映的时代的不同，戏剧可分为历史剧和现代剧，历史剧指取材于历史事件和历史人物的剧目，如《屈原》；现代剧以现代人和现代社会生活为内容的剧目，如《雷雨》等。根据矛盾冲突性质和表现手法，戏剧可分为喜剧、悲剧和正剧，悲剧反映社会生活中的重大矛盾冲突，往往以表现主人公与现实之间不可调和的冲突及其悲惨结局为基本特点，如《窦娥冤》《梁山伯与祝英台》；喜剧以夸张的手法、巧妙的结构、诙谐的台词，讽刺、揭露社会生活中的丑陋、落后一面，肯定歌颂美好事物，如《西厢记》《威尼斯商人》等；正剧兼有悲剧和喜剧的因素，能够反映悲喜等复杂思想感情变化和广阔社会生活，正剧在古今中外的戏剧作品中占有很大比重，中国古代戏曲中的众多公案戏都属于正剧，如《陈州粜米》等。

（二）戏剧的基本要素

戏剧的基本要素包括舞台语言、戏剧冲突、人物语言。舞台语言和人物语言共同构成了戏剧的语言。舞台语言又称为舞台说明，是除人物语言之外的其他语言，包括背景介绍

（如时间、地点、人物）、人物动作、神态说明，旁白、画外音等，是戏剧语言不可缺少的一部分。人物语言又称台词，是剧中人物所说的话，包括对话、独白、旁白、内白、潜台词。独白是剧中人物独自抒发个人情感和愿望时说的话；旁白是剧中某个角色背着台上其他剧中人从旁侧对观众说的话；内白是在后台说的话；潜台词是登场人物没有说出，却以表情、动作、语言表现出的言外之意。戏剧主要是通过台词推动情节发展，表现人物性格，因此，台词语言要求能充分地表现人物性格、身份和思想感情，要通俗、简练、明确和口语化，适合舞台表演。冲突是戏剧的基本特征，戏剧要求在有限的空间和时间里表现社会矛盾，这就要求戏剧冲突更加尖锐集中，即戏剧冲突应比生活矛盾更强烈、更典型、更集中、更富于戏剧性。

（三）剧本

剧本是不同于戏剧的一种文学形式，是戏剧创作的文本基础，主要由台词和舞台说明组成，以代言体方式为主，表现故事的情节，是编导与演员演出的依据。剧本可按照不同标准进行分类，主要分为文学剧本与摄影剧本。文学剧本比较突出文学性，包含戏剧剧本、小说剧本、小品剧本、相声剧本等；摄影剧本比较突出拍摄感，文学艺术性有高有低，包含分场景剧本、分镜头剧本、台本等。分镜头剧本又称"导演剧本"，是包含动作、对白以及导演和摄影师的重要工作资料等的剧本；台本是专供各种舞台演出使用的剧本，也称为台词脚本，台本规定并明晰了灯光变化、背景音乐起落、演员上下场顺序、时间及道具迁换等，是戏剧演出流程的剧本，一般分为灯光本、道具本、音效本等。

二、中国戏剧史

中国戏剧主要包括戏曲和话剧，戏曲是中国传统戏剧，话剧是 20 世纪由西方引进的戏剧形式。中国戏剧发展经历了古代戏剧、近代戏剧和现代戏剧三个发展过程。

（一）中国古代戏剧

中国古代戏剧，即中国传统戏曲，是中华民族文化的一个重要组成部分，与古希腊戏剧、印度梵剧并称为世界三大古剧。中国传统戏曲经历了一个漫长的发展过程，大致可划分为萌芽、形成、成熟和繁荣四个时期。

1. 先秦至唐代的戏曲

先秦至唐代是中国传统戏曲的萌芽时期。中国戏曲起源于原始社会歌舞，是在民间歌舞、说唱和滑稽戏三种不同艺术形式综合基础上形成的。原始歌舞最初为祭祀时的说唱表演，如南方巫祭时具有明显表演性质的《九歌》，歌、乐、舞三者合一，既有独唱，又有对唱和合唱。秦汉时，在娱神歌舞中逐渐演变出娱人的歌舞，汉时出现的《东海黄公》，主要表现人虎搏斗，已经初步具备了戏曲的因素，以竞技为主的"角抵"在东汉时逐渐演变为包括杂技、武术、滑稽表演、音乐演奏、歌唱、舞蹈等各种技艺的综合性表演，即"百戏"。唐代出现了以问答方式表演的《参军戏》和取材于民间故事的歌舞《踏摇娘》。《参军戏》《踏摇娘》及优伶戏弄等表演已将演唱、故事情节、舞蹈动作等部分有机地结合在一起，这些已初具戏曲形式。

2. 宋金时期的戏曲

宋金时期是中国传统戏曲的形成时期。宋代百戏表演十分流行,各种表演有杂剧、杂技、讲史、说书、傀儡戏、舞旋、花鼓、舞剑等,这些表演既有鼓乐伴奏、化妆,又具有一定的情节,成为最早的戏曲。该时期戏曲以北宋都城汴梁、金代都城上京会宁、南宋永嘉为中心,形成"宋杂剧""金院本"和"南戏"等不同戏曲形态。宋杂剧按照表演形式大致分为"滑稽戏""歌舞戏"两个类别,绝大多数都是滑稽戏,表现方法各异,题材丰富,表演已有了角色分工。宋杂剧已具备戏曲代言、歌舞、故事三要素,标志着中国戏曲的形成。金灭北宋后,继承了北宋的杂剧,称为"金院本"。金院本题材广泛、风格多样,形成了"题目院本""和曲院本""上皇院本""霸王院本"等多个类别。金院本的表演体制也已有所发展,不再限于小型歌舞、滑稽戏,表演场所也不再是"勾栏""瓦肆",而是有了亭榭式的戏台。南宋初年,在宋杂剧基础上,融合南方民间小曲、说唱等艺术形式形成南戏。南戏是中国较早成熟的戏曲形式。南戏在发展壮大过程中,逐渐建立起了以生、旦为主体的拥有"生、旦、净、末、丑、外、贴"七种角色的行当体制。南宋时期的主要剧目有《王魁负桂英》《乐昌公主破镜重圆》《张协状元》等,其中《张协状元》代表了南戏的最高成就。

3. 元代的戏曲

元代是中国戏曲的成熟时期。进入元代,宋金杂剧在原有基础上大大发展,成为一种新型的戏剧,即形成了元杂剧。元杂剧具备了戏剧的基本特点,标志着中国戏剧进入成熟的阶段。元代杂剧也称为北曲杂剧,最早产生于金朝末年河北、山西一带。元代杂剧创作和演出进入鼎盛时期,出现了众多的作家和作品,著名的有被称为"元曲四大家"的关汉卿、郑光祖、白朴、马致远及王实甫等。关汉卿(1219—1301),元代杂剧奠基人,中国戏剧史上一位伟大的剧作家,代表作《窦娥冤》《望江亭》《拜月亭》《单刀会》等;郑光祖,元代著名杂剧作家,代表作《倩女离魂》等;白朴(1226—1306),元代著名杂剧作家,代表作《梧桐雨》《墙头马上》等;马致远(1251—1321),元代著名杂剧作家,代表作《汉宫秋》《青衫泪》等;王实甫(1260—1336),元代著名杂剧作家,与关汉卿、白朴、马致远等齐名,代表作《西厢记》(改编自唐朝元稹的《莺莺传》),是我国戏曲史上的一座丰碑。

元杂剧体制已趋于完备,形成了严密的结构形式。杂剧由唱曲、道白、表演三部分组成,一般一人主唱;每个剧本一般由"四折一楔子"组成,"折"相当于现在的"幕","楔子"篇幅短小,通常放在第一折之前,类似于现在的"序幕";音乐以北方音乐为基础,每一折由同一宫调的若干支曲子联成一个套曲;角色分旦、末、净、杂;表演动作、表情、舞台效果称为科。元杂剧内容广泛、题材多样,上到朝廷君臣、政治得失,下到闾里市井、父子兄弟、夫妇朋友、人情厚薄,在元杂剧作品中都有反映。

元杂剧具有多种类型,一般从体裁上分为悲剧和喜剧;从题材上分为公案戏、历史戏、爱情戏、社会戏、神话戏等。其中关汉卿的《窦娥冤》、白朴《梧桐雨》、马致远《汉宫秋》、纪君祥《赵氏孤儿》为元杂剧中的四大悲剧;关汉卿的《拜月亭》、王实甫的《西厢记》、白朴的《墙头马上》和郑光祖的《倩女离魂》为元曲中的四大爱情剧。

4. 明清时期的戏曲

明清是中国传统戏曲繁荣发展时期。进入明代后,传奇代替元杂剧成为戏曲舞台的主角。传奇是由宋元南戏发展而成的新兴戏曲形式,产生于元末,兴盛于明代,延至明末清初,故称为明清传奇。南戏在体制上与北杂剧不同,表演形式灵活自由,元中期时,杂剧作家沈和甫创造了"南北合套",将南北两个剧种融合。元末明初,许多元曲家对南戏进行了改进,使南戏艺术性大大提高,并由不够严整的短小戏曲演变为完整的长篇剧作。元末高明的《琵琶记》就是一部由南戏向传奇过渡的作品。明中期后,传奇作家和剧本大量涌现,成就最高的为汤显祖。汤显祖(1550—1616),明代戏曲家、文学家,作品有《牡丹亭》《邯郸记》《南柯记》《紫钗记》,其中《牡丹亭》是代表作,作品通过杜丽娘和柳梦梅死生离合的故事,歌颂了反对封建礼教,追求幸福爱情,要求个性解放的反抗精神。明传奇的兴盛促进了地方戏的发展,表现为地方声腔的崛起,如在江南兴起了昆腔,涌现了《十五贯》《占花魁》等戏曲剧目,安徽、江西产生了弋阳腔。明后期戏曲舞台开始流行"折子戏"。折子戏,即从全本传奇剧目中摘选出相对独立的一些具有精彩场面和唱作俱佳的片段进行表演,如《牡丹亭》中的"游园""惊梦",《拜月亭记》中的"踏伞""拜月"等都是比较有名的折子戏。

明嘉靖时期,魏良辅对昆山腔进行了改革,创立了委婉细腻、流利悠远,讲究板正腔纯的"水磨调",并通过《浣纱记》剧目的演出,使昆山腔成为全国性剧种。流行于民间的江西弋阳腔,随江湖戏班在各地演出过程中,逐渐与地方语言和民间音乐结合,衍变为地方化的声腔。明末清初,昆曲因其唱腔优美,剧目丰富被奉为"雅乐正声",归入"雅部",为皇家御用官戏。"花部"以别于"雅部",指除昆曲之外的各种地方声腔剧种。

自清初期,中国传统戏曲舞台发生了极大变化,表现为戏曲的地方化和通俗化。清初传奇继续发展,出现了洪昇的《长生殿》与孔尚任的《桃花扇》这两部名作。洪昇(1645—1704),清代戏曲家、诗人,主要作品《长生殿》;孔尚任(1648—1718),清初戏曲家、诗人,主要作品《桃花扇》。《桃花扇》和《长生殿》代表了中国古代历史剧作的最高成就,洪昇与孔尚任并称"南洪北孔"。康乾之时,在地方声腔基础上形成的各种地方戏曲兴盛发展,各种声腔戏曲班社汇聚京城,并与昆腔对峙,形成"华雅之争"。乾隆末年,四大徽班进京,不断吸收其他声腔剧种所长,将西皮和二黄戏结合,使之逐渐形成了独具北方特色的皮黄腔京剧。之后京剧向全国发展,成为具有广泛影响的剧种,京剧的出现把中国的戏曲艺术推进到一个新的高度。

(二)中国近代戏剧

1. 京剧的形成与发展

1840 年至 1919 年是中国近代戏剧发展阶段,这一时期,京剧形成并进入鼎盛时期。1840 年前后,融合皮黄腔的新剧种出现,为京剧的诞生奠定了基础。1840 至 1860 年,经戏曲艺人的努力,徽戏、秦腔、汉调融合,并借鉴吸收昆曲、京腔之长形成了京剧。京剧在文学、表演、音乐、舞台美术等各个方面都有一套规范化的艺术表现形式,唱腔由板腔体和曲牌体混合组成;声腔以二黄、西皮为主;伴奏有文场和武场之分,文场以胡琴为主奏乐器,武场以鼓板为主;角色分为生、旦、净、丑、杂、武等行当。这一时期出现了一批优秀京剧演员,如被称为京剧"老生三杰"的程长庚、余三胜、张二奎等。1883 至 1918 年,经"老生后三杰"的谭鑫培、汪桂芬、孙菊仙等众多京剧演员的创造发展,京剧艺术更加成熟,生、旦、净、丑各行都出现了一些京剧名家,如生行的许荫棠、净行的何佳山、旦行的陈德霖、丑行的王长林等。20 世纪 20 年代至新中国成立前,在新思潮的推动下,京剧艺术获得极大发展,京剧优秀演员大量涌现,呈现出流派纷呈的繁盛局面。这一时期的代表人物有"武生泰斗"杨小楼,"四大名旦"梅兰芳、尚小云、程砚秋、荀慧生,"四大须生"余叔岩、高庆奎、言菊朋、马连良,等等,形成杨派(杨小楼)、梅派(梅兰芳)、程派(程砚秋)、荀派(荀慧生)、余派(余叔岩)等京剧流派,每个流派都拥有一批数量可观的剧目,代表剧目有《贵妃醉酒》《霸王别姬》等。

2. 地方戏曲的形成与发展

清代具有地方声腔的地方戏曲兴盛发展。20 世纪初,一批新兴地方戏开始在各地戏曲舞台出现,如越剧、评剧、黄梅戏等。它们均由民间小戏发展而来,在吸收京剧、梆子等老剧种艺术营养基础上,逐渐发展为成熟的剧种,至此,以京剧、越剧、黄梅戏、评剧、豫剧五大戏曲剧种为核心的中国戏剧已经形成。越剧是中国五大剧种之一,发源于浙江,是吸取了昆曲、话剧、绍剧等戏曲艺术基础上发展而来的比较有特色的剧种,代表剧目有《梁山伯与祝英台》《红楼梦》。黄梅戏源于湖北黄梅,后吸收了青阳腔、徽调、高腔、采茶戏、京剧等众多剧种因素,逐渐形成了唱腔淳朴流畅,表演质朴细致的剧种,代表剧目有《天仙配》《女驸马》。评剧是汉族传统戏曲剧种之一,流传于中国北方,清末在河北滦县一带的小曲"对口莲花落"基础上形成,代表剧目有《花为媒》《杨三姐告状》。豫剧是中国第一大地方剧种,发源于河南,是在河南梆子的基础上不断改革和创新发展起来的,代表剧目有《花木兰》《穆桂英挂帅》。

3. 现代戏剧的产生与发展

中国现代戏剧发端于话剧,话剧萌芽于戊戌变法时期。在中国资产阶级民主主义革命影响下,伴随着传统戏曲的改良和文明戏在中国的出现,中国戏剧开始从古典形态向现代形态转变。1906 年李叔同、曾孝谷等人在东京发起成立"春柳社",并演出了法国小仲马《茶花女》的第三幕。1907 年,春柳社在东京演出了由曾孝谷改编的大型剧本《黑奴吁天录》,这是第一出由中国人创作演出的话剧。同年,由新剧活动家王钟声领导,在上海成立了"春阳社"和第一所新剧教育机构——通鉴学校。1919 年胡适的《终身大事》发表,与南开学校新剧团的《新村正》一起,成为中国话剧史上最早的话剧剧本。1921 年第一个"爱美的"戏剧团体在上海成立,并创办了第一个专门性的戏剧杂志——《戏剧》。1923 年民国时期导演、剧作家、教育家洪深(1894—1955)加入上海戏剧协社,建立严格的排演制和导演制,并执导公演了《少奶奶的扇子》,这是中国第一次严格地按照欧美话剧演出方式表演的话剧。1922 年蒲伯英与陈大悲在北京联合创办人艺戏剧专门学校(简称"人艺剧专"),是我国第一所采用西方戏剧艺术教育方式培养话剧专门人才的学校。1927 年田汉对南国电影剧社进行改组,并定名南国社。南国社成为当时影响最大的戏剧团体。这一时期,话剧创作更加丰富多样,诸如现实剧、历史剧、悲剧、喜剧、独幕剧、多幕剧、诗剧、散文剧、活报剧等各种体裁、样式的戏剧都有不同程度的发展,并出现了《一只马蜂》《泼妇》等优秀剧作。

1929 年上海艺术剧社成立，开始了中国共产党对现代戏剧运动的直接领导。1930年，戏剧协社、南国社、艺术剧社、剧艺社等联合成立"上海戏剧运动联合会"；同年"中国左翼剧团联盟"正式成立，简称"剧联"，田汉、刘保罗、赵铭彝等为负责人。进入 20 世纪 30年代，以话剧为代表的中国戏剧创作、演出、理论研究等逐步趋向于专业化与正规化，洪深的《五奎桥》、曹禺的《雷雨》《日出》《原野》、李健吾的《这不过是春天》、田汉的《回春之曲》、夏衍的《上海屋檐下》等剧作相继产生，标志着中国话剧艺术进入了成熟期。1937 年卢沟桥事变发生后，原上海剧作者协会改为中国剧作者协会，并成立文艺界抗日统一战线组织，集体创作三幕剧《保卫卢沟桥》，剧作气势磅礴、慷慨激昂，表现了中国人民以血肉之躯誓死保卫家园的决心，拉开了整个抗战戏剧的序幕。

为了加强团结，有计划、有组织地开展戏剧运动，1937 年"中华全国戏剧界抗敌协会"在汉口成立，协会汇合数十个戏剧团体，之后全国各主要城市也都成立了"剧协"分会。抗战初期，各种通俗、小型的戏剧演出，如活报剧、街头剧、茶馆剧、游行剧、灯剧等很好地发挥了宣传鼓动作用，激发了千百万观众的爱国热情。这一时期产生了大量重要剧作，如郭沫若的《屈原》、阳翰笙的《天国春秋》、于伶的《夜上海》、宋之的《雾重庆》、曹禺的《北京人》、田汉的《秋声赋》、夏衍的《芳草天涯》、吴祖光的《风雪夜归人》、陈白尘的《升官图》等。"五四"以来，一些具有戏剧新观念的剧作家一直在探索歌剧的民族化道路，尝试在传统戏曲的基础上发展新歌剧。新歌剧《白毛女》是在戏剧现代化和民族化融合上的成功之作。

（三）中国现代戏剧

1949 年新中国成立后，中国戏剧也迎来发展的春天。1951 年中国戏曲研究院成立，毛泽东为其题词"百花齐放推陈出新"，在这一戏曲发展方针指引下，传统戏曲、现代戏剧和歌剧相继涌现出一批优秀剧目。传统戏曲方面，有京剧《将相和》《白蛇传》《白毛女》《红灯记》《奇袭白虎团》、评剧《秦香莲》《刘巧儿》、越剧《梁山伯与祝英台》《西厢记》、昆剧《十五贯》、沪剧《芦荡火种》、豫剧《朝阳沟》等。现代戏剧方面，在党的"双百"方针指引下，现代戏剧开始朝着民族化、大众化道路前进，产生了老舍的《龙须沟》《茶馆》、田汉的《关汉卿》《文成公主》、郭沫若的《蔡文姬》、朱祖贻的《甲午海战》等优秀作品。之后，刘川的《第二个春天》、胡万春的《激流勇进》、张仲朋的《青松岭》、江文等的《龙江颂》、蓝澄的《丰收之后》、沈西蒙的《霓虹灯下的哨兵》、王树元的《杜鹃山》、葛翠林的《草原小姐妹》等以现实生活为题材的话剧也相继出现。歌剧创作方面出现了《洪湖赤卫队》《红霞》《江姐》《刘三姐》等优秀作品。1978 年随着改革开放的深入推进，中国戏剧发展进入了新时期，在数量、质量、深度和广度上都有了重大突破，传统戏曲、现代戏剧和歌剧都出现了五彩缤纷、百花齐放的良好局面。

三、外国戏剧史

外国戏剧主要为西方戏剧，如同中国戏剧一样，发端于古代祭祀的歌舞表演，经历从古代原始歌舞表演到近代戏剧、现代戏剧的发展过程。

（一）外国古代戏剧

外国古代戏剧主要包括古希腊戏剧、古罗马戏剧、古印度梵剧、中世纪戏剧和文艺复兴时期戏剧。

1. 古希腊戏剧

古希腊戏剧产生于古希腊酒神祭祀大典上扮成半人半羊的歌舞表演。公元前 6 世纪左右，古希腊悲剧之父埃斯库罗斯将表演对答演员增加至 2 人，这就是人类最早的戏剧雏形。古希腊悲剧产生于酒神祭中对酒神遭受苦难的颂扬，喜剧产生于酒神祭祀中的民间狂欢歌舞和滑稽戏。公元前 5 世纪，在伯利克里执政时期，戏剧演出成为酒神节上重要的表演活动。酒神节上的戏剧表演促进了古希腊戏剧的发展，涌现出了一批戏剧作家及作品。古希腊戏剧分为悲剧和喜剧，著名悲剧家及其作品有埃斯库罗斯（公元前 525—前 456），古希腊悲剧作家，被称为古希腊"悲剧之父"，代表作《被缚的普罗米修斯》《阿伽门农》《善好者》；索福克勒斯（公元前 496—前 406），古希腊悲剧作家，被称为"戏剧艺术的荷马"，代表作品《俄狄浦斯王》《安提戈涅》；欧里庇得斯（公元前 480 年—前 406），古希腊悲剧作家，被称为"舞台上的哲学家"，代表作品《独目巨人》《阿尔克提斯》。著名喜剧作家及作品有阿里斯托芬（公元前 446—前 384），古希腊喜剧作家，被称为"喜剧之父"，代表作《阿卡奈人》。

2. 古罗马戏剧

古罗马戏剧萌芽于远古时期农神祭祀和农事节庆上的即兴诗歌对唱，即菲斯刻尼曲调。公元 4 世纪中期，古罗马出现了以日常生活为题材，有演员表演的"杂戏"，由此形成古罗马戏剧。公元前 4 世纪至前 2 世纪，罗马人学习和吸收希腊戏剧成就，使罗马戏剧很快繁荣起来。古罗马戏剧包括喜剧和悲剧，著名的喜剧作家及作品有普劳图斯（公元前 254—前 184），古罗马喜剧作家，代表作品《俘虏》《孪生兄弟》；泰伦提乌斯（约公元前 190—前 159），古罗马喜剧作家，代表作品《两兄弟》《婆母》《安德罗斯女子》《福尔弥昂》。著名悲剧作家及作品有恩尼乌斯（公元前 239—前 169），古罗马悲剧作家，代表作品《编年纪》；阿克齐乌斯（约公元前 170—前 85），古罗马悲剧作家，创作的悲剧代表了罗马悲剧的最高水平，代表作品《布鲁图斯》。

3. 古印度梵剧

古印度梵剧是印度古典戏剧。古印度梵剧起源于公元前 8 世纪，但没有剧本流传下来，公元前后产生的戏剧理论著作《舞论》对戏剧艺术做了全面的论述。梵剧题材大致有两类：一类是取材于史诗和传说故事的英雄剧，是印度古典戏剧的主要部分；一类是取材于现实生活的世俗剧。梵剧发展大致经历了初步成熟、鼎盛和衰落三个时期，约公元元年前后，梵剧步入成熟期，主要剧作家及作品有首陀罗迦创作的现实主义杰作《小泥车》，以世俗生活为题材；从公元 4 世纪开始，梵剧进入鼎盛时期，主要剧作家及作品有印度古典戏剧的杰出作家迦梨陀娑创作的《摩逻维迦》《广延天女》《沙恭达罗》等，其中《沙恭达罗》是其代表作，以宫廷生活为背景，以爱情为主题。8 世纪以后，梵剧逐渐走向衰落，但也出现了一批剧作家和作品，主要有薄婆菩提及其作品《茉莉与青春》《大雄传》《后罗摩传》、毗舍祛达多及其作品《指环印》《罗摩的欢乐》《情网》等。

4.中世纪戏剧

中世纪欧洲的戏剧和其他艺术形式一样,以服务于宗教为目的,戏剧有宗教剧和世俗剧,而大部分都是宗教剧,宗教剧题材均没有脱离《圣经》范围。最初的宗教剧是教堂礼拜仪式表演的"礼拜剧"。13世纪,宗教剧中增加了世俗喜剧的成分,发展出了奇迹剧和神秘剧,内容仍以搬演圣经故事和圣徒事迹为主,代表性的奇迹剧和神秘剧有《三个大学生》《圣墓》。14世纪末叶出现了以宣扬基督教道德规训的道德剧,剧中人物抽象而富于寓意,都是基督教神学概念的人格化再现,最典型的道德剧有《坚忍的堡垒》和《世人》。道德剧在发展中从抽象说教转向了对社会腐败现象的批判,并且加入了更多的喜剧成分形成了笑剧,笑剧采用辛辣的讽刺以表现世俗生活为特征,代表性笑剧有《巴特林笑剧》。

5.文艺复兴时期的戏剧

文艺复兴时期戏剧在西方戏剧史上占有重要地位,在人文主义运动推动下,形成了西方戏剧史上的第二个繁荣时期,尤以意大利、英国和西班牙戏剧为主流。这一时期,对西方戏剧产生重要影响的人物有意大利学者卡斯特维特罗和英国著名戏剧代表人物莎士比亚和西班牙戏剧家维加、塞万提斯。卡斯特维特罗(1505—1571),意大利文学理论家,他在阐述古代戏剧理论的同时,提出了"一个事件、一个整天、一个地点",即戏剧的"三一律"法则,为古典主义戏剧创作奠定了基础。莎士比亚(1564—1616),文艺复兴时期英国最杰出的戏剧家和诗人,世界最著名的戏剧大师,文艺复兴时期人文主义文学的集大成者,创作了大量脍炙人口的戏剧作品,与古希腊三大悲剧家埃斯库罗斯、索福克勒斯及欧里庇得斯合称为戏剧史上"四大悲剧家";早期创作以喜剧和历史剧为主,后期以悲剧为主,作品有四大悲剧《奥赛罗》《李尔王》《麦克白》《哈姆雷特》(又名《王子复仇记》)和四大喜剧《仲夏夜之梦》《皆大欢喜》《第十二夜》《威尼斯商人》。维加(1562—1635),文艺复兴时期西班牙最重要的诗人和剧作家,有"西班牙民族戏剧之父"之称,代表作品《羊泉村》《最好的法官是国王》。塞万提斯(1547—1616),文艺复兴时期西班牙小说家、剧作家、诗人,代表作品《努曼西亚》。

(二)外国近代戏剧

17世纪至19世纪末外国艺术步入近代阶段,戏剧发展先后出现了17世纪的古典主义戏剧、18世纪的启蒙主义戏剧、19世纪的浪漫主义戏剧和现实主义戏剧。

1.古典主义戏剧

17世纪欧洲戏剧进入古典主义戏剧阶段,尤以法国戏剧成就最为突出。古典主义戏剧家在政治上拥护王权,作品和理论具有鲜明的政治倾向性,宣扬个人利益服从国家整体利益,主张国家统一;崇尚理性,蔑视情欲,理智和感情的矛盾是构成戏剧冲突的基本内容,并最终都以理智胜利为结局;故事情节和人物,大多来自古代戏剧、史诗、神话和历史;创作体制上十分强调规范化,即必须遵守地点、时间和情节一致的"三一律"。古典主义代表人物及作品有高乃依(1606—1684),法国古典主义悲剧创始人和代表作家,创作的《熙德》是法国第一部古典主义悲剧,作品大都从历史中选择题材,作品有《贺拉斯》《西拿》;让·拉辛(1639—1699),法国古典主义悲剧代表作家,作品以揭露封建统治阶级黑暗和罪恶为主题,代表作《安德罗玛克》《费德尔》;莫里哀(1622—1673),法国古典主义喜剧代表作家,重要作品有《伪君子》《吝啬鬼》《贵人迷》;约翰·德莱顿(1631—1700),英国戏剧家、诗人,著有《论戏剧诗》和《悲剧批评的基础》,奠定了英国古典主义戏剧的理论基础,主张评判戏剧优劣的标准是生动自然,而不是固定的法则,作品有《时髦的婚礼》《一切为了爱情》)。

2. 启蒙主义戏剧

18世纪欧洲掀起了一场反封建、反教会的思想启蒙运动,受启蒙文化思潮影响,形成了启蒙主义戏剧。启蒙主义强调自由、平等、民主、博爱、天赋人权,主张戏剧创作从现实生活中取材,自由地描写资产阶级的生活和思想。启蒙主义戏剧冲破戏剧体裁、题材方面的严格悲喜划分,产生了市民悲剧、严肃戏剧和正剧。启蒙主义戏剧代表人物及作品有伏尔泰(1694—1778),法国启蒙思想泰斗、作家,被誉为"法兰西思想之王",其戏剧以强大的战斗精神为主要特征,强调戏剧的基本任务是教育观众,作品有《恺撒之死》《穆罕默德》《扎伊尔》《布鲁图斯》等;狄德罗(1713—1784),法国启蒙思想家、作家,提出"美在关系"说,主张在悲剧和喜剧之间应该有一种中间样式的"严肃剧",即后世的正剧;哥尔多尼(1707—1793),意大利现实主义喜剧的奠基人,代表作品有《封建主》《女店主》;歌德(1749—1832),德国著名思想家、作家、科学家,诗剧《浮士德》与荷马史诗、但丁的《神曲》、莎士比亚的戏剧齐名,并称为西方文学史上的四座里程碑,代表作品有喜剧《同谋犯》、悲剧《克拉维戈》《艾格蒙特》;席勒(1759—1805)与歌德是同时期的杰出的德国戏剧作家、民族诗人和历史学家,代表作品有《华伦斯坦》《玛利亚·斯图亚特》《奥里昂的姑娘》《梅辛那的新娘》;莱辛(1729—1781),德国戏剧作家,主要贡献在戏剧理论方面,著有《汉堡剧评》,代表作品有《明娜·封·巴尔赫姆》《爱米丽亚·迦洛蒂》《智者纳旦》。

3. 浪漫主义戏剧

浪漫主义戏剧是19世纪初欧洲兴起的戏剧流派。浪漫主义戏剧崇尚主观,强调艺术家的激情、想象与灵感,常用强烈对比和夸张、自由多变、充满机巧和突转处理剧情,造成剧情发展的大起大落。浪漫主义戏剧有积极与消极两大类,前者表现出战斗的热情,后者则充满了病态的恐惧。浪漫主义戏剧代表人物及作品有雨果(1802—1885),法国浪漫主义文学家、戏剧代表作家,被称为"法兰西的莎士比亚",戏剧作品有《克伦威尔》《欧那尼》等;缪塞(1810—1857),法国浪漫主义作家,戏剧作品有《罗朗萨丘》,体现了浪漫主义戏剧艺术的最高成就;蒂克(1773—1853),德国的浪漫主义作家,戏剧作品有《神圣的格诺菲娅的生与死》《福尔吐纳特》《穿皮靴的雄猫》;克莱斯特(1777—1811),德国剧作家,戏剧作品《洪堡王子弗里德里希》;拜伦(1788—1824),英国伟大的浪漫主义诗人,戏剧作品有《曼弗雷德》《该隐》;雪莱(1792—1822),英国浪漫主义作家,戏剧作品《解放了的普罗米修斯》。

4. 现实主义戏剧

现实主义戏剧是19世纪中期发展起来的戏剧流派。现实主义戏剧强调在舞台上客观地、精细地再现生活,塑造典型环境中的典型人物。现实主义戏剧代表人物及作品有易卜生(1828—1906),挪威剧作家,现实主义戏剧创始人,被誉为"现代戏剧之父",剧作有诗剧、悲剧、喜剧、历史剧和问题剧,戏剧代表作有《爱情喜剧》《布朗德》《社会支柱》《玩偶之家》《人民公敌》等；小仲马（1824—1895），法国小说家、戏剧家，戏剧作品有《半上流社会》《金钱问题》《私生子》《放荡的父亲》《茶花女》等；萧伯纳（1856—1950），英国杰出的现实主义戏剧作家，戏剧作品有《鳏夫的房产》《华伦夫人的职业》《伤心之家》《圣女贞德》《巴巴拉少校》等；果戈理（1809—1852），俄国现实主义作家，戏剧作品《钦差大臣》。

此外，这一时期还出现了一些优秀的舞剧和歌剧。舞剧作品主要有根据德国名作家霍夫曼的童话《胡桃夹子和鼠王》改编的芭蕾舞剧《胡桃夹子》和柴可夫斯基最为著名的代表作品芭蕾舞剧《天鹅湖》。歌剧是16世纪兴起于意大利，将戏剧、诗歌、音乐、舞蹈和美术结合在一起的一种综合艺术，歌剧有大歌剧、轻歌剧、小歌剧、娱乐剧等不同类型划分，欧洲传统歌剧分为正歌剧、意大利喜歌剧、法国大歌剧等体裁，著名的歌剧作品有奥芬巴赫的《地狱中的奥菲欧》、约翰·施特劳斯的《蝙蝠》、莱哈尔的《风流寡妇》、莫扎特的《费加罗的婚礼》《唐璜》和《魔笛》、普契尼的《图兰朵》、比才的《卡门》。《卡门》改编自法国小说家梅里美的同名小说，是比才的最后一部歌剧，也是当今世界歌剧舞台上久演不衰的一部名作。

（三）外国现代戏剧

19世纪末以后，现实主义戏剧在新的历史时期被继承和发展，与此同时，外国戏剧呈现出流派纷呈局面，如象征主义、表现主义、存在主义、荒诞派等戏剧，都可统称为现代派戏剧。

20世纪现实主义戏剧代表人物有格雷戈里夫人（1852—1932），爱尔兰剧作家，戏剧作品有《25点》《散布流言》《牢门》《月出》《形象》等；沃尔夫（1888—1953），德国剧作家，戏剧作品有《马门教授》《福劳利德镇》；布莱希特（1898—1956），德国剧作家、戏剧评论家，戏剧作品有《马哈哥尼城的兴衰》《三分钱歌剧》等；奥尼尔（1888—1953），美国剧作家，美国民族戏剧的奠基人，被誉为"美国现代戏剧之父"，戏剧作品有《天边外》《琼斯皇》《毛猿》《悲悼》等；奥德兹（1906—1963），美国戏剧家，戏剧作品有《等待老左》《失乐园》《金孩子》等。

象征主义戏剧具有浓重的神秘色彩和非理性主义的倾向，创作上多采用象征、暗示、隐喻等表现手法，代表人物及作品有梅特林克（1862—1949），比利时剧作家，作品有《不速之客》《青鸟》；约翰·辛格（1871—1909），爱尔兰剧作家，作品有《骑马下海的人》《西方世界的花花公子》；豪普特曼（1862—1946），德国剧作家、诗人，作品有《沉钟》《日出之前》《织工》。

表现主义戏剧忽视对外在客观事物的描绘，要求突破事物的表象来表现事物的内在实质；要求突破对人的行为描写，从而揭示其内在的灵魂。代表人物及作品有斯特林堡（1849—1912），瑞典剧作家，现代文学的奠基人，作品有《父亲》《死亡之舞》《红房间》《到大马士革去》《鬼魂奏鸣曲》等；凯泽（1878—1945），德国剧作家，表现主义戏剧的代表性作家，作品有《从清晨到午夜》；托勒尔（1893—1939），德国表现主义戏剧的重要代表作家，作品有《群众与人》。

存在主义哲学是存在主义戏剧的思想基础。存在主义认为人的存在先于人的本质，人有绝对的选择自由，人的意义在于困境中做出选择，并承担选择的后果，这样的人生才具有意义。代表人物及作品有萨特（1905—1980），法国最重要的哲学家之一，存在主义的主要代表人物，作品有《群蝇》《密室》《死无葬身之地》；加缪（1913—1960），法国著名小说家、散文家和剧作家，存在主义文学大师，"荒诞哲学"的代表人物，作品有《误会》《卡利古拉》《正义者》。

荒诞派戏剧又称为"反戏剧派"或"反传统戏剧派",起源于 20 世纪 50 年代的法国。荒诞派戏剧的哲学基础是存在主义,此流派作家一反以往用传统的、理智的手法来反映荒诞的生活,而是用荒诞的手法直接表现荒诞的存在。代表人物及作品有贝克特(1906—1989),爱尔兰著名作家、评论家和剧作家,作品有《等待戈多》《呼吸》;尤内斯库(1909—1994),法国剧作家,荒诞派戏剧最著名的代表人物之一,作品《秃头歌女》的上演标志着荒诞戏剧的诞生,作品还有《上课》《椅子》《犀牛》等。

第二节　电影常识

一、电影基本知识

(一)电影画面

电影画面指不间断的通过摄影机拍摄下来的静止或运动的对象,能表达一定含义,并能与上下镜头画面进行组接的有可视影像的一段胶片片段。电影画面的景别可大致划分为五种:远景画面、全景画面、中景画面、近景画面和特写。远景具有广阔的视野,常用来展示事件发生的时间、环境、规模和气氛;全景用来表现场景的全貌或人物的全身动作,用于展示人物之间、人与环境之间的关系;中景与全景相比,景物范围有所缩小,为场景局部的画面,重点在于表现人物的上身动作,在影视作品中使用较多;近景用以展示人物细微动作或物体局部的画面,重在表现人物的面部表情,传达人物的内心世界,是刻画人物性格最有力的景别;特写是把人或物的局部加以放大,通过加重强调,造成强烈的艺术效果。

构成影视画面的重要元素是造型,影视画面的造型包括摄影造型、美术造型和演员造型。造型就是在特定视点上,通过形、光、色等空间元素来表现人物、时间、景致,塑造视觉形象,引导观众对影片的理解。光影、色彩、构图是造型的基本元素。画面构图具有突出主体、渲染气氛、增加形式美感等重要作用,是影视作品的重要组成部分。光影是造型的灵魂,摄影师恰当地运用光影再现被摄物体的形态与明暗层次,能够较好地达到刻画人物性格、创造环境以及渲染情绪的目的。色彩具有表达感情的能力,不同的色彩往往象征不同的情绪,色彩的恰当使用能够起到渲染人物性格、身份、情绪,营造不同气氛的作用。构图指结合拍摄对象和摄影造型元素,按照时间顺序和空间位置有重点地分布、组织一系列活动,使之形成统一的画面形式,主体、陪体和环境构成了构图的基本要素。

(二)电影声音

电影声音主要包括人物语言、音乐、音响。人物语言在电影声音中占据很大比例,具有配合影像交代说明、推动叙事、塑造人物性格、表现人物情感、表达作者观点和主题的作用。人物语言有对白、独白、旁白三种,对白是电影中人物之间进行交流的语言,是最重要的语言;独白是电影中人物的"自言自语";旁白是以画外音的形式出现的人物语言。

电影音乐指专门为电影创作、编配的音乐和歌曲。音乐是电影的有机组成部分,在电影中起着抒发感情、渲染画面中所呈现的环境氛围、表现主题或思想、推进事件或故事发展等作用。电影音乐有画面中人的歌唱、演奏发出的有声源音乐,还有画外音乐。电影音乐根据表现的内容分为主题曲和插曲、片头音乐和情景音乐。主题曲是表现电影主题思想或概括作品基本内容、人物性格、情感冲突的歌曲;插曲是为影片中某一人物或场景创作的音乐或歌曲;片头曲是与片头字幕相结合的音乐,用以概括电影的主题思想或人物性格的音乐或歌曲;情景音乐是在影视作品演绎过程中表达特定情景的音乐。

电影中除了人声和音乐之外的所有声音都为音响。音响不仅能够增加画面形象的真实感和生活气息,还可以扩展视野和加强画面的表现力,具有渲染环境气氛、拓展银幕平面空间、推进情节发展、连接不同镜头的作用。音响有人和动物在运动过程中发出的声响,自然界中非人为发出的声响,作为环境背景出现的声响,各种机械发出的声响和人为制造出的特殊声响。

(三)蒙太奇

蒙太奇是电影最基本最独特的艺术表现方法,即电影制作过程中的剪辑合成方式;是导演根据影片的主体思想,把不同镜头、画面、音响有机地组织和剪辑在一起,使之形成一部完整影视作品的方式。蒙太奇通过对镜头、场面、段落的分切与组接,对素材的选择与取舍,具有突出影视作品主题思想,保持叙事的连续性和完整性作用。蒙太奇具有多种类型,一般划分为叙事蒙太奇、表现蒙太奇和理性蒙太奇。叙事蒙太奇以讲述故事、交代情节为宗旨,按照情节发展的时间流程、因果关系分切组合镜头、场面和段落,从而引导观众理解剧情,是影视中最常用的一种方式;表现蒙太奇是以镜头的对列为基础,通过相连的镜头在形式或内容上的相互对照,从而产生单个镜头所不具有的丰富含义,以表达某种情绪或思想,目的在于激发观众的联想,启迪观众的思考;理性蒙太奇是通过画面之间的关系,而不是通过单纯的连贯性叙事表情达意,即在内容上不受原剧情连续性叙事约束,而是通过叙事镜头和非叙事镜头的组合产生新的含义,让观众确立一个思想,进入一种情感状态。

二、中国电影史

中国电影从清末杂耍游乐场放映的"西洋影戏"至今,已有一百多年的历史。在这一百多年中,以 1949 年新中国成立为界,可将中国电影发展大致划分为新中国成立前的电影和新中国成立后社会主义电影两大阶段。

(一)新中国成立前的电影

新中国成立前,中国电影发展经历了从 1896 年到 1931 年的初步尝试与 1932 年至 1949 年的艰难成长。

1. 中国电影的萌芽与尝试

从 1896 年到 1931 年是中国电影的萌芽与尝试时期。1896 年上海徐园杂耍游乐场放映了"西洋影戏",揭开了中国电影放映的序幕。"影戏"是民国早期中国人对电影的通称。此后,放映西方电影从上海逐渐遍及大江南北,成为中国民间一种新的娱乐方式。1905 年北京琉璃厂丰泰照相馆拍摄的由著名京剧老生谭鑫培主演的京剧《定军山》,是中国人拍摄的第一部影片。1913 年郑正秋、张石川等人拍摄情节剧短片《难夫难妻》是中国故事片摄制的开端;黎民伟拍摄的故事片《庄子试妻》,首次在电影中使用了女演员。1918 年商务印书馆成立"活动影片部",是中国民族资产阶级创办电影事业的开端。1920 年为梅兰芳拍摄的戏曲片《春香闹学》和《天女散花》,是中国戏曲艺术与电影艺术表现手段结合的探索与尝试。1922 年郑正秋、张石川等人组建明星影片公司,拍摄了《劳工之爱情》。1923 年郑正秋编剧、张石川导演拍摄故事长片《孤儿救祖记》,从中国传统叙事艺术和舞台戏剧中借鉴了许多表现方法使中国电影成为一种有民族特色的独立的艺术形式。

20 世纪 20 年代,上海、北京、广州等城市先后成立了几百家中小型电影公司,前后拍摄了 400 多部影片,其中一大半是"火烧""武侠""神怪"之类影片。1931 年,上海明星影片公司试制成功中国第一部蜡盘发音有声影片《歌女红牡丹》,标志着中国电影从无声电影进入到有声电影。自有声影片试制成功后,许多电影工作者对有声电影进行了探索,如《野草闲花》《歌女红牡丹》《歌场春色》等以音乐和演唱为声音,但声音与视觉因素没有真正结合在一起。1933 年后出现了一批以配音乐和歌唱为主,而无有声语言对白的影片,如《春蚕》《渔光曲》《大路》《乡愁》。1934 年袁牧之执导的《桃李劫》是中国电影中第一次有意识地较全面按照有声电影规律创作的影片。这些早期在电影方面的尝试,为中国电影艺术的发展奠定了基础。

2. 中国电影的艰难成长

从 1932 年到 1949 年是中国电影艰难成长时期。1930 年以鲁迅、郭沫若、茅盾为首的进步文艺工作者在上海成立左翼作家联盟。1931 年"九一八"事变爆发后,民族危机空前严重,抗日情绪全面高涨,进步文艺工作者掀起"左翼电影"运动。1932 年"左翼剧联"成立了影评小组。1933 年中共中央文委成立以沈端先为组长的电影小组,之后"左翼电影"迅速兴起,《姊妹花》《渔光曲》《女性的呐喊》《上海 24 小时》《中国海的怒潮》等以反帝反封建、体现进步取向的电影相继拍摄,使中国电影面貌焕然一新。因此,1933 年也被称为"中国电影年"。《渔光曲》是中国第一部获国际电影节奖项的电影。

1936 年由蔡楚生等发起成立的上海电影界救国会,主张以电影为武器。对准国防线内外的敌人,摄制表现民族解放的影片,中国电影出现"国防电影"新高潮。抗日战争时期,爱国、进步的电影工作者创作了大量以抗战为题材的电影,形成了抗战电影运动。作品有优秀新闻纪录片《八路军平型关大捷》《四万万人民》,第一部正面描写抗战的宣传故事片《保卫我们的土地》,根据真实故事拍的《八百壮士》《塞上风云》,反映湖北抗战的《胜利进行曲》,宣传军民合作抗战的《好大夫》和抗战片《中华儿女》等。

1937 年上海沦陷后,部分影业机构拍摄了一些电影,其中在思想和艺术上取得了一定成绩的有欧阳予倩编剧的《木兰从军》、于伶编剧的《花溅泪》、费穆编导的《孔夫子》。1938 年"陕甘宁边区抗敌电影社"成立,袁牧之、陈波儿等电影工作者到达延安,成立解放区第一个电影制片组织"八路军总政治部电影团"("延安电影团"),并相继拍摄了《延安与八路军》《白求恩大夫》《战斗与生产结合起来》等纪录片,开创了人民电影事业的新起点。

战后，上海的一些影业公司先后拍摄了一些思想激进、艺术成就较高的电影，如由蔡楚生、郑君里联合编导的《一江春水向东流》、史东山编导的《八千里路云和月》、阳翰笙、沈浮合作编导的《万家灯火》、儿童剧《三毛流浪记》《乌鸦和麻雀》、费穆编导的《小城之春》等。1946年，东北电影制片厂成立，即长春电影制片厂前身，是中国人民电影事业的第一个具有较完备设备的电影制片基地。1949年北京电影制片厂、上海电影制片厂相继成立，大批电影工作者纷纷投入到电影事业的创编中，为新中国电影事业的建立和发展准备了条件。

这一时期，许多电影工作者对中国电影事业的发展做出了贡献，他们是郑正秋、张石川、史东山、黎民伟、蔡楚生、费穆、阳翰笙、袁牧之等。郑正秋（1889—1935），中国电影导演、编剧、戏剧评论家，中国最早的电影编剧和导演之一，被称为"中国电影之父"，主张以艺术形式进行社会教化，作品有《劳工之爱情》《玉梨魂》《姊妹花》等；张石川（1890—1953），中国电影导演，中国电影的开拓者之一，作品有《难夫难妻》《歌女红牡丹》《火烧红莲寺》等；史东山（1902—1955），中国电影编剧、导演，中国电影事业的奠基人之一，与蔡楚生合作拍摄了我国第一部以抗战为主题的故事片《共赴国难》，作品有《八千里路云和月》《青年进行曲》《新儿女英雄传》；黎民伟（1893—1953），中国电影编剧、导演，中国电影事业的拓荒者之一，有中国"纪录片之父"的美称，作品有《庄子试妻》《胭脂》、纪录片《淞沪抗战纪实》；蔡楚生（1906—1968），中国电影编剧、导演、制作人，作品有《渔光曲》《一江春水向东流》《王老五》；费穆（1906—1951），中国电影导演、编剧，编导的作品有《小城之春》《狼山喋血记》《孔夫子》《生死恨》，其中《生死恨》是中国第一部彩色影片；阳翰笙（1902—1993），中国电影编剧、戏剧家、作家，中国新文化运动先驱者之一，创编作品有《八百壮士》《塞上风云》《青年中国》《三毛流浪记》《中国海的怒潮》；袁牧之（1909—1978），中国电影表演艺术家、编导，编演的作品有《风云儿女》《生死同心》《马路天使》等。

（二）新中国成立后的电影

新中国成立后，中国电影事业进入了崭新的发展阶段。这一时期中国电影大致可划分为三个阶段：17年电影、"文革"时期电影和新时期的电影。

1. 新中国17年的电影

从1949年至1966年是新中国成立之后电影发展的第一个阶段，即17年电影阶段。1949年中央电影局成立，袁牧之任局长，着手拍摄新中国的第一部电影《桥》。新中国成立初期，电影题材广泛、内容丰富，反映工业生产和工人生活的电影大量出现，初步形成了真实、朴素、充满时代气息和生活气息的电影风格。主要影片有《中华女儿》《白毛女》《钢铁战士》《我这一辈子》《南征北战》《我们夫妇之间》《董存瑞》《祝福》《柳堡的故事》《不夜城》《上甘岭》《平原游击队》《铁道游击队》等优秀影片。1956年之后，在"双百"方针指引下，电影形成"百花纷呈"的局面，涌现出了《林则徐》《老兵新传》《林家铺子》《战火中的青春》《五朵金花》《青春之歌》《风暴》《回民支队》《万水千山》《我们村里的年轻人》《早春二月》《小兵张嘎》《红色娘子军》《舞台姐妹》《甲午风云》《红旗谱》《烈火中永生》《李双双》《刘三姐》《阿诗玛》《洪湖赤卫队》《农奴》等题材风格多样、思想艺术水平高，充分反映时代精神和时代气息的优秀影片。

2. "文革"时期的电影

"文革"时期，17年的电影艺术从影片创作、队伍建设、艺术教育到发行放映各方面都被全盘否定，中国电影艺术事业遭受最严重的破坏。"样板戏"电影和"三突出"原则占据电影主导地位。"三突出"原则，即"在所有人物中突出正面人物，在正面人物中突出英雄人物，在英雄人物中突出主要英雄人物"；"样板戏"电影主要指融合了现代京剧、传统芭蕾和革命军事题材的影片，如《红灯记》《沙家浜》《智取威虎山》《奇袭白虎团》《龙江颂》《海港》和两个芭蕾舞剧《白毛女》《红色娘子军》等是这一时期的主要电影。

3. 新时期的电影

1978年党的十一届三中全会后，电影事业得以恢复，中国电影事业进入了新时期，电影创作从题材、体裁、风格、样式方面不断追求多样化，表现手法大胆创新，涌现出大量优秀影片。

20世纪80年代初期的优秀影片有《小花》《归心似箭》《从奴隶到将军》《南昌起义》《西安事变》《伤逝》《骆驼祥子》《边城》《青春》《天云山传奇》《牧马人》《秋瑾》《高山下的花环》《芙蓉镇》《城南旧事》《乡音》等。20世纪80年代中期后，电影创作有了新的突破，出现了《野山》《孙中山》《黄土地》《孩子王》《红高粱》等影片。

20世纪90年代，电影进入转型时期，电影题材内容与风格呈现多元化局面，"主旋律"电影成为国产故事片的最大亮点，如雨后春笋般大量出现，给人们带来了深远影响。如反映中国革命、弘扬主旋律的《开天辟地》《大决战》《周恩来》《焦裕禄》《毛泽东的故事》《重庆谈判》《七七事变》《大转折》《大进军》《长征》《横空出世》《国歌》等电影，在思想性、艺术性、观赏性相统一上都有了进一步探索创新。与此同时，还先后出现了《边走边唱》《霸王别姬》《风月》《荆轲刺秦王》《菊豆》《大红灯笼高高挂》《秋菊打官司》《活着》《一个都不能少》《背靠背，脸对脸》《变脸》等广泛描绘各类型社会人物的影片。

进入21世纪，在坚持电影创作注重"贴近实际、贴近生活、贴近群众"原则指导下，中国电影在充分尊重电影艺术规律和电影市场规律，力求实现思想性、艺术性和观赏性的有机统一中，逐渐探索出一条既弘扬中华文化和民族精神、时代精神，又符合广大观众审美需求的新路。2002年，党的十六大提出推进文化体制改革，促进了电影创作的不断繁荣和发展，涌现出来大量弘扬主旋律、反映时代主题的优秀影片，如史诗电影《建国大业》，历史题材电影《天安门》《集结号》《东京审判》《风起云涌》，传记片《张思德》《郑培民》《袁隆平》《任长霞》《邓稼先》《杨善洲》《可爱的中国》及适应市场需求的商业性影片《炮打双灯》《甲方乙方》《不见不散》《英雄》《十面埋伏》《满城尽带黄金甲》《长城》《无极》等。

2017年，为庆祝党的十九大召开，电影界集中推出了一批题材类型丰富、风格形式多样、个性特征鲜明的献礼影片，如《战狼2》《空天猎》《十八洞村》《家园》《守边人》等。之后，又相继出现了为纪念中国人民抗日战争暨世界反法西斯战争胜利70周年的重点影片《百团大战》，纪念红军长征胜利80周年重点影片《勇士》，纪念建军90周年影片《建军大业》《血战湘江》，献礼改革开放40周年的影片《春天的马拉松》《照相师》，全方位展现中国改革开放和社会主义现代化建设上取得历史性成就的《厉害了，我的国》，彰显国家力量的《红海行动》《湄公河行动》等[①]。新中国成立后，在毛泽东提出的"百花齐放、百家争鸣"文艺方针指引下，中国电影随时代发展不断开拓创新，取得了突出成就。新时代，中国电影

---

① 刘抒鹃. 植根中国特色社会主义伟大实践 银幕唱响民族精神和时代精神主旋律：新中国成立70年主旋律电影发展回眸[N].中国电影报，2019-07-30(4).

还将在繁荣中国文化事业方面发挥更重要的作用。

三、外国电影史

外国电影发展历史可大致划分为三个时期，分别是形成期、发展期和成熟期。

（一）外国电影的形成期

从1895年"活动电影机"发明到1927年第一部有声电影诞生是外国电影的形成时期。这一时期电影发展经历了从短片到长片，从单镜头到多镜头剪接，从无声到有声，并形成视听结合艺术的过程。1889年美国发明大王爱迪生发明了电影留影机，1894年又发明了电影视镜。电影视镜利用胶片连续转动造成活动的幻觉，是最原始的电影。1895年，法国奥古斯特卢米埃尔和路易卢米埃尔兄弟在爱迪生的"电影视镜"和自己研制的"连续摄影机"基础上，研制成功了"活动电影机"。"活动电影机"具备了摄影、放映和洗印等主要功能。同年，卢米埃尔兄弟在巴黎首次放映了《卢米埃尔工厂的大门》，取得成功。之后，又正式公映了一批他们自己摄制的《火车到站》《水浇园丁》《婴儿的午餐》等纪实短片。卢米埃尔兄弟拍摄和放映的电影已经脱离实验阶段，是最先利用银幕进行投射式放映电影的人。因此，1895年世界电影公映之时也被作为电影诞生的标志，由于卢米埃尔兄弟在电影方面的贡献，他们也被称之为"世界电影之父"。

早期的电影主要是对真实生活的拍摄，最突出的特点是纪实性，这也形成了电影的纪实性传统，但还不具备艺术性。这一时期，为电影成为艺术的发展做出突出贡献的人物有梅里爱（1861—1938），法国电影导演、演员、摄影师，他大胆地把戏剧引入电影，重视艺术的假定性，使电影从一种纪实性的"活动照相"导向艺术，为电影成为独立的影像视听艺术做出了创造性贡献。1899年梅里爱在拍摄《灰姑娘》时巧妙地用了停机再拍技术；1902年利用多种艺术手段拍摄的科幻片《月球旅行记》是电影成为艺术的第一步。格里菲斯（1875—1948），美国电影导演、编剧、制作人，被称为"美国电影之父"，他推进了电影演出技术，在电影拍摄中大胆使用"特写""圈入"和"切"，并于1915年拍摄了《一个国家的诞生》，1916年拍摄了《党同伐异》，这两部电影被看作是电影艺术的奠基之作，标志着电影真正成为一门独立的艺术。卓别林（1889—1977），英国电影演员、导演、制片人，20世纪最卓越的喜剧电影大师，作品有《淘金记》《马戏团》《城市之光》《摩登时代》等。爱森斯坦（1898—1948），苏联电影编剧、导演、制作人，1925年在拍摄《战舰波将金号》中，大量运用了蒙太奇剪辑，把无声电影推向了新的高峰。1927年，华纳兄弟影片公司推出的《爵士歌王》，是世界电影史上第一部有声电影，标志着有声电影时代的来临，也是电影走向成熟期的标志。

（二）外国电影的发展期

从1927年至1945年是外国电影从有声发展到彩色，从对真实生活拍摄到完全成为视听结合的综合性艺术时期。1927年《爵士歌王》有声电影的放映可以说是电影史上具有划时代意义的事件，1928年的《纽约之光》标志着有声电影的正式诞生，也揭开了电影艺术的新时代。有声电影的出现使电影艺术由单纯的视觉艺术发展到了视听结合的艺术，为电影艺术走向成熟提供了广阔道路。1933年以后，录音技术和剪辑技术的进步，使电影艺术表现更加灵活而富有生气。1935年马摩里安摄制了世界上第一部彩色电影《浮华世界》,彩色电影的问世标志着电影发展进入了成熟时期。在有声电影出现和彩色电影诞生后,一大批闻名于世的电影艺术家在运用音响和色彩,探索电影形象表现潜力方面都展开了认真的研究和实验,他们在艺术上不断探索,拍出了一批流传于世的电影名作,极大丰富了电影的艺术表现手法。这一时期拍摄的影片主要有《一夜风流》《侠盗罗宾汉》《蝴蝶梦》《呼啸山庄》《瑞典女王》《茶花女》《乱世佳人》《告密者》《公民凯恩》《红衫泪痕》《绿野仙踪》《关山飞渡》《费城故事》《血雨腥风》《大独裁者》《纳粹党徒》《卡萨布兰卡》《三十九级台阶》等。

(三)外国电影的成熟期

从1946年至今是外国电影发展的成熟期。第二次世界大战后,各国政治、经济、文化等各方面都发生了很大变化,电影呈现多头并进的曲折发展时期。苏联及东欧国家电影继续沿袭传统缓慢发展,少有突破和创新。但在发展过程中,苏联涌现了一批优秀的战争片和人物传记片,如《青年近卫军》《攻克柏林》《易北河会师》《米丘林》《茹科夫斯基》等。战争对西欧电影产生了较大影响,但也促进了西欧现实主义电影的发展,产生了《罗马11时》《偷自行车的人》《游击队》《警察与小偷》《大地在波动》《橄榄树下无和平》《米兰的奇迹》等纪实性电影。

20世纪20年代以后,随着电影技术的不断完善,电影艺术在不断探索中涌现出了多种多样的艺术思潮和电影流派,如二十世纪二三十年代的先锋派电影,20世纪20至40年代的现实主义电影,20世纪50至60年代的"新浪潮"电影。

先锋派电影是20世纪20年代以后,在法国和德国兴起的一种电影运动,特点是强调纯视觉性,反对传统的叙事结构。先锋派电影不是一个统一的电影流派,而是由具有多种创作主张构成的电影艺术运动,这些创作流派有法国的超现实主义电影、德国的表现主义电影、苏联的电影眼睛派和蒙太奇电影学派。

超现实主义电影主张突破合乎逻辑的现实与实际,强调展现人类的潜意识心理。代表人物有杜拉克(1882—1942),法国电影编剧、导演,她认为电影不需要情节和表演,而应是"形式的电影"与"光的电影"的融合,即"眼睛的音乐",作品有《贝壳和僧侣》;布努埃尔(1900—1983),西班牙电影导演、剧作家、制片人,作品《一条安达鲁狗》是超现实主义的奠基之作。

表现主义电影强调作品的直觉感受和主观创造,喜欢用夸张的手法、浓重的色彩、强烈的明暗对比表现一种极端行为,以力图揭示人物行为背后的社会诱因。代表人物有罗伯特·维内(1880—1938),德国电影演员、导演,表现主义电影代表人物,作品有《他右,她左》《卡里加里博士的小屋》;弗里茨·朗格(1890—1976),德国电影编剧、导演,表现主义电影代表人物,作品有《三生记》。

电影眼睛派认为电影的作用在于如实地纪录现实,主张电影工作者出其不意地捕捉生活,反对人为的扮演,代表人物有维尔托夫(1896—1954),苏联电影导演、编剧、电影理论家,苏联纪录片电影的奠基人之一,作品有《前进吧,苏维埃》《在世界六分之一的土地上》《带摄影机的人》。

蒙太奇电影学派特别强调蒙太奇在电影中的作用和意义,代表人物有爱森斯坦(1898—1948),作品有《战舰波将金号》《伊凡雷帝》《十月》;普多夫金(1893—1953),苏联导演、演员、理论家,蒙太奇理论的创始人之一,作品有《母亲》《圣彼得堡的末日》《成吉思汗的后代》。

现实主义电影是20世纪30年代由意大利一批电影人发起的电影运动。现实主义电影强调运用简单的电影语言,展现现实社会生活,还原最本真的世界。代表人物有格里尔逊(1898—1972),英国电影制片人、导演、理论家,英国纪录片创始人,作品有《漂网渔船》《住房问题》;弗拉哈迪(1884—1951),美国电影导演、编剧、制作人,被公认为"纪录片之父"和第一位伟大的写实主义者,作品有《北方的纳努克》《蒙阿娜》《亚兰人》。

新现实主义电影是"二战"之后,兴起于意大利的电影运动,该流派强调电影的真实性,以普通人的真实生活遭遇为题材,注重通过真实的生活和实景拍摄来表现社会问题。代表人物有罗西里尼(1906—1977),意大利电影导演,作品有《罗马,不设防的城市》《游击队》;德西卡(1902—1974),意大利电影编剧、导演、制片人,作品有《擦鞋童》《偷自行车的人》;德桑蒂斯(1917—1997),意大利电影编剧、导演、制片人,作品有《橄榄树下无和平》《罗马11时》。

20世纪30年代,伴随苏联社会主义建设,社会主义现实主义的创作方法要求苏联电影工作者更真实、更具体地描写苏联社会现实,由此产生了苏联社会现实主义电影。代表人物有瓦西里耶夫(1900—1959),苏联电影导演、编剧,作品有《夏伯阳》《保卫察里津》;罗姆(1901—1971),苏联电影导演、编剧,作品有《列宁在十月》《列宁在1918》等。

法国新浪潮电影运动是继欧洲先锋主义、意大利新现实主义电影运动之后的第三次具有世界影响的电影运动。该运动于20世纪50年代末首先在法国兴起,是以表现个性为主,强调拍摄具有导演个人风格影片的电影运动。运动有两个部分,一部分是作者电影,即"新浪潮";另一部分是作家电影,即"左岸派"。"新浪潮"采用低成本、非职业演员和实景拍摄;不追求场面刺激和戏剧化冲突,大量运用长镜头和运动镜头,作品带有强烈的个人色彩。代表人物有戈达尔,法国电影导演、编剧、制片人,法国新浪潮电影的奠基者之一,作品有《筋疲力尽》《卡宾枪手》;特吕弗(1932—1984),法国电影导演、编剧、制片人,法国新浪潮电影的奠基者之一,作品有《四百击》《朱尔和吉姆》。"左岸派"是法国的一个电影导演团体,因其大多是作家,又被称为"作家电影",作品大多把人的内心现实与外部现实结合,表现人的内心与现实的差距和矛盾,代表人物有阿仑·雷乃(1922—2014),法国电影导演、编剧、制片人,作品有《广岛之恋》《去年在马里昂巴德》。

20世纪60年代,德国也掀起了一场以描写普通人、表现现实生活,打破传统电影中平铺直叙的封闭式结构,强调真实性和电影结尾开放式的新电影运动。代表人物有克鲁格(1932至今),德国电影导演、编剧、制片人,作品有《告别昨天》《混凝土里的粗暴》;施隆多夫(1939至今),德国电影导演、编剧,作品有《丧失了名誉的卡塔琳娜·布鲁姆》《铁皮鼓》;法斯宾德(1945—1982),德国电影导演、编剧、制片人,作品有《城市流浪汉》《玛利亚·布劳恩的婚礼》等。

美国电影开端于19世纪末,在20世纪30年代至第二次世界大战结束进入黄金时期,每年平均生产电影500多部,歌舞片、警匪片、侦探片、恐怖片等类型片相继出现并获得繁荣发展。经典作品有歌舞片《四十二街》《掘金女郎》《风月无边》,盗匪片《小恺撒》《公敌》《疤面人》,恐怖片《吸血鬼》《科学怪人》等。第二次世界大战后,政治风暴和电视的普及给美国电影带来了冲击,美国的电影产业出现衰落。直到 20 世纪 60 年代末,"美国新电影"的出现和其后"新好莱坞"的兴起,才使美国电影重整旗鼓。

好莱坞是世界闻名的电影中心,位于美国西海岸加利福尼亚州洛杉矶市的郊外。1911 年,一批电影工作者在好莱坞创建了第一家电影制片厂——内斯特影片公司。此后,又有许多电影公司在好莱坞落户,使好莱坞逐渐发展为世界著名影业中心,并被誉为"世界影都"。好莱坞汇聚了华特迪士尼公司、二十世纪福克斯电影公司、哥伦比亚影业公司、索尼影视娱乐公司、环球影片公司、华纳兄弟娱乐公司、派拉蒙影业公司等世界电影巨头。好莱坞电影美学以 20 世纪 60 年代为界,在此之前的称为经典好莱坞时期,之后的称为新好莱坞时期。经典好莱坞时期的电影有《唐璜》《爵士歌舞》《安娜·克里斯蒂》《瑞典女王》《茶花女》《乱世佳人》《一夜风流》《魂断蓝桥》《告密者》《怒火之花》《青山翠谷》《狂怒》《公民凯恩》《黄金时代》《罗马假日》《西线无战事》等;新好莱坞时期的电影有《邦尼和克莱德》《毕业生》《教父》《飞越疯人院》《现代启示录》《猎鹿人》《大白鲨》《外星人》等。

20 世纪 90 年代,随着数码技术参与电影的制作,涌现出了大量使用特技的科幻、灾难片,许多电影摄制以给人超出想象的真实感和震撼力,受到观众的欢迎。这一时期优秀科幻影片有《超人》《星球大战》《侏罗纪公园》《迷失的世界》《未来战士》《回到未来》,灾难片有《龙卷风》《天崩地裂》《大洪水》《泰坦尼克号》等。

欧洲三大国际电影节,亦称世界三大国际电影节,是国际电影节中最权威、最著名、最具影响力的三个电影节,分别为意大利威尼斯国际电影节、法国戛纳国际电影节、德国柏林国际电影节。

威尼斯国际电影节创立于 1932 年,是世界上第一个国际电影节,被誉为"国际电影节之父",以"电影为严肃的艺术服务"为宗旨,以"提高电影艺术水平"为主要目的,将"艺术性"作为评判标准。电影节分为主竞赛、地平线、未来之狮、VR 竞赛、非竞赛展映、国际影评人周、威尼斯日七个单元,最高奖项为"金狮奖"。

戛纳国际电影节创立于 1939 年,是当今世界最具影响力、最顶尖的国际电影节,定在每年五月中旬举办。电影节分为正式竞赛、导演双周、一种注视、影评人周、法国电影新貌、会外市场展六个单元,最高奖为"金棕榈奖"。

柏林国际电影节,原名西柏林国际电影节,创办于 1951 年,目的在于加强世界各国电影工作者的交流,促进电影艺术水平的提高,最高奖项是"金熊奖"。

【测试训练题】

一、选择题

1. 京剧作为我国著名剧种,它和中医、国画并称为中国三大国粹。下列表述正确的是（　　　）。

A. 人们习惯称戏班、剧团为"杏园"

B. 京剧当中的"净"指女性角色

C. "梅派"唱腔创始人是京剧艺术大师梅兰芳先生

D.《梁山伯与祝英台》是京剧经典曲目之一

2. 莎士比亚的作品博大、深刻，许多词句都极具诗意，富于哲理性。"生存还是死亡，这是一个问题"出自莎士比亚的（　　　）。

A.《哈姆雷特》　　　　B.《李尔王》　　　　C.《麦克白》　　　　D.《奥赛罗》

3. 元代著名杂剧作家王实甫的代表作是（　　　）。

A.《汉宫秋》　　　　B.《梧桐雨》　　　　C.《西厢记》　　　　D.《窦娥冤》

4. 挪威剧作家易卜生，被誉为"现代戏剧之父"，戏剧代表性作品是（　　　）。

A.《茶花女》　　　　B.《玩偶之家》　　　　C.《伤心之家》　　　　D.《等待多戈》

5. 歌剧《卡门》取材于梅里美的同名小说，是当今世界上上演率最高的一部音乐戏剧作品。它的创作者是（　　　）。

A. 威尔第　　　　B. 贝多芬　　　　C. 比才　　　　D. 瓦格纳

6. 由中国人拍摄的第一部影片是（　　　）。

A.《渔光曲》　　　　　　　　　　B.《定军山》

C.《歌女红牡丹》　　　　　　　　D.《白毛女》

7. 主张以艺术形式进行社会教化，是中国最早的电影编剧和导演之一，被称为"中国电影之父"的是（　　　）。

A. 张石川　　　　B. 郑正秋　　　　C. 史东山　　　　D. 袁牧之

8. 被称为"世界电影之父"的是（　　　）。

A. 弗拉哈迪　　　　B. 卢米埃尔兄弟　　　　C. 梅里爱　　　　D. 格里菲斯

9. 由马摩里安摄制的世界上第一部彩色电影是（　　　）。

A.《浮华世界》　　　B.《一夜风流》　　　C.《三十九级台阶》　　　D.《乱世佳人》

10. 德国著名思想家、作家、科学家歌德的诗剧是（　　　）。

A.《图兰朵》　　　　B.《天鹅湖》　　　　C.《浮士德》　　　　D.《神曲》

二、填空题

1. 构成戏曲的主要来源是＿＿＿＿、＿＿＿＿、＿＿＿＿。

2. 元杂剧四大家是＿＿＿＿、＿＿＿＿、＿＿＿＿、＿＿＿＿。

3. 皮黄是指＿＿＿＿和＿＿＿＿，它们原本是形成于不同地区的戏曲声腔。

4. 被称为古希腊"悲剧之父"的古希腊悲剧作家是＿＿＿＿。

5. 为纪念中国人民抗日战争暨世界反法西斯战争胜利70周年，中国电影重点推出的影片是＿＿＿＿。

6. 法国新浪潮电影运动由＿＿＿＿和＿＿＿＿两部组成。

三、辨析题

1. 西方古典主义戏剧理论"三一律"指"人物、时间、地点"三者之间保持一致性。

2. 欧洲三大电影节是威尼斯国际电影节、戛纳国际电影节和柏林国际电影节。

参考文献

[1] 杨立华.中国哲学十五讲[M].北京:北京大学出版社,2019.

[2] 冯达文,郭齐勇.新编中国哲学史(上下册)[M].北京:人民出版社,2004.

[3] 何郁.中国古代哲学十五讲[M].北京:商务印书馆,2015.

[4] 苗力田,李毓章.西方哲学史新编(修订本)[M].北京:人民出版社,2015.

[5] 张志伟.西方哲学十五讲[M].北京:北京大学出版社,2017.

[6] 赵敦华.西方哲学简史(修订版)[M].北京:北京大学出版社,2012.

[7] 邓晓芒,赵林.西方哲学史(修订版)[M].北京:高等教育出版社,2014.

[8] 陈先达,杨耕.马克思主义哲学原理[M].5版.北京:中国人民大学出版社,2019.

[9] 上海市高校《马克思主义哲学基本原理》编写组.马克思主义哲学基本原理[M].10版.上海:上海人民出版社,2018.

[10] 陶德麟,汪信砚.马克思主义哲学原理[M].北京:人民出版社,2010.

[11] 武寅.简明世界历史读本[M].北京:中国社会科学出版社,2014.

[12] 朱立春.中国历史常识全知道[M].北京:中国华侨出版社,2015.

[13] 吴晗.中国历史常识(上、下册)[M].贵阳:新世界出版社,2017.

[14] 傅乐成.中国通史(上、下册)[M].贵阳:贵州教育出版社,2019.

[15] 何炳松.世界简史[M].天津:天津人民出版社,2019.

[16] 义务教育教科书.中国历史(七年级上、下册)[M].北京:人民教育出版社,2019.

[17] 义务教育教科书.中国历史(八年级上、下册)[M].北京:人民教育出版社,2019.

[18] 义务教育教科书.世界历史(九年级上、下册)[M].北京:人民教育出版社,2019.

[19] 普通高中课程标准实验教科书.历史(必修一、二、三)[M].北京:人民教育出版社,2017.

[20] 普通高中课程标准实验教科书.历史(选修一、二、三、四、五、六)[M].北京:人民教育出版社,2017.

[21] 袁世硕,陈文新.中国古代文学史(上)[M].北京:高等教育出版社,2018.

[22] 郭预衡.中国文学史[M].上海:上海古籍出版社,1998.

[23] 李庆西.古代文学经典读本[M].北京:北京大学出版社,2015.

[24] 陈继征.中国古代文学简史[M].西安:西安交通大学出版社,2001.

[25] 冉东平.西方文学经典导读[M].北京:北京理工大学出版社,2014.

[26] 蒋承勇.西方文学名著导引[M].北京:高等教育出版社,2008.

[27] 吕健忠,李爽学.西方文学史[M].杭州:浙江大学出版社,2013.

[28] 孟昭毅.外国文学史[M].长沙:中南大学出版社,2004.

[29] 郑克鲁.外国文学简史[M].上海:华东师范大学出版社,2009.

[30] 杜石然,孔国平.世界数学史[M].长春:吉林教育出版社,2009.

[31] 郭书春.中国古代数学[M].北京:商务印书馆,1997.

[32] 李文铭.数学史简明教程[M].西安:陕西师范大学出版社,2000.

[33] 傅海伦.中外数学史[M].北京:科学出版社,2007.

[34] 钱宝琮.中国数学史[M].北京:商务印书馆,2019.

[35] 徐传胜,周厚春.数学史讲义概要[M].北京:电子工业出版社,2011.

[36] 胡化凯.物理学史二十讲[M].合肥:中国科学技术大学出版社,2009.

[37] 仲扣庄.物理学史教程[M].南京:南京师范大学出版社,2009.

[38] 陈毓芳,邹延肃.物理学史简明教程[M].4 版.北京:北京师范大学出版社,2016.

[39] 青峰.简明物理学史[M].南京:南京大学出版社,2007.

[40] 戴念祖.中国物理学史略[J].物理,1981(10):632 – 639.

[41] 戴念祖.中国物理学史略(续)[J].物理,1981(12):753 – 760.

[42] 毛瑞方.《奇器图说》与中外文化交流[J].中国典籍与文化,2014(02):149 – 154.

[43] 秋埔.中国现代物理科学发展概况[J].现代物理知识,1992(05):21.

[44] 施若谷.晚清时期西方物理学在中国的传播及影响[J].自然辩证法研究,2004(07):85 – 88.

[45] 尚智丛.南怀仁《穷理学》的主体内容与基本结构[J].清史研究,2003(03):73 – 84.

[46] 王冰.南怀仁《新制灵台仪象志》所述之折射[J].自然科学史研究,1985(02):195 – 198.

[47] [法]J.V.沙马里.你不可不知的 50 个生物学知识[M].王昊译.北京:人民邮电出版社,2020.

[48] [美]Terasa Audesirk, Gerald Audesirk, Bruce E. Byers.生物学与生活[M].钟山,闫宜青,等译.北京:电子工业出版社,2020.

[49] [英]安妮·鲁尼.生物学的故事——从古代科学到现代遗传学[M].尹频,温婧洋译.武汉:华中科技大学出版社,2018.

[50] 罗桂环,李昂,付雷,徐丁丁.中国生物学史——近现代卷[M].南宁:广西教育出版社,2018.

[51] 汪子春.中国近现代生物学发展概况[J].中国科技史料,1988(02):17 – 35.

[52] 罗桂环.我国早期的两本植物学译著——《植物学》和《植物图说》及其术语[J].自然科学史研究,1987(04):383 – 387.

[53] 汪子春.李善兰和他的《植物学》[J].植物杂志,1981(02):28 – 29.

[54] 汪子春.中国早期传播植物学知识的著作《植物学》[J].中国科技史料,1981(01):86 – 87.

[55] 孙雁冰.晚清(1840—1912)来华传教士植物学译著及其植物学术语研究[J].山东科技大学学报(社会科学版),2019,21(06):33 – 38.

[56] 付雷.晚清英国传教士艾约瑟带来的动植物学启蒙[N].中华读书报,2018 – 01 – 03(015).

[57] 赵匡华.中国古代化学[M].北京:商务印书馆,1996.

[58] 周嘉华,赵匡华.中国化学史(古代卷)[M].桂林:广西教育出版社,2003.

[59] 赵匡华.中国化学史近(现代卷)[M].桂林:广西教育出版社,2003.

[60] 郭保章.中国化学史[M].南昌:江西教育出版社,2006.

[61] 中国科学技术协会,中国科学技术史学会.中国化学学科史[M].北京:中国科学技术出版社,2010.

[62] 张德生.化学史简明教程[M].合肥:中国科学技术大学出版社,2009.

[63] 张家治.化学史教程[M].太原:山西教育出版社,2014.

[64] 周嘉华,张黎,苏永能.世界化学史[M].长春:吉林教育出版社,2009.

[65] 陈遵妫.中国天文学史[M].上海:上海教育出版社,2006.

[66] [英]迈克尔·霍斯金.天文学简史[M].陈道汉译.南京:译林出版社,2013.

[67] 中国古代天文学发展史[EB/OL].360 个人图书馆.http://www.360doc.com/content/2014 – 11 – 25.

[68] 崔振华,陈丹.世界天文学史[M].长春:吉林教育出版社,1993.

[69] 吴军.文明之光[M].北京:人民邮电出版社,2020.

[70] 吴国盛.科学的历程[M].长沙:湖南科学技术出版社,2018.

[71] [美]Eric Chaisson,Steve McMillan.天文学与生活[M].孙艳春译.北京:电子工业出版社,2019.

[72] [法]G.伏古勒尔.天文学简史[M].李珩,译.北京:中国人民大学出版社,2010.

[73] 鞠继武.中国地理学发展史[M].南京:江苏教育出版社,1987.

[74] 王成组.中国地理学史[M].北京:商务印书馆,2015.

[75] 赵荣,杨正泰.中国地理学史[M].北京:商务印书馆,1998.

[76] 刘盛佳.地理学思想史[M].武汉:华中师范大学出版社,1990.

[77] 克拉瓦尔.地理学思想史[M].北京:商务印书馆,2019.

[78] [德]阿尔夫雷德·赫特纳.地理学:它的历史、性质和方法[M].王兰生,译.北京:商务印书馆,2011.

[79] 潘玉君.地理学思想史——通论和年表[M].北京:中国社会科学出版社,2019.

[80] 文聘元.西方地理通史[M].南昌:江西美术出版社,2020.

[81] 郑祖襄.中国古代音乐史[M].北京:高等教育出版社,2008.

[82] 伊鸿书.中国古代音乐史[M].北京:中央音乐学院出版社,2011.

[83] 夏野.中国古代音乐史简编[M].上海:上海音乐出版社,2010.

[84] 余甲方.中国近代音乐史[M].上海:上海人民出版社,2006.

[85] 刘再生.中国近代音乐史简述[M].北京:人民音乐出版社,2009.

[86] 汪毓和.中国近现代音乐史[M].北京:人民教育出版社,2002.

[87] 于润洋.西方音乐通史[M].上海:上海音乐出版社,2016.

[88] 王丹丹.外国音乐简史[M].北京:人民音乐出版社,2007.

[89] [美]沃尔德,刘丹霓.西方音乐简史[M].北京:世界图书出版公司,2012.

[90] 余志刚.西方音乐简史[M].北京:高等教育出版社,2006 年.

[91] 王宁宁,江东,杜晓青.中国舞蹈史[M].北京:文化艺术出版社,2012.

[92] 中国舞蹈史编写组.中国舞蹈史[M].北京:高等教育出版社,2012.

[93] 王克芬,隆荫培.中国近现代当代舞蹈发展史[M].北京:人民音乐出版社,1999.

[94] 金秋.外国舞蹈文化史略[M].北京:人民音乐出版社,2003.

[95] 桂晓亮.书法艺术鉴赏[M].合肥:合肥工业大学出版社,2015.

[96] 刘涛.极简中国书法史[M].北京:人民美术出版社,2014.

[97] 钟明善.中国书法史[M].北京:人民美术出版社,2014.

[98] 陈振濂.中国书法发展史[M].上海:上海书画出版社,2018.

[99] 王伯敏.中国绘画史[M].北京:文化艺术出版社,2009.

[100] 潘天寿.中国绘画史[M]北京:东方出版社,2012.

[101] 杨飞.中国书法与绘画全书[M].北京:北京联合出版公司,2016.

[102] 薄松年.中国美术史教程[M].西安:陕西人民美术出版社,2016.

[103] 李春.西方美术史教程[M].西安:陕西人民美术出版社,2016

[104] 周利明.世界美术史新编[M].北京:人民邮电出版社,2014.

[105] 邵大箴,刘礼宾.西方绘画史图录[M].石家庄:河北美术出版社,2006.

[106] 范梦.西方美术史[M].太原:山西教育出版社,2001.

[107] 李建群.西方美术史:从原始美术到文艺复兴[M].北京:北京大学出版社,2014.

参考文献

［108］刘敦桢.中国古代建筑史［M］.北京:中国建筑工业出版社,2010.

［109］楼庆西.极简中国古代建筑史［M］.北京:人民美术出版社,2017.

［110］潘谷西.中国建筑史［M］.北京:中国建筑工业出版社,2015.

［111］李少林.西方建筑史［M］.呼和浩特:内蒙古人民出版社,2006.

［112］［意］斯特凡尼娅·科隆纳·普雷蒂等.西方建筑史丛书［M］.王烈,等译.北京:北京美术摄影出版社,2019.

［113］王鹤,王家斌.中国雕塑史［M］.天津:天津大学出版社,2020.

［114］贺西林.极简中国古代雕塑史［M］.北京:人民美术出版社,2016.

［115］孙振华.中国雕塑史［M］.杭州:中国美术学院出版社,1999.

［116］文聘元.西方艺术简史［M］.南昌:江西美术出版社,2019.

［117］［美］劳里·施耐德·亚当斯.西方艺术通史［M］.梁舒涵,罗洁,陈瑶,等译.北京:机械工业出版社,2018.

［118］欧阳英.西方雕塑艺术金库［M］.北京:中国青年出版社,2000.

［119］廖奔,刘彦君.中国戏曲发展简史［M］.太原:山西教育出版社,2006.

［120］麻文琦,谢雍君,宋波.中国戏曲史［M］.北京:文化艺术出版社,2012.

［121］周贻白.中国戏剧史讲座［M］.北京:北京出版社,2012.

［122］周慧华,宋宝珍.西方戏剧史通论［M］.杭州:浙江大学出版社,2008.

［123］潘薇.欧美戏剧发展史［M］.北京:大众文艺出版社,2011.

［124］刘彦君.中外戏剧史［M］.桂林:广西师范大学出版社,2005.

［125］钟大丰,舒晓鸣.中国电影史［M］.北京:中国广播影视出版社,2007.

［126］虞吉.中国电影史［M］.2版.重庆:重庆大学出版社,2017.

［127］［美］大卫·波德维尔,克里斯汀·汤普森.世界电影史［M］.范倍,译.北京:北京大学出版社,2014.

［128］郑亚玲,胡滨.外国电影史［M］.北京:中国广播电视出版社,1995.

［129］高鑫.影视艺术欣赏［M］.北京:中国传媒大学出版社,2001.

［130］舒晓鸣.中国电影艺术史教程［M］.北京:中国电影出版社,1996.

中小学教师文化素养